RESPONSABILIDADE OBJETIVA E SUBJETIVA DO EMPREGADOR EM FACE DO NOVO CÓDIGO CIVIL

ENOQUE RIBEIRO DOS SANTOS

Procurador do Trabalho (PRT da 9ª Região). Professor Doutor de Direito do Trabalho da Faculdade de Direito da Universidade de São Paulo (USP).
Mestre (UNESP) e Doutor em Direito do Trabalho pela Faculdade de Direito da USP.

RESPONSABILIDADE OBJETIVA E SUBJETIVA DO EMPREGADOR EM FACE DO NOVO CÓDIGO CIVIL

EDITORA
LTr
SÃO PAULO

Dados Internacionais de Catalogação na Publicação (CIP)
(Câmara Brasileira do Livro, SP, Brasil)

Santos, Enoque Ribeiro dos

Responsabilidade objetiva e subjetiva do empregador em face do novo Código Civil. — São Paulo : LTr, 2007.

Bibliografia.

ISBN 978-85-361-0894-0

1. Direito civil — Legislação — Brasil 2. Direito do trabalho — Brasil 3. Empregadores — Responsabilidade — Brasil 4. Responsabilidade (Direito) — Brasil 5. Risco — Administração I. Título.

06-7073 CDU-347.51:331.15(81)

Índice para catálogo sistemático:

1. Brasil : Empregadores : Responsabilidade objetiva e subjetiva : Direito do trabalho 347.51:331.15(81)

Produção Gráfica e Editoração Eletrônica: WTJ

Capa: FÁBIO GIGLIO

Impressão: CROMOSETE

(Cód. 3259.4)

LTr

EDITORA LTDA.

Rua Apa, 165 — CEP 01201-904 — Fone (11) 3826-2788 — Fax (11) 3826-9180

São Paulo, SP — Brasil — www.ltr.com.br

Fevereiro, 2007

Ofereço essa humilde obra
a Maria José Seki, Michelle de Freitas dos Santos,
Evelyn Ribeiro dos Santos e Ellan Ribeiro dos Santos

SUMÁRIO

CAPÍTULO III
A RESPONSABILIDADE OBJETIVA E SUBJETIVA DA EMPRESA NA PRÁTICA DO DIREITO DO TRABALHO
(A posição dos Tribunais do Trabalho)

PREFÁCIO

Como é sabido, o principal objetivo do prefácio é apresentar ou justificar o texto de uma obra e, no presente caso, um trabalho científico, fruto de um estudo do jurista *Enoque Ribeiro dos Santos*, a respeito de tormentoso tema do momento, intitulado pelo Autor como "Responsabilidade Objetiva e Subjetiva do Empregador em face do Novo Código Civil".

Tivemos oportunidade de conhecê-lo quando, na senda do curso de pós-graduação *stricto sensu*, na Faculdade de Direito da Universidade de São Paulo, fomos honrados ao compor a Banca Examinadora de sua tese de Doutorado, então apresentada, com o título "A problemática da negociação coletiva de trabalho frente ao fenômeno da descoletivização".

Na oportunidade, 2 de outubro de 2003, foi ele aprovado em razão de brilhante defesa de referida tese. Ali, vislumbrávamos o futuro de um especialista notoriamente vocacionado, quer para a docência, quer como pesquisador.

Hoje, no exato momento que elaboramos a apresentação de mais uma de suas obras, temos a constatação inegável de que, naquela oportunidade acertávamos: em tão exíguo espaço de tempo, tornou-se ele, por Concurso de Provas e Títulos, Professor Doutor em Direito do Trabalho e da Seguridade Social da Universidade de São Paulo. Não bastasse, também por Concurso Público de Provas e Títulos, acaba de ser aprovado em 2º (segundo) lugar, para o cargo de Procurador do Trabalho, da respeitada e importantíssima instituição, qual seja o Ministério Público do Trabalho, já tendo tomado posse no dia 9 de novembro de 2006.

Tais fatores, engrandecem e dignificam a função do prefaciante, na exata medida em que outorgam-lhe maior responsabilidade.

O convite para o prefácio de referida pesquisa científica não decorreu do acaso. Por ocasião do honroso convite, o próprio Autor referiu saber de nossos estudos e algumas publicações sobre o intrigante tema da responsabilização objetiva e subjetiva do empregador, ante as normas da Lei n. 10.406, de 10.1.2002, que inseriu no ordenamento jurídico pátrio o Novo Código Civil.

A respeito do assunto, conforme já tivemos oportunidade de ponderar, destacamos a súmula de nosso pensamento, em escritos diversos,(1) e mais especifica-

---

(1) BELTRAN, Ari Possidonio. *Da Responsabilidade Subjetiva e Objetiva do Empregador por Acidente do trabalho, ante as disposições do novo Código Civil.* São Paulo: Revista do Dep. de Dir. do Trabalho e da Seguridade Social — FDUSP, jan./jun. 2006, p. 15-27.

mente no que se refere às acertadas inovações constantes do art. 927 e seu parágrafo único do atual Código Civil.

Sobre o tema, em alguns ensaios escrevíamos que muitos estudiosos vislumbraram na lei nova um avanço em direção à responsabilização objetiva do empregador , conforme as circunstâncias, em especial ante o disposto no parágrafo único do art. 927, a saber:

> Parágrafo único – "Haverá obrigação de reparar o dano, independentemente de culpa, nos casos especificados em lei, ou quando a atividade normalmente desenvolvida pelo autor do dano implicar, por sua natureza, risco para os direitos de outrem."

Tem-se entendido que o novel dispositivo inseriu na legislação civil em exame a chamada teoria do *risco criado*, considerando-se, pois, que o dever de reparar o dano "surge da atividade normalmente exercida pelo agente, que cria risco a direitos ou interesses alheios". Cuida-se, então, de atividade potencialmente geradora de risco a terceiros. Não há confundir-se com outras teorias a respeito do risco, como *v.g.*, a do *risco integral* (que exige, tão-só, o nexo etiológico como condicionante do dever de indenizar), tampouco com a do *risco proveito* (fundamentada apenas na idéia da vantagem auferida pelo causador do dano), nem, ainda, com a dos *atos normais e anormais* ("medidos pelo padrão médio da sociedade").(2)

Ora, assim, torna-se induvidoso que em duas hipóteses a responsabilização do autor do dano será objetiva: a) nos casos especificados em lei; b) ou quando a atividade normalmente desenvolvida pelo "autor do dano" implicar, por sua natureza, risco para os direitos de outrem. Destarte, a questão que parece mais complexa será a análise do novo dispositivo e, especialmente, seu confronto — em casos de acidente do trabalho, ou de patologias de origem ocupacional, hipóteses que representam grande parte dos litígios no contexto ora em exame —, ante o disposto no art. 7º da Constituição Federal, que assegura, entre os direitos dos trabalhadores urbanos e rurais, em seu inciso XXVIII — "seguro contra acidentes de trabalho, a cargo do empregador, sem excluir a indenização a que está obrigado, quando incorrer em dolo ou culpa".

Analisando as hipóteses inseridas no dispositivo do Código Civil supra mencionado, *Giovanni Ettore Nanni*, exemplifica: "nos casos especificados em lei, como ocorre, por exemplo, na responsabilidade civil do Estado, nas relações de consumo, na legislação ambiental, nos acidentes aéreos, nos acidentes nucleares etc.;" (....) ou "quando a atividade normalmente desenvolvida pelo autor do dano, logo preponderante e não esporádica e ou eventual, implicar, por sua natureza, risco para os direitos de outrem, que se pode citar, à luz da jurisprudência italiana em relação a dispositivo legal similar, o transporte marítimo de petróleo, o transporte e estoca-

---

(2) SILVA, Regina Beatriz Tavares da. *Novo Código Civil Comentado.* Coord. Ricardo Fiúza. São Paulo: Saraiva, 2003, p. 820.

gem de combustível, a produção de explosivos, a produção e comercialização de fogos de artifício etc."(3)

O mesmo autor argumenta, com razão, que em matéria de acidente do trabalho (e por extensão, de doenças de origem ocupacional), não há como aplicar-se a regra de lei ordinária — como estabelecido no parágrafo único do art. 927 do Código Civil —, quando a responsabilidade do empregador, em tal hipótese, por força da norma constitucional já mencionada alude, de forma expressa, à condição deste "incorrer em dolo ou culpa". Em reforço de argumentação salienta que quando o legislador constitucional desejou dispensar a demonstração de culpa do agente para fins de responsabilização, fê-lo de forma expressa, como no art. 21, inciso XXIII, *c*, *verbis*: "a responsabilidade civil por danos nucleares independe da existência de culpa".

Cumpre observar, assim que, quanto à principal questão levantada, — ou seja, as hipóteses de acidentes do trabalho e de doenças do trabalho —, prevalecem, como regra geral, os pressupostos tradicionais da responsabilidade civil, a saber: a) a ação ou omissão de qualquer pessoa que venha a acarretar dano a outrem; b) a ilicitude, consistente em culpa ou dolo do agente; c) a relação de causalidade, ou seja relação de causa e efeito entre a ação ou omissão do agente e o dano verificado; d) a ocorrência do dano, pois que, sem a prova do dano, ninguém pode ser responsabilizado civilmente.(4)

O trabalho que ora temos a honra de apresentar, levou o Autor a profunda análise, a saber, as noções introdutórias sobre as responsabilidades objetiva e subjetiva ante o novo Código; percuciente análise da teoria do risco e a responsabilidade civil aplicáveis ao direito do trabalho; a responsabilidade objetiva e subjetiva da empresa na prática do direito do trabalho, assinalando-se a posição dos Tribunais do Trabalho; a responsabilidade da empresa e dos sócios ante as disposições do novo Código Civil; tudo seguido das conclusões do Autor.

A propósito, eis a súmula final do pensamento do pesquisador, com a qual concordamos: "Somente com o aprimoramento de nossos institutos, teremos condições de mitigar a perpetração de ofensas materiais e principalmente morais à pessoa do trabalhador, pois ela, dependendo da pessoa, atinge as profundezas do ser, o recôndito do espírito, aquilo que ele possui de mais íntimo, que deveria ser indevassável, e uma vez atingido, de forma violenta e injusta, dificilmente desaparece."

Não resta, pois, qualquer dúvida a respeito da importância da obra que temos a honra de prefaciar. O jurista *Enoque Ribeiro dos Santos* apresenta mais um tra-

(3) NANNI, Giovanni Ettore. "Responsabilidade no acidente do trabalho", *in Jornal Gazeta Mercantil*, Caderno Legal & Jurisprudência, 13.10.2003, p. 1.
(4) GONÇALVES, Carlos Roberto. *Responsabilidade Civil*. São Paulo: Saraiva, 1995, p. 25-28.

balho indispensável ao operador do Direito do Trabalho. Contribui ele, de forma notável para a compreensão do importantíssimo papel do Direito do Trabalho — ou mesmo do "Direito Social", como enfatizava o saudoso Prof. Cesarino Júnior —, para a preservação dos Direitos Humanos na sociedade de trabalho pós-moderna.

Ari Possidonio Beltran

Advogado em São Paulo. Graduado, Mestre, Doutor e Livre Docente pela Faculdade de Direito da Universidade de São Paulo. Professor de Direito do Trabalho da FDUSP. Membro da Academia Nacional de Direito do Trabalho, do Instituto de Direito Social Cesarino Júnior. Conselheiro da AASP — Associação dos Advogados de São Paulo. Ex-1º Secretário do Centro Acadêmico "XI de Agosto".

"E ao anjo da Igreja, que está em Filadélfia escreve:

Isto diz o que é santo,
O que é verdadeiro,
O que tem a chave de Davi;
O que abre e ninguém fecha;
E fecha e ninguém abre;
Eu sei as suas obras;
Eis que diante de ti pus uma porta aberta,
E ninguém a pode fechar;
Tendo pouca força;
Guardaste a minha palavra,
E não negaste o Meu nome".

(Apocalipse 3,7)

CAPÍTULO I

RESPONSABILIDADE OBJETIVA E SUBJETIVA DO EMPREGADOR EM FACE DO NOVO CÓDIGO CIVIL

1. Noções Introdutórias

A responsabilidade civil objetiva e subjetiva do empregador constitui-se em um dos institutos mais relevantes do Direito na atualidade, principalmente após o advento do Novo Código Civil de 2002 que deu uma nova roupagem jurídica ao conceito de responsabilidade civil.

Exemplo disso é a possibilidade atual de indenização pelo dano exclusivamente moral, que a Constituição Federal de 1988[1] já passara a contemplar.

O escopo do presente trabalho é o desenvolvimento da responsabilidade civil nas relações de trabalho, procurando sempre que possível alinhar a legislação, doutrina e jurisprudência, nas situações de ocorrências de danos patrimoniais, extrapatrimoniais ou ambos.

O vocábulo responsabilidade é utilizado para designar uma série de situações na seara das relações jurídicas. Em sentido mais elástico, a responsabilidade suscita a atribuição a um sujeito, do dever ou obrigação de assumir as conseqüências ou efeitos de uma determinada atitude, evento ou ação. Diz-se, por exemplo, dessa forma, que alguém é responsável por outrem, como o pai pelos filhos menores, o empregador por seus serviçais ou empregados etc. Em outro sentido, a responsabilidade denota a capacidade da pessoa. Os menores de 16 anos, por exemplo, são absolutamente incapazes de exercer pessoalmente os atos da vida civil, como se depreende do art. 3º do novo Código Civil.[2]

No desenvolvimento do presente trabalho, interessa a responsabilidade da empresa ou do empregador por fato ou ato punível ou moralmente reprovável, que implique violação de direito na interpretação do novo Código Civil, que venha a ensejar reflexos ou conseqüências jurídicas.

A rigor, o que se aprecia em sede de responsabilidade civil é a conduta do agente, pessoa jurídica ou física, isto é, a concatenação ou a seqüência de atos ou fatos

(1) Constituição Federal de 1988, art. 5º, inciso V: é assegurado o direito de resposta, proporcional ao agravo, além da indenização por dano material, moral ou à imagem; Inciso X: São invioláveis a intimidade, a vida privada, a honra e a imagem das pessoas, assegurado o direito a indenização pelo dano material ou moral decorrente de sua violação.

(2) Art. 3º São absolutamente incapazes de exercer pessoalmente os atos da vida civil: I — os menores de dezesseis anos; II — os que, por enfermidade ou deficiência mental, não tiverem o necessário discernimento para a prática desses atos; III — os que, mesmo por causa transitória, não puderem exprimir sua vontade.

que produza efeitos geralmente lesivos no patrimônio material ou extrapatrimonial[3] do ofendido. Apenas um único ato pode ser capaz de gerar por si só a obrigação ou o dever de indenizar.

No campo da responsabilidade civil, o que nos interessa é a identificação da conduta comissiva ou omissiva que produz o dever de indenizar. Nesse domínio, uma pessoa é responsável quando é capaz de sofrer uma sanção, independentemente de ter cometido um ato ilícito ou antijurídico pessoalmente. Nesse âmbito, a responsabilidade pode ser direta, quando liga o próprio causador do dano ao ilícito, ou indireta, quando o terceiro que comete o ato ou a seqüência de atos lesivos a outrem é, de uma ou outra forma, ligado ao ofensor, de acordo com o ordenamento jurídico.

No Direito Civil, terceiros só podem ser chamados a indenizar quando a lei expressamente o determinar, diversamente do que ocorre no campo do Direito Penal, no qual a pena não pode passar da pessoa do agente, noção que já sofre contestação na doutrina penalista contemporânea.

Uma das grandes inovações do Novo Código Civil foi a contemplação da responsabilidade objetiva, presente em várias leis, que desconsidera a noção de culpabilidade. A tendência jurisprudencial do alargamento do conceito de culpa, sob o prisma do dever genérico de não prejudicar, possibilitou a criação da Teoria do Risco, em várias configurações.

Por essa teoria, o sujeito responsável por riscos inerentes à atividade econômica ou perigos que sua atuação possa promover deve arcar com a indenização, mesmo que envide todos os esforços no sentido de evitar o dano. Já que o sujeito é privilegiado pelas vantagens ou benefícios do negócio ou atividade, deve responder por possíveis indenizações que essa atividade possa ocasionar. A legislação dos acidentes de trabalho constitui o exemplo claro da teoria da responsabilidade objetiva.

O Código de Defesa do Consumidor é outro exemplo notável de responsabilidade objetiva no ordenamento jurídico. *Sérgio Cavalieri Filho*[4] afirma, que a Lei n. 8.078/90 introduz uma nova área de responsabilidade no Direito brasileiro, a responsabilidade nas relações de consumo, tão vasta que não haveria nenhum exagero em dizer estar hoje a responsabilidade civil dividida em duas partes: a responsabilidade tradicional e a responsabilidade nas relações de consumo.

Não obstante, remanesce ainda entre nós que o princípio da responsabilidade extracontratual civil no novo Código Civil de 2002 continua sendo o da responsabilidade subjetiva, ou seja, responsabilidade fundada na culpa, que recai nos institutos da negligência, imprudência ou imperícia do ofensor. A responsabilidade objetiva, ou

---

(3) De acordo com a Lei n. 10.224/2001, o empregador (superior hierárquico) que, usando da função, constrange alguém a lhe prestar favores sexuais, está sujeito à pena de detenção de um a dois anos. A empresa, por seu turno, poderá ser punida se a vítima ajuizar uma ação reclamatória em face da empresa, e se condenada, deverá geralmente pagar uma indenização pecuniária por danos morais e/ou materiais.

(4) FILHO, Sérgio Cavalieri. *Programa de responsabilidade civil*. 2ª ed. São Paulo: Malheiros, 2000, p. 28.

responsabilidade sem culpa, somente pode ser aplicada, como dito, quando existe lei expressa que assim a autorize.

Assim sendo, na ausência de lei expressa, a responsabilidade por ato antijurídico será subjetiva, pois esta é a norma geral aplicável no ordenamento jurídico pátrio. Entretanto, na análise do caso concreto, o magistrado, em casos excepcionais, considerando os aspectos da nova lei, poderá entender como aplicável a responsabilidade objetiva no caso *sub-judice*.(5)

2. Gênese e evolução histórica da Responsabilidade

O Código de Hamurabi, gravado em uma estrela de basalto negro, que se acha conservada no Louvre, em Paris, tratava da responsabilidade entre 1792-1750 antes de Cristo. Tinha como princípio a proteção aos mais fracos e oprimidos. Era constituído por um sistema de leis sumérias e acadianas, que foram revisadas, adaptadas e ampliadas por Hamurabi. O Código estabelecia uma ordem social baseada nos direitos do indivíduo e aplicada na autoridade das divindades babilônicas e do Estado.

O texto do Código demonstra uma preocupação de Hamurabi em conferir ao lesado uma reparação equivalente. Essa noção pecuniária da reparação do dano possibilitava aos súditos do rei Hamurabi valerem-se das normas ditadas pelo seu Código. Nesse aspecto, os parágrafos do Código são ricos de interpretações do que foi um sistema de leis, fruto dos hábitos e costumes de uma civilização pujante e atraente.

Assim, o célebre axioma primitivo "olho por olho, dente por dente", constituía uma forma de reparação do dano, inserto nos §§ 196, 197 e 200 do Código. O axioma acima expressava a Lei do Talião, isto é, a justiça feita pelas próprias mãos, que originou a autotutela dos dias atuais.(6)

Clayton Reis(7) desenvolve o tema afirmando que "a idéia, hoje vigente, de reparação do dano por um valor monetário tinha por objetivo repor as coisas lesadas ao seu *status quo ante*, ou ainda, dar uma compensação monetária à vítima, em virtude do sofrimento experimentado por esta. Portanto, a imposição de uma pena econômica consistia, sem dúvida, em uma forma de, à custa da diminuição do patrimônio do lesante (que por si só constituia uma pena), proporcionar à vítima uma satisfação compensatória. Além dessa satisfação, a pena objetivava ainda a exclusão da vindita, sentimento contrário à unidade e harmonia do grupo social".

Certo é que naquela época já havia uma preocupação social, cabendo ao Direito da época, por meio da codificação estabelecida pelo Rei da Babilônia, atribuir aos

(5) REIS, Clayton. *O Dano moral*. 4ª ed. Rio de Janeiro: Forense, 1999, p. 9.

(6) SANTOS, Enoque Ribeiro dos. *O dano moral na dispensa do empregado*. 3ª ed. São Paulo: LTr, 2002, p. 53.

(7) *Idem, op. cit.*, p. 10 e 11.

ofensores uma espécie de multa, ou compensação pecuniária, cujo objetivo fundamental consistia em coibir os abusos de violência, bem como reprimir o sentimento de vingança.[(8)]

No Direito Romano, a *Lex Aquilia* é o divisor de águas da responsabilidade civil. Esse diploma, de uso restrito a princípio, atinge dimensão ampla na época de Justiniano, como remédio jurídico de caráter geral; como considera o ato ilícito uma figura autônoma, surge, desse modo, a moderna concepção da responsabilidade extracontratual. O sistema romano de responsabilidade extrai da interpretação da *Lex Aquilia* o princípio pelo qual se pune a culpa por danos injustamente provocados, independentemente de relação obrigacional preexistente. Funda-se aí a origem da responsabilidade extracontratual.[(9)]

Por essa razão, denomina-se também responsabilidade aquiliana essa modalidade de responsabilidade extracontratual. A *Lex Aquilia* foi um plebiscito aprovado provavelmente em fins do século III ou início do século II antes de Cristo, que possibilitou atribuir ao titular de bens o direito de obter o pagamento de uma penalidade em dinheiro de quem tivesse destruído ou deteriorado seus bens. Como os escravos eram considerados coisas, a lei também se aplicava na hipótese de danos ou morte deles. Punia-se por uma conduta que viesse a ocasionar danos. A idéia de culpa é centralizadora nesse intuito de reparação. Em princípio, a culpa é punível, traduzida pela imprudência, negligência ou imperícia, ou pelo dolo.[(10)]

Coube à Escola do Direito Natural ampliar o conceito da Lei Aquília, até então casuística, a partir do século XVII. A teoria da reparação de danos somente começou a ser perfeitamente compreendida quando os juristas equacionaram que o fundamento da responsabilidade civil situa-se na quebra do equilíbrio patrimonial provocado pelo dano. Nesse sentido, transferiu-se o enfoque da culpa, como fenômeno centralizador da indenização, para a noção de dano. O Direito francês aperfeiçoou as idéias romanas, estabelecendo princípios gerais de responsabilidade civil.[(11)]

É inolvidável a contribuição de *Fischer*[(12)], que preconizava que a "responsabilidade civil é pura resultante do equilíbrio violado pelo dano. Ela visa a repor o prejudicado à situação que desfrutava anteriormente, da forma mais completa possível, ou seja, *restitutio in integrum*. A eficiência do reparo será diretamente proporcional ao quanto mais perto alcance reconduzir a vítima ao *status quo ante*".

A propósito, *Fischer*[(13)] ainda afirma que "a indenização tem caráter sucedâneo. Ela põe-se no lugar do dano. O acontecimento danoso interrompe a sucessão normal dos fatos: o dever do indenizante, em tal emergência, é provocar um novo

---

(8) *Idem, ibidem*, p. 11.
(9) VENOSA, Sílvio de Salvo. *Direito Civil*. 3ª ed. São Paulo: Atlas, 2003, p. 18.
(10) *Idem, ibidem*, p. 19.
(11) *Idem, ibidem*, p. 19.
(12) FISCHER, H. *A reparação dos danos no Direito Civil*. Trad. Ferrer de Almeida. Coimbra: Armênio Amado, 1938, p. 165.
(13) *Idem, ibidem*, p. 166.

estado de coisas que se aproxime o mais que for possível à situação frustrada daquela situação, que segundo os cálculos da experiência humana e às leis da probabilidade, seria existente a não ter-se interposto o dano".

Em se tratando o Direito do Trabalho de um ramo da árvore frondosa do Direito Civil, no qual a proteção do trabalhador hipossuficiente suscita uma maior proteção, preconizamos não apenas o maior rigor dos magistrados na apuração e determinação da reparação subjetiva e objetiva, como também a incorporação em nosso ordenamento jurídico dos institutos do *punitive and exemplary damage*(14) (perdas e danos exemplares) oriundos do Direito norte-americano, na aferição e na reparação dos danos morais e materiais em sede trabalhista, mormente os perpetrados contra o empregado.

3. Conceito e fundamento jurídico

Responsabilidade civil pode ser conceituada como a obrigação de responder pelas conseqüências jurídicas decorrentes do ato ilícito praticado, reparando o prejuízo ou dano causado.

Essa responsabilidade pode ser contratual ou extracontratual, ou aquiliana, derivada da *Lex Aquilia*, oriunda do Direito Romano, que se traduz na violação de um preceito de lei, sem conexão com uma norma contratual.

Silvio Rodrigues(15) informa-nos que a responsabilidade civil vem definida por *Savatier*(16) como a obrigação que tem uma pessoa de reparar o prejuízo causado a outra, por fato próprio, ou por fato de pessoas ou coisas que dela dependam.

A responsabilidade civil entre nós, vem regulada, entre outros, pelos arts. 186 e 927 do novo Código Civil de 2002. Estatui o art. 186, *in verbis*:

> "Aquele que, por ação ou omissão voluntária, negligência ou imprudência, violar direito e causar dano a outrem, ainda que exclusivamente moral, comete ato ilícito".

Por seu turno, o art. 927 do Código Civil assim se expressa:

> "Aquele que, por ato ilícito (arts. 186 e 187), causar dano a outrem, fica obrigado a repará-lo. Parágrafo único. Haverá obrigação de reparar o dano, independentemente de culpa, nos casos especificados em lei, ou quando a atividade normalmente desenvolvida pelo autor do dano implicar, por sua natureza, riscos para os direitos de outrem".

Já o art. 187 do Código Civil diz:

---

(14) Sob o tema, nosso artigo: "Contribuições à fixação da indenização do dano moral trabalhista — a tese da aplicação dos *exemplary* ou *punitive damages*". *Revista Justiça do Trabalho*, ano 21, n. 246, junho, 2004. Porto Alegre, p. 7-17.

(15) RODRIGUES, Silvio. *Direito Civil. Responsabilidade Civil.* Volume 4. São Paulo: Saraiva, 2003, p. 6.

(16) SAVATIER. *Traité de la responsabilité civile.* Paris, 1939, v. 1, n. 1.

"Também comete ato ilícito o titular de um direito que, ao exercê-lo, excede manifestamente os limites impostos pelo seu fim econômico ou social, pela boa-fé ou pelos bons costumes".

Dessa forma, não apenas o ato lícito, como também o ato ilícito são considerados espécies do gênero ato jurídico.

Na seara do Direito do Trabalho, o art. 8º da CLT (Consolidação das Leis do Trabalho), por sua vez, preceitua que na falta de disposições legais ou contratuais, o Direito do Trabalho subsidiariamente recorrerá ao Direito Comum naquilo que não for incompatível com os princípios fundamentais deste.

Dessa forma, constituem requisitos da responsabilidade civil:

A) a ação ou omissão (fato lesivo),

B) o dano ou prejuízo,

C) o nexo de causalidade e

D) a culpa, ou o dolo do agente.

4. A bipartição da Responsabilidade Civil

A responsabilidade civil biparte-se em responsabilidade civil objetiva e responsabilidade civil subjetiva.

A responsabilidade civil objetiva já é tratada pelo Direito do Trabalho há décadas, conforme preceitua o art. 2º, § 2º da CLT, que enuncia:

> "sempre que uma ou mais empresas, tendo, embora, cada uma delas, personalidade jurídica própria, estiverem sob a direção, controle ou administração de outra, constituindo grupo industrial, comercial ou de qualquer outra atividade econômica, serão, para os efeitos da relação de emprego, solidariamente responsáveis a empresa principal e cada uma das subordinadas".

Esse tipo de responsabilidade funda-se na Teoria do Risco, independente de dolo ou culpa. Neste caso, o empregador, ou a empresa, assume os riscos da atividade econômica, em qualquer circunstância (recessão, crise econômica, cambial, financeira, de competitividade, até mesmo na força maior e casos fortuitos, conforme dispõem os arts. 501 e 502[17] da Consolidação das Leis do Trabalho.

---

(17) Art. 501 da CLT: Entende-se como força maior todo acontecimento inevitável, em relação à vontade do empregador, e para a realização do qual este não concorreu, direta ou indiretamente. Parágrafo primeiro. A imprevidência do empregador exclui a razão de força maior. Parágrafo segundo. À ocorrência do motivo de força maior que não afetar substancialmente, nem for suscetível de afetar, em tais condições, a situação econômica e financeira da empresa, não se aplicam as restrições desta Lei referentes ao disposto neste Capítulo.

Art. 502 da CLT: Ocorrendo motivo de força maior que determina a extinção da empresa, ou de um dos estabelecimentos em que trabalhe o empregado, é assegurada a este, quando despedido, uma indenização da seguinte forma: I — sendo estável, nos termos dos arts. 477 e 478. II — não tendo direito à estabilidade, metade da que seria devido em caso de rescisão sem justa causa. III — havendo contrato por prazo determinado, aquela a que se refere o art. 479 desta Lei, reduzida igualmente à metade.

O art. 504 da CLT ainda declara que, comprovada a falsa alegação do motivo de força maior, é garantida a reintegração aos empregados estáveis, e aos não-estáveis o complemento da indenização já percebida, assegurado a ambos o pagamento da remuneração atrasada.

4.1. O Fato do Príncipe

Visualizamos nestes artigos da CLT a ocorrência do *factum principis*, ou seja, a paralisação do trabalho por ato de autoridade, que constitui uma das espécies da força maior. Se uma lei municipal impede ou obstrui as atividades de uma empresa, o município responderá solidariamente pelos débitos trabalhistas.

Mozart Victor Russomano[18] declara que o *factum principis* é ato de autoridade pública que determina a suspensão temporária ou definitiva das atividades da empresa, evidentemente, na forma da definição do art. 501 e ss. é modalidade de força maior.

Declara ainda que sobre o *factum principis* existe norma especial, contida no art. 486 da CLT, que transfere a responsabilidade do pagamento dele decorrente à pessoa jurídica de Direito Público, que praticou o ato determinador da suspensão (temporária ou definitiva) do trabalho da empresa.[19]

A título ilustrativo, transcrevemos as seguintes ementas dos Tribunais do Trabalho sobre o tema:

FACTUM PRINCIPIS — ART. 486 DA CLT — INOCORRÊNCIA — MEDIDA PROVISÓRIA N. 168/2004 — BINGO — APLICAÇÃO DO PRINCÍPIO DA ALTERIDADE — O fato do príncipe representa hipótese de término do pacto laboral em face de um ato emanado da Administração Pública, transferindo para a esfera do governo responsável o pagamento de indenização ao empregado dispensado. A imprevidência do empregador, bem como sua concorrência para a deliberação do ato, todavia, exclui a ocorrência do *factum principis*, devendo ele próprio arcar com as conseqüências advindas da rescisão contratual, por aplicação do princípio da alteridade inserto no art. 2º da CLT. A edição da Medida Provisória n. 168/2004, que proibiu a "exploração de todas as modalidades de bingo e jogos em máquinas eletrônicas denominadas 'caça-níqueis', independente dos nomes fantasia", não faz atrair a hipótese prevista no art. 486 da CLT; primeiro porque indemonstrada nos autos a existência de autorização governamental a tornar regular a atividade empresarial; segundo porque, ainda que existente tal aval, o ato da Administração seria precário e, portanto, reversível a qualquer tempo. (TRT 10ª R. — RO 00351-2004-811-10-00-7 — 1ª T. — Relª Juíza Maria Regina Machado Guimarães — J. 4.5.2005)

JOGO DE BINGO — MEDIDA PROVISÓRIA N. 168/04 — *FACTUM PRINCIPIS* — INOCORRÊNCIA — A proibição do jogo de bingo, nos termos da Medida Provisória n. 168, de 20 de fevereiro de 2004, não tem nos contratos de trabalho o efeito previsto no art. 486 da CLT, de transferir para o governo responsável pela paralisação da atividade o

(18) RUSSOMANO, Mozart Victor. *CLT anotada*. 5ª ed. São Paulo: Forense, 2003, p. 149.
(19) *Idem, ibidem*, p. 149.

pagamento de indenização aos empregados. É que o *factum principis*, como assentado na doutrina, tem na imprevisibilidade o seu elemento essencial. Ocorre que toda autorização do poder público, em essência, tem caráter precário, na medida em que pode ser revogada a qualquer momento, o que repele a idéia de imprevisibilidade. Recurso a que se nega provimento. (TRT 24ª R. — RO 0608/2004-001-24-00-1 — Rel. Juiz Márcio Eurico Vitral Amaro — DJMS 21.6.2005)

I) *FACTUM PRINCIPIS*. CONFIGURAÇÃO. REVOLVIMENTO DE FATOS E PROVAS. NULIDADE NÃO CARACTERIZADA. Não se confunde o fato do príncipe com o poder conferido à Administração Pública, tendo sempre em vista a preservação do interesse público, de fiscalizar e interditar estabelecimentos de saúde que não atuem dentro dos limites da Lei. Se a Reclamada, por sua exclusiva culpa, deu causa à interdição perpetrada pelo órgão fiscalizador, deve assumir a responsabilidade por sua incúria, na administração do negócio. O próprio art. 501 da CLT, em seu § 1º, dispõe que "a imprevidência do empregador exclui a razão de força maior". Descabida, portanto, a evocação do § 1º do art. 486 daquele Texto, que remanesce incólume. Sendo esta a realidade delineada no acórdão regional, impossível o conhecimento do Recurso de Revista, que se concentra na avaliação do direito posto em discussão. Assim, em tal via, já não são revolvidos fatos e provas, campo em que remanesce soberana a instância regional. Esta é a inteligência do Enunciado n. 126 do TST. (DJ DATA: 26.9.2003, RELATOR: JUIZ CONVOCADO ALBERTO LUIZ BRESCIANI PEREIRA. TRIBUNAL: TST)

AGRAVO DE INSTRUMENTO. RECURSO DE REVISTA. NULIDADE DO PROCESSO POR VIOLAÇÃO DO DEVIDO PROCESSO LEGAL E CERCEAMENTO DE DEFESA. DENUNCIAÇÃO DA LIDE À UNIÃO FEDERAL. Não é cabível Recurso de Revista quando não satisfeito o pressuposto recursal do prequestionamento, que se erige em requisito indispensável ao conhecimento do apelo, quando a matéria constitucional suscitada — violação dos incisos LIV e LV do art. 5º da CF/88 — não foi explicitamente veiculada na decisão recorrida, inviabilizando o acesso à via extraordinária, tal como previsto no Enunciado n. 297 deste Tribunal Superior. No que diz respeito à denunciação da lide — espécie de intervenção de terceiros capitulada no art. 70 do CPC, e que, no art. 486, § 1º, da CLT, é intitulada como "chamada à autoria" — é incompatível com o Processo do Trabalho, consoante assim preconiza a Orientação Jurisprudencial n. 227 da SBDI-1 desta Corte.

CLÍNICA MÉDICA "SANTA GENOVEVA". *FACTUM PRINCIPIS*. FATO NOTÓRIO. PROVA.

O *factum principis* supõe ato estatal, um ato de império, e não se caracteriza se a administração pública age como contratante e intervém na contratada que, por má administração, causou a morte de quase uma centena de pacientes, bem como não acarreta a responsabilidade do ente público pelos encargos trabalhistas do empregador. Portanto, a decisão que, sob exame da prova, reconheceu a notoriedade do *fato* descrito, para efeito de recusar a alegação de que houve um *fato do príncipe*, não viabiliza o recurso de natureza extraordinária. Cabia à Reclamada o ônus da contraprova (CPC, art. 333, II).

Agravo de instrumento a que se nega provimento. (TRIBUNAL: TST DECISÃO: 6.11.2002, PROC: AIRR NUM: 699730 ANO: 2000 REGIÃO: 01 AGRAVO DE INSTRUMENTO EM RECURSO DE REVISTA

TURMA: 5 ÓRGÃO JULGADOR — QUINTA TURMA Relator: JUIZ CONVOCADO WALMIR OLIVEIRA DA COSTA, DJ 22.11.2002)

Com exceção desses casos, a responsabilidade é sempre da empresa que deve arcar com o risco do negócio. O empregado não pode ser constrangido a socializar prejuízos para os quais não concorreu. Não acarreta, ademais, a responsabilidade do ente público pelos encargos trabalhistas do empregador.

Se o empregador, por sua culpa exclusiva der causa à interdição de um ou mais de seus estabelecimentos ou plantas industriais, pelo órgão fiscalizador, deverá assumir, na integralidade, a responsabilidade por sua incúria ou negligência na administração de seus negócios, como aliás preconiza o art. 501 da CLT, acima enunciado. Nesse caso, não poderá invocar a ocorrência de força maior, nem o enquadramento do evento na teoria da Imprevisão para tentar se desincumbir do pagamento dos encargos.

Para a configuração do fato do príncipe, de forma que o empregador possa elidir a sua responsabilidade pelo evento, será necessária a ocorrência das seguintes situações fáticas, quais sejam:

a) a imprevisibilidade do evento danoso;

b) a inexistência de concurso direto ou indireto do empregador no aludido fato;

c) a necessidade imperativa de que o evento atinja frontalmente e significativamente a situação econômico-financeira do empreendimento do empregador.

5. A Responsabilidade Social ou Ética e as Ações Afirmativas (affirmative actions)

Além da responsabilidade civil objetiva e subjetiva poderíamos até mesmo dizer que existe um terceiro gênero de responsabilidade, ou um desdobramento implícito das duas primeiras enunciadas, a responsabilidade social ou ética da empresa ou do empregador, que deve permear a realização de todos os negócios jurídicos, com base nos princípios da boa-fé, da razoabilidade, da proporcionalidade, bem como na função social do contrato.

Essa responsabilidade ética ou social também é conhecida como governança corporativa ou responsabilidade corporativa, por meio da qual as empresas responsáveis realizam seus negócios jurídicos. Como a empresa constitui uma associação de interessados, esse tipo de responsabilidade visa à garantia das minorias, dos hipossuficientes em face da supremacia do poder econômico das grandes organizações empresariais.

A ética, como ciência da moral, é uma forma de comportamento humano que se encontra em todos os tempos e em todas as sociedades. Constitui, assim, uma forma específica de comportamento humano, cujos agentes são os indivíduos concretos, indivíduos, porém, que só agem moralmente quando em sociedade, dado que a moral existe necessariamente para cumprir uma função social. Os indivíduos ou grupos defrontam-se com a necessidade de pautar o seu comportamento por normas que julgam mais apropriadas ou mais dignas de ser cumpridas. Essas normas são aceitas intimamente e reconhecidas como obrigatórias: de acordo com elas, os indivíduos compreendem que têm o dever de agir desta ou daquela maneira.[20]

Karl Marx considerava que a moral, a política e o direito nada mais são do que produtos necessários das forças econômicas que agem na sociedade, e que essas forças econômicas não agem sozinhas: são apropriadas, não por indivíduos isolados uns dos outros, mas por uma classe social que os agrupa segundo seus próprios interesses. Para ele, a classe dominante — a burguesia capitalista — procura transformar o interesse próprio da classe dominante, em interesse comum de toda a sociedade, sob a forma moral, de direito e de legitimidade política.[21]

Com efeito, no mundo atual, caracterizado pelo desemprego, pela automação, pelo risco onipresente de uma guerra nuclear, não há como não concordar com *Hannah Arendt*, quando ela afirma: "os acontecimentos políticos, sociais e econômica de toda parte conspiram silenciosamente com os instrumentos totalitários inventados para tornar os homens supérfluos".[22]

Na verdade, nunca o mundo vivenciou tamanha prosperidade, e é inegável que todos vivemos em melhores condições materiais. Devido ao progresso científico estamos vivendo mais tempo. Mas também, nunca as diferenças entre os ricos e os pobres foram tão acentuadas. O processo de acumulação de riqueza capitalista tem sido responsável, em grande parte, pela exclusão social, que provoca toda sorte de desequilíbrios no tecido social.

Analisando os dois grandes modelos políticos e ideológicos que se confrontaram no século XX, é oportuno trazer a interessante observação de *Domenico de Masi*, quando declara que "o comunismo demonstrou saber distribuir a riqueza, mas não saber produzi-la; o capitalismo demonstrou saber produzi-la mas não distribuí-la — nem distribuir eqüitativamente o trabalho, o poder e o saber".[23]

E é com este pensamento em mente que não podemos esquecer as advertências, de enorme atualidade, de *Hannah Arendt* sobre o totalitarismo e os enormes riscos que dele emanam: transformar grande parte da população do planeta em seres descartáveis, e sem esperança, o que pode, eventualmente, suscitar um retorno ao terror dos regimes de exceção, afastados do Estado Democrático de Direito.

É preciso que nos unamos para que as normas fundamentais que protegem a dignidade da pessoa humana, ou seja, os direitos humanos fundamentais, em todas as suas dimensões, tenham aplicabilidade e eficácia imediata na órbita do mundo do trabalho e da sociedade como um todo.

(20) SANCHEZ VAZQUEZ, Adolfo. *Ética*. 16ª ed. São Paulo: Civilização Brasileira, 1996, p. 14.

(21) MARX, Karl. *A ideologia alemã*: crítica da filosofia alemã mais recente. Lisboa: Presença, 1980, p. 1.082.

(22) LAFER, Celso. *A reconstrução dos direitos humanos: um diálogo com o pensamento de Hannah Arendt*. São Paulo: Cia das Letras, 1998, p. 154.

(23) DE MASI, Domenico. *O futuro do trabalho: fadiga e ócio na sociedade pós-industrial*. Rio de Janeiro: José Olympio, 1999, p. 15.

Temos atualmente notáveis exemplos que atestam um progresso na ética e na responsabilidade das empresas nas suas relações com os empregados e com a comunidade.

Criado em 1982, o Prêmio Eco reconhece anualmente os melhores projetos de ação social desenvolvidos por empresas privadas nas áreas de cultura, educação, preservação ambiental, participação comunitária e saúde. A Ethos — Instituto de Empresas e Responsabilidade Social — é uma organização não governamental que atua na área da cidadania empresarial ou corporativa. Tem 134 empresas associadas e promove a responsabilidade social das empresas com todos os públicos com que se relaciona.(24)

A responsabilidade social das empresas tem como base uma relação ética com os trabalhadores, os sindicatos, a comunidade e outros parceiros sociais. Pressupõe a transformação dos sistemas de gestão, mediante a utilização de um conjunto de ferramentas que agirão sobre todos os relacionamentos organizacionais. Isso quer dizer que a responsabilidade social envolve a redefinição dos relacionamentos em todos os quadrantes da organização (trabalhadores, sindicatos, acionistas, fornecedores, entidades governamentais etc.).

A responsabilidade social das empresas apresenta similitude com o conceito de governança corporativa, que consiste no conjunto de procedimentos de gestão que lida com o poder de aplicar os recursos da empresa segundo o interesse de seus diversos financiadores e colaboradores (incluindo aqui os trabalhadores), cabendo aos gestores evitar que haja expropriação de um grupo por outro. Dessa forma, prevê a participação democrática de todos os parceiros, primando pela proteção e representação das minorias, dentro do princípio da boa-fé e da transparência nas relações.

Logo, a responsabilidade social da empresa envolve a contabilidade de dados verdadeiros, tornados públicos, através de auditorias independentes, comprometidas com os princípios da transparência. A Ford Brasil criou recentemente uma gerência de responsabilidade social e, em parceria com o Sindicato dos Metalúrgicos do ABC Paulista, estabeleceu o MOVA (Movimento de Alfabetização de jovens e Adultos), que atua desde 1999. Caberá a essa gerência envolver-se com todas as políticas relacionadas com os empregados.(25)

Recentemente, como provável fruto das pressões e demandas por parte das organizações sindicais, as políticas de empregos em favor da igualdade de oportunidade a segmentos sociais que se encontram em posições desfavoráveis (mulheres, negros, deficientes físicos etc.) têm conseguido, finalmente, ser objeto da pauta das negociações coletivas. Em alguns casos, o interesse de corrigir tradicionais práticas discriminatórias e de superar suas novas transformações tem levado várias empresas a ser protagonistas na preparação e execução de políticas de empregos,

(24) "CRESCE cidadania empresarial". *Folha de S. Paulo*, São Paulo, 2 abr.1999. Caderno Dinheiro, p. 1.
(25) "Um cargo inédito para o assunto do momento: responsabilidade social". *Jornal Valor*, São Paulo, 12 fev. 2001, p. D4.

promovendo ações que afirmam os princípios de igualdade de oportunidades. É assim que elas vêm sendo chamadas — ações afirmativas (*affirmativa actions*).[26]

As ações afirmativas, estabelecidas pelos países da União Européia em 1984, por meio da Comissão Européia, na direção-geral Emprego, Relações Industriais e Questões Sociais, têm como objetivo contribuir para cancelar ou corrigir as desigualdades de fato, de maneira a promover a presença e a participação de mulheres em todos os setores profissionais e em todos os níveis de responsabilidade. Logo, tais iniciativas visam a predispor a condutas que afirmam os princípios de igualdade de tratamento, remuneração, ascensão de carreira, promoção e formação entre homens e mulheres nos locais de trabalho. Muitas ações afirmativas nas empresas refletem o novo patamar do diálogo negociado entre trabalhadores, sindicatos, Estado e empresários em favor da igualdade de fato.[27]

De acordo com *Paulo Lucena de Menezes*, ações afirmativas, nos dias correntes, é uma expressão de amplo alcance que designa o conjunto de estratégias, iniciativas ou políticas que visam a favorecer grupos ou segmentos sociais que se encontram em piores condições de competição em qualquer sociedade, em razão, na maior parte das vezes, da prática de discriminações negativas, sejam elas presentes ou passadas. Colocando-se de outra forma, pode-se asseverar que são medidas especiais que buscam eliminar os desequilíbrios existentes entre determinadas categorias sociais até que eles sejam neutralizados, o que se realiza por meio de providências efetivas em favor das categorias que se encontram em posições desvantajosas.[28]

Paradigmático a esse respeito é o pensamento de *Ronald Dworkin*, que defende veementemente as ações afirmativas sob o prisma distributivo, ainda que calcado em argumentos voltados para a utilidade social. Declara ele: "não obstante o objetivo imediato da ação afirmativa ser o de favorecer uma maior participação de determinados grupos na sociedade, a sua finalidade última reside na redução das desigualdades sociais nela existentes, especialmente aquelas relacionadas com a divisão do poder e da riqueza. Dessa forma, os custos e os sacrifícios exigidos para tal redução, que são suportados pelos indivíduos não beneficiados pela política da ação afirmativa implantada, são plenamente justificáveis pelo fato de eles reverterem em favor de um bem maior (distribuição de justiça) que alcança toda a comunidade, visto que uma sociedade igualitária tende a ser uma sociedade mais justa".[29]

---

(26) CAPPELLIN, Paola. "Ações afirmativas, gênero e mercado de trabalho: a responsabilidade social das empresas na União Européia". *In:* ROCHA, Maria Isabel Baltar da (Org.). *Op. cit.*, p. 265.

(27) *Idem, ibidem*, p. 266.

(28) MENEZES, Paulo Lucena de. *A ação afirmativa* (*affirmative action*) no Direito norte-americano. São Paulo: Revista dos Tribunais, 2001, p. 27. Prefaciando esta obra, Manoel Gonçalves Ferreira Filho afirma: "A *affirmative action* inscreve-se na visão clássica da justiça, pois, consiste esta, na expressão de Rui Barbosa, em tratar igualmente os iguais e desigualmente os desiguais, na medida em que se desigualam? Com efeito, é nesse ponto que mais sofrem as minorias em relação a situações anteriores de discriminação, de desigualização negativa. Não é fácil, porém, estabelecer a justa medida da desigualização a ser corrigida, como nem sempre é o determinar quem realmente integra um grupo penalizado pela discriminação.Ademais, pode ela ter efeitos indesejados e indesejáveis, como o mostra a vivência norte-americana, prejudicando muitos quando desiguala para favorecer a outros".

O fato mais importante dessas afirmações consiste na sua dupla fundamentação: o fulcro no princípio da igualdade, assegurado pelas Constituições e leis federais de virtualmente quase todos os países do globo, em conjunto com práticas que combatem qualquer forma de discriminação e injustiças, em perfeita sincronia com o princípio primacial de proteção dos direitos humanos fundamentais.

As transformações no mundo do trabalho, o aumento da competitividade, uma democratização maior nas relações de trabalho encaminham-se para que as empresas sejam levadas a considerar, como parte de sua estratégia, o relacionamento com seus interlocutores sociais: as entidades sindicais. Essas mediações institucionais das ações afirmativas, inseridas como parte das estratégias das relações industriais, podem gerar fruto a médio e longo prazo.

Nesse caso, tais ações colocam-se como um instrumento que incentiva adesão e participação crescentes, aprimorando o estilo de performance/qualidade da própria empresa. É interessante o exemplo da Bélgica: Quando as empresas assinaram as convenções com os sindicatos para implementarem as ações afirmativas — setor metalúrgico, de construção, da eletrônica — conseguiram responder às necessidades de recrutamento e manutenção do pessoal qualificado. Tais empresas conseguiram qualificar o segmento de mão-de-obra feminina recém-desempregada, que já formava o exército de reserva, possibilitando sua nova reinserção nos ofícios técnicos tradicionalmente ocupados só por homens.(30)

No Brasil, os sindicatos e as centrais sindicais podem se apresentar como os principais protagonistas da inserção das ações afirmativas na pauta das negociações coletivas, não isoladamente, mas de maneira difusa no meio sindical. A partir de sua disseminação e efetiva utilização prática nas negociações coletivas, não resta dúvida de que elas irão fortalecer as propostas de igualdade de oportunidades entre os trabalhadores, ou seja, a igualdade profissional, que constitui uma das metas principais das ações afirmativas.

A Lei n. 6.404/76 (Lei das Sociedades Anônimas), o art. 50 do novo Código Civil e vários outros artigos desse diploma legal referentes à Teoria da Empresa atribuem responsabilização dos dirigentes, administradores e gerentes, por abuso de direito e desvio de finalidade na gestão do negócio empresarial.

Assim estatui o art. 117 da Lei n. 6.404/76, que trata da responsabilidade do acionista controlador:

> "Art. 117: O acionista controlador responde pelos danos causados por atos praticados com abuso de poder. § 1º São modalidades de exercício de abuso de poder: a) orientar a companhia para fim estranho ao objeto social ou lesivo ao interesse nacional, ou levá-la a favorecer outra sociedade, brasileira ou estrangeira, em prejuízo da participação dos acionistas minoritários nos lucros no ou no acervo da companhia, ou da economia nacional; b) promover a liquidação de companhia próspera, ou a transforma-

(29) DWORKIN, Ronald. *Los Derechos en serio*. Trad: Marta Guastavino. 3ª impr. Barcelona: Ariel, 1997, p. 327-348.
(30) CAPPELLIN, Paola. *Op. cit.*, p. 274.

ção, incorporação, fusão ou cisão da companhia, com o fim de obter, para si ou para outrem, vantagem indevida, em prejuízo dos demais acionistas, dos que trabalham na empresa ou dos investidores em valores mobiliários emitidos pela companhia; c) promover alteração estatutária, emissão de valores mobiliários ou adoção de políticas ou decisões que não tenham por fim o interesse da companhia e visem a causar prejuízo a acionistas minoritários, aos que trabalham na empresa ou aos investidores em valores mobiliários emitidos pela companhia; d) eleger administrador ou fiscal que sabe inapto, moral ou tecnicamente; e) induzir, ou tentar induzir, administrador ou fiscal a praticar ato ilegal, ou, descumprindo seus deveres definidos nesta Lei e no estatuto, promover, contra o interesse da companhia, sua ratificação pela assembléia-geral;... § 2º No caso da alínea *e* do § 1º, o administrador ou fiscal que praticar o ato ilegal responde solidariamente com o acionista controlador".

O art. 158 dessa Lei trata da Responsabilidade dos Administradores e assim estatui:

"Art. 158 da Lei n. 6.404/76: O administrador não é pessoalmente responsável pelas obrigações que contrair em nome da sociedade e em virtude de ato regular de gestão; responde, porém, civilmente, pelos prejuízos que causar, quando proceder:

I — dentro de suas atribuições ou poderes, com culpa ou dolo;

II — com violação da lei ou do estatuto.

§ 1º O administrador não é responsável por atos ilícitos de outros administradores, salvo se com eles for conivente, se negligenciar em descobri-los ou se, deles tendo conhecimento, deixar de agir para impedir a sua prática. Exime-se de responsabilidade o administrador dissidente que faça consignar sua divergência em ata de reunião do órgão de administração ou, não sendo possível, dela dê ciência imediata e por escrito ao órgão da administração, no conselho fiscal, se em funcionamento, ou à assembléia geral?

§ 2º Os administradores são solidariamente responsáveis pelos prejuízos causados em virtude do não cumprimento dos deveres impostos por lei para assegurar o funcionamento normal da companhia, ainda que, pelo estatuto, tais deveres não caibam a todos eles".

(...)

§ 5º Responderá solidariamente com o administrador quem, com o fim de obter vantagem para si ou para outrem, concorrer para a prática de ato com violação da lei ou do estatuto".

Nestes casos, compete à companhia, mediante prévia deliberação da assembléia-geral, a ação de responsabilidade civil contra o administrador pelos prejuízos causados a seu patrimônio. Essa deliberação poderá ser tomada em assembléia-geral ordinária ou extraordinária.

Poderá ser responsabilizado não apenas o administrador, sócio do empreendimento, como o administrador não-sócio, desde que seu comportamento omissivo ou comissivo se enquadre no tipo legal, uma vez que a lei não discrimina a espécie de administrador. E onde o legislador não especifica, não cabe ao intérprete fazê-lo.

Qualquer acionista poderá promover a ação, se não for proposta no prazo de 3 (três) meses da deliberação da assembléia-geral e se esta deliberar pela não propositura da ação, esta poderá ser proposta por acionista que represente 5% (cinco) por cento, pelo menos, do capital social, conforme estatui o art. 159 da Lei n. 6.404/76.

De outra sorte, a responsabilidade social das empresas veio dar ensejo à discussão nas negociações coletivas de trabalho, por meio de seus instrumentos jurídicos: acordo ou convenção coletiva de trabalho, das ações afirmativas (*affirmativa actions* do Direito norte-americano), que tem como objetivo a proteção de minorias étnicas, negros, hispânicos, mulheres e classes desfavorecidas de trabalhadores, como acabamos de desenvolver acima.

Vemos assim que os princípios nucleares de criação do novo Código Civil brasileiro — eticidade, operabilidade e socialidade — já eram princípios imanentes no Direito do Trabalho, sendo exercidos na prática do dia-a-dia pela jurisprudência predominante de nossos Pretórios.

O empregador, ainda que não tenha contribuído para o evento danoso ou deletério, é responsável pelo pagamento dos salários e demais direitos trabalhistas, inclusive os acidentes de trabalho[31] e as doenças profissionais. Esse tipo de responsabilidade deriva apenas da exigência do dano sofrido pelo empregado (material ou moral, ou ambos) e da correspondente imposição legal de indenização, independentemente de culpa ou dolo.

Já a responsabilidade subjetiva do empregador tem como pressupostos a culpabilidade do agente, seja na forma de culpa estrita (negligência ou imprudência) ou do dolo, que vem a ser a intenção deliberada de produzir um resultado danoso para a vítima.

6. Em direção à completude em matéria de Responsabilidade Civil no Novo Código Civil

É inegável para nós que o Código Civil de 2002, embora tenha mantido a responsabilidade civil subjetiva, ou seja, a responsabilidade que tem como fundamento a culpa (nas modalidades de imprudência e negligência) e o dolo, no art. 186, também veio contemplar a responsabilidade objetiva, embora não com base no risco integral, mas sim com fundamento na teoria do risco criado ou desenvolvido pelo agente, conforme preceitua o art. 927.

Hoje as duas teorias se completam em nosso ordenamento jurídico, em face da enorme desigualdade econômica e social que prevalece em nossa economia, especialmente entre empregado e empregador, fazendo crescer a necessidade de se abolir qualquer indagação sobre os aspectos subjetivos do lesante ou perpetrador de atos ensejadores da reparação civil.

(31) A Lei n. 10.778, de 2003, determina que, em caso de violência física ou psíquica contra a mulher trabalhadora, os serviços de saúde são obrigados a fazer a notificação compulsória ao Ministério da Saúde. O art. 11 da Lei n. 6.259, a que a Lei n. 10.778 faz remissão expressa, diz que "recebida a notificação, a autoridade sanitária é obrigada a proceder à investigação epidemiológica pertinente para elucidação do diagnóstico e averiguação da disseminação da doença na população sob risco".

Incontestável dizer que houve uma evolução salutar no conceito da responsabilidade civil, passando-se de um conceito em que se exigia a existência de culpa para a noção de responsabilidade civil sem culpa, com fundamento no risco.

O conceito de completude no ordenamento jurídico em termos de responsabilidade civil que ora contemplamos tem como escopo a conjugação dos dois tipos de responsabilidade: objetiva e subjetiva em nosso sistema jurídico, tornando mais eficaz a prestação jurisdicional, porém, não se confunde com o dogma da completude jurídica, conceito ligado à corrente do positivismo jurídico.

O positivismo jurídico ao contemplar o dogma da completude apresentava o direito como um sistema fechado de normas e tinha como escopo a miragem da codificação, isto é, a completude de uma regra para cada caso concreto. Com o advento dos códigos não mais existiriam lacunas(32), sejam elas de natureza normativa, ontológica ou axiológica. Por esse conceito, então, o código bastava a si próprio, pois o problema das lacunas restaria superado, sendo que para o magistrado esse código seria como um prontuário infalível, dada a confiança cega e absoluta na suficiência das leis para regular cada caso concreto que lhe fosse submetido.

Já dizia um sábio filósofo grego: O mundo é o mais perigoso dos lugares, a vida é a mais perigosa das experiências, e o homem é o mais perigoso dos animais. Contemplá-lo é a essência da sabedoria. Não conviver com ele é o rumo mais sábio de

---

(32) Entendemos por lacuna, a incompletude insatisfatória dentro da totalidade jurídica prevalecente, advinda do progresso econômico, técnico, cultural, político e social, por meio do qual ocorrem modificações de situações fáticas, aparecendo posteriormente novos regramentos para suprir e regular tais comportamentos humanos ou negócios jurídicos. Para suprir essas omissões, o intérprete recorre à hetero-integração (integração através de recurso a ordenamentos jurídicos diversos e a fontes diversas daquela que é dominante) — lei, e à auto-integração (integração do ordenamento suprida através do mesmo ordenamento — mesma fonte dominante — sem se recorrer a outros ordenamentos). De outra parte, podemos conceituar *lacunas normativas* como o silêncio da lei sobre determinado tema (não regulação positiva do Direito), exigindo à ordem jurídica a integração, nesses casos, pelo magistrado para a solução no caso concreto. Esse tipo de lacuna normativa se diferencia do *silêncio eloqüente*, pois nesse último caso o legislador, de forma deliberada, se recusa a contemplar uma dada situação no ordenamento jurídico. Exemplo disso é a não contemplação na Constituição Federal do instituto da estabilidade no emprego, no rol dos direitos no art. 7º, posto que a Lei n. 8.036/90 passou a regular, de forma ampla, o Fundo de Garantia de Tempo de Serviço (FGTS), que, com o advento da Constituição em 5.10.1988 espancou o instituto da estabilidade, remanescendo entre nós, no setor privado, apenas a garantia provisória no emprego, espécie daquela, com os exemplos do trabalhador acidentado, dirigente sindical, empregadas gestantes, diretor de cooperativa eleito pelos empregados, empregados eleitos para as CIPAS, empregados com assento nos Conselhos do FGTS e do INSS, etc. Não podemos confundir aqui a estabilidade que ainda remanesce no setor público, disposta no art. 41 da CF/88, após a Emenda Constitucional n. 19/98 e os casos de estabilidade de espécies diferenciadas de servidores públicos (Magistrados, membros do Ministério Público, Procuradores, Advogados da União etc.). *Lacunas ontológicas*, por outro lado, ocorrem quando determinado instituto jurídico, normalmente positivado pelo ordenamento jurídico, não mais corresponde aos fatos sociais. Em outras palavras, as lacunas ontológicas são decorrentes do ancilosamento (envelhecimento) da regra positiva, fruto do avanço tecnológico, cultural, histórico, político ou social de uma dada realidade social. Temos, nesse caso, a quebra do equilíbrio que deve existir entre o fato social, o valor e a norma, na filosofia da teoria tridimensional do Direito de *Miguel Reale*. Finalmente, as *lacunas axiológicas ou valorativas*, as quais *Norberto Bobbio* denominava de lacunas ideológicas, acontecem sempre que se observa a ausência de uma norma justa para um determinado caso concreto ou situação fático-normativa. O exemplo mais corriqueiro para esse tipo de lacuna se manifesta na existência de uma norma jurídica, que se for aplicada no caso concreto produzirá uma solução injusta, e, portanto, indesejável para a sociedade.

todos." Autores do gabarito do eminente Professor *Goffredo da Silva Telles Junior*, em sua obra *Iniciação à Ciência do Direito*, asseveram que as formigas e as abelhas formam comunidades que preservam mais seus semelhantes que o homem, que, nem no passado, e muito menos no presente, usa de solidariedade ou caridade para com seu próximo.

As ameaças à vida, à integridade, à saúde, aliadas aos perigos e às vicissitudes da vida moderna, à multiplicidade, à diversidade de acidentes e de doenças do trabalho, à crescente dificuldade de se provar a causa de grande parte dos sinistros e mesmo a culpa do autor do ato, seja ele ilícito ou lícito (temos hipóteses de ressarcimento de prejuízos sem que se cogite da ilicitude da ação), entre outras, foram responsáveis pelo aparecimento da Teoria do Risco ou da responsabilidade objetiva, como para colocar uma pá de cal na dialética de que o direito surge dos fatos econômicos, sociais, políticos, culturais, históricos etc., que constituem as fontes materiais do Direito.

Desse modo, a Teoria do Risco ou da responsabilidade objetiva não tem como escopo a cogitação ou perquirição da intenção ou modo de atuação do agente. Basta provar o nexo etiológico (relação de causalidade) entre a ação lesiva e o dano ou prejuízo provocado, pois neste caso também podemos aplicar o adágio: *pas de indemnization sans grief* (não há indenização sem prejuízo), princípio de grande aplicação prática no Direito Processual Civil.

CAPÍTULO II

TEORIA DO RISCO E DA RESPONSABILIDADE CIVIL APLICÁVEIS AO DIREITO DO TRABALHO

Estaremos desenvolvendo neste capítulo, o entendimento sobre a Teoria do Risco e apresentando uma rápida síntese sobre as várias teorias da responsabilidade civil aplicáveis no caso concreto às lides trabalhistas.

1. A aplicação da Teoria do Risco no Direito do Trabalho e as Teorias da Responsabilidade Civil

A Teoria do Risco surgiu como uma avanço em relação à Teoria da Culpa Administrativa do Estado, uma vez que esta última, também denominada de Teoria do Acidente Administrativo, para identificar a culpa do Estado, exigia a apuração da culpa do serviço público e não a do agente público.

Antes de adentrar a Teoria do Risco propriamente dita, de maneira perfunctória, vamos discorrer sobre a teoria que a precedeu, ou seja, a Teoria do Risco Administrativo ou do Acidente Administrativo.

Na Teoria do Risco Administrativo, o evento culpa poderia ocorrer em três situações: a) em decorrência do não-funcionamento do serviço público. Nessa hipótese, o lesado deveria provar que o dano ocorreu pelo simples fato de o serviço público não estar funcionando. Se o serviço estivesse em funcionamento o dano não teria ocorrido; b) Na segunda hipótese, o serviço existe e foi realizado, embora com certo atraso, tendo provocado dano a terceiros; c) por último, o mau funcionamento do serviço público. Se o serviço tivesse sido prestado de forma regular, o dano não teria ocorrido.

O problema que se afigura era justamente a colheita e a demonstração da prova do dano, ou seja, de que o serviço foi mal prestado ou que ocorreu atraso, posto que invariavelmente os padrões de qualidade técnica para se aferir cientificamente a prestação do serviço público são de difícil mensuração.

Nesse sentido, o surgimento do Teoria do Risco representou um grande avanço, pois ela se funda na Responsabilidade Objetiva, ou seja, sem a perquirição da culpa. Por essa teoria, a responsabilização do Estado ou de uma empresa não mais carece da comprovação da culpa do agente público, ou do serviço público ou mesmo do particular, mas tão-somente a demonstração do dano e do nexo etiológico entre o dano e o serviço público ou o ato da empresa ou do empregado.

A Teoria do Risco tem fundamento principalmente na atividade estatal, que envolve o manejo de quantias fabulosas de recursos, bem como de uma grande coletividade de indivíduos, além da solidariedade social, já que toda a sociedade se beneficia da atividade estatal. Assim, o dano causado injustamente deverá ser socializado pela sociedade, no caso dos serviços públicos e ressarcido pela empresa privada, se a sua atividade econômica ensejou riscos para terceiros.

Na verdade, a Teoria do Risco desdobra-se em: Teoria do Risco Integral e do Risco Administrativo.

1.1. A Teoria do Risco Integral

A Teoria do Risco Integral, quando aplicada ao Estado, não admite a possibilidade de qualquer tipo de excludente, ou seja, não isenta o Estado de qualquer responsabilidade, na hipótese de dano a terceiros.

Em outras palavras, se houve dano ou lesão, o Estado deve ressarcir o lesado, mesmo que este esteja agindo por culpa (negligência, imprudência ou imperícia) e dolo.

Pelo fato de não existir excludentes da responsabilidade nessa teoria, ela poderia dar ensejo a eventual enriquecimento ilícito. Essa teoria nunca foi acolhida no ordenamento jurídico pátrio.

1.2. A Teoria do Risco Administrativo

A Teoria do Risco Administrativo é bem mais moderada. Porém, aceita a não discussão em relação aos elementos subjetivos da responsabilidade (culpa ou dolo), bem como se houve culpa do serviço público.

Para a responsabilização do Estado ou da empresa basta a verificação do nexo causal, ou seja, a relação fática entre o dano e a atividade estatal ou da empresa, que tenha provocado lesão a terceiros. Pelo fato de a atividade estatal e a das empresas ensejar riscos, decorrentes de suas próprias atividades, deverá existir a Responsabilidade Objetiva.

Não obstante, a Responsabilidade Objetiva não é absoluta, como na teoria anterior. Existem casos em que o Estado e a empresa se eximirão do pagamento da indenização. As excludentes de responsabilidade na Teoria do Risco, então, serão os casos de a) fato exclusivo da vítima; b) fato exclusivo de terceiro e c) força maior, que veremos mais adiante nesse trabalho.

É oportuno reafirmar que o Teoria do Risco, que foi incorporada agora ao Código Civil de 2002, no art. 927, constitui instituto já aplicado no Direito do Trabalho, no caso concreto há longa data, conforme preceitua o art. 2º, § 2º da CLT.

Em rápidas palavras, podemos dizer que em sede de Responsabilidade Objetiva não se perquire sobre a existência ou não de culpa ou dolo do agente, ou seja, basta a existência do nexo causal (relação de causa e efeito) e do dano ou lesão. O que se leva em consideração, neste caso, é a ação ou atividade ou a omissão do agente, por si só considerada como potencialmente perigosa para terceiros.

2. As Teorias da Responsabilidade Civil

Dentre as várias teorias sobre o risco podemos enumerar:

2.1. *a Teoria do Risco Proveito*, baseada na idéia de que quem tira proveito ou vantagem de uma atividade e causa dano a outrem tem o dever de repará-lo;

2.2. *a Teoria dos Atos Normais e Anormais*, medidos pelo padrão médio da sociedade;

2.3. *a Teoria do Risco Inerente à Atividade Econômica.* A teoria que melhor explica a responsabilidade objetiva, entretanto, é a do Risco Inerente à Atividade, adotada pelo novo Código Civil, pela qual o dever de reparar o dano surge da atividade normalmente exercida pelo agente que cria risco em potencial a direitos ou interesses alheios. Nesta teoria não se cogita de proveito ou vantagem para aquele que exerce a atividade, mas da atividade em si mesma que é potencialmente perigosa e geradora de riscos a terceiros. Para *Caio Mário da Silva*[1] ela prescinde de qualquer elemento subjetivo: basta a ocorrência do dano ligado a uma atividade geradora de risco, normalmente exercida pelo agente.

Não podemos deixar de reconhecer que sem embargo de toda a evolução da Teoria da Responsabilidade Objetiva entre nós, em face da disseminação de atividades perigosas na sociedade moderna, decorrentes do inusitado crescimento do macro sistema econômico no modo de produção capitalista, das evoluções tecnológicas, da crescente necessidade de trabalho humano em atividades potencialmente perigosas, que suscitam riscos de explosões, riscos nucleares, gases inflamáveis etc. ensejadores de riscos à saúde e à integridade das pessoas, notadamente de trabalhadores, ainda remanesce entre nós, de acordo com o novo Código Civil, a Teoria Subjetiva fundada na culpa, como a teoria catalisadora da responsabilidade civil.

Em nosso país, em decorrência da extensão territorial e da diversidade econômica e social, convivemos com empresas transnacionais globalizadas, altamente evoluídas no plano tecnológico, que operam com técnicas modernas de gestão e administração da produção, mitigando os riscos à integridade de seus empregados, com métodos modernos de segurança e Medicina do Trabalho. Simultaneamente, convivemos com uma constelação de micros, pequenas e médias empresas, que, pela absoluta carência de recursos econômicos e financeiros, em muitos casos tendem a negligenciar aspectos inerentes à segurança de seus empregados, expondo dessa forma, maiores possibilidades de riscos à integridade física dos mesmos, que

(1) SILVA, Caio Mário da. *Responsabilidade civil.* Rio de Janeiro: Forense, 1985, p. 284 e 285.

podem suscitar reparações na órbita da responsabilidade civil, seja de natureza subjetiva ou objetiva.

Isto não significa dizer que os acidentes de trabalho só ocorram nestas últimas. Eles ocorrem tanto nas grandes corporações, que empregam maior contingente de trabalhadores no mesmo local de trabalho, como nas micro, pequenas e médias empresas.

A saúde é um direito de todos, como preceitua o art. 196[(2)] da Constituição Federal de 1988 e o princípio da dignidade humana está realçado hoje a direito constitucional[(3)] e núcleo basilar de virtualmente todos os ordenamentos jurídicos. Basta a pessoa nascer como ser humano, que já lhe cabe a proteção do ordenamento jurídico, muito embora o nosso ordenamento jurídico já proteja o nascituro.[(4)] Podemos mesmo dizer que o princípio da dignidade humana (art. 1º, inciso III da CF/88) constitui o fundamento de validade do Estado Democrático de Direito e, por que não dizer, fundamento de validade da própria preservação da espécie humana.

3. Os direitos da pessoa humana e os princípios sensíveis da Constituição Federal de 1988

Os direitos da pessoa humana também estão incluídos entre os princípios sensíveis da Constituição Federal que têm o condão de suscitar a intervenção da União nos Estados da federação, ou destes últimos nos municípios, como se depreende do art. 34 da Lei Maior, consoante declara:

> "Art. 34: A União não intervirá nos Estados nem no Distrito Federal, exceto para:... VII — assegurar a observância dos seguintes princípios constitucionais: a) forma republicana, sistema representativo e regime democrático; *b) direitos da pessoa humana;* c) autonomia municipal; d) prestação de contas da administração pública, direta e indireta; e) aplicação do mínimo exigido da receita resultante de impostos estaduais, compreendida a proveniente de transferências, na manutenção e desenvolvimento do ensino e nas ações e serviços públicos de saúde".

Por outro lado, o Brasil ratificou a Convenção n. 155 da Organização Internacional do Trabalho, cujo texto assim dispõe:

> "O termo saúde, em relação ao trabalho, abrange não somente a ausência de afecções ou enfermidades, mas também os elementos físicos e mentais que

---

(2) Art. 196 da Constituição Federal de 1988: "A saúde é direito de todos e dever do Estado, garantido mediante políticas sociais e econômicas que visem à redução do risco de doença e de outros agravos e ao acesso universal e igualitário às ações e serviços para sua promoção, proteção e recuperação".

(3) Art. 1º da Constituição Federal de 1988: "Dos Princípios Fundamentais. A República Federativa do Brasil, formada pela união indissolúvel dos Estados e Municípios e do Distrito Federal, constitui-se em Estado Democrático de Direito e tem como fundamentos: I — a soberania, II — a cidadania, III — a dignidade da pessoa humana; IV — os valores sociais do trabalho e da livre iniciativa; V — o pluralismo político".

(4) Art. 2º do novo Código Civil: A personalidade civil da pessoa começa do nascimento com vida; mas a lei põe a salvo, desde a concepção, os direitos do nascituro.

afetam a saúde e estão diretamente relacionados com a segurança e higiene no trabalho".

Diante desse cipoal legislativo, de índole nacional e supranacional, podemos enunciar explicitamente que a sociedade moderna já não pode mais tolerar atos de discriminação, preconceitos, constrangimentos pessoais, assédio moral ou sexual em relação a certas categorias ou classes de pessoas menos privilegiadas, cuja garantia vem estampada inclusive no Código de Defesa do Consumidor (Lei n. 8.078/90) e em várias leis esparsas.

4. O art. 93 da Lei n. 8.213/91 (garantia no emprego)

O art. 93 da Lei n. 8.213/91, na esteira dessa proteção, criou um novo tipo de garantia de emprego aos deficientes físicos, como fica claro pelo texto do citado artigo:

> "Art. 93. A empresa com 100 (cem) ou mais empregados está obrigada a preencher de 2% (dois por cento) a 5% (cinco por cento) dos seus cargos com beneficiários reabilitados ou pessoas portadoras de deficiência, habilitadas, na seguinte proporção:
>
> I — até 200 empregados 2%;
>
> II — de 201 a 500 .... 3%;
>
> III — de 501 a 1.000 .... 4%;
>
> IV — de 1.001 em diante .... 5%.
>
> § 1º A dispensa de trabalhador reabilitado ou de deficiente habilitado ao final de contrato por prazo determinado de mais de 90 (noventa) dias, e a imotivada, no contrato por prazo indeterminado, só poderá ocorrer após a contratação de substituto de condição semelhante.
>
> § 2º O Ministério do Trabalho e da Previdência Social deverá gerar estatísticas sobre o total de empregados e as vagas preenchidas por reabilitados e deficientes habilitados, fornecendo-as, quando solicitadas, aos sindicatos ou entidades representativas dos empregados".

Esse novo posicionamento veio se juntar à proteção do trabalhador, nos casos de insalubridade, periculosidade, atividades penosas (ainda não regulamentado por lei complementar) e outras formas de proteção a trabalho em ambientes perigosos ou deletérios à higidez física, mental e psíquica do trabalhador.

A empresa é o *locus* jurídico, por excelência, no âmbito do Direito das Obrigações, capaz de gerar em seu interior e mesmo em suas relações externas, no curso da relação de trabalho, atos suscetíveis de ensejar tal tipo de responsabilidade, seja por parte do empregador ou do empregado, em decorrência de atos ilícitos, atos lícitos ou decorrentes da própria atividade produtiva.

Sabemos que a finalidade precípua do Direito é a realização da justiça social e o ordenamento jurídico assegura a cada indivíduo, seja pessoa física ou jurídica, o exercício pleno de seus direitos, sejam eles de ordem patrimonial ou extrapatrimonial.

O patrimônio do homem, que é o objeto do Direito, é constituído do somatório de seus bens patrimoniais, aquilo que pode ser aferido economicamente, que é tangível, que de uma forma externa se agrega ao homem e se incorpora ao seu patrimônio, bem como aquela parte intangível, imaterial, constituída pelos seus sentimentos, seu caráter, seu pudor, sua honra, o que poderíamos denominar de homem interior.

Na verdade, como o homem possui duas naturezas, uma de ordem material e outra espiritual, possui, por conseguinte, dois patrimônios, um tangível e outro intangível.

Da mesma forma a pessoa jurídica, possui duas espécies de patrimônio: o tangível — constituído pelos bens materiais propriamente ditos — terreno, planta industrial, móveis e equipamentos industriais, máquinas, veículos, ferramentas etc. e o patrimônio intangível — constituído pela sua reputação, sua marca, sua tecnologia ou *know how* (*savoir faire*), sua imagem no mercado de bens e serviços. Esse bem extrapatrimonial da empresa pode também ser objeto de lesão em sua honra objetiva (aquilo que a sociedade pensa da empresa, a imagem que ela tem do mercado), suscitando a ocorrência do dano moral para a pessoa jurídica, fato já pacificado na jurisprudência, consoante entendimento sumular do Superior Tribunal de Justiça.

Portanto, cabe ao Direito a proteção de seu objeto, a pessoa (o novo Código Civil, em seu art. 1º quando trata da matéria substituiu a palavra homem por pessoa), em sua plenitude, ou seja, em ambos os patrimônios, o material e o imaterial. Em outras palavras, partindo da máxima popular "se alguém pode o mais, pode o menos", podemos aduzir, que se o direito protege aquilo que a maioria dos homens considera o "mais", ou seja, o grande contingente de direitos materiais ou patrimoniais, necessariamente também terá de proteger aquilo que eles consideram o "menos", ou seja, os direitos extrapatrimoniais, embora saibamos que, na verdade das coisas, prevalece a lógica inversa.

Em outras palavras, inversamente ao comportamento natural da maioria das pessoas e do que ela deixa transparecer, o mais sempre deve ser representado pelo seu patrimônio incorpóreo ou extrapatrimonial, isto é, o seu patrimônio moral, aquilo que representa o ser, o homem interior, que é eterno e o acompanha para sempre, enquanto o menos deve ser representado pelo patrimônio material, o ter, que é transitório, provisório, e se extingue para ele no momento de sua passagem para o outro plano de existência. Antes de ter, a pessoa precisa ser.

É por essas e outras razões que o estudo da responsabilidade subjetiva e objetiva e do dano moral reveste-se, nos dias de hoje, da maior relevância e atualidade para o Direito, tanto que um dos maiores juristas de todos os tempos, *Marco Túlio Cicero*, já dizia há 45 anos antes de Cristo, no seu livro *Da República*, que a "honra é o patrimônio dos grandes homens".

Portanto, os aspectos da responsabilidade objetiva e subjetiva no Direito do Trabalho, em face do novo Código Civil, apresentam interessantíssimos desdobramentos.

Podemos até mesmo dizer que, se existe um ramo no Direito em que esse tipo de responsabilidade seja fértil, em termos de reincidências, é justamente no Direito do Trabalho, pelo fato de as relações entre empregado e empregador serem perenes, de trato sucessivo e contínuo, diuturnas, possibilitando maior potencial de oportunidades de perpetração de ilícitos por uma das partes do contrato de trabalho, muito além do que ocorre nos contratos comuns do Direito Civil ou Direito Comercial ou mesmo do Código do Consumidor, onde as relações são tipicamente instantâneas, as partes na maioria das vezes estão em nível de igualdade econômica e social e, com exceção das relações de consumo, são raros os aspectos ligados à hipossuficiência de qualquer uma das partes.

5. A Responsabilidade Civil Subjetiva e Objetiva no Direito do Trabalho em face do Novo Código Civil

Podemos afirmar com toda as letras que os aspectos da responsabilidade civil subjetiva e objetiva encontram um campo fértil de incidências, repetições e desenvolvimento na órbita das relações de trabalho.

O Direito do Trabalho aparece como o ramo do Direito em cujas delimitações a responsabilidade civil alcança seu máximo desenvolvimento, já que aí a proteção da personalidade adquire especial dimensão, tanto por sua primordial importância — dado o caráter pessoal, infungível e duradouro da relação de emprego, como por ter sido objeto de uma garantia jurídica especial, fundada nos princípios da proteção do empregado e da continuidade da relação de emprego, com esteio maior no princípio universal da dignidade da pessoa humana, que constitui um dos fundamentos do Estado Democrático de Direito, reafirmado pelo art. 1º, inciso III da Constituição Federal de 1988.

O contrato de trabalho é caracterizado por ser de trato sucessivo, de atividade, com as prestações num repetir diário, ao longo do tempo, possibilitando o surgimento de danos, tanto ao empregador, como ao empregado. A pessoalidade, a perenidade da relação, a infungibilidade, a subordinação, requisitos à configuração da figura do empregado (art. 3º, da CLT), acabam por permitir situações em que o empregado pode ser alvo de algumas das situações típicas da responsabilidade civil objetiva ou subjetiva, com repercussões em sua honra, dignidade, boa fama, ou mesmo na sua integridade física e psíquica, como nos casos de acidente de trabalho ou de doença profissional, que invariavelmente podem provocar deformações físicas ou estéticas na pessoa do trabalhador.

6. A Súmula n. 341 do Supremo Tribunal Federal

O Supremo Tribunal Federal, por meio da Súmula n. 341, atribuiu a responsabilidade ao empregador por atos do empregado ou preposto, como deflui de seu texto:

"É presumida a culpa do patrão ou comitente pelo ato culposo de seu empregado ou preposto".

Atualmente, o art. 932 do novo Código Civil positivou o enunciado dessa Súmula, como dispõe:

"Art. 932. São também responsáveis pela reparação civil:

III — o empregador ou comitente, por seus empregados, serviçais e prepostos, no exercício do trabalho que lhes competir, ou em razão dele."

Já a teoria da responsabilidade objetiva no novo Código Civil é baseada na Teoria do Risco, decorrente da própria atividade do empregador ou da empresa, quando coloca o patrimônio material ou extrapatrimonial de terceiros, entre eles o de seus empregados em risco potencial. Neste caso só basta a prova do prejuízo e o nexo de causalidade para que o perpetrador do ato seja obrigado à reparação ou indenização.

7. A Responsabilidade civil subjetiva

A responsabilidade civil subjetiva vem inserida no art. 186: "aquele que, por ação ou omissão voluntária, negligência ou imprudência, violar direito e causar dano a outrem, ainda que exclusivamente moral, comete ato ilícito".

Logo, para que se configure o ato ilícito, ou seja, o ato praticado em desacordo com a ordem jurídica, violando o direito subjetivo individual, é necessário que haja a concorrência dos seguintes elementos: a) fato lesivo voluntário, causado pelo agente, por ação ou omissão voluntária, negligência ou imprudência; b) ocorrência de um dano patrimonial ou moral, sendo que a Súmula n. 37 do Superior Tribunal de Justiça admite a cumulação das indenizações por danos material e moral decorrentes do mesmo fato; e c) o nexo de causalidade ou etiológico entre o dano e o comportamento do agente.

8. O abuso ou exercício irregular de um direito

O art. 187 do Código Civil traz, também, o conceito de abuso de direito ou exercício irregular do direito que poderá ensejar a responsabilidade civil.

Diz o art. 187:

"Também comete ato ilícito o titular de um direito que, ao exercê-lo, excede manifestamente os limites impostos pelo seu fim econômico ou social, pela boa-fé ou pelos bons costumes."

Sabemos que o uso de um direito, poder ou coisa, além do que é permitido, que extrapole as limitações jurídicas e venha a lesar direito de outrem, acarreta, como conseqüência o dever de indenizar. Sob a aparência de um ato lícito ou perfeito, pode estar camuflada a ilicitude no seu resultado, atentando contra os princípios universais da boa-fé e dos bons costumes, seja por desvio de finalidade ou mesmo da função social para a qual o Direito foi criado. Da mesma forma, não cabe qualquer tipo de indenização, por estarem amparados pelo Direito, os atos praticados em legítima defesa ou no exercício regular de um direito reconhecido.

9. A Responsabilidade Objetiva

Por meio de uma interpretação analógica, podemos dizer que o desvio de finalidade do art. 187 pode ser comparado ao desvio de função nas relações de trabalho, que acarreta para o empregador a responsabilidade pelo pagamento das diferenças salariais respectivas.

Declara a Orientação Jurisprudencial (OJ n. 125 da SDI I do TST) *in verbis*:

"Quadro de carreira. Desvio de função. O simples desvio funcional do empregado não gera direito a novo enquadramento, mas apenas às diferenças salariais respectivas".

Tal situação configura típico caso de responsabilidade objetiva do empregador pelo pagamento das diferenças salariais.

Da mesma forma que os princípios da eticidade, a operabilidade e a socialidade nortearam a criação do novo Código Civil, podemos dizer que o conceito de responsabilidade civil objetiva e a subjetiva, que agora se complementam no sentido de dar proteção ao ofendido, transmutou-se de uma concepção individual, porque não dizer egoísta, de se preocupar somente com o "eu", para assumir na atualidade uma concepção fundamentalmente social, com ênfase no pronome "nós", que se reflete com clareza solar no *nos otros* dos castelhanos, postando-se em linha com os institutos modernos de proteção à dignidade da pessoa humana.

Os arts. 931 e 932 também se completam ao referenciar os atos ensejadores de reparação civil.

O art. 931 estatui:

"Ressalvados outros casos previstos em lei especial, os empresários individuais e as empresas respondem independentemente de culpa pelos danos causados pelos produtos postos em circulação."

Esse artigo é compatível com o art. 14 do Código de Defesa do Consumidor[(5)] (Lei n. 8.078/90), que adotou a teoria da responsabilidade objetiva do empresário

---

(5) Art. 14. O fornecedor de serviços responde, independentemente da existência de culpa, pela reparação dos danos causados aos consumidores por defeitos relativos à prestação dos serviços, bem como por informações insuficientes ou inadequadas sobre sua fruição e riscos.

§ 1º O serviço é defeituoso quando não fornece a segurança que o consumidor dele pode esperar, levando-se em consideração as circunstâncias relevantes, entre as quais:

I — o modo de seu fornecimento;

pelos danos causados pelos produtos postos em circulação. Podemos aduzir daqui, a *contrario sensu*, que a pessoa jurídica, além de ser agente ativo de atos ensejadores de reparação civil, também pode se colocar no plano passivo, ao figurar como vítima de atos desabonadores à sua honra objetiva, embora, com a devida vênia, não concordamos inteiramente com o disposto na Súmula n. 227, a seguir mencionada.

10. A Súmula n. 227 do Superior Tribunal de Justiça

Estabelece a Súmula n. 227 do STJ :

"A pessoa jurídica pode sofrer dano moral".

Pelo fato de a empresa constituir uma ficção jurídica, ou seja uma criação dos homens, ela só se apresenta como um ente material, desprovido de alma e espírito. Assim sendo, eventual mácula contra tal entidade poderá afetar tão-somente a sua honra objetiva, ou seja, a imagem que a sociedade ou o público têm sobre ela. Dessa forma, a empresa não poderá sofrer um dano moral puro decorrente de um ato ilícito, posto que o seu sofrimento nunca será espiritual.

Nesse sentido, a Súmula n. 227 do STJ no nosso modesto entendimento terá de ser, necessariamente, interpretada com certas restrições: a pessoa jurídica poderá sofrer dano moral, decorrente de ferimento em sua honra objetiva, e daí, o fato imputável será suscetível meramente de indenização por danos materiais, à sua imagem, reputação ou boa fama no mercado de produtos ou serviços, cuja indenização pecuniária poderá eventualmente ser cumulada com uma retratação ou desagravo público com o fito de limpar sua imagem e reconduzi-la ao *status quo ante bellum*.

O mesmo entendimento nunca poderá ser extensivo à pessoa humana, pois, na verdade, quando se demanda em juízo a reparação pelo dano moral sofrido não se busca, em essência, um valor pecuniário para a sua dor espiritual. No fundo, o que se busca é um reconhecimento do Estado, e por conseguinte da sociedade, de que foi realmente vitimado por um ato ilícito, injusto, desonroso, às vezes de profundo estresse e humilhação.

Desse modo, a indenização pecuniária ou mesmo *in natura* devida à pessoa física tem o condão de provocar no lesado um novo e inusitado estado de coisas — um sentimento de consolação, de compreensão, de alívio e mesmo de conforto ao seu "eu interior" — mitigando-lhe a dor outrora sofrida (quando, na maioria das ve-

---

II — o resultado e os riscos que razoavelmente dele se esperam;
III — a época em que foi fornecido.
§ 2º O serviço não é considerado defeituoso pela adoção de novas técnicas.
§ 3º O fornecedor de serviços só não será responsabilizado quando provar:
I — que, tendo prestado o serviço, o defeito inexiste;
II — a culpa exclusiva do consumidor ou de terceiro.
§ 4º A responsabilidade pessoal dos profissionais liberais será apurada mediante a verificação de culpa.

zes, ele já não tinha mais esperança de se ver recompensado ou reconfortado), proporcionando-lhe um lenitivo para seu espírito, um refrigério para sua alma, para que ele tente apagar, pelo menos em parte, as agruras de que foi vitimado, em decorrência do ato ilícito com que foi acometido.[6]

11. A integração do Código de Defesa do Consumidor (Lei n. 8.078/90), do novo Código Civil e do Direito do Trabalho em matéria de responsabilidade objetiva

É relevante também destacar uma acentuada evolução apresentada pela responsabilidade civil das pessoas jurídicas, que, da fórmula limitativa constante do art. 1.522 do Código Civil de 1916, pelo qual somente as pessoas jurídicas que exercessem exploração industrial deveriam ser responsabilizadas pelos atos de seus empregados ou prepostos, passaram a ter a obrigação de ampla reparação, não apenas de índole civil, mas também de natureza penal nas causas que envolvem o meio ambiente, a ecologia, os direitos metaindividuais, difusos, coletivos, principalmente em face do Código do Consumidor. Podemos aqui citar o exemplo das pessoas jurídicas de direito público que deixaram o princípio da culpa e passaram a adotar a Teoria do Risco Administrativo (Constituição Federal, art. 37[7], § 6º).

A boa hermenêutica passou a considerar toda e qualquer pessoa jurídica como responsável, tenha ou não fins lucrativos (religiosos, empresas de benemerência, literárias, científicas etc). Com o Código do Consumidor ampliou-se ainda mais a responsabilidade civil das pessoas jurídicas, que, diante de relações de consumo, têm responsabilidade objetiva, independentemente da culpa.

Temos no art. 932 do Código Civil exemplo notável de responsabilidade da empresa:

> "São também responsáveis pela reparação civil: III — o empregador ou comitente, por seus empregados, serviçais e prepostos, no exercício do trabalho que lhes competir, ou em razão dele."

Estes são os típicos casos de responsabilidade objetiva indireta ou oblíqua, se o ato é praticado por terceiro, seja ele empregado, preposto, serviçal ou prestador de serviço ligado ao imputado, e essa ligação deve constar da lei.

Esse tipo de responsabilidade existe porque a antijuridicidade da conduta, por si só, ou seja, a responsabilidade direta do agente não satisfaz o anseio da justiça aristotélica distributiva — com base no brocardo extraído do clássico "Ética a Nicô-

---

(6) SANTOS, Enoque Ribeiro dos. "Contribuições à fixação da indenização do dano moral trabalhista". A tese da aplicação dos *exemplary* ou *punitive damages*". *Revista Direito do Trabalho.* Coord: Nelson Mannrich. Ano 30. Abril-Junho 2004, n. 114. São Paulo, Editora Revista dos Tribunais, p. 198

(7) Art. 37 da Constituição Federal. § 6º As pessoas jurídicas de direito público e as de direito privado prestadoras de serviços públicos responderão pelos danos que seus agentes, nessa qualidade, causarem a terceiros, assegurado o direito de regresso contra o responsável nos casos de dolo ou culpa.

mano" — *dar a cada um o que é seu* — fazendo com que haja a necessidade de transcender ou ir além da pessoa causadora do ato ilícito, por sua condição de dependência ou subordinação, para atingir a pessoa do responsável pelo agente causador do dano, desde que haja uma vinculação jurídica entre o responsável indireto (empregador ou empresa) e o responsável direto (empregado, preposto, prestador de serviço).

A interpretação da lei na responsabilidade civil indireta é sempre restritiva, a não ser nos casos explicitamente previstos na lei. Podemos dizer que existe certa analogia entre o art. 942 do Código Civil, que trata da responsabilidade solidária, com o art. 37, parágrafo VI da Constituição Federal, ou seja, a empresa, assim como o Estado (administração pública direta, indireta, fundações, autarquias e empresas concessionárias, permissionárias) respondem pelos atos praticados pelos seus agentes, quando por ação ou omissão agem em nome dessas entidades. Responderão, porém, por dolo ou culpa, por ação autônoma de direito de regresso, com seus patrimônios pessoais.

Já o art. 933[(8)] do Código Civil, que trata da responsabilidade indireta ou oblíqua, adota, em sua plenitude, a responsabilidade civil objetiva, independentemente de culpa.

Se o ato lesivo foi perpetrado por pessoa jurídica, devemos distinguir se foi praticado por meio de representante legal ou estatutário ou de empregado (preposto, prestador de serviço, serviçal etc.).

No primeiro caso, a empresa responde, sem que se tenha de fazer qualquer indagação sobre a culpabilidade. No segundo caso, para que a pessoa jurídica possa ser responsabilizada, é necessário que o agente tenha praticado o ato ilícito no exercício de suas funções (inciso III do art. 932), cabendo sempre o direito de regresso contra o causador do dano. Assim sendo, no caso de pessoa jurídica, deve-se sempre verificar a espécie de empresa e a condição do agente, ou seja, se age em nome da entidade ou a seu serviço.

Para a aplicação da teoria da responsabilidade objetiva e subjetiva as disposições legais procuram disciplinar a responsabilidade civil da empresa, dos sócios e dos administradores em se tratando dos vários tipos de sociedade, seja ela sociedade anônima, em nome coletivo, limitada, por comandita simples ou por ações etc. Entretanto, o princípio que prevalece é o da responsabilização da pessoa jurí-

(8) Art. 932. São também responsáveis pela reparação civil:
I — os pais, pelos filhos menores que estiverem sob sua autoridade e em sua companhia;
II — o tutor e o curador, pelos pupilos e curatelados, que se acharem nas mesmas condições;
III — o empregador ou comitente, por seus empregados, serviçais e prepostos, no exercício do trabalho que lhes competir, ou em razão dele;
IV — os donos de hotéis, hospedarias, casas ou estabelecimentos onde se albergue por dinheiro, mesmo para fins de educação, pelos seus hóspedes, moradores e educandos;
V — os que gratuitamente houverem participado nos produtos do crime, até a concorrente quantia.
Art. 933. As pessoas indicadas nos incisos I a V do artigo antecedente, ainda que não haja culpa de sua parte, responderão pelos atos praticados pelos terceiros ali referidos.

dica, quanto aos atos praticados em sua atividade, levando-se em consideração a sua natureza jurídica.

O art. 50 do novo Código Civil firma a responsabilidade dos administradores e sócios, por meio da despersonalização da pessoa jurídica, em caso de abuso de personalidade jurídica, caracterizado pelo desvio de finalidade ou pela confusão patrimonial.

Diz o art. 50 do Novo Código Civil:

"Art. 50. Em caso de abuso da personalidade jurídica, caracterizado pelo desvio de finalidade, ou pela confusão patrimonial, pode o juiz decidir, a requerimento da parte, ou do Ministério Público quando lhe couber intervir no processo, que os efeitos de certas e determinadas relações de obrigações sejam estendidos aos bens particulares dos administradores ou sócios da pessoa jurídica".

Vê-se que esse artigo guarda íntima correlação com o art. 28 do Código de Defesa do Consumidor[(9)], com o art. 135, inciso III, do Código Tributário Nacional[(10)], e art. 2º da Consolidação das Leis Trabalhistas.

No que tange aos administradores responsáveis, a lei não distingue entre associados, prestadores de serviços, voluntários, empregados, contadores etc. Seja qual for a natureza da relação jurídica mantida pelo administrador com a pessoa jurídica que administra, ele responde civilmente, em caso de abuso de personalidade jurídica, por atos de sua gestão.

O empregador responde perante terceiros (inclusive em face de outros empregados, clientes etc) pelos atos de seus prepostos "no exercício do trabalho que lhes competir, ou em razão dele" (art. 932, inciso III), o que lhe assegura o direito de regresso, "salvo se o causador do dano for descendente seu, absoluta ou relativamente incapaz" (art. 934).[(11)]

Na hipótese de inadimplência contratual do empregador por culpa do empregado, este apenas responderá regressivamente pelas custas, honorários advocatícios e juros de mora acrescidos à prestação principal, bem como pela indenização

---

(9) Art. 28. O juiz poderá desconsiderar a personalidade jurídica da sociedade quando, em detrimento do consumidor, houver abuso de direito, excesso de poder, infração da lei, fato ou ato ilícito ou violação dos estatutos ou contrato social. A desconsideração também será efetivada quando houver falência, estado de insolvência, encerramento ou inatividade da pessoa jurídica provocados por má administração.
§ 1º (Vetado).
§ 2º As sociedades integrantes dos grupos societários e as sociedades controladas, são subsidiariamente responsáveis pelas obrigações decorrentes deste código.
§ 3º As sociedades consorciadas são solidariamente responsáveis pelas obrigações decorrentes deste código.
§ 4º As sociedades coligadas só responderão por culpa.
§ 5º Também poderá ser desconsiderada a pessoa jurídica sempre que sua personalidade for, de alguma forma, obstáculo ao ressarcimento de prejuízos causados aos consumidores.

(10) Art. 135. São pessoalmente responsáveis pelos créditos correspondentes a obrigações tributárias resultantes de atos praticados com excesso de poderes ou infração de lei, contrato social ou estatutos:
I — as pessoas referidas no artigo anterior;
II — os mandatários, prepostos e empregados;
III — os diretores, gerentes ou representantes de pessoas jurídicas de direito privado.

(11) Art. 934. Aquele que ressarcir o dano causado por outrem pode reaver o que houver pago daquele por quem pagou, salvo se o causador do dano for descendente seu, absoluta ou relativamente incapaz.

complementar referida no parágrafo único do art. 404[(12)] do novo Código Civil. Isso pelo fato de a obrigação principal decorrer da obrigação contratual assumida pelo empregador, da qual ele não pode se esquivar, mesmo que o inadimplemento decorra de ato culposo de seu empregado ou preposto.

O § 1º do art. 462[(13)] da CLT estipula que em caso de dolo, o empregado pode sofrer descontos em seu salário, independentemente de autorização. Já na hipótese de ato culposo, o desconto depende de expressa autorização do empregado.

O art. 1.175[(14)] do novo Código Civil trata da responsabilidade subsidiária (ou secundária) do empregado, quando ele age em nome da empresa causando danos a terceiros pela inadimplência contratual.

Este artigo limita-se ao empregado-gerente por expressa disposição legal. Seria o caso, por exemplo, do gerente que, em nome da empresa, se responsabiliza pelo não pagamento de direitos assegurados aos empregados por norma coletiva. Nessa hipótese, tanto o gerente como a empresa respondem pela inadimplência. Obviamente, a responsabilidade principal é do empregador, já que o pagamento daquelas verbas faz parte de suas obrigações principais.

12. A culpa in eligendo *e* in vigilando *da empresa*

Do art. 933 do Código Civil, *retro* mencionado, podemos inferir a culpa *in eligendo* e a culpa *in vigilando* para ensejar a responsabilidade civil. No que respeita ao empregador, a culpa pode se configurar em ambos os casos: *in eligendo* e *in vigilando*. No caso de responsabilidade do empregador por atos de seus emprega-

---

(12) Art. 404. As perdas e danos, nas obrigações de pagamento em dinheiro, serão pagas com atualização monetária segundo índices oficiais regularmente estabelecidos, abrangendo juros, custas e honorários de advogado, sem prejuízo da pena convencional.
Parágrafo único. Provado que os juros da mora não cobrem o prejuízo, e não havendo pena convencional, pode o juiz conceder ao credor indenização suplementar.

(13) Art. 462. Ao empregador é vedado efetuar qualquer desconto nos salários do empregado, salvo quando este resultar de adiantamentos, de dispositivos de lei ou convenção coletiva. (Redação dada ao *caput* pelo Decreto-Lei n. 229, de 28.2.67)
§ 1º Em caso de dano causado pelo empregado, o desconto será lícito, desde que esta possibilidade tenha sido acordada ou na ocorrência de dolo do empregado. (Antigo parágrafo único renumerado pelo Decreto-Lei n. 229, de 28.2.67)
§ 2º É vedado à empresa que mantiver armazém para venda de mercadorias aos empregados ou serviços destinados a proporcionar-lhes prestações *in natura* exercer qualquer coação ou induzimento no sentido de que os empregados se utilizem do armazém ou dos serviços. (Parágrafo acrescentado pelo Decreto-Lei n. 229, de 28.2.67)
§ 3º Sempre que não for possível o acesso dos empregados a armazém ou serviços não mantidos pela empresa, é lícito à autoridade competente determinar a adoção de medidas adequadas, visando a que as mercadorias sejam vendidas e os serviços prestados a preços razoáveis, sem intuito de lucro e sempre em benefício dos empregados. (Parágrafo acrescentado pelo Decreto-Lei n. 229, de 28.2.67)
§ 4º Observado o disposto neste Capítulo, é vedado às empresas limitar, por qualquer forma, a liberdade dos empregados de dispor do seu salário. (Parágrafo acrescentado pelo Decreto-Lei n. 229, de 28.2.67).

(14) Art. 1.175. O preponente responde com o gerente pelos atos que este pratique em seu próprio nome, mas à conta daquele.

dos, a interpretação jurisprudencial orientava-se no sentido de não aceitar a prova da ausência de culpa *in eligendo* do patrão.

A culpa *in vigilando* cabe nos casos de acidente de trabalho por negligência patronal em exigir, verificar e acompanhar se os equipamentos de segurança estão sendo efetivamente utilizados pelos empregados.

Agora no novo Código Civil, o empregador ou a empresa, no que respeita aos atos praticados pelo empregado, bem como daqueles que, mesmo gratuitamente, tenham participado de produtos de crime, passaram a responder objetivamente pelos danos causados, ou seja, independentemente de culpa.

Deve-se registrar que, em todos os casos de responsabilidade indireta, vigora o princípio do direito de regresso daquele que suporta seus efeitos contra o agente que tiver praticado o ato antijurídico, exceto na hipótese da responsabilidade paterna, em face de motivos de ordem moral e de organização familiar.

13. A responsabilidade civil e a responsabilidade criminal

A responsabilidade civil independe da criminal e o magistrado, no caso concreto, não precisa sobrestar o feito para aguardar a decisão do magistrado da Justiça Criminal, caso esteja em desenvolvimento processo neste juízo envolvendo o reclamante de uma ação trabalhista.

O art. 935 do Código Civil dispõe:

> "Art. 935. A responsabilidade civil é independente da criminal, não se podendo questionar mais sobre a existência do fato, ou sobre quem seja o seu autor, quando estas questões se acharem decididas no juízo criminal."

Poderíamos destacar neste tópico alguns casos típicos de dispensa do trabalhador por justa causa, dispostos no art. 482 da CLT[15].

---

(15) Art. 482. Constituem justa causa para rescisão do contrato de trabalho pelo empregador:
a) ato de improbidade;
b) incontinência de conduta ou mau procedimento;
c) negociação habitual por conta própria ou alheia sem permissão do empregador, e quando constituir ato de concorrência à empresa para a qual trabalha o empregado, ou for prejudicial ao serviço;
d) condenação criminal do empregado, passada em julgado, caso não tenha havido suspensão da execução da pena;
e) desídia no desempenho das respectivas funções;
f) embriaguez habitual ou em serviço;
g) violação de segredo da empresa;
h) ato de indisciplina ou de insubordinação;
i) abandono de emprego;
j) ato lesivo da honra ou da boa fama praticado no serviço contra qualquer pessoa, ou ofensas físicas, nas mesmas condições, salvo em caso de legítima defesa, própria ou de outrem;
k) ato lesivo da honra e boa fama ou ofensas físicas praticadas contra o empregador e superiores hierárquicos, salvo em caso de legítima defesa, própria ou de outrem;
l) prática constante de jogos de azar.
Parágrafo único. Constitui igualmente justa causa para dispensa de empregado, a prática, devidamente comprovada em inquérito administrativo, de atos atentatórios à segurança nacional. (Parágrafo acrescentado pelo Decreto-Lei n. 3, de 27.1.66)

14. Responsabilidade solidária

Por seu turno, o art. 942 do Código Civil estatui:

"Os bens do responsável pela ofensa ou violação do direito de outrem ficam sujeitos à reparação do dano causado; e, se a ofensa tiver mais de um autor, todos responderão solidariamente pela reparação. Parágrafo único: são solidariamente responsáveis com os autores os co-autores e as pessoas designadas no art. 932."

Em princípio, a responsabilidade é individual, mas existem casos de responsabilidade indireta, em que uma pessoa jurídica (ou empregador pessoa física) responde por ato de terceiro (empregado), consoante o art. 932, incisos I a V.

Aplica-se, neste caso, o princípio da solidariedade, em que tanto o agente causador do dano como o seu responsável, por relação vinculativa jurídica, de dependência ou subordinação, são obrigados pela reparação integral do dano.

O mesmo princípio da solidariedade aplica-se diante do concurso de agentes na prática do ilícito, isto é, quando duas ou mais pessoas violam direito de outrem e lhe causam dano. O art. 9º[16] da CLT tem também plena aplicabilidade nessa situação.

A solidariedade[17] não se presume. Decorre da lei ou da manifestação da vontade, por meio do contrato.

Art. 483. O empregado poderá considerar rescindido o contrato e pleitear a devida indenização quando:
a) forem exigidos serviços superiores às suas forças, defesos por lei, contrários aos bons costumes, ou alheios ao contrato;
b) for tratado pelo empregador ou por seus superiores hierárquicos com rigor excessivo;
c) correr perigo manifesto de mal considerável;
d) não cumprir o empregador as obrigações do contrato;
e) praticar o empregador ou seus prepostos, contra ele ou pessoas de sua família, ato lesivo da honra e boa fama;
f) o empregador ou seus prepostos ofenderem-no fisicamente, salvo em caso de legítima defesa, própria ou de outrem;
g) o empregador reduzir o seu trabalho, sendo este por peça ou tarefa, de forma a afetar sensivelmente a importância dos salários.
§ 1º O empregado poderá suspender a prestação dos serviços ou rescindir o contrato, quando tiver de desempenhar obrigações legais, incompatíveis com a continuação do serviço.
§ 2º No caso de morte do empregador constituído em empresa individual, é facultado ao empregado rescindir o contrato de trabalho.
§ 3º Nas hipóteses das letras *d* e *g*, poderá o empregado pleitear a rescisão de seu contrato de trabalho e pagamento das respectivas indenizações, permanecendo ou não no serviço até final decisão do processo. (Parágrafo acrescentado pela Lei n. 4.825, de 5.11.65)

(16) Art. 9º. Serão nulos de pleno direito os atos praticados com o objetivo de desvirtuar, impedir ou fraudar a aplicação dos preceitos contidos na presente Consolidação.

(17) Art. 264. Há solidariedade, quando na mesma obrigação concorre mais de um credor, ou mais de um devedor, cada um com direito, ou obrigado, à dívida toda.(Súmula n. 26 do STJ). Vigora em nosso sistema a unidade objetiva da prestação. A solidariedade ocorre quando há pluralidade de devedores e/ou credores.
Art. 265. A solidariedade não se presume; resulta da lei ou da vontade das partes.
A regra quanto à pluralidade de sujeitos vigora no sentido de que cada devedor só se obriga pela sua parte e cada credor tem sua parte na prestação.
A solidariedade pode ser, ainda, convencional (as partes podem estabelecer condições no negócio jurídico); legal, somente a solidariedade pode resultar da lei, enquanto a solidariedade ativa resulta da convenção entre as partes.

15. Transmissão da responsabilidade

Grande dúvida remanesce na sociedade quanto à transmissão da responsabilidade em caso de falecimento do obreiro, havendo uma ação trabalhista em que figure no pólo ativo da ação, por indenização por danos materiais e morais.

Art. 266. A obrigação solidária pode ser pura e simples para um dos co-credores ou co-devedores, e condicional, ou a prazo, ou pagável em lugar diferente, para o outro.

Seção II
Da Solidariedade Ativa

Art. 267. Cada um dos credores solidários tem direito a exigir do devedor o cumprimento da prestação por inteiro.
A solidariedade ativa deriva da convenção entre as partes, daí denominada de convencional.
Art. 268. Enquanto alguns dos credores solidários não demandarem o devedor comum, a qualquer daqueles poderá este pagar.
Art. 269. O pagamento feito a um dos credores solidários extingue a dívida até o montante do que foi pago.
Art. 270. Se um dos credores solidários falecer deixando herdeiros, cada um destes só terá direito a exigir e receber a quota do crédito que corresponder ao seu quinhão hereditário, salvo se a obrigação for indivisível.
Art. 271. Convertendo-se a prestação em perdas e danos, subsiste, para todos os efeitos, a solidariedade.
Art. 272. O credor que tiver remitido a dívida ou recebido o pagamento responderá aos outros pela parte que lhes caiba.
Art. 273. A um dos credores solidários não pode o devedor opor as exceções pessoais oponíveis aos outros.
Art. 274. O julgamento contrário a um dos credores solidários não atinge os demais; o julgamento favorável aproveita-lhes, a menos que se funde em exceção pessoal ao credor que o obteve.

Seção III
Da Solidariedade Passiva

Art. 275. O credor tem direito a exigir e receber de um ou de alguns dos devedores, parcial ou totalmente, a dívida comum; se o pagamento tiver sido parcial, todos os demais devedores continuam obrigados solidariamente pelo resto.
Parágrafo único. Não importará renúncia da solidariedade a propositura de ação pelo credor contra um ou alguns dos devedores.
Art. 276. Se um dos devedores solidários falecer deixando herdeiros, nenhum destes será obrigado a pagar senão a quota que corresponder ao seu quinhão hereditário, salvo se a obrigação for indivisível; mas todos reunidos serão considerados como um devedor solidário em relação aos demais devedores.
Art. 277. O pagamento parcial feito por um dos devedores e a remissão por ele obtida não aproveitam aos outros devedores, senão até à concorrência da quantia paga ou relevada.
Art. 278. Qualquer cláusula, condição ou obrigação adicional, estipulada entre um dos devedores solidários e o credor, não poderá agravar a posição dos outros sem consentimento destes.
Art. 279. Impossibilitando-se a prestação por culpa de um dos devedores solidários, subsiste para todos o encargo de pagar o equivalente; mas pelas perdas e danos só responde o culpado.
Art. 280. Todos os devedores respondem pelos juros da mora, ainda que a ação tenha sido proposta somente contra um; mas o culpado responde aos outros pela obrigação acrescida.
Art. 281. O devedor demandado pode opor ao credor as exceções que lhe forem pessoais e as comuns a todos; não lhe aproveitando as exceções pessoais a outro co-devedor.
Art. 282. O credor pode renunciar à solidariedade em favor de um, de alguns ou de todos os devedores.
Parágrafo único. Se o credor exonerar da solidariedade um ou mais devedores, subsistirá a dos demais.
Art. 283. O devedor que satisfez a dívida por inteiro tem direito a exigir de cada um dos co-devedores a sua quota, dividindo-se igualmente por todos a do insolvente, se o houver, presumindo-se iguais, no débito, as partes de todos os co-devedores.
Art. 284. No caso de rateio entre os co-devedores, contribuirão também os exonerados da solidariedade pelo credor, pela parte que na obrigação incumbia ao insolvente.
Art. 285. Se a dívida solidária interessar exclusivamente a um dos devedores, responderá este por toda ela para com aquele que pagar.

O art. 943 do Código Civil dispõe:

"Art. 943."O direito de exigir reparação e a obrigação de prestá-la transmitem-se com a herança. O herdeiro responde até o limite de sua herança. Feita a partilha, os herdeiros só respondem, cada qual na proporção da parte que lhe couber na herança."

16. Indenização

Já o art. 944 do Novo Código Civil diz:

"A indenização mede-se pela extensão do dano. Parágrafo único. Se houver excessiva desproporção entre a gravidade da culpa e o dano, poderá o juiz reduzir, eqüitativamente, a indenização."

O Código Civil de 2002 passou a adotar o princípio da gradação da culpa, influenciando o *quantum satis* da indenização, possibilitando sua diminuição em face de eventual desproporção entre a gravidade da culpa e o dano efetivamente causado.

O critério para a fixação do dano material é o cálculo de tudo aquilo que o lesado deixou de lucrar (lucros cessantes) e do que efetivamente perdeu (lucros emergentes). Tendo o evento danoso interrompido a sucessão normal dos fatos e da vida do ofendido, a reparação pecuniária deve provocar um novo estado de coisas que se aproxime tanto quanto possível daquela situação anterior, o *status quo ante bellum*, isto é, daquela situação que, segundo a experiência humana, seria a existente se não tivesse ocorrido o dano.

Como é facilmente observável, o novo Código privilegia ainda mais a função do juiz, conferindo-lhe amplos poderes, tanto na definição da forma, como na extensão da reparação cabível no caso concreto.

Defendemos que na aplicação da pena pecuniária ao lesante, no caso de reparação por danos morais, os Tribunais do Trabalho definissem critérios objetivos para que o magistrado, utilizando-se de justa prudência e dos fatores subjetivos chegasse a um valor adequado para a indenização, que *a priori* já fosse de conhecimento de toda a sociedade e principalmente daqueles que possuem maiores probabilidades de, com suas atitudes, provocarem uma lesão de ordem extrapatrimonial.

O art. 945 já declara que:

"Se a vítima tiver concorrido culposamente para o evento danoso, a sua indenização será fixada, tendo-se em conta a gravidade de sua culpa em confronto com a do autor do dano".

Casos semelhantes são aplicados nas excludentes da responsabilidade do Estado por atos praticados por seus agentes (culpa exclusiva da vítima, culpa concorrente, culpa de terceiro etc.).

Deverá ser levada em consideração, neste caso, na fixação da indenização, a existência de culpas recíprocas ou concorrentes, cabendo ao juiz verificar, no caso concreto, o grau de participação culposa da vítima.

17. Despesas e lucros cessantes

O dano emergente (*damnum emergens*) é a efetiva diminuição do patrimônio já existente, ao passo que o lucro cessante (*lucrum cessans*) é tudo aquilo que se deixou de ganhar.

No tocante às despesas e lucros cessantes, o art. 949 do Código Civil assim dispõe:

"Art. 949. No caso de lesão ou outra ofensa à saúde, o ofensor indenizará o ofendido das despesas do tratamento e dos lucros cessantes, até ao fim da convalescença, além de algum outro prejuízo que o ofendido prove haver sofrido."

Este artigo trata da reparação dos danos materiais (despesas de tratamento médico e lucros cessantes) e dos danos morais (ou estéticos) resultantes da ofensa à integridade física e psíquica, inerentes aos direitos da personalidade.

O dano moral constitui um *danmum in re ipsa*, ou seja, dispensa a prova do prejuízo em concreto, sendo sua existência presumida por se verificar na realidade dos fatos e emergir da própria ofensa causada, já que surge da violação a um direito da personalidade.

18. A Responsabilidade civil no dano estético

Estatui o art. 950 do Código Civil:

"Art. 950. Se da ofensa resultar defeito pelo qual o ofendido não possa exercer o seu ofício ou profissão, ou se lhe diminua a capacidade de trabalho, a indenização, além das despesas do tratamento e lucros cessantes até ao fim da convalescença, incluirá pensão correspondente à importância do trabalho para que se inabilitou, ou da depreciação que ele sofreu. Parágrafo único. O prejudicado, se preferir, poderá exigir que a indenização seja arbitrada e paga de uma só vez."

A Lei n. 11.232/05 alterou o art. 475 do Código de Processo Civil, para incluir o que segue, que também pode ser aplicado no caso vertente:

"Art. 475-Q. Quando a indenização por ato ilícito incluir prestação de alimentos, o juiz, quanto a esta parte, poderá ordenar ao devedor constituição de capital, cuja renda assegure o pagamento do valor mensal da pensão.

§ 1º Este capital, representado por imóveis, títulos da dívida pública ou aplicações financeiras em banco oficial, será inalienável e impenhorável enquanto durar a obrigação do devedor.

§ 2º O juiz poderá substituir a constituição do capital pela inclusão do beneficiário da prestação em folha de pagamento de entidade de direito público ou de empresa de direito privado de notória capacidade econômica, ou, a requerimento do devedor, por fiança bancária ou garantia real, em valor a ser arbitrado de imediato pelo juiz.

§ 3º Se sobrevier modificação nas condições econômicas, poderá a parte requerer, conforme as circunstâncias, redução ou aumento da prestação.

§ 4º Os alimentos podem ser fixados tomando por base o salário-mínimo.

§ 5º Cessada a obrigação de prestar alimentos, o juiz mandará liberar o capital, cessar o desconto em folha ou cancelar as garantias prestadas. (Artigo acrescentado pela Lei n. 11.232, de 22.12.2005, DOU 23.12.2005, com efeitos a partir de 6 (seis) meses após a publicação)."

O artigo acima mencionado cuida da ofensa à integridade física que acarreta defeito físico que impossibilite ou diminua a capacidade de trabalho do ofendido, com o estabelecimento de indenização pelos danos materiais: despesas de tratamento médico, lucros cessantes até o fim da convalescença e pensão correspondente à importância do trabalho para que se inabilitou ou da depreciação sofrida.

Este dispositivo não trata do dano moral. Dispõe, sobretudo, do dano estético, assim definido por *Tereza Ancona Lopes*(18): "aquele que decorre de modificação duradoura ou permanente na aparência externa de uma pessoa, modificação esta que lhe acarreta um enfeamento e lhe causa humilhações e desgostos, dando origem portanto a uma dor moral".

Na maior parte dos casos, o dano estético acaba por afetar as duas esferas da personalidade do ofendido: a esfera sentimental, ou afetiva, e a esfera social da personalidade do lesado, abrindo-se, portanto, o ensejo para a reparação dupla: por danos materiais e morais.

19. Responsabilidade na injúria, difamação e calúnia

O art. 953 dispõe sobre a responsabilidade decorrente dos atos tipificados como injúria, difamação e calúnia.

"Art. 953. A indenização por injúria, difamação ou calúnia consistirá na reparação do dano que delas resulte ao ofendido. Parágrafo único. Se o ofendido não puder provar prejuízo material, caberá ao juiz fixar, eqüitativamente, o valor da indenização, na conformidade das circunstâncias do caso."

Este artigo trata da reparação dos danos por violação à honra, que consiste em direito da personalidade, composto de dois aspectos: objetivo — que trata da consideração social, e subjetivo — que se refere à auto-estima.

A injúria ofende a honra subjetiva, conceituada como a "manifestação de conceito ou de pensamento que represente ultraje, menosprezo, menoscabo, insulto a outrem".(19)

A difamação atinge a honra objetiva, definida como a atribuição "de fato que constitui motivo de reprovação ético-social".(20)

Já a calúnia viola a honra objetiva, definindo-se como a "imputação de fato qualificado como crime".

---

(18) LOPES, Tereza Ancona. *O dano estético: responsabilidade civil.* 2ª ed. São Paulo: Revista dos Tribunais, 1999, p. 38.

(19) BITAR, Carlos Alberto. *Os direitos da personalidade.* 3ª ed. Rio de janeiro: Forense, p. 129.

(20) *Idem, ibidem*, p. 129.

Além da possibilidade de cumulação do dano material e do dano moral, pelo mesmo fato (Súmula n. 37 do STJ), o princípio da reparação do dano moral está consagrado pela Constituição Federal de 1988, em seu art. 5º, incisos V e X.

20. Responsabilidade na ofensa à liberdade e cárcere privado

Este artigo passou a ter um significado especial após os inúmeros casos de cárcere privado e privação da liberdade de trabalhadores em fazendas do Mato Grosso do Sul, Pará e Maranhão, que foram descobertos pelo incessante trabalho do Ministério Público do Trabalho, que culminou em acordos com os fazendeiros por meio de Termos de Ajuste de Conduta, por dano moral coletivo cumulado com o dano material.

O art. 954 assim preceitua:

"Art. 954. A indenização por ofensa à liberdade pessoal consistirá no pagamento das perdas e danos que sobrevierem ao ofendido, e se este não puder provar prejuízo, tem aplicação o disposto no parágrafo único do artigo antecedente. Parágrafo único: Consideram-se ofensivos da liberdade pessoal: I — o cárcere privado[21] ; II — a prisão por queixa ou denúncia falsa e de má-fé; III — a prisão ilegal."

O direito à vida e à liberdade constituem os mais expressivos direitos da personalidade e da dignidade da pessoa humana. Têm, como formas de manifestação, a locomoção, a liberdade de pensamento e sua expressão, de crença e prática religiosa, de escolha e exercício da atividade profissional, de relacionamento social etc.

21. Trabalhadores em situação análoga à de escravo

Casos típicos que se enquadram no artigo acima mencionado foram os casos de trabalhadores flagrados em cárcere privado em fazendas do Estado do Pará.

Esses trabalhadores eram mantidos em alojamentos precários, sem as mínimas condições de saúde e de higiene, em ostensivo atentado à dignidade da pessoa humana que demanda reparação por danos morais e materiais. O Estado, para amparar esses trabalhadores e lhes prover algum tipo de assistência pecuniária, abriu-lhes a possibilidade de enquadramento no Seguro Desemprego, em valor igual ao salário mínimo, pelo prazo de três meses.

---

(21) O seqüestro e cárcere privado estão tipificados no art. 148 do Código Penal, que sofreu modificação em seu § 1º (Lei n. 10.741, de 1º.10.2003), passando a ter a seguinte redação: "Art. 148. Privar alguém de sua liberdade, mediante seqüestro ou cárcere privado: Pena — reclusão, de 1 (um) a 3 (três) anos. § 1º A pena é de reclusão, de 2 (dois) a 5 (cinco) anos: I — se a vítima é ascendente, descendente, cônjuge do agente ou maior de 60 (sessenta) anos. II — se o crime é praticado mediante internação da vítima em casa de saúde ou hospital; III — se a privação da liberdade dura mais de 15 (quinze) dias. § 2º — Se resulta à vítima, em razão de maus-tratos ou da natureza da detenção, grave sofrimento físico ou moral: Pena — reclusão de 2 (dois) a 8 (oito) anos".

A Lei n. 10.803, de 11 de dezembro de 2003 alterou o art. 149 do Código Penal, no sentido de proteger trabalhadores suscetíveis de serem reduzidos à condição análoga à de escravo, cujo contexto segue abaixo:

"Art. 149. Reduzir alguém a condição análoga à de escravo, quer submetendo-o a trabalhos forçados ou a jornada exaustiva, quer sujeitando-o a condições degradantes de trabalho, quer restringindo, por qualquer meio, sua locomoção em razão de dívida contraída com o empregador ou preposto:

Pena — reclusão, de dois a oito anos, e multa, além da pena correspondente à violência.

§ 1º Nas mesmas penas incorre quem:

I — cerceia o uso de qualquer meio de transporte por parte do trabalhador, com o fim de retê-lo no local de trabalho;

II — mantém vigilância ostensiva no local de trabalho ou se apodera de documentos ou objetos pessoais do trabalhador, com o fim de retê-lo no local de trabalho;

§ 2º A pena é aumentada de metade, se o crime é cometido:

I — contra criança ou adolescente;

II — por motivo de preconceito de raça, cor, etnia, religião ou origem."

Oportuno trazer, a título ilustrativo, as seguintes ementas:

TRABALHO EM CONDIÇÕES SUBUMANAS — DANO MORAL COLETIVO PROVADO — INDENIZAÇÃO DEVIDA — Uma vez provadas as irregularidades constatadas pela Delegacia Regional do Trabalho e consubstanciadas em Autos de Infração aos quais é atribuída fé pública (art. 364 do CPC), como também pelo próprio depoimento da testemunha do recorrente, é devida indenização por dano moral coletivo, vez que a só notícia da existência de trabalho escravo ou em condições subumanas no Estado do Pará e no Brasil faz com que todos os cidadãos se envergonhem e sofram abalo moral, que deve ser reparado, com o principal objetivo de inibir condutas semelhantes. Recurso improvido. (TRT 8ª R. — RO 4453/2003 — 1ª T. — Relª Juíza Suzy Elizabeth Cavalcante Koury — J. 30.9.2003)

DANO MORAL COLETIVO — OCORRÊNCIA — Deve ser considerada a ocorrência de dano moral coletivo, quando se verificar que houve violação a preceitos constitucionais (arts. 3º, inciso IV; 5º, *caput* e 7º, inciso XXX, da Constituição Federal de 1988), em razão da atitude discriminatória praticada pela recorrente em não mais contratar vários ex-empregados que demandaram ou ainda demandam contra si, na Justiça do Trabalho, muito embora, estivessem plenamente aptos e capacitados para o serviço. (TRT 8ª R. — RO 7485/2003 — 4ª T. — Relª Juíza Vanja Costa de Mendonça — J. 16.12.2003)

AÇÃO CIVIL PÚBLICA — TERCEIRIZAÇÃO DE ATIVIDADE-FIM — DEFESA DE INTERESSES DIFUSOS E COLETIVOS — LEGITIMIDADE DO MINISTÉRIO PÚBLICO — 1. Tanto a Lei n. 7.347/85 (Lei da Ação Civil Pública) quanto a Lei n. 8.078/90 (Código de Defesa do Consumidor) introduziram em nosso ordenamento jurídico as figuras dos interesses difusos, coletivos e individuais homogêneos (com características próprias e distintivas uns dos outros, ainda que semelhantes), ensejadores da defesa; de causas que envolvam elevado número de pessoas, sem, no entanto, afetarem a sociedade como um todo (intermediários entre o interesse público e o meramente individual privado). 2. Os interesses difusos, definidos legalmente como aqueles transindivide natureza indivisível, de que sejam titulares pessoas indeterminadas e ligadas por circunstâncias de fato (CDC, art. 81, parágrafo único, I), supõem a existência de uma lesão a um bem usufruído por muitos, sem que se possa definir previamente os lesados. Assim, as lesões ao meio ambiente, ao patrimônio histórico, artístico, estético, turístico ou paisagístico, bem como aos direitos do consumidor, são típicas lesões de caráter difuso, na medida em que o bem lesado é indivisível (um rio contaminado, um monumento destruído, um remédio ineficaz, um posto de trabalho com discriminação no preenchimento) e as pessoas afetadas não são passíveis de imediata identificação, uma vez que, potencialmente, aqueles que utilizam os produtos de um determinado fabricante, freqüentam um determinado lugar ou ambicionam um determinado emprego compõem o conjunto (fluido) dos afetados (ligados, pois, apenas pela circunstância do fato de usufruírem ou pretenderem usufruir do bem lesado) pelo descumprimento do ordenamento jurídico protetivo desses bens. 3. Os interesses coletivos, cuja definição legal os identifica como os transindividuais de natureza indivisível de que seja titular grupo, categoria ou classe de pessoas ligadas entre si ou com a parte contrária por uma relação jurídica-base (CDC, art. 81, parágrafo único, II), distinguem-se dos difusos pela possibilidade de determinação do conjunto dos potencialmente lesados, uma vez que não se ligam por mera circunstância de fato, mas por relação jurídica, tanto entre si (assode um sindicato) como com a parte contrária (empregados de uma empresa). 4. Quanto aos interesses individuais homogêneos, a Lei singelamente os define como aqueles decorrentes de origem comum (CDC, art. 81, parágrafo único, III). Essa definição, substancialmente distinta das demais, pois não traz em seu bojo a característica da indivisibilidade, denota que, nessa hipótese, a lesão não é potencial, mas efetiva (empregados que não receberam horas extras e que efetivamente as prestaram, quando a empresa não admite a realização de sobrejornada), a demandar uma reparação determinada. 5. No caso da ação civil pública, tanto a Carta Magna (CF, art. 129, III) quanto a Lei n. 7.347/85 apenas admitem o seu uso para a defesa de interesses difusos e coletivos, comportando (pela Lei da ação civil pública) provimento jurisdicional meramente cominatório ou condenatório genérico (reversível a um fundo de reparação dos bens lesados e não diretamente aos indivíduos lesados), tendo em vista a inviabilização da execução, em sede de ação civil pública, de qualquer sentença condenatória em favor dos lesados diretamente. 6. A postulação do Ministério Público na presente ação civil pública, tal como deferida pela Vara, continha quase que exclusivamente pedidos de natureza cominatória, no sentido de impor obrigações de fazer (registro de empregados, fornecimento de EPI, implantação do PCMSO e da CIPA, fornecimento de água potável, instalação de abrigos, alojamentos e sanitários dignos e adequados, fornecimento de material de primeiros socorros e realização de exames médicos periódicos) e de não fazer (terceirização de mão-de-obra para atividades-fim da empresa e exploração de trabalho infantil), sob pena de pagamento de multa diária reversível ao FAT (R$ 1.000, 00). A única postulação de natureza efetivamente condenatória (*dano moral coletivo*), que poderia reverter em favor dos lesados (caracterizando interesses individuais homogêneos foi extirpada pela decisão Assim, tal como acolhida pelo Regional, a ação civil pública em exame alberga tão somente interesses difusos e coletivos, passíveis de tutela pela via eleita. Nesse sentido, o provimento jurisdicional oriundo do TRT diz respeito ao futuro (obrigações de fazer e não fazer) e não ao passado (indenização ou salários), a par de não reverter ao trabalhador lesado, mas ao FAT, o que enquadra a ação civil pública em tela estritamente nos cânones dos arts. 129, III, da Constituição Federal e 1º da Lei n. 7.347/85, que admitem à ação civil pública a veiculação de interesses difusos e coletivos. Daí a legitimidade ativa do Ministério Público do Trabalho para a defesa dos referidos interesses em juízo e pela via eleita. 7. Quanto à matéria de fundo, referente à proibição de contratação de terceiros para a prestação de serviços relacionados à atividade de produção de carvão, a revista patronal esbarra no óbice das Súmulas ns. 126 e 331 do TST, tendo em vista que a premissa fática da qual partiu o TRT, no sentido da terceirização de atividade-fim da Recorrente, já não pode ser mais rediscutida em sede de revista. E quanto à conclusão jurídica, da ilegalidade de terceirização permanente de atividade-fim, sob a modalidade de intermediação de mão-de-obra, a decisão regional consona com a jurisprudência sumulada desta Corte. Recurso de revista não conhecido. (TST — RR 971 — 4ª T. — Rel. Min. Ives Gandra Martins Filho — DJU 6.8.2004)JCDC.81 JCF.129

22. Responsabilidade dos notários e titulares de cartórios não oficializados pelos atos de seus empregados e regime jurídico de emprego

Os titulares de cartórios de registro de imóveis e de tabelionato de notas, ou seja, os notários e tabeliães em geral desempenham atividade delegada do Poder Público.

Com o advento da Constituição Federal de 1988 o sistema de hereditariedade na transmissão dos cartórios e tabelionatos sofreu uma forte alteração, pois a transmissão sucessória dessas entidades já não mais podem se dar de pais para filhos ou descendentes, pelo óbice intransponível da necessidade de concurso público para obtenção da titularidade, em atendimento ao princípio constitucional estampado no inciso II do art. 37 da Constituição Federal e do art. 20 da Lei n. 8.935/94.

O art. 236 da Constituição Federal estatui:

"Os serviços notariais e de registro são exercidos em caráter privado, por delegação do Poder Público".

Por seu turno, o § 3º do art. 236 assim se expressa:

"O ingresso na atividade notarial e de registro depende de concurso público de provas e títulos, não se permitindo que qualquer serventia fique vaga, sem abertura de concurso de provimento ou de remoção por mais de seis meses".

A Lei n. 8.935/94[(22)] veio regulamentar o art. 236 da Constituição Federal e dispõe, em seu art. 20, que a relação de emprego entre os trabalhadores da serventia e o seu titular é regida pela Consolidação das leis do Trabalho.

---

(22) Lei n. 8.935, de 18 de novembro de 1994. Regulamenta o art. 236 da Constituição Federal, dispondo sobre serviços notariais e de registro. (Lei dos cartórios)
O Presidente da República
Faço saber que o Congresso Nacional decreta e eu sanciono a seguinte lei:

TÍTULO I
Dos Serviços Notariais e de Registros

CAPÍTULO I
Natureza e Fins

Art. 1º Serviços notariais e de registro são os de organização técnica e administrativa destinados a garantir a publicidade, autenticidade, segurança e eficácia dos atos jurídicos
Art. 2º (Vetado).
Art. 3º Notário, ou tabelião, e oficial de registro, ou registrador, são profissionais do direito, dotados de fé pública, a quem é delegado o exercício da atividade notarial e de registro.

Art. 4º Os serviços notariais e de registro serão prestados, de modo eficiente e adequado, em dias e horários estabelecidos pelo juízo competente, atendidas as peculiaridades locais, em local de fácil acesso ao público e que ofereça segurança para o arquivamento de livros e documentos.

§ 1º O serviço de registro civil das pessoas naturais será prestado, também, nos sábados, domingos e feriados pelo sistema de plantão.

§ 2º O atendimento ao público será, no mínimo, de seis horas diárias.

CAPÍTULO II
Dos Notários e Registradores

SEÇÃO I
Dos Titulares

Art. 5º Os titulares de serviços notariais e de registro são os:

I — tabeliães de notas;

II — tabeliães e oficiais de registro de contratos marítimos;

III — tabeliães de protesto de títulos;

IV — oficiais de registro de imóveis;

V — oficiais de registro de títulos e documentos e civis das pessoas jurídicas;

VI — oficiais de registros civis das pessoas naturais e de interdições e tutelas;

VII — oficiais de registro de distribuição.

SEÇÃO II
Das Atribuições e Competências dos Notários

Art. 6º Aos notários compete:

I — formalizar juridicamente a vontade das partes;

II — intervir nos atos e negócios jurídicos a que as partes devam ou queiram dar forma legal ou autenticidade, autorizando a redação ou redigindo os instrumentos adequados, conservando os originais e expedindo cópias fidedignas de seu conteúdo;

III — autenticar fatos.

Art. 7º Aos tabeliães de notas compete com exclusividade:

I — lavrar escrituras e procurações públicas;

II — lavrar testamentos públicos e aprovar os cerrados;

III — lavrar atas notariais;

IV — reconhecer firmas;

V — autenticar cópias.

Parágrafo único. É facultado aos tabeliães de notas realizar todas as gestões e diligências necessárias ou convenientes ao preparo dos atos notariais, requerendo o que couber, sem ônus maiores que os emolumentos devidos pelo ato.

Art. 8º É livre a escolha do tabelião de notas, qualquer que seja o domicílio das partes ou o lugar de situação dos bens objeto do ato ou negócio.

Art. 9º O tabelião de notas não poderá praticar atos de seu ofício fora do Município para o qual recebeu delegação.

Art. 10. Aos tabeliães e oficiais de registro de contratos marítimos compete:

I — lavrar os atos, contratos e instrumentos relativos a transações de embarcações a que as partes devam ou queiram dar forma legal de escritura pública;

II — registrar os documentos da mesma natureza;

III — reconhecer firmas em documentos destinados a fins de direito marítimo;

IV — expedir traslados e certidões.

Art. 11. Aos tabeliães de protesto de título compete privativamente:

I — protocolar de imediato os documentos de dívida, para prova do descumprimento da obrigação;

II — intimar os devedores dos títulos para aceitá-los, devolvê-los ou pagá-los, sob pena de protesto;

III — receber o pagamento dos títulos protocolizados, dando quitação;

IV — lavrar o protesto, registrando o ato em livro próprio, em microfilme ou sob outra forma de documentação;

V — acatar o pedido de desistência do protesto formulado pelo apresentante;

VI — averbar:

a) o cancelamento do protesto;

b) as alterações necessárias para atualização dos registros efetuados;

VII — expedir certidões de atos e documentos que constem de seus registros e papéis.

Parágrafo único. Havendo mais de um tabelião de protestos na mesma localidade, será obrigatória a prévia distribuição dos títulos.

SEÇÃO III
Das Atribuições e Competências dos Oficiais de Registros

Art. 12. Aos oficiais de registro de imóveis, de títulos e documentos e civis das pessoas jurídicas, civis das pessoas naturais e de interdições e tutelas compete a prática dos atos relacionados na legislação pertinente aos registros públicos, de que são incumbidos, independentemente de prévia distribuição, mas sujeitos os oficiais de registro de imóveis e civis das pessoas naturais às normas que definirem as circunscrições geográficas.

Art. 13. Aos oficiais de registro de distribuição compete privativamente:

I — quando previamente exigida, proceder à distribuição eqüitativa pelos serviços da mesma natureza, registrando os atos praticados; em caso contrário, registrar as comunicações recebidas dos órgãos e serviços competentes;

II — efetuar as averbações e os cancelamentos de sua competência;

III — expedir certidões de atos e documentos que constem de seus registros e papéis.

TÍTULO II
Das Normas Comuns

CAPÍTULO I
Do Ingresso na Atividade Notarial e de Registro

Art. 14. A delegação para o exercício da atividade notarial e de registro depende dos seguintes requisitos:

I — habilitação em concurso público de provas e títulos;

II — nacionalidade brasileira;

III — capacidade civil;

IV — quitação com as obrigações eleitorais e militares;

V — diploma de bacharel em direito;

VI — verificação de conduta condigna para o exercício da profissão.

Art. 15. Os concursos serão realizados pelo Poder Judiciário, com a participação, em todas as suas fases, da Ordem dos Advogados do Brasil, do Ministério Público, de um notário e de um registrador.

§ 1º O concurso será aberto com a publicação de edital, dele constando os critérios de desempate.

§ 2º Ao concurso público poderão concorrer candidatos não bacharéis em direito que tenham completado, até a data da primeira publicação do edital do concurso de provas e títulos, dez anos de exercício em serviço notarial ou de registro.

§ 3º (Vetado).

Art. 16. As vagas serão preenchidas alternadamente, duas terças partes por concurso público de provas e títulos e uma terça parte por meio de remoção, mediante concurso de títulos, não se permitindo que qualquer serventia notarial ou de registro fique vaga, sem abertura de concurso de provimento inicial ou de remoção, por mais de seis meses. (Caput alterado pela Lei n. 10.506, de 9.7.2002)

Nota: Assim dispunha redação anterior:

Art. 16. As vagas serão preenchidas alternadamente, duas terças partes por concurso público de provas e títulos e uma terça parte por concurso de remoção, de provas e títulos, não se permitindo que qualquer serventia notarial ou de registro fique vaga, sem abertura de concurso de provimento ou de remoção, por mais de seis meses.

Parágrafo único. Para estabelecer o critério do preenchimento, tomar-se-á por base a data de vacância da titularidade ou, quando vagas na mesma data, aquela da criação do serviço.

Art. 17. Ao concurso de remoção somente serão admitidos titulares que exerçam a atividade por mais de dois anos.

Art. 18. A legislação estadual disporá sobre as normas e os critérios para o concurso de remoção.

Art. 19. Os candidatos serão declarados habilitados na rigorosa ordem de classificação no concurso.

CAPÍTULO II
Dos Prepostos

Art. 20. Os notários e os oficiais de registro poderão, para o desempenho de suas funções, contratar escreventes, dentre eles escolhendo os substitutos, e auxiliares como empregados, com remuneração livremente ajustada e sob o regime da legislação do trabalho.

§ 1º Em cada serviço notarial ou de registro haverá tantos substitutos, escreventes e auxiliares quantos forem necessários, a critério de cada notário ou oficial de registro.

§ 2º Os notários e os oficiais de registro encaminharão ao juízo competente os nomes dos substitutos.

§ 3º Os escreventes poderão praticar somente os atos que o notário ou o oficial de registro autorizar.

§ 4º Os substitutos poderão, simultaneamente com o notário ou o oficial de registro, praticar todos os atos que lhe sejam próprios exceto, nos tabelionatos de notas, lavrar testamentos.

§ 5º Dentre os substitutos, um deles será designado pelo notário ou oficial de registro para responder pelo respectivo serviço nas ausências e nos impedimentos do titular.

Art. 21. O gerenciamento administrativo e financeiro dos serviços notariais e de registro é da responsabilidade exclusiva do respectivo titular, inclusive no que diz respeito às despesas de custeio, investimento e pessoal, cabendo-lhe estabelecer normas, condições e obrigações relativas à atribuição de funções e de remuneração de seus prepostos de modo a obter a melhor qualidade na prestação dos serviços.

CAPÍTULO III

Da Responsabilidade Civil e Criminal

Art. 22. Os notários e oficiais de registro responderão pelos danos que eles e seus prepostos causem a terceiros, na prática de atos próprios da serventia, assegurado aos primeiros direito de regresso no caso de dolo ou culpa dos prepostos.

Art. 23. A responsabilidade civil independe da criminal.

Art. 24. A responsabilidade criminal será individualizada, aplicando-se, no que couber, a legislação relativa aos crimes contra a administração pública.

Parágrafo único. A individualização prevista no *caput* não exime os notários e os oficiais de registro de sua responsabilidade civil.

CAPÍTULO IV

Das Incompatibilidades e dos Impedimentos

Art. 25. O exercício da atividade notarial e de registro é incompatível com o da advocacia, o da intermediação de seus serviços ou o de qualquer cargo, emprego ou função públicos, ainda que em comissão.

§ 1º (Vetado).

§ 2º A diplomação, na hipótese de mandato eletivo, e a posse, nos demais casos, implicará no afastamento da atividade.

Art. 26. Não são acumuláveis os serviços enumerados no art. 5º.

Parágrafo único. Poderão, contudo, ser acumulados nos Municípios que não comportarem, em razão do volume dos serviços ou da receita, a instalação de mais de um dos serviços.

Art. 27. No serviço de que é titular, o notário e o registrador não poderão praticar, pessoalmente, qualquer ato de seu interesse, ou de interesse de seu cônjuge ou de parentes, na linha reta, ou na colateral, consangüíneos ou afins, até o terceiro grau.

CAPÍTULO V

Dos Direitos e Deveres

Art. 28. Os notários e oficiais de registro gozam de independência no exercício de suas atribuições, têm direito à percepção dos emolumentos integrais pelos atos praticados na serventia e só perderão a delegação nas hipóteses previstas em lei.

Art. 29. São direitos do notário e do registrador:

I — exercer opção, nos casos de desmembramento ou desdobramento de sua serventia;

II — organizar associações ou sindicatos de classe e deles participar.

Art. 30. São deveres dos notários e dos oficiais de registro:

I — manter em ordem os livros, papéis e documentos de sua serventia, guardando-os em locais seguros;

II — atender as partes com eficiência, urbanidade e presteza;

III — atender prioritariamente as requisições de papéis, documentos, informações ou providências que lhes forem solicitadas pelas autoridades judiciárias ou administrativas para a defesa das pessoas jurídicas de direito público em juízo;

IV — manter em arquivo as leis, regulamentos, resoluções, provimentos, regimentos, ordens de serviço e quaisquer outros atos que digam respeito à sua atividade;

V — proceder de forma a dignificar a função exercida, tanto nas atividades profissionais como na vida privada;

VI — guardar sigilo sobre a documentação e os assuntos de natureza reservada de que tenham conhecimento em razão do exercício de sua profissão;

VII — afixar em local visível, de fácil leitura e acesso ao público, as tabelas de emolumentos em vigor;

VIII — observar os emolumentos fixados para a prática dos atos do seu ofício;

IX — dar recibo dos emolumentos percebidos;

X — observar os prazos legais fixados para a prática dos atos do seu ofício;

XI — fiscalizar o recolhimento dos impostos incidentes sobre os atos que devem praticar;

XII — facilitar, por todos os meios, o acesso à documentação existente às pessoas legalmente habilitadas;

XIII — encaminhar ao juízo competente as dúvidas levantadas pelos interessados, obedecida a sistemática processual fixada pela legislação respectiva;

XIV — observar as normas técnicas estabelecidas pelo juízo competente.

CAPÍTULO VI

Das Infrações Disciplinares e das Penalidades

Art. 31. São infrações disciplinares que sujeitam os notários e os oficiais de registro às penalidades previstas nesta lei:

I — a inobservância das prescrições legais ou normativas;
II — a conduta atentatória às instituições notariais e de registro;
III — a cobrança indevida ou excessiva de emolumentos, ainda que sob a alegação de urgência;
IV — a violação do sigilo profissional;
V — o descumprimento de quaisquer dos deveres descritos no art. 30.

Art. 32. Os notários e os oficiais de registro estão sujeitos, pelas infrações que praticarem, assegurado amplo direito de defesa, às seguintes penas:
I — repreensão;
II — multa;
III — suspensão por noventa dias, prorrogável por mais trinta;
IV — perda da delegação.

Art. 33. As penas serão aplicadas:
I — a de repreensão, no caso de falta leve;
II — a de multa, em caso de reincidência ou de infração que não configure falta mais grave;
III — a de suspensão, em caso de reiterado descumprimento dos deveres ou de falta grave.

Art. 34. As penas serão impostas pelo juízo competente, independentemente da ordem de gradação, conforme a gravidade do fato.

Art. 35. A perda da delegação dependerá:
I — de sentença judicial transitada em julgado; ou
II — de decisão decorrente de processo administrativo instaurado pelo juízo competente, assegurado amplo direito de defesa.

§ 1º Quando o caso configurar a perda da delegação, o juízo competente suspenderá o notário ou oficial de registro, até a decisão final, e designará interventor, observando-se o disposto no art. 36.

§ 2º (Vetado).

Art. 36. Quando, para a apuração de faltas imputadas a notários ou a oficiais de registro, for necessário o afastamento do titular do serviço, poderá ele ser suspenso, preventivamente, pelo prazo de noventa dias, prorrogável por mais trinta.

§ 1º Na hipótese do *caput*, o juízo competente designará interventor para responder pela serventia, quando o substituto também for acusado das faltas ou quando a medida se revelar conveniente para os serviços.

§ 2º Durante o período de afastamento, o titular perceberá metade da renda líquida da serventia; outra metade será depositada em conta bancária especial, com correção monetária.

§ 3º Absolvido o titular, receberá ele o montante dessa conta; condenado, caberá esse montante ao interventor.

CAPÍTULO VII
Da Fiscalização pelo Poder Judiciário

Art. 37. A fiscalização judiciária dos atos notariais e de registro, mencionados nos arts. 6º a 13, será exercida pelo juízo competente, assim definido na órbita estadual e do Distrito Federal, sempre que necessário, ou mediante representação de qualquer interessado, quando da inobservância de obrigação legal por parte de notário ou de oficial de registro, ou de seus prepostos.

Parágrafo único. Quando, em autos ou papéis de que conhecer, o Juiz verificar a existência de crime de ação pública, remeterá ao Ministério Público as cópias e os documentos necessários ao oferecimento da denúncia.

Art. 38. O juízo competente zelará para que os serviços notariais e de registro sejam prestados com rapidez, qualidade satisfatória e de modo eficiente, podendo sugerir à autoridade competente a elaboração de planos de adequada e melhor prestação desses serviços, observados, também, critérios populacionais e sócio-econômicos, publicados regularmente pela Fundação Instituto Brasileiro de Geografia e Estatística.

CAPÍTULO VIII
Da Extinção da Delegação

Art. 39. Extinguir-se-á a delegação a notário ou a oficial de registro por:
I — morte;
II — aposentadoria facultativa;
III — invalidez;
IV — renúncia;
V — perda, nos termos do art. 35.
VI — descumprimento, comprovado, da gratuidade estabelecida na Lei n. 9.534, de 10 de dezembro de 1997. (Inciso acrescentado pela Lei n. 9.812, de 10.8.1999)

§ 1º Dar-se-á aposentadoria facultativa ou por invalidez nos termos da legislação previdenciária federal.

§ 2º Extinta a delegação a notário ou a oficial de registro, a autoridade competente declarará vago o respectivo serviço, designará o substituto mais antigo para responder pelo expediente e abrirá concurso.

CAPÍTULO IX
Da Seguridade Social

Art. 40. Os notários, oficiais de registro, escreventes e auxiliares são vinculados à previdência social, de âmbito federal, e têm assegurada a contagem recíproca de tempo de serviço em sistemas diversos.

Parágrafo único. Ficam assegurados, aos notários, oficiais de registro, escreventes e auxiliares os direitos e vantagens previdenciários adquiridos até a data da publicação desta lei.

TÍTULO III
Das Disposições Gerais

Art. 41. Incumbe aos notários e aos oficiais de registro praticar, independentemente de autorização, todos os atos previstos em lei necessários à organização e execução dos serviços, podendo, ainda, adotar sistemas de computação, microfilmagem, disco ótico e outros meios de reprodução.

Art. 42. Os papéis referentes aos serviços dos notários e dos oficiais de registro serão arquivados mediante utilização de processos que facilitem as buscas.

Art. 43. Cada serviço notarial ou de registro funcionará em um só local, vedada a instalação de sucursal.

Art. 44. Verificada a absoluta impossibilidade de se prover, através de concurso público, a titularidade de serviço notarial ou de registro, por desinteresse ou inexistência de candidatos, o juízo competente proporá à autoridade competente a extinção do serviço e a anexação de suas atribuições ao serviço da mesma natureza mais próximo ou àquele localizado na sede do respectivo Município ou de Município contíguo.

§ 1º (Vetado).

§ 2º Em cada sede municipal haverá no mínimo um registrador civil das pessoas naturais.

§ 3º Nos municípios de significativa extensão territorial, a juízo do respectivo Estado, cada sede distrital disporá no mínimo de um registrador civil das pessoas naturais.

Art. 45. São gratuitos os assentos do registro civil de nascimento e o de óbito, bem como a primeira certidão respectiva.

Parágrafo único. Para os reconhecidamente pobres não serão cobrados emolumentos pelas certidões a que se refere este artigo. (Redação dada ao artigo pela Lei n. 9.534, de 10.12.1997)

Nota: Assim dispunha o artigo alterado:

Art. 45. São gratuitos para os reconhecidamente pobres os assentos do registro civil de nascimento e o de óbito, bem como as respectivas certidões.

Art. 46. Os livros, fichas, documentos, papéis, microfilmes e sistemas de computação deverão permanecer sempre sob a guarda e responsabilidade do titular de serviço notarial ou de registro, que zelará por sua ordem, segurança e conservação.

Parágrafo único. Se houver necessidade de serem periciados, o exame deverá ocorrer na própria sede do serviço, em dia e hora adrede designados, com ciência do titular e autorização do juízo competente.

TÍTULO IV
Das Disposições Transitórias

Art. 47. O notário e o oficial de registro, legalmente nomeados até 5 de outubro de 1988, detêm a delegação constitucional de que trata o art. 2º.

Art. 48. Os notários e os oficiais de registro poderão contratar, segundo a legislação trabalhista, seus atuais escreventes e auxiliares de investidura estatutária ou em regime especial desde que estes aceitem a transformação de seu regime jurídico, em opção expressa, no prazo improrrogável de trinta dias, contados da publicação desta lei.

§ 1º Ocorrendo opção, o tempo de serviço prestado será integralmente considerado, para todos os efeitos de direito.

§ 2º Não ocorrendo opção, os escreventes e auxiliares de investidura estatutária ou em regime especial continuarão regidos pelas normas aplicáveis aos funcionários públicos ou pelas editadas pelo Tribunal de Justiça respectivo, vedadas novas admissões por qualquer desses regimes, a partir da publicação desta lei.

Art. 49. Quando da primeira vacância da titularidade de serviço notarial ou de registro, será procedida a desacumulação, nos termos do art. 26.

Art. 50. Em caso de vacância, os serviços notariais e de registro estatizados passarão automaticamente ao regime desta lei.

Art. 51. Aos atuais notários e oficiais de registro, quando da aposentadoria, fica assegurado o direito de percepção de proventos de acordo com a legislação que anteriormente os regia, desde que tenham mantido as contribuições nela estipuladas até a data do deferimento do pedido ou de sua concessão.

Nesse sentido, *data maxima venia*, dissentimos do entendimento de *Sílvio de Salvo Venosa*[(23)] para quem "embora o notário exerça serviço de natureza especial e os serviços notariais apontados sejam desempenhados em caráter privado, cuidam-se de serviços públicos delegados, como tantos outros existentes. Os cartorários são detentores de cargos públicos e, portanto, funcionários em sentido amplo".

No nosso entendimento, de acordo com o art. 20 da Lei n. 8.945/94, os trabalhadores de cartórios extra-judiciais, exercendo funções delegadas de Poder Público ostentam uma relação de emprego com o titular da respectiva serventia regida pela Consolidação das leis do Trabalho (CLT) e não uma relação estatutária.

Desse modo, tais trabalhadores ou cartorários detêm todos os direitos trabalhistas previstos na CLT, inclusive o FGTS. Entretanto, pelo fato de estarem albergados na CLT não fazem jus à estabilidade prevista no art. 41 da Constituição Federal de 1988, após o estágio probatório de três anos.

O vínculo trabalhista celetista se aperfeiçoa entre o trabalhador cartorário e o titular pessoa física da serventia, que foi erigido a esse cargo por meio de concurso público (art. 37, inciso II da Constituição Federal) ou aquele que detinha a titularidade do cartório antes da data da promulgação da Constituição Federal (5.10.1988), pelo fato de os cartórios não possuirem personalidade jurídica.

De acordo com o art. 236 da Carta Magna, os serviços notariais e de registro são exercidos em caráter privado, por delegação do setor público. Logo, os notários são agentes públicos delegados, com a incumbência da execução de determinadas atividades ou serviços, em seu próprio nome, por conta e risco, mas segundo as normas do Estado, sob permanente fiscalização do delegante. Essa categoria exerce função pública e inicialmente era incluída no Regime Próprio de Previdência (art. 40 do CF).

O Supremo Tribunal Federal mudou entendimento e decidiu que a condição de agente público delegado não autoriza aos Notários e Registradores a condição de

---

§ 1º O disposto neste artigo aplica-se aos escreventes e auxiliares de investidura estatutária ou em regime especial que vierem a ser contratados em virtude da opção de que trata o art. 48.
§ 2º Os proventos de que trata este artigo serão os fixados pela legislação previdenciária aludida no *caput*.
§ 3º O disposto neste artigo aplica-se também às pensões deixadas, por morte, pelos notários, oficiais de registro, escreventes e auxiliares.
Art. 52. Nas unidades federativas onde já existia lei estadual específica, em vigor na data de publicação desta lei, são competentes para a lavratura de instrumentos traslatícios de direitos reais, procurações, reconhecimento de firmas e autenticação de cópia reprográfica os serviços de Registro Civil das Pessoas Naturais.
Art. 53. Nos Estados cujas organizações judiciárias, vigentes à época da publicação desta lei, assim previrem, continuam em vigor as determinações relativas à fixação da área territorial de atuação dos tabeliães de protesto de títulos, a quem os títulos serão distribuídos em obediência às respectivas zonas.
Parágrafo único. Quando da primeira vacância, aplicar-se-á à espécie o disposto no parágrafo único do art. 11.
Art. 54. Esta Lei entra em vigor na data da sua publicação.
Art. 55. Revogam-se as disposições em contrário.
Brasília, 18 de novembro de 1994; 173º da Independência e 106º da República.
(23) VENOSA, Sílvio de Salvo. *Direito Civil*. 3ª ed. São Paulo: Atlas, 2003, p. 185.

filiados aos Regimes Próprios de Previdência. Anteriormente o STJ tinha jurisprudência uniforme de que seria aplicável a aposentadoria compulsória aos 70 anos aos Titulares de Cartório (art. 40, § 1º, II, CF 88).

Atualmente, STF entende que os Notários e Registradores não são servidores públicos, em sentido estrito para que se sujeitam à aposentadoria compulsória aos 70 anos. Pela nova redação do art. 40 da CF/88, a Excelsa Corte entende que a norma constitucional só se aplica aos servidores em sentido estrito, ou seja, aos titulares de cargos efetivos da União, dos Estados, do DF e dos Municípios, incluídas Autarquias e fundações. O INSS editou Instrução Normativa n. 100/03 estabelecendo que os Notários e Registradores figuram como filiados obrigatórios do Regime Geral de Previdência.

Emenda do STF:

NOTÁRIOS E OFICIAIS DE REGISTRO

1. A resistência dos titulares dos serviços notariais e de registro à aposentadoria por idade — à qual os entendia sujeitos a jurisprudência do STF — se tem reputado plausível à vista da nova redação do art. 40 e § 1º da CF, ditada pela EC n. 20/98.

2. A norma constitucional — ainda quando o possa ser — não se presume retroativa: Só alcança situações anteriores, de direito ou de fato, se o dispuser expressamente.

3. Assim, a eventual conclusão no sentido de que a EC n. 20/98 haja liberado os titulares de serventias da aposentadoria compulsória aos 70 anos de idade não beneficiaria os que os tiverem não beneficia os que os tiverem completado ANTES de sua promulgação. Rel. Sepúlveda Pertence. 1ª T. DJ. 15.4.03.

Observa-se, portanto, que resta afastada a hipótese de que os titulares dos serviços notariais e de registro devam se aposentar, compulsoriamente, aos 70 anos, consoante antiga jurisprudência do Superior Tribunal de Justiça (STJ).

Transcrevemos abaixo algumas ementas, apresentando o entendimento de nossos Tribunais em relação ao vínculo laboral existente entre os cartorários e os titulares de serventias e cartórios não oficializados.

COMPETÊNCIA DA JUSTIÇA DO TRABALHO. EMPREGADO DE CARTÓRIO NÃO OFICIALIZADO. 1. O titular do *cartório*, ao contratar serventuário, assume a obrigação de assalariar seu empregado, dirigindo os serviços notariais e de registro, em virtude do que se equipara a empregador. É certo que o Estado *não* assume qualquer ônus financeiro ou orçamentário em razão da contratação celebrada, ficando a cargo do titular do *cartório* assumir todos os riscos econômicos pela admissão ou demissão de seus empregados, assim como pela arrecadação dos valores que remuneram os serviços notariais.

2. Embora se argumente, em sentido contrário à tese da competência da Justiça do Trabalho para processar e julgar os feitos dessa natureza em que se pede verbas de natureza trabalhista, que aos serventuários de *cartórios* são reconhecidos direitos próprios da legislação estatutária, tais assertivas *não* têm o condão de tornar o vínculo de emprego ora reconhecido em regime administrativo, visto que os direitos previstos na CLT são considerados "mínimos legais", o que *não* impede que o empregador, na relação de trabalho, confira ao seu empregado situação mais vantajosa. (TRIBUNAL: TST

DECISÃO: 30.10.2002 PROC: RR NUM: 612462 ANO: 1999 REGIÃO: 2 RECURSO DE REVISTA TURMA: 05 ÓRGÃO JULGADOR — QUINTA TURMA Relatora: JUÍZA CONVOCADA MARIA DE ASSIS CALSING DJ DATA: 15.8.2003)

RECURSO DE REVISTA. NATUREZA JURÍDICA DA RELAÇÃO JURÍDICA DO ESCREVENTE DE CARTÓRIO NÃO OFICIALIZADO. LEI N. 8935/94. O art. 236, *caput*, da Constituição da República, ao expressar o "caráter privado" dos "serviços notariais e registro", *não* deixa dúvidas quanto à adoção, pelo titular do *cartório*, do regime celetista para fins de contratação de seus auxiliares e escreventes, mesmo no período anterior à Lei n. 8.935/94, pois efetivamente o titular do *cartório*, como pessoa física que é, equipara-se ao empregador comum, mormente porque "a entidade cartorial *não* é ente dotado de personalidade jurídica". Ademais, a referida norma é conclusiva, e autoaplicável, que dispensa complementação via lei ordinária.(TRIBUNAL: TST DECISÃO: 2.4.2003 PROC: RR NUM: 528287 ANO: 1999 REGIÃO: 02 RECURSO DE REVISTA TURMA: 03 ÓRGÃO JULGADOR — TERCEIRA TURMA DJ DATA: 09-05-2003 Relator: JUIZ CONVOCADO PAULO ROBERTO SIFUENTES COSTA).

VÍNCULO DE EMPREGO COM CARTÓRIO NÃO OFICIALIZADO. ART. 48 DA LEI N. 8935/94. O art. 48 da Lei n. 8.935/94 em nenhum momento estabelece a qual regime estavam submetidos os serventuários dos *Cartórios* extrajudiciais antes da edição dessa lei. Apenas dispõe que os notários e os oficiais de registro poderiam, a partir da edição da norma, contratar sob o regime celetista seus escreventes e auxiliares que fossem contratados sob regime estatutário ou especial, desde que esses fizessem opção expressa no prazo de trinta dias. Ocorre que, no caso dos autos, foi comprovado que os reclamantes já eram regidos pela CLT desde a admissão, de modo que esse dispositivo legal *não* tem aplicação.

Recurso de Revista *não* conhecido. (TRIBUNAL: TST DECISÃO: 17.4.2002 PROC: RR NUM: 703230 ANO: 2000 REGIÃO: 15 RECURSO DE REVISTA TURMA: 5 ÓRGÃO JULGADOR — QUINTA TURMA DJ DATA: 31.5.2002 Relator: MINISTRO RIDER NOGUEIRA DE BRITO)

CARTÓRIO NÃO OFICIALIZADO. RELAÇÃO DE EMPREGO COM ESCREVENTE E AUXILIARES. APLICAÇÃO DA LEI N. 8.935/94. Para que fosse observado o direito adquirido e o ato jurídico perfeito, tal como previsto no art. 5º, inciso XXXVI, o legislador publicou a Lei n. 8.935/94, que, no *caput* do art. 48, faculta aos *cartórios* contratarem, pelo regime da CLT, caso os escreventes e auxiliares concordem com esta reforma, bem como manifestem sua opção por ela, no prazo improrrogável de 30 dias, contados da data da publicação da referida lei. Pedido de vínculo de emprego, posterior a esta data, *não* pode encontrar guarida nesta Justiça Especializada. (TRIBUNAL: 2ª Região ACÓRDÃO NUM: 20010137070 DECISÃO: 19 02 2001 TIPO: RO01 NUM: 20000543068 ANO: 2000 NÚMERO ÚNICO PROC: RO01 — RECURSO ORDINÁRIO TURMA: 09 ÓRGÃO JULGADOR — NONA TURMA DOE SP, PJ, TRT 2ª Data: 3.4.2001 Revisor: ANTONIO JOSÉ TEIXEIRA DE CARVALHO)

CONSTITUCIONAL. ADMINISTRATIVO. ART. 19 DO ADCT. FUNCIONÁRIO DE CARTÓRIO. AUSÊNCIA DE VÍNCULO COM A ADMINISTRAÇÃO. ESTABILIDADE. IMPERTINÊNCIA. 1. A norma do art. 19 do ADCT não socorre o recorrente, que admite jamais ter recebido remuneração dos cofres públicos e ser contratado apenas do Cartório de Distribuição do Tribunal de Justiça do Distrito Federal e Territórios, pelo regime da Consolidação das Leis do Trabalho. 2. Dispositivo constitucional transitório que se aplica somente àqueles servidores públicos em exercício, há pelo menos cinco anos antes da promulgação da Carta de 1988, na administração direta da União, dos Estados, do Distrito Federal e dos Municípios, bem como em suas autarquias e fundações públicas. 3. Recurso extraordinário conhecido e improvido. RE 388589, DF, RECURSO EXTRA-

ORDINÁRIO. Rel. Ministra Ellen Gracie. Julgamento 15.6.2004. 2ª T. Publicação. DJ 6.8.2004, PP 00062, EMENT VOL 02158-07, pp. 01269.

SERVENTUÁRIOS DE CARTÓRIO NÃO OFICIALIZADO X TITULARES DAS SERVENTIAS — RELAÇÃO JURÍDICA — O § 1º, do art. 236, da Constituição da República, previu a edição de lei complementar disciplinadora das atividades dos serviços notariais e de registro, o que efetivamente ocorreu com a promulgação da Lei n. 8.935, de 18.11.94. O art. 48 desta Lei, em seus §§ 1º e 2º, *não* deixa dúvidas no sentido de que, até sua publicação, os escreventes e auxiliares das serventias estavam sujeitos a regime especial ou estatutário: tanto que autorizou a transformação do regime jurídico destes para o celetista, mediante opção expressa, no prazo de 30 (trinta) dias. Determinou ainda, que, não ocorrendo referida opção, continuariam regidos pelas normas aplicáveis aos funcionários públicos ou pelas editadas pelo Tribunal de Justiça respectivo (no presente caso, pelo Tribunal de Justiça do Estado de São Paulo). No caso em tela, forçoso concluir que o reclamante esteve sob a égide do regime estatutário até 6 de dezembro de 1994, haja vista que os direitos de opção ao FGTS e à legislação trabalhista só lhe foram outorgados em 7.12.94, após a publicação da Lei n. 8.935/94. Correto o procedimento de, só a partir daquela data, ter sido seu contrato de trabalho devidamente anotado na Carteira de Trabalho e Previdência Social. (TRIBUNAL: 15ª Região ACÓRDÃO NUM: Acórdão: 008243/2000 DECISÃO: 13.3.2000 TIPO: RO NUM: 024648 ANO: 1998 NÚMERO ÚNICO PROC: RO — TURMA: TU5 — Quinta Turma DOE DATA: 13.3.2000 Relator: OLGA AIDA JOAQUIM GOMIERI)

Com base na jurisprudência acima não resta dúvida a competência da Justiça do Trabalho para dirimir controvérsias decorrentes da relação de emprego entre os titulares de cartórios não oficializados e seus empregados, de acordo com o art. 114 da Constituição Federal.

Em se tratando de um serviço público exercido sobre delegação a particular, o Estado responderá objetivamente pelos danos causados por esses serviços a terceiros, por exemplo, reconhecimento de firma fraudulento, procuração falsa ou escritura[(24)] com vícios insanáveis ou falsos, facultado o direito de regresso contra o empregado, se esse incorrer em culpa ou dolo.

A responsabilidade objetiva do Estado[(25)] vem albergada no art. 37, § 6º, da Constituição Federal, *in verbis*:

"As pessoas jurídicas de direito público e as de direito privado prestadoras de serviços públicos responderão pelos danos que seus agentes, nessa qualida-

(24) Indenização — Responsabilidade civil — Tabelião. Ato notarial. Lavratura de instrumento de falsa procuração — Transferência de direito imobiliário — Perda do bem adquirido — Insuficiência de cautelas adotadas — Ligeira culpa que produz a obrigação de indenizar — Verba devida — Recurso provido. Em se tratando de responsabilidade civil, resultante de ato notarial, a mais ligeira culpa produz a obrigação de indenizar, respondendo o Tabelião perante aquele que perdeu o imóvel adquirido, pelo qual o criminoso, mediante artifício, conseguiu lavrar instrumento procuratório. (TJSP — Ap. Cível 228.034-1, 8.6.95, 6ª Câmara Civil — rel. Testa Marchi).

(25) Constitucional — Servidor Público — Tabelião. Titulares de ofício de justiça: Responsabilidade civil. Responsabilidade do Estado, art. 37, § 6º. CF. Natureza estatal das atividades exercidas pelos serventuários titulares de cartórios e registros extrajudiciais, exercidas em caráter privado, por delegação do Poder Público. Responsabilidade objetiva do Estado pelos danos praticados a terceiros por esses servidores no exercício de suas funções, assegurado o direito de regresso contra o notário, nos casos de dolo ou culpa (CF, art. 37, § 6º). (STF — ARRE 209354, 2-3-99, Seção 2 — 2ª Turma — Rel. Min. Carlos Velloso).

de, causarem a terceiros, assegurado o direito de regresso contra o responsável nos casos de dolo ou culpa".

22.1. Sucessão trabalhista nos Cartórios Não-Oficializados

E como ficaria a sucessão trabalhista nos cartórios não-oficializados?

No caso de um novo titular assumir um cartório ou serventia não oficializado, após o competente concurso público, no atendimento ao dispositivo constitucional, sucedendo o antecessor, será responsável pelas obrigações trabalhistas dos empregados do cartório em seu nome pessoal, na pessoa física de proprietário, uma vez que o cartório de notas não possui personalidade jurídica.

Se eventualmente o concurso for anulado, por estar eivado de irregularidades, obviamente a responsabilidade continuará sendo do antecessor.

A jurisprudência sobre a matéria assim se posiciona:

"Os cartórios, por não deterem personalidade jurídica, e, portanto, capacidade de ser parte, não podem ser demandados em juízo. A possibilidade de entes, sem personalidade jurídica, na relação processual, está restrita às hipóteses legalmente previstas, já que o art. 12, do CPC, encerra rol da modalidade *numerus clausus* (incisos III, IV, VII E IX)".

O art. 12 do CPC estatui:

"Serão representados em juízo, ativa e passivamente: I — a União, os Estados, o DF e os Territórios, por seus procuradores, II — o Município, por seu Prefeito ou procurador, III — a massa falida, pelo síndico, IV — a herança jacente ou vacante, por seu curador, V — o espólio, pelo inventariante, VI — as pessoas jurídicas, por quem os respectivos estatutos designarem, ou, não os designando, por seus diretores, VII — a pessoa jurídica estrangeira, pelo gerente, representante ou administrador de sua filial, agência ou sucursal aberta ou instalada no Brasil, (art. 88). VIII — o condomínio, pelo administrador ou pelo sindicato. § 2º as sociedades sem personalidade jurídica, quando demandadas, não poderão opor a irregularidade de sua constituição. § 3º O gerente da filial ou agência presume-se autorizado, pela pessoa jurídica estrangeira, a receber citação inicial para o processo de conhecimento, de execução, cautelar e especial".

"CARTÓRIO — DESIGNAÇÃO PROVISÓRIA DE NOVO TITULAR — SUCESSÃO TRABALHISTA. 1. Para a configuração da sucessão trabalhista, necessária a assunção, por terceiro, de bens e serviços do efetivo empregador, pois a vinculação dos créditos trabalhistas ocorre com a *res productiva*. 2. A designação provisória de novo titular de cartório, nos moldes estabelecidos pela norma especifica, e sem a transferência de qualquer dos bens que compõem o acervo produtivo, em regra não induz à responsabilidade, pelo instituto da sucessão, da pessoa designada, salvo no período em que se beneficiou diretamente da prestação de serviços".

Os cartórios não possuem personalidade jurídica. Portanto, de plano, possível concluir pela impossibilidade deles figurarem em qualquer processo na condição de parte. A figura do cartório nada mais representa senão a unidade administrativa, onde o titular da serventia, por delegação do Poder Público desempenha seu mister.

Como inexiste a figura do cartório no plano jurídico, não há como se lhe reconhecer a capacidade para ser parte, em qualquer um dos pólos da relação processual. As únicas exceções a esta regra geral residem naquelas expressas na Lei, CPC. art. 12, hipótese distinta da tratada nestes autos. Aliás, acerca da exclusiva responsabilidade dos titulares de cartórios, pelas obrigações decorrentes do exercício da atividade — inclusive as trabalhistas — já decidiu o Excelso Supremo Tribunal Federal, *in verbis*:

> "Ementa. Conflito de jurisdição. Competência. Reclamação trabalhista movida por empregado de ofício extrajudicial, não oficializado, do DF contra o respectivo titular. Lei n. 6.750/1979 (Lei de Organização Judiciária do DF e Territórios), arts. 81 e 82. A remuneração dos empregados das serventias não-oficializadas do DF deve ser paga pelos titulares, únicos responsáveis pelas obrigações trabalhistas. Os direitos dos empregados não-remunerados pelos cofres públicos, vinculados ao titular da serventia, são os previstos na legislação do trabalho. A intervenção da Corregedoria Geral da Justiça do DF, nos referidos contratos de trabalho (Lei n. 6.750/79, art. 81, § 3º), é meramente de natureza fiscalizatória e disciplinar. Constituição, arts. 113 e 236. Competência da Justiça do Trabalho e não da Justiça Comum do DF. Conflito de jurisdição conhecido, declarando-se, no caso, a competência do TST".

CARTÓRIO EXTRAJUDICIAL — SUCESSÃO TRABALHISTA — O cartório extrajudicial, embora careça de personalidade jurídica a exemplo do condomínio encontra-se inserido no § 1º, do art. 2º, da CLT, pouco importando o fato de não exercer atividade econômica, propriamente. Embora exerça atividade de natureza pública, não órgão público. No caso, ocorre a sucessão institucional — Porque, embora não se trate de empresa, trata-se de ente despersonificado, autêntico empregador. (TRT 3ª R. — RO 7096/03 — 1ª T. — Rel. Juiz Manuel Cândido Rodrigues — DJMG 4.7.2003 — p. 5).

Na sistemática da vigente norma de regência, que seja, Lei n. 8.935, de 1994, recebeu tratamento similar. O seu art. 21 assim dispõe, *ad litteram*:

> "Art. 21. O gerenciamento administrativo e financeiro dos serviços notariais e de registro é da responsabilidade do respectivo titular, inclusive no que diz respeito às despesas de custeio, investimento e pessoal, cabendo-lhe estabelecer normas, condições e obrigações relativas à atribuição de funções e remuneração de seus prepostos de modo a obter a melhor qualidade na prestação dos serviços".

O elemento definidor da sucessão trabalhista é a presença, junto à empresa sucessora, dos elementos caracterizadores da atividade empresarial da sucedida, ou seja, a manutenção de idêntico ramo de negócios, a utilização da clientela então formada, a autorização legal para exploração da atividade e o aproveitamento da organização existente, quer material ou de natureza extrapatrimonial.

23. Outros tipos de responsabilidade

Desenvolveremos, a seguir, outras espécies de responsabilidade que ainda ensejam grande controvérsia em nossos Tribunais.

24. *Responsabilidade objetiva do Estado*

No Brasil, a responsabilidade do Estado sofreu várias transformações ao longo da história. Na Constituição do Império, de 1824, o art. 99 da Constituição Federal dispunha:

"Art. 99. A pessoa do imperador é inviolável e sagrada; ele não está sujeito a responsabilidade alguma".

Vemos, dessa forma, que se aplicava, na época, a teoria da irresponsabilidade do Estado, com regência no princípio *the king can do no wrong*. O fundamento era que a responsabilização do Estado por seus atos poderiam comprometer a soberania do Estado e ainda pelo fato de que todos os atos do Estado tinham por objetivo o bem comum da coletividade.

Com base nesse entendimento, os atos ou omissões praticados por agentes públicos, que provocassem danos a terceiros, seriam de sua exclusiva e total responsabilidade, sempre com a observância da demonstração da culpa ou dolo.

Com o advento do Código civil de 1916, estabeleceu-se uma nova regra de responsabilidade, na medida em que o art. 15[26] previa que as pessoas jurídicas de direito público seriam responsáveis pelos atos de seus agentes, no exercício de suas funções. Já naquela época surgiu intensa disputa doutrinária, se essa responsabilidade era objetiva ou subjetiva.

No entanto, prevaleceu o entendimento doutrinário e jurisprudencial no sentido de se aplicar a teoria subjetiva da responsabilidade do Estado, no que se refere ao art. 15 do Código Civil de 1916. Entendemos que já se poderia aplicar, na época, a responsabilidade objetiva com base nessa previsão legal, porquanto o texto legal em nenhum momento faz referência expressa da culpa ou dolo na responsabilização do Estado por atos de seus agentes. No que respeita a "faltando a dever prescrito por lei" daquele artigo, certamente ele se referia aos atos omissivos dos agentes públicos, enquanto "procedendo de modo contrário ao direito" não significa expressamente a incidência de culpa.

Logo, poderia prevalecer a posição de que um ato lícito do agente, no exercício de suas funções, que provocasse danos a um indivíduo geraria o dever do Estado à devida indenização, restando, portanto, caracterizada a responsabilidade objetiva.

A responsabilidade civil do Estado não se submete às regras do direito privado, baseadas na teoria da culpa, ou responsabilidade subjetiva, consoante o art. 186 do Novo Código Civil, mas atém-se à Teoria da Responsabilidade objetiva, ou seja, independentemente de culpa.

(26) Art. 15. As pessoas jurídicas de direito público são civilmente responsáveis por atos dos seus representantes que nessa qualidade causem danos a terceiros, procedendo de modo contrário ao direito ou faltando a dever prescrito por lei, salvo o direito regressivo contra os causadores do dano.

O fundamento jurídico e constitucional encontra-se no art. 43(27) do Código Civil de 2002, e no art. 37, § 6º da Constituição Federal de 1988, *in verbis*:

"As pessoas jurídicas de direito público e as de direito privado prestadoras de serviços públicos responderão pelos danos que seus agentes, nessa qualidade, causarem a terceiros, assegurado o direito de regresso contra os responsáveis nos casos de dolo ou culpa".

Como vimos nas páginas anteriores, enquanto a responsabilidade civil dos particulares tem como pressuposto a prática de um ato ilícito, a responsabilidade objetiva do Estado independe de tal ato, podendo até mesmo ocorrer de eventuais atos que, não obstante lícitos, causem prejuízos a terceiros (ex: o fechamento de uma avenida para construção de galerias subterrâneas).

A responsabilidade objetiva aplica-se não apenas à Administração Pública Direta (União, Estados, Distrito Federal e Municípios), como também à Indireta (autarquias, fundações públicas, empresas públicas e sociedades de economia mista), como também a qualquer pessoa jurídica de direito privado, prestadora de serviços públicos delegados (concessionárias e permissionárias).

25. Responsabilidade subjetiva do Estado

A responsabilidade subjetiva do Estado acha-se ligada principalmente à omissão estatal que provoque dano a terceiros.

A Constituição de 1934, em seu art. 17, trazia a regra da solidariedade do funcionário público com a Fazenda Pública, em caso de danos a terceiros. Certamente, representava um retrocesso em sede de responsabilidade civil, pois o lesado poderia interpor uma ação em face do Estado e do agente público para se ver ressarcido do prejuízo.

Enquanto a Constituição de 1937 praticamente repetia a de 1934 a respeito da responsabilidade do Estado, a Constituição de 1946, por seu turno, estabeleceu no art. 194 a responsabilidade do Estado, por meio das pessoas jurídicas de direito público, excluindo a solidariedade de seus agentes, como outrora ocorria. As Constituições posteriores (1967, Emenda Constitucional de 1969) virtualmente repetiram idêntica posição.

A Constituição de 1988 veio sedimentar o entendimento da matéria, por meio do art. 37, § 6º acima descrito, optando pela responsabilidade objetiva das pessoas jurídicas de direito público. No entanto, podemos dizer que a novidade trazida pela atual Carta Magna foi a extensão da responsabilidade objetiva também para todas as pessoas jurídicas de direito privado, que prestam serviços públicos (empresas

(27) Art. 43. As pessoas jurídicas de direito público interno são civilmente responsáveis por atos dos seus agentes que nessa qualidade causem danos a terceiros, ressalvado direito regressivo contra os causadores do dano, se houver, por parte destes, culpa ou dolo.

públicas, sociedades de economia mista, agências reguladoras, concessionárias e permissionárias).

Mesmo após a promulgação da Constituição de 1988, o entendimento prevalecente no que diz respeito à responsabilidade subjetiva, foi a permanência do art. 15 do Código Civil de 1916 em plena força e efeito (*full force and effect*), no que respeita aos atos omissivos das pessoas jurídicas de direito público, que, por meio de seus agentes, nessa qualidade, provocarem danos a terceiros. Em face da omissão do Estado que cause dano a terceiros, o lesado deverá provar: a) que o dano foi injusto; b) a culpa da pessoa jurídica; e c) o nexo causal entre a omissão culposa e o dano.

Por outro lado, é imprescindível na configuração da responsabilidade subjetiva a demonstração da culpa da Administração Pública pelo não funcionamento, mau funcionamento ou negligência na prestação do serviço público, como dito alhures.

Para melhor caracterizar a responsabilidade subjetiva do Estado apresentamos abaixo as seguintes ementas:

> RECURSO ESPECIAL — ALÍNEAS *A* E *C* — RESPONSABILIDADE CIVIL DO ESTADO. Ato omissivo. Responsabilidade subjetiva. Negligência na segurança de balneário público. Mergulho em local perigoso. Conseqüente tetraplegia. Imprudência da vítima. Culpa recíproca. Indenização devida proporcionalmente. O infortúnio ocorreu quando o recorrente, aos 14 anos, após penetrar, por meio de pagamento de ingresso, em balneário público, mergulhou de cabeça em Ribeirão de águas rasas, o que lhe causou lesão medular cervical irreversível. Para a responsabilização subjetiva do Estado por ato omissivo, "é necessário, que o Estado haja incorrido em ilicitude, por não ter acorrido para impedir o dano ou por haver sido insuficiente neste mister, em razão de comportamento inferior ao padrão legal exigível" (BANDEIRA DE MELLO, Celso Antônio. *Curso de Direito Administrativo.* São Paulo: Malheiros, 2002, p. 855). Ao mesmo tempo em que se exige da vítima, em tais circunstâncias, prudência e discernimento. Já que pelo senso comum não se deve mergulhar em local desconhecido —, imperioso reconhecer, também, que, ao franquear a entrada de visitantes em balneário público, sejam eles menores ou não, deve o Estado proporcionar satisfatórias condições de segurança, mormente nos finais de semana, quando, certamente, a freqüência ao local é mais intensa e aumenta a possibilidade de acidentes. "Não há resposta *a priori* quanto ao que seria o padrão normal tipificador da obrigação a que estaria legalmente adstrito. Cabe indicar, no entanto, que a normalidade da eficiência há de ser apurada em função do meio social, do estágio de desenvolvimento tecnológico, cultural, econômico e da conjuntura da época, isto é, das possibilidades reais médias dentro do ambiente em que se produziu o fato danoso" (BANDEIRA DE MELLO, Celso Antônio. *Op. cit., loc. cit.*). Há, na hipótese dos autos, cuidados que, se observados por parte da administração pública estadual, em atuação diligente, poderiam ter evitado a lesão. A simples presença de salva-vidas em locais de banho e lazer movimentados é exigência indispensável e, no particular, poderia ter coibido a conduta da vítima. Nem se diga quanto à necessidade de isolamento das zonas de maior risco, por exemplo, por meio de grades de madeira, cordas, corrimãos etc. Em passeios dessa natureza, amplamente difundidos nos dias atuais sob a denominação de "turismo ecológico", não somente para as crianças, como para jovens e adultos, é de se esperar, conforme as circunstâncias

peculiares do local, a presença de cabos de isolamento e a orientação permanente de guias turísticos e funcionários que conheçam o ambiente visitado. Segundo a lição do notável Aguiar Dias, doutrinador de escol no campo da responsabilidade civil, "a culpa da vítima, quando concorre para a produção do dano, influi na indenização, contribuindo para a repartição proporcional dos prejuízos" (*in Da responsabilidade civil,* Rio de Janeiro: Forense, 1960, tomo II, p. 727). Recurso Especial provido em parte para reconhecer a culpa recíproca e, como tal, o rateio das verbas condenatórias e das despesas e custas processuais meio a meio, arcando cada parte com a verba honorária advocatícia do respectivo patrono. (STJ — RESP 418713 — SP — 2ª T. — Rel. Min. Franciulli Netto — DJU 8.9.2003 — p. 280)

CIVIL E PROCESSO CIVIL — AÇÃO DE INDENIZAÇÃO — DANOS MORAIS E MATERIAIS — SERVIDOR DA FUNDAÇÃO HOSPITALAR DO DF — MANUSEIO DE SUBSTÂNCIAS TÓXICAS — RESPONSABILIDADE CIVIL DO ESTADO — ARTIGO 37, §6º, CF/88 — APLICABILIDADE AO SERVIDOR — OMISSÃO DO DEVEDOR DE ZELAR PELA HIGIDEZ FÍSICA E MENTAL DO AGENTE PÚBLICO — INOBSERVÂNCIA DO DEVER DE SAÚDE — ARTIGO 204, CF/88 — RESPONSABILIDADE SUBJETIVA — PRECEDENTES DO STF — IMPRUDÊNCIA E NEGLIGÊNCIA CONFIGURADAS — REPARAÇÃO QUE SE NÃO PODE RESUMIR AO ADICIONAL DE INSALUBRIDADE, CONCEBIDO PARA NÍVEIS SUPORTÁVEIS DE INSALUBRIDADE — COMPATIBILIDADE ENTRE A INDENIZAÇÃO E A APOSENTADORIA POR INVALIDEZ — FUNDAMENTOS JURÍDICOS DIVERSOS — APELO PARCIALMENTE PROVIDO — 1 — O fato de não se assegurar aos servidores públicos civis o direito previsto no art. 7º, XXVIII, CF/88, não constitui óbice à indenização por danos decorrentes da atividade laboral, sempre que configurada a responsabilidade civil do Estado. 2 — Constatada a omissão do estado quanto ao dever da prestação e do zelo pela saúde e pelas adequadas condições de trabalho de seus servidores, por ato culposo ou doloso de agentes seus, aplica-se o disposto no art. 37, § 6º, CF/88, impondo-se a correspondente indenização por danos morais ou materiais. 3 — A indenização a que faz jus o servidor que lida com substâncias tóxicas ou outras de semelhante natureza não se deve resumir ao adicional de insalubridade, nem se confunde com a aposentadoria por invalidez, que se assenta em fundamento jurídico diverso. 4 — Apelo parcialmente provido. (TJDF — APC 5088698 — DF — 4ª T.Cív. — Rel. p/o Ac. Des. Cruz Macedo — DJU 10.12.2003 — p. 58).

ADMINISTRATIVO — RESPONSABILIDADE CIVIL DO ESTADO — ACIDENTE EM BURACO (VOÇOROCA) CAUSADO POR EROSÃO PLUVIAL — MORTE DE MENOR — INDENIZAÇÃO — CASO FORTUITO E FORÇA MAIOR — INEXISTÊNCIA — SÚMULA 7/STJ — NÃO-INCIDÊNCIA — 1. Ação indenizatória proposta em face do Município de Costa Rica/MS, em que se pleiteia pensão vitalícia no montante de dois salários mínimos mensais e despesas de funeral, pela morte de filho menor, em decorrência de acidente em buraco (voçoroca) causado pelas águas da chuva. 2. A instância especial, por suas peculiaridades, inadmite a discussão a respeito de fatos narrados no processo — Vale dizer, de controvérsias relativas à existência ou inexistência de fatos ou à sua devida caracterização -, pois se tornaria necessário o revolvimento do conjunto probatório dos autos. 3. Entretanto, a qualificação jurídica de fatos incontroversos, ou seja, seu devido enquadramento no sistema normativo, para deles extrair determinada conseqüência jurídica, é coisa diversa, podendo ser aferida neste âmbito recursal. Não-incidência da Súmula n. 7/STJ. 4. Segundo o acórdão recorrido, a existência da voçoroca e sua potencialidade lesiva era de "conhecimento comum", o que afasta a possibilidade de eximir-se o Município sob a alegativa de caso fortuito e força maior, já que essas excludentes do dever de indenizar pressupõem o elemento "imprevisibilidade". 5. Nas situações em que o dano somente foi possível em decorrência da omissão do Poder Público (o serviço não funcionou, funcionou mal ou tardiamente), deve ser aplicada a teoria da responsabilidade subjetiva. Se o Estado não agiu, não pode ser ele o autor do dano. Se não foi o autor, cabe responsabilizá-lo apenas na hipótese de estar obrigado a impedir o evento lesivo, sob pena de convertê-lo em "segurador universal". 6. Embora a municipalidade tenha adotado medida de sinalização da área afetada pela erosão pluvial, deixou de proceder ao seu completo isolamento, bem como de prover com urgência as obras necessárias à segurança do local, fato que caracteriza negligência, ensejadora da responsabilidade subjetiva. 7. Em atenção à jurisprudência da Corte e aos limites do Recurso Especial, deve a indenização ser fixada no montante de 2/3 do salário mínimo, a partir da data em que a vítima completaria 14 anos de idade (28 de agosto de 1994) até o seu 25º aniversário (28 de agosto de 2005), calculado mês a mês, com correção monetária plena. 8. Os honorários advocatícios devem ser fixados em 10% sobre o valor atualizado da condenação, a ser apurado em liquidação de sentença. 9. Recurso Especial conhecido e provido em parte. (STJ — RESP 199700400140 — (135542 MS) — 2ª T. — Rel. Min. Castro Meira — DJU 29.8.2005 — p. 233.

INDENIZAÇÃO — ACIDENTE DE TRÂNSITO — ARAME FARPADO SEM SINALIZAÇÃO EM VIA PÚBLICA — RESPONSABILIDADE SUBJETIVA DO ESTADO — OMISSÃO — PRESTAÇÃO DE SERVIÇO PÚBLICO DEFICIENTE — INEXISTÊNCIA PROVA DO FATO ALEGADO PELO AUTOR — IMPROCEDÊNCIA DA POSTULAÇÃO — INTELIGÊNCIA DO ART. 159, DA CONSTITUIÇÃO DA REPÚBLICA E ART. 333, I, DO CPC — No caso da responsabilidade subjetiva do Município, para ser deferida a indenização, deve ser comprovado não apenas o nexo de causalidade entre o evento e o dano sofrido, mas a culpa por negligência, imprudência ou imperícia. Não provando o Autor o fato constitutivo de seu alegado direito, impõe-se, de rigor, a improcedência do pedido. (TJMG — APCV 000.317.205-3/00 — 5ª C.Cív. — Rel. Des. Dorival Guimarães Pereira — J. 10.4.2003)

O Colendo Supremo Tribunal Federal entende, porém, não existir responsabilidade civil do Estado por ato omissivo, quando um preso foragido há vários meses, comete homicídio. Tal entendimento tem fulcro na Teoria do dano direito e imediato, com embasamento na Constituição Federal de 1988 no que respeita ao nexo etiológico ou de causalidade.

Na mesma esteira, no que trata do prazo decadencial para impetração de Mandado de Segurança contra ato omisso da Administração Pública, a jurisprudência do Supremo Tribunal Federal também é pacífica no sentido de que começa a fluir a partir do momento em que se esgotou o prazo legal estabelecido para a autoridade impetrada praticar o ato, cuja omissão se está atacando.

25.1. Denunciação da lide

Existe o entendimento de cabimento da denunciação da lide em sede de responsabilidade subjetiva do Estado, nos casos de omissão na prestação de serviços públicos, que causam danos a terceiros, consoante demonstrado pelas ementas acima mencionadas.

Sabemos que a denunciação da lide prevista no art. 70(28) do Código de Processo Civil é obrigatória e se faz necessária nas hipóteses em que o réu possui direito de regresso contra terceiro. Logo, o terceiro deverá ser denunciado na lide, para vir a fazer parte do processo, de modo a se apurar sua eventual culpa ou dolo no objeto do litígio.

A denunciação da lide, em relação ao Estado, nos casos de responsabilidade, somente se aplica nos casos de responsabilidade subjetiva (por atos omissivos), embora alguns doutrinadores de escol, como *Humberto Theodoro Júnior* entendam que há o cabimento da denunciação da lide nos casos de responsabilidade objetiva, em ação indenizatória, com fulcro no art. 37, § 6º da Constituição Federal de 1988.

Entendemos pelo cabimento da denunciação da lide do Estado em face de agente público que tenha causado dano a terceiros, apenas nos casos de responsabilidade subjetiva do Estado, com base no art. 15 do Código Civil de 1916. Se a ação de indenização, ou seja, a ação de regresso contra o agente público tiver fulcro na responsabilidade objetiva (art. 37, § 6º da CF/88) não haverá cabimento para denunciação da lide.

---

(28) DA DENUNCIAÇÃO DA LIDE
Art. 70. A denunciação da lide é obrigatória:
I — ao alienante, na ação em que terceiro reivindica a coisa, cujo domínio foi transferido à parte, a fim de que esta possa exercer o direito que da evicção lhe resulta;
II — ao proprietário ou ao possuidor indireto quando, por força de obrigação ou direito, em caso como o do usufrutuário, do credor pignoratício, do locatário, o réu, citado em nome próprio, exerça a posse direta da coisa demandada;
III — àquele que estiver obrigado, pela lei ou pelo contrato, a indenizar, em ação regressiva, o prejuízo do que perder a demanda.
Art. 71. A citação do denunciado será requerida, juntamente com a do réu, se o denunciante for o autor; e, no prazo para contestar, se o denunciante for o réu.
Art. 72. Ordenada a citação, ficará suspenso o processo.
§ 1º. A citação do alienante, do proprietário, do possuidor indireto ou do responsável pela indenização far-se-á:
a) quando residir na mesma comarca, dentro de 10 (dez) dias;
b) quando residir em outra comarca, ou em lugar incerto, dentro de 30 (trinta) dias.
§ 2º. Não se procedendo à citação no prazo marcado, a ação prosseguirá unicamente em relação ao denunciante.
Art. 73. Para os fins do disposto no artigo 70, o denunciado, por sua vez, intimará do litígio o alienante, o proprietário, o possuidor indireto ou o responsável pela indenização e, assim, sucessivamente, observando-se, quanto aos prazos, o disposto no artigo antecedente.
Art. 74. Feita a denunciação pelo autor, o denunciado, comparecendo, assumirá a posição de litisconsorte do denunciante e poderá aditar a petição inicial, procedendo-se em seguida à citação do réu.
Art. 75. Feita a denunciação pelo réu:
I — se o denunciado a aceitar e contestar o pedido, o processo prosseguirá entre o autor, de um lado, e de outro, como litisconsortes, o denunciante e o denunciado;
II — se o denunciado for revel, ou comparecer apenas para negar a qualidade que lhe foi atribuída, cumprirá ao denunciante prosseguir na defesa até final;
III — se o denunciado confessar os fatos alegados pelo autor, poderá o denunciante prosseguir na defesa.
Art. 76. A sentença, que julgar procedente a ação, declarará, conforme o caso, o direito do evicto, ou a responsabilidade por perdas e danos, valendo como título executivo.

Em homenagem ao princípio da celeridade, da dignidade da pessoa humana e da rapidez no atendimento ao lesado, que incorreu no prejuízo material, deve o Estado pagar, de imediato, a indenização e posteriormente ajuizar ação de regresso em face do servidor, com fundamento na culpa ou dolo. Evitar-se-á, dessa forma, longas e inúteis delongas no processo em detrimento do cidadão prejudicado.

Nesse sentido, transcrevemos as ementas:

PROCESSUAL CIVIL E ADMINISTRATIVO — RESPONSABILIDADE CIVIL DO ESTADO — DENUNCIAÇÃO DA LIDE — DIREITO DE REGRESSO — ART. 70, III, DO CPC — 1. A denunciação da lide só é obrigatória em relação ao denunciante que, não denunciando, perderá o direito de regresso, mas não está obrigado o julgador a processá-la, se concluir que a tramitação de duas ações em uma só onerará em demasia uma das partes, ferindo os princípios da economia e da celeridade na prestação jurisdicional. 2. A denunciação da lide ao agente do Estado em ação fundada na responsabilidade prevista no art. 37, § 6º, da CF/88 não é obrigatória, vez que a primeira relação jurídica funda-se na culpa objetiva e a segunda na culpa subjetiva, fundamento novo não constante da lide originária. 3. Não perde o Estado o direito de regresso se não denuncia a lide ao seu preposto (precedentes jurisprudenciais). 4. Embargos de divergência rejeitados. (STJ — ERESP 313886 — RN — 1ª S. — Relª Min. Eliana Calmon — DJU 22.3.2004 — p. 188)

CONSTITUCIONAL, ADMINISTRATIVO E PROCESSUAL CIVIL — INDENIZAÇÃO POR ACIDENTE DE VEÍCULOS PROVOCADO POR ÔNIBUS DO MINISTÉRIO DA AERONÁUTICA — RESPONSABILIDADE CIVIL DO ESTADO — ADMISSIBILIDADE — DENUNCIAÇÃO À LIDE — REJEIÇÃO — 1. O direito de regresso constitucionalmente assegurado ao poder público contra seu agente que, por dolo ou culpa, tenha causado danos a terceiros não justifica a denunciação à lide. 2. A denunciação à lide (CPC, art. 77, III) pressupõe que a segunda lide instaurada possua o mesmo fundamento da primeira. No caso, isso não acontece, porquanto o fundamento da primeira lide é a responsabilidade objetiva do Estado e o fundamento da segunda, a responsabilidade subjetiva do agente público. 3. A teoria da responsabilidade objetiva do Estado, consagrada no art. 37, § 6º, da Constituição Federal, impõe ao poder público o dever de ressarcir os danos que seus agentes, nessa qualidade, causem a terceiros, independentemente da comprovação de culpa. 4. Na hipótese, encontram-se presentes os elementos caracterizadores da responsabilidade da União: fato lesivo, dano e nexo causal entre o fato lesivo e o dano. 5. Ausência de causa excludente ou atenuante da responsabilidade estatal (culpa exclusiva ou concorrente da vítima). 6. As indenizações por danos material e moral oriundas do mesmo fato são cumuláveis — Súmula n. 37 do Superior Tribunal de Justiça. 7. Apelação e remessa oficial parcialmente providas. (TRF 5ª R. — AC 176913 — (99.05.31911-5) — RN — 2ª T. — Rel. Des. Fed. Francisco Cavalcanti — DJU 3.3.2004 — p. 595)

26. Responsabilidade da Administração Pública, o art. 71 da Lei n. 8.666/93 e a Súmula n. 331 do Tribunal Superior do Trabalho

O espírito do Direito do Trabalho tem por escopo a integração do trabalhador no núcleo da atividade econômica da empresa, destacando-o como um colaborador na formação do patrimônio do empregador.

Logo, se o trabalhador colabora na formação do patrimônio do empregador, este patrimônio converte-se numa espécie de hipoteca legal dos créditos trabalhistas, como um direito de seqüela, independentemente de se tratar o empregador de pessoa jurídica de direito privado ou entidade pertencente à Administração Pública.

Embora o art. 71 e o § 1º da Lei n. 8.666/93 declarem que

"Art. 71. O contratado é responsável pelos encargos trabalhistas, previdenciários, fiscais e comerciais resultantes da execução do contrato.

§ 1º A inadimplência do contratado com referência aos encargos trabalhistas, fiscais e comerciais não transfere à Administração Pública a responsabilidade por seu pagamento, nem poderá onerar o objeto do contrato ou restringir a regularização e o uso das obras e edificações, inclusive perante o Registro de Imóveis. (Redação dada pela Lei n. 9.032, de 28.4.1995)", a sua aplicação deve se dar em conexão com o § 6º do art. 37 da Constituição Federal de 1988, em obediência aos princípios constitucionais aplicáveis aos órgãos da Administração Pública, notadamente os princípios da moralidade, legalidade e impessoalidade.

Não vemos outra interpretação para o aludido art. 71 da Lei n. 8.666/93, pois de outra forma poderíamos cunhá-lo de materialmente inconstitucional.

Outro não é o entendimento da remansosa, iterativa e cristalina jurisprudência de nossos tribunais, como transcrevemos abaixo:

RESPONSABILIDADE SUBSIDIÁRIA DA ADMINISTRAÇÃO PÚBLICA — Não se vislumbra violação, em tese, do art. 71 da Lei n. 8.666/93, porquanto refletindo o Enunciado em apreço a jurisprudência baseada na legislação que disciplina a matéria, não é razoável admitir que a manifestação reiterada do Egrégio Tribunal Superior do Trabalho seja *contra legem* vez que o Enunciado n. 331/TST é fruto da interpretação sistemática dos dispositivos que regulam a matéria pertinente à terceirização, em cuja edição tomou-se como referências os arts. 10, § 7º do Decreto-Lei n. 200/67, o parágrafo único do art. 3º da Lei n. 5.645/70, 37-inciso II da CF/88 e mais as disposições das Leis ns. 6.019/74 e 7.102/83 e o art. 71 da Lei n. 8.666/93 (Res. n. 96/2000, DJ 18.9.2000). Recurso de Revista que não se conhece. (TST — RR 646218 — 5ª T. — Rel. Min. Conv. João Carlos Ribeiro de Souza — DJU 19.9.2003)

SUBSIDIARIEDADE. ÕRGÃO DA ADMINISTRAÇÃO PÚBLICA. ANÁLISE DA MATÉRIA FRENTE AO DISPOSTO NO ART. 71 da LEI N. 8.666/93 E SÚMULA N. 331, IV DO COLENDO TST. O art. 71 da Lei n. 8.666/93, na parte em que exime os entes da Administração Pública da responsabilidade subsidiária, deve ser interpretado em consonância com o § 6º do art. 37 da CF, que atribui responsabilidade objetiva a todos os entes da Administração Pública. Analisando isoladamente, malfere os princípios de proteção ao trabalhador estampados nos arts. 1º, incisos III e IV, e 7º da CF. Mesmo sujeito a procedimento licitatório, o ente público tem possibilidade de escolher as empresas que vai contratar — vinculado, é bem verdade, a certos parâmetros legais — e se a empresa contratada mostrar-se inadimplente, a si são imputáveis a culpa *in vigilando* e *in eligendo*, o que atrai a incidência do art. 186 do atual Código Civil. TRT 15ª. Região — 4ª T. — 4253/03 — Ac. 21.817/03 —Rel. Juíza Vera Teresa Martins Crespo — DOE 1º.8.03 — p. 14.

COMPETÊNCIA DA JUSTIÇA DO TRABALHO — A ação foi proposta em face da intermediação de mão-de-obra, em que o Banco do Brasil S.A. figura como tomador dos serviços e a COOSERVI como prestadora. Como se observa, a postulação provém de uma relação de emprego cujas implicações com terceiros decorre da própria legislação. Assim, nos termos do art. 114 da Constituição Federal, competente esta Justiça Especializada para o julgamento de ações dessa natureza. NULIDADE DE PRESTAÇÃO JURISDICIONAL — Não se há falar, no particular, de negativa de prestação jurisdicional, uma vez que a decisão regional encontra-se devidamente fundamentada, tendo sido expostos todos os substratos legais e motivos de convencimento do Órgão Julgador, nos termos do art. 93, IX, da Constituição Federal. RESPONSABILIDADE SUBSIDIÁRIA — ADMINISTRAÇÃO PÚBLICA INDIRETA — O inadimplemento das obrigações trabalhistas por parte do contratado deve conduzir à responsabilidade subsidiária da contratante, em decorrência mesmo de culpa *in vigilando*. Aliás esse é o entendimento consubstanciado na Súmula n. 331, IV, do TST, *in verbis*: "O inadimplemento das obrigações trabalhistas, por parte do empregador, implica a responsabilidade subsidiária do tomador dos serviços, quanto àquelas obrigações, inclusive quanto aos órgãos da administração direta, das autarquias, das fundações públicas, das empresas públicas e das sociedades de economia mista, desde que hajam participado da relação processual e constem também do título executivo judicial (art. 71 da Lei n. 8.666/93)". Recurso de Revista integralmente não conhecido. (TST — RR 475600 — 2ª T. — Rel. Min. José Simpliciano Fernandes — DJU 6.6.2003)

REMESSA *EX OFFICIO* E RECURSO ORDINÁRIO EM AÇÃO RESCISÓRIA — RESPONSABILIDADE SUBSIDIÁRIA — ADMINISTRAÇÃO PÚBLICA — MATÉRIA CONTROVERTIDA — INCIDÊNCIA DO ENUNCIADO N. 83 DO TST E DA SÚMULA N. 343 DO STF — 1. Discute-se, na hipótese vertente, a responsabilização da Administração Pública, na qualidade de tomadora de serviços, pelo inadimplemento da empresa contratada quanto aos encargos de natureza trabalhista. 2. Pretensão rescisória fulcrada em vulneração do art. 71, § 1º, da Lei n. 8.666/93. 3. Tal matéria foi objeto de veementes discussões no âmbito deste TST, as quais só se pacificaram com a revisão do item IV da Súmula n. 331 pela Resolução n. 96/2000. 4. Com efeito, verificando-se que a decisão rescindenda foi prolatada anteriormente à alteração do supracitado Verbete, não há como se afastar a incidência do Enunciado n. 83 do TST e da Súmula n. 343 do STF, a obstar a pretensão do Autor, ante a controvérsia jurisprudencial que, na época, existia acerca da questão. 5. Ademais, ainda que ultrapassado o referido óbice, melhor sorte não socorria o Município, haja vista que a jurisprudência cristalizou-se em desfavor dos seus interesses, preconizando a responsabilidade subsidiária dos entes da Administração Pública quanto a débitos trabalhistas inadimplidos pela empresa tomadora de serviços. 6. Remessa Oficial e Recurso Ordinário desprovidos. (TST — RXOFROAR 6264 — SBDI 2 — Rel. Min. José Simpliciano Fernandes — DJU 13.6.2003)

LEGITIMIDADE PASSIVA — RESPONSABILIDADE SUBSIDIÁRIA DE ÓRGÃO DA ADMINISTRAÇÃO INDIRETA — SÚMULA N. 331, IV — RECONHECIMENTO DA CONTRARIEDADE — O Eg. Regional excluiu da lide empresa da Administração Indireta, tendo-a como parte passiva ilegítima, em face do disposto no art. 71, § 1º, da Lei n. 8.666/93, e a redação do item II da Súmula n. 331. Irrecusável o reconhecimento de atrito do V. acórdão com a Súmula n. 331, IV, o qual, mesmo à luz do art. 71, § 1º, da Lei n. 8.666/93, nele expressamente referido, atribui aos órgãos da Administração Indireta a responsabilidade subsidiária, quando investidos da qualidade de tomadores de serviço. Recurso de revista provido. (TST — RR 123 — 2ª T. — Rel. Min. Conv. Samuel Corrêa Leite — DJU 13.6.2003)

ESTADO DO RIO GRANDE DO SUL — RESPONSABILIDADE SUBSIDIÁRIA DA ADMINISTRAÇÃO PÚBLICA DIRETA — DECISÃO EM CONSONÂNCIA COM A SÚMULA

N. 331, IV, DO TST — VIOLAÇÃO DO ART. 71 DA LEI N. 8.666/93 NÃO CONFIGURADA — Embora o art. 71 da Lei n. 8.666/93 contemple a ausência de responsabilidade da Administração Pública pelo pagamento dos encargos trabalhistas, previdenciários, fiscais e comerciais, resultantes da execução do contrato, deve ser registrado que a aplicação do referido dispositivo somente se verifica na hipótese em que o contratado atua dentro de regras e procedimentos normais de desenvolvimento de suas atividades, assim como o próprio órgão da administração que o contratou tenha se pautado nos estritos limites e padrões da normatividade pertinente. Evidenciado o descumprimento de obrigações, por parte do contratado, entre elas as relativas aos encargos trabalhistas, deve ser imposta à contratante responsabilidade subsidiária. Nessa hipótese, não se pode deixar de lhe imputar, em decorrência de seu comportamento omisso ou irregular, ao não fiscalizar o cumprimento das obrigações contratuais assumidas pelo contratado, em típica culpa *in vigilando*, a responsabilidade subsidiária, e, conseqüentemente, o dever de responder, igualmente, pelas conseqüências do inadimplemento do contrato. Admitir-se o contrário seria menosprezar todo um arcabouço jurídico de proteção ao empregado e, mais do que isso, olvidar que a Administração Pública deve pautar seus atos não apenas atenta aos princípios da legalidade, da impessoalidade, mas, sobretudo, pelo da moralidade pública, que não aceita e não pode aceitar, num contexto de evidente ação omissiva ou comissiva, geradora de prejuízos a terceiro, que possa estar ao largo de qualquer co-responsabilidade do ato administrativo que pratica. Registre-se, por outro lado, que o art. 37, § 6º, da Constituição Federal consagra a responsabilidade objetiva da Administração, sob a modalidade de risco administrativo, estabelecendo, portanto, sua obrigação de indenizar sempre que causar danos a terceiro. Pouco importa que esse dano se origine diretamente da Administração, ou, indiretamente, de terceiro que com ela contratou e executou a obra ou serviço, por força ou decorrência de ato administrativo. Recurso de Revista não conhecido. (TST — RR 629370 — 4ª T. — Rel. Min. Milton de Moura França — DJU 2.5.2003)

27. Responsabilidade das Agências Reguladoras

Com o advento da privatização, o Estado passou a transferir grande parcela da prestação dos serviços públicos à iniciativa privada, cabendo-lhe o poder de regulação e a fiscalização por meio das Agências Reguladoras. O enorme avanço da informática, o crescimento da telefonia celular, da televisão a cabo e da Internet colocaram os Estados em face de uma nova realidade, que demanda grande poder de organização e de regulação de novos produtos e serviços à coletividade, que anteriormente eram providos diretamente pelo Estado.

Esse poder de organização e de regulamentação do Estado deve se verificar nos espaços públicos que envolvem a disponibilização de redes de infra-estrutura, como as infovias, telecomunicações, energia, água, saneamento, meio ambiente sadio etc. em face de novas necessidades sociais ligadas aos serviços públicos, que demandam enormes investimentos em um momento em que o Estado encontra-se endividado e deficitário, não conseguindo nem mesmo atender aos serviços básicos essenciais (educação, saúde, transporte e educação). Daí a necessidade de se transferir para o setor privado, com melhores condições de investimento, o desenvolvimento de grande parte dessas atividades, com exceção dos monopólios assegurados ao Estado, por norma constitucional (petróleo e energia nuclear).

As Agências Reguladoras surgiram no Direito norte-americano e no Brasil advieram com a política das privatizações, a partir da década de 90, por meio do Decreto-Lei n. 200/67, art. 5º; Lei n. 6.387/76 e da Lei n. 9.986/2000[29], que trata da gestão de recursos humanos das referidas Agências.

As Agências Reguladoras são autarquias em regime especial, tratando-se, portanto, de pessoa jurídica de direito público, sujeitos de direitos e obrigações, com as seguintes características principais:

- Entidade autárquica em regime especial, vinculada aos Ministérios correlatos a seu objeto social;
- Possui personalidade jurídica e patrimônio próprios;
- É dotada de autoridade administrativa independente;
- Ausência de subordinação hierárquica;
- Mandato fixo e estabilidade de seus dirigentes, por 5 (cinco) anos, vedada a recondução;
- Autonomia financeira e orçamentária;
- Administradas por um presidente e diretores, nomeados pelo Presidente da República, depois de aprovados pelo Senado Federal, consistindo em pessoas de ilibada reputação e reconhecida competência técnica na área de atuação;
- Os seus dirigentes só perderão o mandato em virtude de: renúncia, condenação judicial transitada em julgado ou processo administrativo disciplinar. A causa da perda do mandato também poderá decorrer da inobservância pelo presidente ou diretor dos deveres e proibições inerentes ao cargo;
- Cabe ao Ministro de Estado instaurar procedimento administrativo disciplinar contra o dirigente da Agência, cabendo ao Presidente da República determinar o seu afastamento preventivo;
- Período de quarentena, após deixar o cargo de direção: o ex-dirigente continuará vinculado à autarquia, mediante remuneração equivalente à do cargo que exerceu durante o período não inferior a três (3) meses;

(29) Lei n. 9.986, de 18 de julho de 2000.
Dispõe sobre a gestão de recursos humanos das Agências Reguladoras e dá outras providências.
Art. 1º As Agências Reguladoras terão suas relações de trabalho regidas pela Consolidação das Leis do Trabalho, aprovada pelo Decreto-Lei n. 5.452, de 1º de maio de 1943, e legislação trabalhista correlata, em regime de emprego público.
Art. 12. A investidura nos empregos públicos do Quadro de Pessoal Efetivo das Agências dar-se-á por meio de concurso público de provas ou de provas e títulos, conforme disposto em regulamento próprio de cada Agência, com aprovação e autorização pela instância de deliberação máxima da organização.
§ 1º O concurso público poderá ser realizado para provimento efetivo de pessoal em classes distintas de um mesmo emprego público, conforme disponibilidade orçamentária e de vagas.
Art. 13. Os Cargos Comissionados Técnicos são de ocupação privativa de servidores e empregados do Quadro de Pessoal Efetivo, do Quadro de Pessoal Específico e do Quadro de Pessoal em Extinção de que trata o art. 19 e de requisitados de outros órgãos e entidades da Administração Pública.

• O dirigente poderá incorrer em prática de advocacia administrativa e estará sujeito às penas do art. 321[(30)] do Código Penal;

• As Agências Reguladoras têm suas relações de trabalho regidas pelo regime estatutário, conforme a Lei n. 11.182/05 e Lei n. 11.296/06. A investidura nos cargos se dará por concurso público (art. 37, inciso II, CF/88), muito embora recentemente as Agências contrataram funcionários sem concurso público, com autorização legal, sob alegação de urgência, que recebeu a chancela do Judiciário;

• Receberam também autorização para prorrogar por 24 meses os contratos de trabalho temporário em vigor, a partir da data de seu vencimento e, quando necessário e possível, recebem funcionários de outros órgãos da Administração, sob a forma de cessão.

Portanto, as Agências Reguladoras, entre elas a ANATEL, ANNEL, ANP, ANVISA e ANS foram criadas para executar atividades típicas da Administração Pública, que requeiram para seu melhor funcionamento, gestão administrativa e financeira descentralizada. Suas decisões são técnicas e não políticas e suas decisões não sofrem, ou não deveriam sofrer, qualquer tipo de influência do Chefe do Executivo ou do Ministro de Estado vinculado à área de atuação.

E como fica a responsabilização do Estado em face dos atos da Agência Reguladora e desta em relação aos atos de seus agentes, nessa qualidade?

Como autarquias em regime especial e órgãos dotados de personalidade jurídica própria, as Agências Reguladoras são pessoas diversas da do Estado, e por isso, detêm legitimidade para ser parte, ativa ou passiva, judicialmente, haja vista que detêm poderes e obrigações no mundo do Direito.

Logo, possuem capacidade processual para ser acionada em juízo em qualquer tipo de ação, inclusive naquelas em que seus servidores postulam reajuste de vencimentos, como se depreende da ementa abaixo:

> PROCESSUAL CIVIL. ADMINISTRATIVO — DEPARTAMENTO DE ESTRADAS DE RODAGEM. AUTARQUIA ESTADUAL. LEGITIMIDADE PASSIVA *AD CAUSAM*. O Departamento de Rodagem do Estado de Santa Catarina, na qualidade de autarquia dotada de autonomia de administração econômico-financeira, tem personalidade jurídica e capacidade processual de ser acionado em juízo nas ações em que os seus servidores postulam pagamento de diferenças de vencimentos, o que evidencia a ilegitimidade passiva *ad causam* do Secretário de Estado. Recurso especial conhecido e provido. (STJ — Resp. 235.027 — SC — 6ª T. — Rel. Min. Vicente Leal — DJU 14.02.2000, p. 87).

(30) Advocacia administrativa
Art. 321. Patrocinar, direta ou indiretamente, interesse privado perante a administração pública, valendo-se da qualidade de funcionário:
Pena — detenção, de 1 (um) a 3 (três) meses, ou multa.
Parágrafo único. Se o interesse é ilegítimo:
Pena — detenção, de 3 (três) meses a 1 (um) ano, além da multa.

Depreende-se da ementa acima, que as autarquias e entre elas as Agências Reguladoras, embora de regime especial, são sujeitos de direitos e obrigações, podendo ser acionadas diretamente pelos que se acharem lesados por suas ações e de seus agentes.

Assim sendo, podemos dizer que a responsabilidade civil das Agências Reguladoras decorrentes de atos comissivos é regida pelo disposto no art. 37, § 6º (CF/88), ou seja, responsabilidade objetiva. Por exemplo: Se diversas empresas ou consumidores forem prejudicados por uma má decisão gerencial da Agência, decorrente de negligência ou imprudência no desenvolvimento de seu objeto social (planejamento ou fomento de uma atividade econômica), deverá essa responder pelos danos provocados, ainda que indiretamente, pela sua atividade regulatória, posto que a Constituição Federal, em seu art. 37, XXI garante o equilíbrio econômico-financeiro do contrato administrativo.

Essa matéria também é tratada pela Lei de Licitações (Lei n. 8.666/93), art. 58, I e §§ 1º, 2º, art. 65, II, *d* e §§ 5º e 6º, bem como pela Lei de Concessões (Lei n. 8.987/95), art. 9º, *caput*.

Portanto, se a Agência Reguladora provocar a alteração dos contratos de concessão, de forma unilateral, que venha a romper o equilíbrio econômico-financeiro do contrato administrativo, deverá ressarcir as concessionárias de serviço público pelos danos causados a estas últimas, de forma a restabelecer o preço do serviço público ou tarifa a um valor compatível com a prestação (inclusive com juros e correção monetária).

De outra parte, se a Agência falha por omissão no planejamento de uma atividade ínsita a seu objeto social, provocando danos a outrem, uma vez configurada a omissão ou a falta de diligência no trato da coisa pública, como órgão regulador, deverá ressarcir as vítimas pelos danos causados, com fulcro no art. 15 do Código Civil de 1916 e art. 43 do novo Código Civil.

Quanto à responsabilidade do Estado em face dos atos da Agência Reguladora, cremos que não se justifica a propositura de ação indenizatória em face do Estado, pessoa jurídica de direito público, a quem a Agência esteja filiada, com o objetivo de receber indenização por perdas e danos decorrentes dos atos da Agência. O fundamento é que a Agência possui plena capacidade para se defender em juízo, bem como para contrair obrigações, podendo responder diretamente pelos danos causados a terceiros.

Diante dessa linha de pensamento, a responsabilidade do Estado por atos da Agência Reguladora somente será possível, a título subsidiário, e não solidário. Em outras palavras, se buscará os recursos da União, Estado, Distrito Federal ou Município, a quem estiver a Agência vinculada (mas não subordinada) para solver a indenização tão-somente após exauridos os recursos da Agência Reguladora.

De outro lado, se a responsabilidade da Agência for decorrente de ato lesivo provocado por um de seus agentes, nessa qualidade, a terceiros, com base na responsabilidade objetiva (CF, art. 37, § 6º), a Agência deverá arcar com a indenização, e, futuramente, ingressar com ação de regresso, em caso de dolo ou culpa do agente. Ou seja, a Agência paga o prejuízo diretamente ao lesado e depois perquire sobre a culpa ou dolo do agente, para eventualmente ajuizar ação de regresso.

Por derradeiro, neste particular, cabe falar da prescrição à pretensão indenizatória em sede das Agências Reguladoras. O Decreto n. 20.910/1932 estabelece a prescrição das ações contra a União, Estados e Municípios, em 5 (cinco) anos, contados do ato ou fato que originou a obrigação. Posteriormente, essa matéria foi disciplinada pelo Decreto-Lei n. 4.597/42, estendendo o privilégio às autarquias e outros órgãos paraestatais.

A prescrição, como se sabe, pode ocorrer não somente em decorrência da inércia do titular em propor a ação, como também pela displicência no curso do processo, comumente denominada de prescrição intercorrente. Se o titular do direito se mantiver inerte, depois de ajuizada a ação, pelo prazo de dois anos e meio, deixando de promover atos judiciais ou diligências necessárias ao desenvolvimento do processo, o seu direito restará fulminado pela prescrição intercorrente, tal prazo começando a fluir a partir do último ato praticado no processo.

A seguir, transcrevemos algumas ementas a respeito da matéria:

> LEI N. 9.472/97 — EFEITOS — A Lei n. 9.472/97 dispõe sobre a organização dos serviços de telecomunicações e criação da respectiva Agência Nacional Reguladora — Anatel. Prevê em seu artigo 94, inciso II, sobre a possibilidade de a empresa concessionária valer-se dos serviços de terceiros para o desenvolvimento regular de suas atividades. Não afasta referida disposição legal, invocada pela recorrente neste sentido, a responsabilidade da concessionária pelos contratos de trabalho pactuados com a empresa contratada, nem impede que os empregados desta venham a Juízo buscar o reconhecimento do vínculo de emprego diretamente. Não obsta, ainda, que empregado anteriormente mantenedor de contrato de trabalho com o concessionário que passa a fazê-lo por meio de empresa interposta, intente reclamatória visando ao reconhecimento da unicidade contratual, hipótese tratada nos presentes autos. EMENTA. Princípio da continuidade da prestação laboral. Presunção *juris tantum*. Dentre os princípios que regem o Direito Material do Trabalho, temos o da continuidade da prestação laboral. Prevalece, sob sua óptica, a ininterruptividade do vínculo de emprego, especialmente quando havia efetivo registro em CTPS e, logo em seguida, passa a existir contratação de forma diversa. Conseqüentemente, há presunção *juris tantum* da unicidade contratual, no caso, admitindo que o empregador faça prova em sentido contrário. (TRT 2ª R. — RO 13045 — (20030557229) — 3ª T. — Relª Juíza Mercia Tomazinho — DOESP 4.11.2003)

28. Responsabilidade no abuso de autoridade

O abuso de autoridade está disciplinado na Lei n. 4.898/65[31], que traz o processo de responsabilidade civil, administrativo e penal das autoridades que incorrem nesse tipo de delito, no exercício de suas atividades.

---

(31) Abuso de Autoridade — Responsabilidade Administrativa Civil e Penal — Direito de Representação. Lei n. 4.898 de 1965. Lei n. 4.898, de 9 de dezembro de 1965 (DOU 13.12.1965). Regula o direito de

representação e o processo de responsabilidade administrativa civil e penal, nos casos de abuso de autoridade.

O Presidente da República:

Faço saber que o Congresso Nacional decreta e eu sanciono a seguinte Lei:

Art. 1º O direito de representação e o processo de responsabilidade administrativa civil e penal, contra as autoridades que, no exercício de suas funções, cometerem abusos, são regulados pela presente Lei.

Art. 2º O direito de representação será exercido por meio de petição:

a) dirigida à autoridade superior que tiver competência legal para aplicar, à autoridade, civil ou militar culpada, a respectiva sanção;

b) dirigida ao órgão do Ministério Público que tiver competência para iniciar processo-crime contra a autoridade culpada.

Parágrafo único. A representação será feita em duas vias e conterá a exposição do fato constitutivo do abuso de autoridade, com todas as suas circunstâncias, a qualificação do acusado e o rol de testemunhas, no máximo de três, se as houver.

Art. 3º Constitui abuso de autoridade qualquer atentado:

a) à liberdade de locomoção;

b) à inviolabilidade do domicílio;

c) ao sigilo da correspondência;

d) à liberdade de consciência e de crença;

e) ao livre exercício do culto religioso;

f) à liberdade de associação;

g) aos direitos e garantias legais assegurados ao exercício do voto;

h) ao direito de reunião;

i) à incolumidade física do indivíduo;

j) aos direitos e garantias legais assegurados ao exercício profissional. (Alínea acrescentada pela Lei n. 6.657, de 5.6.1979)

Art. 4º Constitui também abuso de autoridade:

a) ordenar ou executar medida privativa de liberdade individual, sem as formalidades legais ou com abuso de poder;

b) submeter pessoa sob sua guarda ou custódia a vexame ou a constrangimento não autorizado em lei;

c) deixar de comunicar, imediatamente, ao juiz competente a prisão ou detenção de qualquer pessoa;

d) deixar o juiz de ordenar o relaxamento de prisão ou detenção ilegal que lhe seja comunicada;

e) levar à prisão e nela deter quem quer que se proponha a prestar fiança, permitida em lei;

f) cobrar o carcereiro ou agente de autoridade policial carceragem, custas, emolumentos ou qualquer outra despesa, desde que a cobrança não tenha apoio em lei, quer quanto à espécie, quer quanto ao seu valor;

g) recusar o carcereiro ou agente de autoridade policial recibo de importância recebida a título de carceragem, custas, emolumentos ou de qualquer outra despesa;

h) o ato lesivo da honra ou do patrimônio de pessoa natural ou jurídica, quando praticado com abuso ou desvio de poder ou sem competência legal;

i) prolongar a execução de prisão temporária, de pena ou de medida de segurança, deixando de expedir em tempo oportuno ou de cumprir imediatamente ordem de liberdade. (Alínea acrescentada pela Lei n. 7.960, de 21.12.1989)

Art. 5º Considera-se autoridade, para os efeitos desta Lei, quem exerce cargo, emprego ou função pública, de natureza civil, ou militar, ainda que transitoriamente e sem remuneração.

Art. 6º O abuso de autoridade sujeitará o seu autor à sanção administrativa civil e penal.

§ 1º A sanção administrativa será aplicada de acordo com a gravidade do abuso cometido e consistirá em:

a) advertência;

b) repreensão;

c) suspensão do cargo, função ou posto por prazo de 5 (cinco) a 180 (cento e oitenta) dias, com perda de vencimentos e vantagens;

d) destituição de função;

e) demissão;

f) demissão, a bem do serviço público.

§ 2º A sanção civil, caso não seja possível fixar o valor do dano, consistirá no pagamento de uma indenização de quinhentos a dez mil cruzeiros.

§ 3º A sanção penal será aplicada de acordo com as regras dos arts. 42 a 56 do Código Penal e consistirá em:

a) multa de cem cruzeiros a cinco mil cruzeiros;

b) detenção por 10 (dez) dias a 6 (seis) meses;

c) perda do cargo e a inabilitação para o exercício de qualquer outra função pública por prazo até 3 (três) anos.

§ 4º As penas previstas no parágrafo anterior poderão ser aplicadas autônoma ou cumulativamente.

§ 5º Quando o abuso for cometido por agente de autoridade policial, civil ou militar, de qualquer categoria, poderá ser cominada a pena autônoma ou acessória, de não poder o acusado exercer funções de natureza policial ou militar no município da culpa, por prazo de 1 (um) a 5 (cinco) anos.

Art. 7º Recebida a representação em que for solicitada a aplicação de sanção administrativa, a autoridade civil ou militar competente determinará a instauração de inquérito para apurar o fato.

§ 1º O inquérito administrativo obedecerá as normas estabelecidas nas leis municipais, estaduais ou federais, civis ou militares, que estabeleçam o respectivo processo.

§ 2º Não existindo no município, no Estado ou na legislação militar normas reguladoras do inquérito administrativo serão aplicadas supletivamente, as disposições dos artigos 219 a 225 da Lei n. 1.711 , de 28 de outubro de 1952 (Estatuto dos Funcionários Públicos Civis da União).

§ 3º O processo administrativo não poderá ser sobrestado para o fim de aguardar a decisão da ação penal ou civil.

Art. 8º A sanção aplicada será anotada na ficha funcional da autoridade civil ou militar.

Art. 9º Simultaneamente com a representação dirigida à autoridade administrativa ou independentemente dela, poderá ser promovida, pela vítima do abuso, a responsabilidade civil ou penal ou ambas, da autoridade culpada.

Art. 10. Vetado.

Art. 11. À ação civil serão aplicáveis as normas do Código de Processo Civil.

Art. 12. A ação penal será iniciada, independentemente de inquérito policial ou justificação, por denúncia do Ministério Público, instruída com a representação da vítima do abuso.

Art. 13. Apresentada ao Ministério Público a representação da vítima, aquele, no prazo de quarenta e oito horas, denunciará o réu, desde que o fato narrado constitua abuso de autoridade, e requererá ao Juiz a sua citação, e, bem assim, a designação de audiência de instrução e julgamento.

§ 1º A denúncia do Ministério Público será apresentada em duas vias.

Art. 14. Se o ato ou fato constitutivo do abuso de autoridade houver deixado vestígios, o ofendido ou o acusado poderá:

a) promover a comprovação da existência de tais vestígios, por meio de duas testemunhas qualificadas;

b) requerer ao Juiz, até setenta e duas horas antes da audiência de instrução e julgamento, a designação de um perito para fazer as verificações necessárias.

§ 1º O perito ou as testemunhas falso o seu relatório e prestarão seus depoimentos verbalmente, ou o apresentarão por escrito, querendo, na audiência de instrução e julgamento.

§ 2º No caso previsto na letra "a" deste artigo a representação poderá conter a indicação de mais duas testemunhas.

Art. 15. Se o órgão do Ministério Público, ao invés de apresentar a denúncia requerer o arquivamento da representação, o Juiz, no caso de considerar improcedentes as razões invocadas, fará remessa da representação ao Procurador-Geral e este oferecerá a denúncia, ou designará outro órgão do Ministério Público para oferecê-la ou insistirá no arquivamento, ao qual só então deverá o Juiz atender.

Art. 16. Se o órgão do Ministério Público não oferecer a denúncia no prazo fixado nesta Lei, será admitida ação privada. O órgão do Ministério Público poderá, porém, aditar a queixa, repudiá-la e oferecer denúncia substitutiva e intervir em todos os termos do processo, interpor recursos e, a todo tempo, no caso de negligência do querelante, retomar a ação como parte principal.

Art. 17. Recebidos os autos, o Juiz, dentro do prazo de quarenta e oito horas proferirá despacho, recebendo ou rejeitando a denúncia.

§ 1º No despacho em que receber a denúncia, o Juiz designará, desde logo, dia e hora para a audiência de instrução e julgamento, que deverá ser realizada, improrrogavelmente, dentro de cinco dias.

§ 2º A citação do réu para se ver processar, até julgamento final e para comparecer à audiência de instrução e julgamento, será feita por mandado sucinto que será acompanhado da segunda via da representação e da denúncia.

Art. 18. As testemunhas de acusação e defesa poderão ser apresentadas em Juízo, independentemente de intimação.

Parágrafo único. Não serão deferidos pedidos de precatória para a audiência ou a intimação de testemunhas ou, salvo o caso previsto no artigo 14, letra "b", requerimentos para a realização de diligências, perícias ou exames, a não ser que o Juiz, em despacho motivado, considere indispensáveis tais providências.

Art. 19. À hora marcada, o Juiz mandará que o porteiro dos auditórios ou o oficial de justiça declare aberta a audiência, apregoando em seguida o réu, as testemunhas, o perito, o representante do Ministério Público ou o advogado que tenha subscrito a queixa e o advogado ou defensor do réu.

De Plácido e Silva[32] qualifica abuso de autoridade como o abuso de poder conferido a alguém, seja poder público (administrativo), como poder privado (pátrio poder, poder conjugal). Excesso de limites nas funções administrativas, cujas atribuições são definidas e determinadas em lei. Emprego de violência para execução de um ato, que se efetiva sob a proteção de um princípio de autoridade.

A jurisprudência[33] caracteriza a sua existência, quando ocorrerem os seguintes elementos:

a) que o fato incriminado constitua crime;

b) que o tenha praticado um funcionário público ou pessoa investida de autoridade pública;

c) que haja sido cometido no exercício de sua função;

d) que não se verifique motivo legítimo, que o justifique.

O abuso de autoridade também tem previsão legal no Código Penal, art. 350, *in verbis*:

"Exercício arbitrário ou abuso de poder

Art. 350. Ordenar ou executar medida privativa de liberdade individual, sem as formalidades legais ou com abuso de poder:

Pena — detenção, de 1 (um) mês a 1 (um) ano.

Parágrafo único. Na mesma pena incorre o funcionário que:

Parágrafo único. A audiência somente deixará de realizar-se se ausente o Juiz.

Art. 20. Se até meia hora depois da hora marcada o Juiz não houver comparecido, os presentes poderão retirar-se, devendo o ocorrido constar do livro de termos de audiência.

Art. 21. A audiência de instrução e julgamento será pública, se contrariamente não dispuser o Juiz, e realizar-se-á em dia útil, entre dez (10) e dezoito (18) horas, na sede do Juízo ou, excepcionalmente, no local que o Juiz designar.

Art. 22. Aberta a audiência o Juiz fará a qualificação e o interrogatório do réu, se estiver presente.

Parágrafo único. Não comparecendo o réu nem seu advogado, o Juiz nomeará imediatamente defensor para funcionar na audiência e nos ulteriores termos do processo.

Art. 23. Depois de ouvidas as testemunhas e o Perito, o Juiz dará a palavra sucessivamente, ao Ministério Público ou ao advogado que houver subscrito a queixa e ao advogado ou defensor do réu, pelo prazo de quinze minutos para cada um, prorrogável por mais dez (10), a critério do Juiz.

Art. 24. Encerrado o debate, o Juiz proferirá imediatamente a sentença.

Art. 25. Do ocorrido na audiência o escrivão lavrará no livro próprio, ditado pelo Juiz, termo que conterá, em resumo, os depoimentos e as alegações da acusação e da defesa, os requerimentos e, por extenso, os despachos e a sentença.

Art. 26. Subscreverão o termo o Juiz, o representante do Ministério Público ou o advogado que houver subscrito a queixa, o advogado ou defensor do réu e o escrivão.

Art. 27. Nas comarcas onde os meios de transporte forem difíceis e não permitirem a observância dos prazos fixados nesta Lei, o juiz poderá aumentá-los, sempre motivadamente, até o dobro.

Art. 28. Nos casos omissos, serão aplicáveis as normas do Código de Processo Penal, sempre que compatíveis com o sistema de instrução e julgamento regulado por esta Lei.

Parágrafo único. Das decisões, despachos e sentenças, caberão os recursos e apelações previstos no Código de Processo Penal.

Art. 29. Revogam-se as disposições em contrário.

H. Castello Branco-Presidente da República.

(32) SILVA, De Plácido e. *Vocabulário Jurídico*. Volumes I e II. 3ª ed., Rio de Janeiro: Forense, 1993, p. 16.

(33) *Idem, ibidem*, p. 16.

I — ilegalmente recebe e recolhe alguém à prisão, ou a estabelecimento destinado a execução de pena privativa de liberdade ou de medida de segurança;

II — prolonga a execução de pena ou de medida de segurança, deixando de expedir em tempo oportuno ou de executar imediatamente a ordem de liberdade;

III — submete pessoa que está sob sua guarda ou custódia a vexame ou a constrangimento não autorizado em lei;

IV — efetua, com abuso de poder, qualquer diligência".

Vê-se, assim, que o abuso de autoridade indica o delito cometido pelo funcionário público no exercício de suas funções, seja contra pessoa, seja contra a coisa pública ou privada. Mesmo no desempenho de suas funções, se pratica o ato ou executa a diligência, com excesso de poder ou abusivamente, empenha-se em um abuso, como por exemplo a violação de domicílio e o constrangimento levado a efeito por uma pessoa sobre a outra, em virtude de sua situação, seja decorrente de posição social, idade ou dependência.

Vejamos algumas ementas que ilustram o abuso de autoridade, como segue:

PROCESSUAL PENAL — RECURSO ESPECIAL — ART. 3º, ALÍNEA *I*, DA LEI N. 4.898/65 — AMPLIAÇÃO DO ROL DOS DELITOS DE MENOR POTENCIAL OFENSIVO — ART. 61 DA LEI N. 9.099/95 DERROGADO PELO PARÁGRAFO ÚNICO DO ART. 2º DA LEI N. 10.259/2001 — I — Com o advento da Lei n. 10.259/2001, que instituiu os Juizados Especiais Criminais na Justiça Federal, por meio de seu art. 2º, parágrafo único, ampliou-se o rol dos delitos de menor potencial ofensivo, por via da elevação da pena máxima abstratamente cominada ao delito, nada se falando a respeito das exceções previstas no art. 61 da Lei n. 9.099/95. II — Desse modo, devem ser considerados delitos de menor potencial ofensivo, para efeito do art. 61 da Lei n. 9.099/95, aqueles a que a Lei comine pena máxima não superior a dois anos, ou multa, sem exceção. III — Assim, ao contrário do que ocorre com a Lei n. 9.099/95, a Lei n. 10.259/2001 não excluiu da competência do Juizado Especial Criminal os crimes que possuam rito especial, alcançando, por conseqüência, os delitos de abuso de autoridade. Recurso desprovido. (STJ — RESP 610211 — RJ — 5ª T. — Rel. Min. Felix Fischer — DJU 7.6.2004 — p. 277)

PENHORA EM CONTA-CORRENTE — LEGITIMIDADE — Incensurável a decisão do MM. Juízo de origem que, em prol da celeridade e da efetividade da execução, determina o bloqueio de contas bancárias da executada, o que em hipótese alguma consubstancia-se em *abuso de autoridade*, pois tal procedimento está em perfeita consonância com o artigo 765 do diploma consolidado, bem como com a gradação estabelecida no artigo 655 do Código de Processo Civil. Segurança que se denega. (TRT 2ª R. — MS 12305 — (2004005660) — SDI — Relª Juíza Vania Paranhos — DOESP 16.4.2004)

DA RESPONSABILIDADE SUBSIDIÁRIA — DO BENEFÍCIO DE ORDEM — Inexiste *abuso de autoridade* pelo MM. Juízo de origem quando, em prol da celeridade e da efetividade da execução, determina o bloqueio de conta bancária da segunda reclamada, devedora em grau de subsidiariedade, diante das infrutíferas ou frustradas diligências para localização da real devedora, primeira reclamada, *ex vi* do art. 765, da CLT. Cabe, entretanto, à segunda ré o direito de regresso em face da principal obrigada, perante o Juízo competente. Mantém-se a penhora efetivada. Agravo de petição a que se nega provimento. (TRT 2ª R. — AP 00433 — (20040137583) — 8ª T. — Rel. Juiz Rovirso Aparecido Boldo — DOESP 6.4.2004)

MANDADO DE SEGURANÇA — CONCESSÃO DE TUTELA ANTECIPADA PARA REINTEGRAÇÃO NO EMPREGO DE TRABALHADOR MEMBRO SUPLENTE DA CIPA — LEGITIMIDADE DO ATO IMPETRADO — Não há que se falar em ilegalidade ou *abuso* do MM. Juízo impetrado que, nos autos da reclamação trabalhista, concedeu a antecipação dos efeitos da tutela determinando a reintegração do reclamante. E isso porque, dos elementos constantes dos autos verifica-se que, embora a gestão da qual o reclamante fez parte tenha tido seu término, afirmou ele que o mandato havia sido prorrogado, pelo que a D. Autoridade impetrada, convencendo-se da verossimilhança da alegação e, ante a ausência de quaisquer provas documentais juntadas pela reclamada da existência de nova gestão da CIPA, determinou a imediata reintegração do autor. Nessa conformidade, restou configurado que o empregado era detentor da estabilidade provisória garantida nos termos do art. 10, inciso II, alínea *a*, do Ato das Disposições Constitucionais Transitórias, que é estendida aos membros suplentes da CIPA, consoante a atual Jurisprudência do C. Tribunal Superior do Trabalho, consolidada no Enunciado n. 339. Portanto, restaram preenchidos os requisitos necessários à antecipação dos efeitos da tutela, não havendo que se falar que o ato ora impugnado tenha violado direito líquido e certo. Segurança a que se denega. (TRT 2ª R. — MS 11903 — (2003020797) — SDI — Relª Juíza Vania Paranhos — DOESP 16.9.2003)

HABEAS CORPUS — FIEL DEPOSITÁRIO — REITERADAS RECUSAS NA ENTREGA DO BEM — DETERIORAÇÃO PELO DECURSO DO TEMPO — Não há ilegalidade ou *abuso de poder* na ordem de prisão do depositário infiel, quando comprovado nos autos que a autoridade impetrada concedera várias oportunidades para a entrega do bem, e que este, ante o reiterado descumprimento das ordens e o decurso do tempo, deteriorou-se a ponto de frustrar a garantia da execução. *Habeas corpus* admitido e denegado. (TRT 9ª R. — Proc. 26016-2003-909-09-00-5 — (26989-2003) — Rel. Juiz Altino Pedrozo dos Santos — DJPR 5.12.2003).

29. Responsabilidade e a Teoria do Fato Consumado

A aplicação da Teoria do Fato Consumado dos atos administrativos tem por finalidade abrigar aquelas situações de fato, constituídas a longo tempo por decisão judicial de caráter provisório e consolidadas no tempo por atraso de prestação jurisdicional do Estado. Por essa teoria, eventuais atos não podem mais ser desconstituídos em razão da segurança jurídica do indivíduo.

Em situações nas quais o trabalhador tomou posse no cargo público, seja no regime celetista ou estatutário, tendo posteriormente perdido o cargo pela não aplicação da Teoria do Fato Consumido, a quem poderia ser atribuída a responsabilidade pelo atraso da prestação jurisdicional do Estado?

O entendimento prevalecente hodiernamente do Supremo Tribunal Federal é pela não aplicação da Teoria do Fato Consumado, muito embora tenhamos posicionamentos diversos aplicados pelos nossos Tribunais. Vejamos:

DIREITO ADMINISTRATIVO — MANDADO DE SEGURANÇA — MATRÍCULA — CURSO DE FORMAÇÃO DE OFICIAIS DA INFANTARIA (CFOINF) DA ACADEMIA DA FOR-

ÇA AÉREA DO ANO DE 2003 — LIMINAR DEFERIDA — CONCESSÃO DA SEGURANÇA — SITUAÇÃO CONSOLIDADA — *APLICAÇÃO DA TEORIA DO FATO CONSUMADO*— 1 — Verifica-se do documento de fls. 84, que, por força do cumprimento da liminar concedida neste *writ* (fls. 40/41), o Impetrante foi matriculado no Curso de Formação de Oficiais de Infantaria da Aeronáutica do ano de 2003 (CFOINF), a contar de 21 de fevereiro de 2003, na Academia da Força Aérea (AFA), na cidade de Pirassununga — SP. 2 — Como se vê, afigura-se descabida a pretensão de modificar essa situação de fato, a qual se consumou ao longo da tramitação do *writ*, sendo óbvio que existe uma situação amparada pela denominada Teoria do Fato Consumado. Essa particularidade, de suma importância, revela-se na circunstância de que, *in specie*, é de rigor manter incólume a situação acadêmica do Impetrante que, pelo decurso do tempo, já se consolidou, devendo, pois, ser mantida a concessão da segurança. 3 — Vale dizer, a prestação jurisdicional não deve traduzir em um mal maior do que aquele que teria sofrido o Impetrante se a instância ordinária não tivesse acolhido a sua pretensão, à evidência, haveria um risco concreto de dano que o mesmo poderia vir a sofrer se alterada sua situação acadêmica. 4 — Apelação e remessa necessária conhecidas, mas improvidas. (TRF 2ª R. — AP-MS 2003.51.01.003744-4 — 4ª T. — Rel. Des. Fed. Arnaldo Lima — DJU 19.3.2004 — p. 185)

DIREITO ADMINISTRATIVO — INSCRIÇÃO EM CONCURSO PARA PROFESSOR ADJUNTO DA CARREIRA DO MAGISTÉRIO SUPERIOR DA UFRJ — TÍTULO DE DOUTOR OBTIDO NO EXTERIOR NÃO REVALIDADO — REQUISITOS DO EDITAL — EXIGÊNCIA SOMENTE NO MOMENTO DA POSSE — CONCESSÃO DA ORDEM — APLICAÇÃO DA TEORIA DO FATO CONSUMADO — 1 — Não obstante as razões que fundamentaram a concessão da ordem, verifica-se que o presente *mandamus* foi impetrado em março de 2002, com pedido de liminar, com o intuito de assegurar à Impetrante o direito de inscrever-se no concurso para Professor Adjunto da Carreira do Magistério Superior da UFRJ, previsto no Edital n. 3, de 5 de fevereiro de 2002. 2 — Em março de 2002, foi deferida a liminar, determinando-se à Autoridade Coatora (UFRJ), fosse aceita a inscrição da Impetrante sem a exigência do título obtido no Exterior, ressalvando-se que, caso aprovado no concurso, somente tomará posse se comprovada dita exigência. Posteriormente, em 12.7.2002, a sentença ora recorrida confirmou a liminar, tornando efetiva a inscrição da Impetrante no referido concurso. 3 — Como se vê, afigura-se descabida a pretensão de modificar essa situação de fato, a qual se consumou ao longo da tramitação do *writ*, sendo óbvio que existe uma situação amparada pela denominada Teoria do Fato Consumado. Essa particularidade, de suma importância, revela-se na circunstância de que, *in specie*, é de rigor manter incólume a situação acadêmica da Impetrante que, pelo decurso do tempo, já se consolidou. 4 — Vale dizer, a prestação jurisdicional não deve traduzir em um mal maior do aquele que teria sofrido a Impetrante se a instância ordinária não tivesse acolhido a sua pretensão, à evidência, haveria um risco concreto de dano que a mesma poderia vir a sofrer se alterada sua situação acadêmica. 5 — Apelação e remessa necessária conhecidas, mas improvidas. (TRF 2ª R. — AP-MS 2002.51.01.004431-6 — 4ª T. — Rel. Des. Fed. Arnaldo Lima — DJU 1º.3.2004 — p. 126/127)

REMESSA NECESSÁRIA — MILITAR — PEDIDO DE LIBERAÇÃO PARA OCUPAR CARGO CIVIL TEMPORÁRIO — § 4º DO ART. 42 DA CF/88 — LIMINAR DEFERIDA — TEORIA DO FATO CONSUMADO — 1. A autoridade coatora afirma às fls. 20 que "em momento algum questionou a admissibilidade do determinante constitucional constante do §4º do art. 42 da Carta Magna de 5. out.88, inteiramente aplicável à espécie." 2. Satisfeito o pedido autoral, à espécie aplica-se a Teoria do Fato Consumado, já que a liminar data de 19.2.1993 (fls. 15) e decorridos mais de 10 anos, pelo que, provavelmente já retornou o militar para a vida castrense ou foi transferido para a inatividade. 3. Remessa não provida. (TRF 2ª R. — REO-MS 95.02.15509-2 — 4ª T. — Rel. Des. Fed. Arnaldo Lima — DJU 10.2.2004 — p. 267)

ADMINISTRATIVO — CONCURSO PÚBLICO — POLÍCIA RODOVIÁRIA FEDERAL — PROVA DE CAPACIDADE FÍSICA — SEGUNDA CHAMADA — INADMISSIBILIDADE — RESPEITO À NORMA EDITALÍCIA E AO PRINCÍPIO DA ISONOMIA — TEORIA DO FATO CONSUMADO — INAPLICABILIDADE — 1. O apelante foi considerado inapto na prova de capacidade física, que se constituía em uma das etapas obrigatórias (eliminatórias) do concurso público realizado para fins de provimento de cargos junto à Polícia Rodoviária Federal. Atribuiu a conclusão pela inaptidão ao fato de ter sofrido lesão (entorse) no joelho, ocasionada pelas más condições em que se encontrava a pista na qual se procedeu ao exame, fazendo referência, inclusive, à ocorrência de chuvas. Reputa caracterizada situação que se enquadraria como caso fortuito/força maior, a fazer emergir o direito subjetivo do candidato à segunda chamada na avaliação desditosa. 2. Nos termos da norma editalícia e de Instrução Normativa — expedida pelo Departamento da Polícia Rodoviária Federal e referenciada expressamente no edital, reguladora da prova de capacidade física no processo seletivo em comento —, "os casos de alteração psicológica e/ou fisiológica temporários (estados menstruais, indisposições, câimbras, luxações, fraturas, etc.) que impossibilitem a realização das provas ou diminuam a capacidade física dos candidatos não serão levados em consideração, não sendo concedido qualquer tratamento diferenciado". Tratando-se de regra explícita no edital e sendo ele a norma-base de regência do concurso público, não é possível admitir, contra a expressa determinação, a realização de segunda chamada. Em tendo o apelante se submetido às mesmas condições e rigores exigidos dos demais candidatos, não se mostra razoável conferir a ele tratamento diferenciado, o que implicaria em agressão ao princípio da isonomia, mesmo porque problemas também podem ter acometido outros examinandos, sem que a eles se tenha dado a oportunidade de refazer a avaliação. É de se dizer que a vedação à promoção de segunda chamada se compatibiliza, *in casu*, com a necessidade de conclusão do certame em tempo hábil, o que seria inviabilizado se devessem ser tomadas em consideração, inclusive para repetição de fase de concurso, as particularidades físicas e emocionais de cada um dos candidatos. 3. Não é aplicável, ademais, no caso concreto, a teoria do fato consumado, como pretende o apelante, ao fundamento de que, na segunda chamada, realizada por força de liminar, teria sido avaliado apto, tendo mesmo concluído, com aprovação, o curso de formação profissional. Consoante decisão proferida pela Quinta Turma do STJ, com supedâneo em entendimento construído pelo Pretório Excelso, não pode prosperar o argumento de que há fato juridicamente consumado em favor de candidato concluinte do curso de formação e nomeado por força de provimento liminar. "Em primeiro lugar, porque a nomeação do candidato aprovado *sub judice*, por si só, não é irreversível. Em segundo lugar, a aplicação dessa 'teoria' só tem cabimento em hipóteses raras e raríssimas, não se justificando para o fim de legitimar a permanência no cargo de candidato aprovado simplesmente porque obteve liminar na ação" (RESP 446077/DF, Rel. Min. Felix Fischer, j. em 07.08.2003, publ. em DJ de 8.9.2003). 4. Pelo não provimento da apelação. (TRF 5ª R. — AC 323123 — (2002.83.00.009685-1) — PE — 2ª T. — Rel. Des. Fed. Francisco Cavalcanti — DJU 18.3.2004 — p. 759)

30. Responsabilidade no contrato preliminar

Contrato preliminar ou pacto *in contrahendo* é aquele, segundo a teoria mais aceita, que como convenção provisória, contém os requisitos do art. 104(34) do Novo Código Civil e os elementos essenciais ao contrato e tem por objeto concretizar um contrato futuro e definitivo, assegurando pelo começo de ajuste a possibilidade de ultimá-lo no tempo oportuno.(35)

Estatui o art. 462 do Novo Código Civil:

"O contrato preliminar, exceto quanto à forma, deve conter todos os requisitos essenciais ao contrato a ser celebrado".

Por seu turno, os artigos 463 a 465 do Código Civil declaram que concluído o contrato preliminar, e desde que dele não conste cláusula de arrependimento, qualquer das partes terá o direito de exigir a celebração do definitivo, assinando prazo à outra para que o efetive.

Esgotado o prazo, poderá o juiz, a pedido do interessado, suprir a vontade da parte inadimplente, conferindo caráter definitivo ao contrato preliminar, salvo se a isto se opuser a natureza da obrigação. (art. 464)

Se o estipulante não der execução ao contrato preliminar, poderá a outra parte considerá-lo desfeito, e pedir perdas e danos. (art. 465)

Entendemos o art. 466 perfeitamente aplicável ao Direito do Trabalho. Diz o artigo:

"Se a promessa do contrato for unilateral, o credor, sob pena de ficar a mesma sem efeito, deverá manifestar-se no prazo nela previsto, ou, inexistindo este, no que lhe for razoavelmente assinado pelo devedor".

Vejamos o seguinte caso concreto: um empregador procura contratar um empregado especializado no mercado de trabalho, que milita na área de finanças e já encontra-se empregado há algum tempo em uma empresa concorrente. Em face de uma proposta altamente compensadora, esse empregado especializado aceita o convite do potencial contratante, para iniciar a obrigação de fazer a partir de seis meses da assinatura de um termo de comprometimento de contratação, devidamente assinado pelo contratante. Após esse período, o empregado especializado entra em contato e comunica a decisão de início do trabalho no prazo avençado.

Assim sendo, nesse contrato preliminar, de natureza vinculante, o empregado tem a aptidão de exigir a constituição do contrato definitivo, com fulcro no art. 466 do Novo Código Civil, pois o contrato preliminar obriga o empregador, que se vinculou por declaração ou termo de comprometimento de contratação.

(34) Art. 104. A validade do negócio jurídico requer:
I — agente capaz;
II — objeto lícito, possível, determinado ou determinável;
III — forma prescrita ou não defesa em lei.

(35) FIUZA, Ricardo. *Novo Código Civil Comentado*. São Paulo: Saraiva, 2003, p. 410.

Se porventura a empresa ou empregador contratante desistir da contratação atrairá para si a responsabilidade pelos danos materiais decorrentes de seu ato, ou seja, lucros emergentes e lucros cessantes. Deverá, ademais, manter a remuneração do empregado até que este consiga uma nova colocação no mercado de trabalho.

Poderíamos ainda aduzir que no caso em espécie aplica-se o art. 444 da CLT, que preconiza:

"Art. 444. As relações contratuais de trabalho podem ser objeto de livre estipulação das partes interessadas em tudo quanto não contravenha às disposições de proteção ao trabalho, aos contratos coletivos que lhes sejam aplicáveis e às decisões das autoridades competentes".

Considerando que a livre estipulação do contrato de trabalho costuma ocorrer antes de qualquer pactuação formal, pode-se aplicar, também no presente caso, o disposto no art. 427 do Novo Código Civil, como dispõe:

"Art. 427. A proposta de contrato obriga o proponente, se o contrário não resultar dos termos dela, da natureza do negócio, ou das circunstâncias do caso".

Essa previsão legal hoje encontra-se reforçada em nosso ordenamento jurídico em face da aplicação do princípio da boa-fé objetiva (art. 113), em conexão com o art. 422 do Novo Código Civil, que declara que:

"Art. 422. Os contratantes são obrigados a guardar, assim, na conclusão do contrato, como em sua execução, os princípios da probidade e da boa-fé".

31. Responsabilidade na reintegração do empregado pela dispensa sem motivação no curso do estágio probatório

O servidor público submetido a concurso público (art. 37, inciso II da Constituição Federal), e admitido sob a égide da CLT (Consolidação das Leis do Trabalho), quando impedido de cumprir o estágio probatório, em virtude de dispensa sem motivação pelo órgão ou ente público, sem observância das formalidades legais (processo administrativo ou sindicância) tem direito à reintegração e ao recebimento das verbas trabalhistas que deixou de auferir em virtude desse ato ilícito do empregador.

Encontramos o fundamento jurídico na Súmula n. 21 do Supremo Tribunal Federal, *in verbis*:

"Funcionário em estágio probatório não pode ser exonerado nem demitido sem inquérito ou sem as formalidades legais de apuração de sua capacidade".

A ementa a seguir joga uma luz a tal entendimento:

SERVIDOR PÚBLICO. ADMISSÃO PELO REGIME CELETISTA APÓS A EC N. 20/98. DISPENSA DURANTE O ESTÁGIO PROBATÓRIO. DESOBEDIÊNCIA AO PRINCÍPIO DA IMPESSOALIDADE. REINTEGRAÇÃO. Mormente não se possa discutir acerca de estabilidade na hipótese, independentemente de seu cabimento ou não para os servidores celetistas a partir da EC n. 19/98, porquanto ainda no período de estágio probatório, presentemente tem-se a dispensa, de servidora concursada, sem qualquer motivação, incluindo dispensa de aviso prévio. Ora, os princípios que norteiam a Administração Pública, principalmente o que trata da impessoalidade (motivação) dos respectivos atos, vedam essa prática de dispensa (CF, art. 37 e incisos), ainda que o da CLT o regime jurídico. E assim deve ser, pois senão, pode o Administrador, a seu bel prazer, burlar inclusive a ordem de classificação do certame: basta que contrate e dispense em seguida até atingir o candidato de sua preferência. TRT 15ª R. — 5ª T. — 3.807/03 — Ac. 27.931/03-PATR — Rel. Juiz Valdevir Roberto Zanardi — DOE 19.9.03, p. 83.

O mesmo entendimento não se aplica em se tratando de dispensa de trabalhador por empresa pública, exercente de atividade econômica ou por sociedade de economia mista, conforme ementa:

DESPEDIDA. EMPRESA PÚBLICA. AUSÊNCIA DE MOTIVAÇÃO. VALIDADE. De conformidade com a jurisprudência dominante no Tribunal Superior do Trabalho, a teor do art. 173, § 1º, inciso II, da Constituição Federal, estão sujeitas ao regime próprio das empresas privadas. Assim, dispõem de direito potestativo para dispensa sem justa causa de seus empregados, não se lhes exigindo motivação para tal. Incidência da Orientação Jurisprudencial n. 247 da SBDI — TST. Ressalva do entendimento divergente do Relator. Recurso de revista conhecido e provido para declarar a validade do ato de dispensa e julgar improcedente o pedido de reintegração do Reclamante no emprego. TST — 1ª T. — RR 55/02-006-13-00.7 — Rel. M. João Oreste Dalazen — DJU 25.6.2004 — p. 493.

50015139 — APELAÇÃO CÍVEL — EXONERAÇÃO DE SERVIDOR PÚBLICO CONCURSADO — AUSÊNCIA DE JUSTIFICATIVA E DO DEVIDO PROCESSO LEGAL — SERVIDOR AFASTADO DO SERVIÇO POR ATO DA ADMINISTRAÇÃO — ABUSO DE PODER CONFIGURADO — SÚMULA N. 21 DO STF — APELO PROVIDO — DECISÃO REFORMADA — Funcionário público concursado somente pode ser exonerado ou demitido do cargo público mediante justificativas da autoridade administrativa e sempre preservando-se o direito ao devido processo legal, que passa obrigatoriamente pelo direito de audição do funcionário atingido pelo ato administrativo. (TJMT — AC 18801/2002 — 3ª C.Cív. — Rel. Des. João Ferreira Filho — J. 30.4.2003).

Estatui a OJ n. 247 da SBDI do TST:

"Servidor público. Celetista concursado. Despedida imotivada. Empresa Pública ou sociedade de economia mista. Possibilidade".

Não obstante o entendimento dominante do Tribunal Superior do Trabalho, consubstanciado na Orientação Jurisprudencial acima mencionada, existe uma corrente doutrinária que entende que tal ato de dispensa deve ser motivado, atendendo aos preceitos do art. 93, inciso IX da Constituição Federal de 1988, e m atendimento aos princípios da legalidade, impessoalidade, moralidade e publicidade (art. 37 da CF/88) que devem nortear e mesmo impor limitações às atividades das empresas públicas e sociedades de economia mista.

Nunca é demais lembrar a existência da Súmula n. 390 do Colendo Tribunal Superior do Trabalho, que assim se posiciona sobre o tema, relativamente aos servidores públicos da União, Distrito Federal, Estados, Municípios, autarquias, fundações, empresas públicas e sociedades de economia mista:

> N. 390 — ESTABILIDADE. ART. 41 DA CF/1988. CELETISTA. ADMINISTRAÇÃO DIRETA, AUTÁRQUICA OU FUNDACIONAL. APLICABILIDADE. EMPREGADO DE EMPRESA PÚBLICA E SOCIEDADE DE ECONOMIA MISTA. INAPLICÁVEL. (CONVERSÃO DAS ORIENTAÇÕES JURISPRUDENCIAIS NS. 229 E 265 DA SDI-1 E DA ORIENTAÇÃO JURISPRUDENCIAL N. 22 DA SDI-2)
>
> I — O servidor público celetista da administração direta, autárquica ou fundacional é beneficiário da estabilidade prevista no art. 41 da CF/1988. (ex-OJ n. 265 da SDI-1 — Inserida em 27.9.2002 e ex-OJ n. 22 da SDI-2 — Inserida em 20.9.00)
>
> II — Ao empregado de empresa pública ou de sociedade de economia mista, ainda que admitido mediante aprovação em concurso público, não é garantida a estabilidade prevista no art. 41 da CF/1988.

32. Responsabilidade pelos atos ilícitos na greve (Lei n. 7.783/89)

A Lei de greve constitui direito constitucional do trabalhador e considera legítimo o seu exercício que se dá por meio da suspensão coletiva, temporária e pacífica, total ou parcial, de prestação pessoal de serviços a empregador.

A responsabilidade pelos atos grevistas enquadram-se nos preceitos da responsabilidade subjetiva, com base na negligência e imprudência do art. 186 do Novo Código Civil e estão previstas nos artigos 14 e 15 da Lei n. 7.783/89, bem como nos arts. 200 a 202 do Código Penal, cujos dispositivos assim dispõem:

> "Art. 14. Constitui abuso do direito de greve a inobservância das normas contidas na presente Lei, bem como a manutenção da paralisação após a celebração de acordo, convenção ou decisão da Justiça do Trabalho.
>
> Parágrafo único. Na vigência de acordo, convenção ou sentença normativa não constitui abuso do exercício do direito de greve a paralisação que:
>
> I — tenha por objetivo o cumprimento de cláusula ou condição;
>
> II — seja motivada pela superveniência de fato novo ou acontecimento imprevisto que modifique substancialmente a relação de trabalho.
>
> Art. 15. A responsabilidade pelos atos praticados, ilícitos ou crimes cometidos, no curso da greve, será apurada, conforme o caso, segundo a legislação trabalhista, civil ou penal.
>
> Parágrafo único. Deverá o Ministério Público, de ofício, requisitar a abertura do competente inquérito e oferecer denúncia quando houver indício da prática de delito".

Trazemos à colação a seguinte ementa:

> RESCISÓRIA — DESPEDIDA DE EMPREGADO APÓS MOVIMENTO GREVISTA — VIOLAÇÃO DO ARTIGO DEZENOVE, INCISO TRÊS, DA LEI DE GREVE — INEXISTÊNCIA — 1. Decisão que não defere a pleiteada reintegração dos empregados dispensados sem justa causa, após o movimento grevista. 2. Inexistência de ofensa literal ao artigo dezenove, inciso três, da lei quatro mil trezentos e trinta de sessenta e qua-

tro, visto que ali não se garante qualquer tipo de estabilidade além do período de greve. 3. Pedido de rescisão julgado improcedente. (TST — AR 410669/1997 — SBDI 2 — Rel. Min. João Oreste Dalazen — DJU 26.2.1999 — p. 63)

Deste acórdão extraímos as seguintes informações, que passamos a transcrever:

Essa resistência, que perdura ainda em alguns países e núcleos trabalhistas, torna-se cada vez mais difícil, pois ao Direito anterior "engessado" se propôs e impôs outros meios e maneiras de se regular o vínculo entre trabalhador e o tomador de serviços. Para tanto, fundamental foi a migração do capital para localidades sem tradição de práticas sindicais e reivindicativas significativas, o desemprego estrutural e as novas técnicas de gerência e administração de mão-de-obra (terceirização, trabalho *part-time*, etc.). Quando imprescindível, a repressão policial, administrativa, legal e jurídica também foi utilizada, conforme aconteceu na Inglaterra na "era *Thacher*"; nos EUA nos Governos de Reagan, e no Brasil de Sarney (Lei de Greve, n. 7.783/89, de 1989 e jurisprudência antigreve).

A Lei de Greve brasileira proíbe, expressamente, o locaute (art. 17, Lei n. 7.783/89). Ainda que o texto legal fosse omisso, tal proibição derivaria, indubitavelmente, de vasto e harmônico conjunto de regras e princípios constitucionais.

O locaute, como visto, é prática proibida na ordem jurídica do país. Sua realização concreta, em descumprimento à CF e à Lei de Greve, provoca, assim, inevitáveis conseqüências no âmbito do contrato de trabalho. Em primeiro lugar, o respectivo período de afastamento obreiro será considerado como mera interrupção da prestação de serviços (interrupção contratual). Desse modo, todas as parcelas contratuais laborativas serão devidas ao empregado no lapso temporal de desenvolvimento do locaute. É o que deriva da lógica da ordem jurídica e também do texto expresso do parágrafo único do art. 17 da Lei n. 7.783/89.

A anterior Lei de Greve (4.330/64, art. 17), de indissimulável matiz autoritário, rejeitava essa combinação de circunstâncias, considerando inerente à greve a desocupação dos locais de trabalho. A nova ordem jurídica constitucional (art. 9º, CF/88) e mesmo a nova Lei de Greve n. 7.783/89, não estabelecem, porém, tal requisito. E, rigorosamente, não há comprometimento do instituto paredista em vista da adoção da estratégia ocupacional, uma vez que esta mantém-se subordinada à função primária da figura sociojurídica, que é a abstenção coletiva de atividades contratuais pelos trabalhadores.

Do ponto de vista de uma rigorosa interpretação do instituto, poderiam não se enquadrar no conceito de greve, já que não propiciam sustação plena das atividades laborativas. Contudo, essa interpretação muito rigorosa do tipo legal da greve não atende à riqueza da dinâmica social, deixando de aplicar o Direito a fatos sociais que não guardam diferenciação efetivamente substantiva em comparação a outros. Por isso, tem sido criticada por importantes doutrinadores, como *Jean-Claude Javillier, Manoel Carlos Palomeque Lópes* e, no Brasil, *Luiz de Pinho Pedreira* e

Márcio Túlio Viana. De todo modo, desde que se entenda que o Direito do Trabalho exige, para configurar o movimento paredista, paralisação total ou meramente parcial, porém coletiva, das atividades contratuais dos obreiros, as condutas grupais, acima especificadas, de redução concertada do labor, atenderiam à noção jurídica de movimento paredista. Relembre-se, a esse respeito, que a própria Lei de Greve brasileira, em seu art. 2º, conceitua a figura como suspensão coletiva de prestação pessoal de serviços, total ou parcial.

Conforme já debatido, a precedente Lei de Greve n. 4.330/64, oriunda de período autoritário da vida política do país, explicitamente, subordinava o tipo legal da greve à desocupação dos locais de trabalho — exigência que desapareceu com a nova ordem jurídica constitucional (art. 9º, CF/88) e legal (Lei n. 7.783/89). O silêncio da nova ordem jurídica resulta do fato de não haver real comprometimento do instituto paredista em face da adoção da estratégia ocupacional, uma vez que esta mantém-se subordinada à função primária da figura grevista, que é a abstenção coletiva de atividades contratuais pelos trabalhadores.

Ainda com respeito a esses serviços ou atividades essenciais, em que caberá o atendimento das necessidades inadiáveis da comunidade (CF/88, art. 9º, § 1º), a Lei de Greve dispôs que os sindicatos, os empregadores e os trabalhadores ficam obrigados, de comum acordo, a garantir, durante a greve, a prestação dos serviços indispensáveis ao atendimento das necessidades inadiáveis da comunidade (art. 11, Lei n. 7.783/89). Completa a lei que, no caso de inobservância da regra anterior, o Poder Público assegurará a prestação dos serviços indispensáveis (art. 12). O mesmo diploma esclareceu serem necessidades inadiáveis da comunidade aquelas que, não atendidas, coloquem em perigo iminente a sobrevivência, a saúde ou a segurança da população (parágrafo único do art. 11, Lei n. 7.783).

Na esteira da ressalva constitucional, a Lei de Greve dispôs que o sindicato obreiro ou a comissão de negociação, durante o movimento paredista, deverá manter, em ajuste com o empregador ou seu sindicato, equipes de empregados com o propósito de assegurar os serviços cuja paralisação resulte em prejuízo irreparável, pela deterioração irreversível de bens, máquinas e equipamentos, bem como a manutenção daqueles essenciais à retomada das atividades da empresa quando da cessação do movimento (art. 9º, *caput*). Completa o diploma legal que, à falta de acordo nessa linha, assegura-se ao empregador, enquanto perdurar a greve, o direito de contratar diretamente a realização dos correspondentes serviços de manutenção (parágrafo único do art. 9º, Lei n. 7.783).

Há outra limitação trazida pela Lei de Greve, que se mostra de duvidosa constitucionalidade: trata-se da proteção especial conferida ao trabalhador que insista em trabalhar. De fato, dispõe a lei que as manifestações e atos de persuasão utilizados pelos grevistas não poderão impedir o acesso ao trabalho... (art. 6º, § 3º); completa o diploma legal que, em nenhuma hipótese, também, poderão ser violados ou constrangidos os direitos e garantias fundamentais de outrem (art. 6º, § 1º).

O terceiro requisito é o aviso prévio à parte adversa (empregadores envolvidos ou seu respectivo sindicato). O aviso será dado, regra geral, com antecedência mínima de 48 horas da paralisação (art. 4º, Lei de Greve).

Em se tratando de serviços ou atividades essenciais, o prazo será de 72 horas da paralisação (art. 13, Lei de Greve). Neste caso, a comunicação deverá contemplar não apenas os empregadores, como também o público interessado (a lei fala em usuários).

O quarto requisito é o respeito ao atendimento às necessidades inadiáveis da comunidade, no contexto de greve em serviços ou atividades essenciais (art. 9º, § 1º, CF/88, c/c arts. 10, 11 e 12, Lei de Greve).

São direitos dos trabalhadores paredistas, entre outros: utilização de meios pacíficos de persuasão (art. 6º, Lei de Greve); arrecadação de fundos por meios lícitos (*idem*); livre divulgação do movimento (*idem*); proteção contra a dispensa por parte do empregador (o contrato de trabalho encontra-se suspenso, juridicamente — art. 7º, Lei de Greve).

Neste caso, a Lei de Greve introduziu exceção — que tem de receber interpretação restritiva, sob pena de frustrar, grosseiramente, o direito fundamental assegurado pela CF. Trata-se da não-formação, pelos obreiros ou seu sindicato, de equipes de manutenção de bens e serviços cuja paralisação, na empresa, possa causar prejuízo irreparável, ou que sejam essenciais à futura retomada das atividades empresariais (art. 9º, Lei de Greve). Conforme já exposto no item III.3.B a regra legal confere certa ampliação à noção de abuso acobertada pela CF, devendo, em conseqüência, receber interpretação restritiva, sob pena de inviabilizar a efetiva realização de movimentos paredistas.

A segunda exceção à contratação de substitutos encontra-se no art. 14 da Lei de Greve. Ela abrange os movimentos considerados ilegais, seja por desrespeitarem a ordem jurídica, seja por se manterem após a celebração de acordo, convenção ou decisão judicial trabalhista a respeito.

A Lei de Greve n. 4.330/64 do regime militar restringia, severamente, o instituto: não só proibia movimentos que não tivessem fins estritamente trabalhistas, como vedava a estratégia ocupacional do estabelecimento nas greves. A par disso, instituía rito cujo cumprimento era considerado inviável pelos sindicalistas. Transformado o Direito em mero simulacro, o diploma foi apelidado de Lei Antigreve.

A partir do cenário aberto pela CF, alguns diplomas legais posteriores fizeram referência ao processo arbitral no plano juscoletivo. É o que se passou com a Lei de Greve, que subordinava a validade do instituto paredista à frustração da negociação coletiva e subseqüente inviabilização de recurso à via arbitral (n. 7.783/89, art. 3º, *caput*). O mesmo diploma, referindo-se à cessação do movimento paredista, estipulava que a regulação das relações obrigacionais durante o período de greve seria regida ou por decisão judicial trabalhista ou por instrumento normativo coletivo, entre estes o laudo arbitral (art. 7º, *caput*, Lei n. 7.783).

Impõe referir, por fim, o direito de resistência, sufragado pelo art. 229, § 2º, da Constituição do Estado de São Paulo. Lê-se, no preceito, que em condições de risco grave ou iminente no local de trabalho, será lícito ao empregado interromper suas atividades, sem prejuízo de quaisquer direitos, até a eliminação do risco. Percebe-se, outra vez, a primazia da dignidade humana em contextos de colisão de princípios jurídicos, quando há risco de malferimento grave e iminente à vida e à integridade dos trabalhadores: é legítimo, nesses casos, o exercício da autotutela, com recusa de trabalho sem prejuízo de quaisquer direitos trabalhistas (salários, férias, DSR's, FGTS, etc.), até que o risco imediato seja eliminado ou contornado. Preterem-se, episodicamente, os princípios econômicos da livre iniciativa e da propriedade privada, assim como o próprio poder hierárquico do empregador, para assegurar a dignidade e a integridade humanas, mantendo-se, todavia, a contraprestação contratual do empregador, às suas inteiras expensas, *ex vi legis*. Esse direito pode ser exercido individualmente ou coletivamente; nessa última hipótese, dar-se-á a greve como instrumento preventivo nas relações labor-ambientais, em circunstância não contemplada expressamente pela Lei n. 7.783/89, mas de inteira justiça, com amparo na Constituição Estadual e até mesmo no direito natural (direito à autopreservação). Não se a dirá, ademais, ilegal à vista da Lei de Greve, eis que o art. 1º, *caput*, garante aos trabalhadores "decidir sobre a oportunidade de exercê-lo [o direito de greve] e sobre os interesses que devam por ele defender" — como, aqui, o interesse por um meio ambiente do trabalho ecologicamente equilibrado.

Baseado na velha parêmia de que quem pode o mais pode o menos, tem-se que o empregado pode ser punido com a só advertência, embora haja tal previsão somente na Lei de Greve. Ora, se o empregador pode aplicar a suspensão, que acarreta ao trabalhador o prejuízo moral e econômico, este último por inexistirem trabalho e salário nos dias de suspensão, pode certamente aplicar a advertência, que muitas vezes traz apenas o tom de admoestação ao obreiro, inocorrendo dano para o mesmo.

Somente em 1º.6.1964, entrou em vigor a Lei de Greve (Lei n. 4.330), que prescrevia a ilegalidade da greve:

> Dessa forma, diante da lacuna existente e, considerando o fenômeno da recepção da atual Lei de Greve pela nova EC n. 19, cabe ao intérprete, pelo menos até que sobrevenha (se é que isso verdadeiramente venha a acontecer) a nova "lei específica", dar a máxima efetividade à norma constitucional, mediante a integração do sistema.

A discrepância entre os Tribunais Superiores está a revelar que o servidor público estatutário encontra-se em posição de vantagem em relação ao servidor público celetista, o que não deixa de ser um paradoxo, uma vez que o regime contratual mostra-se mais propício a admitir a aplicação analógica da atual Lei de Greve do que o regime estatutário unilateral.

Assinala *Orlando Teixeira da Costa* que "a greve exige organização, já que corresponde a um instrumento tácito de luta em prol dos interesses dos trabalhadores". A atual Lei de Greve (Lei n. 7.783, de 28 de junho de 1989), regula o exercício do direito de greve, define as atividades essenciais, exige o atendimento das necessidades inadiáveis da comunidade e dá outras providências.

A submissão do conflito de interesse a órgão de conciliação e mediação é em geral facultativa; mas na Austrália, Canadá, Índia, Malásia, Polônia e Singapura é obrigatória, sendo que essa compulsoriedade é mais freqüente em relação aos conflitos coletivos que afetam os serviços públicos. Na Itália, por exemplo, a Lei n. 146, de 1990, dispõe que, na ocorrência de greve na função pública ou em empresa de serviços públicos, e desde que as partes não aceitem proposta a respeito formulada pela "Comissão de Guarda da Lei de Greve", prevista na citada lei, o presidente do Conselho de Ministros pode expedir uma "Ordem Motivada" determinando a submissão à arbitragem.

Daí reiterarmos a crítica quanto à concepção nanica: jamais haverá um modelo arejado de relações de trabalho enquanto não se: I) reformular profundamente a estrutura sindical mussoliniana; II) redefinir o grau de intervenção estatal nas condições de trabalho; III) delinear os limites procedimentais da negociação coletiva; e IV) aprimorar a Lei de Greve — destes quatro elementos fundamentais, o único que se encontra em bom estágio de desenvolvimento.

Todavia, como já dito, a norma agredida há de ser mencionada, não bastando a alusão genérica à violação da "Constituição", da "CLT", da "Lei de Greve", etc.: a invocação do preceito violado há de ser específica, sob pena de indeferimento da inicial.

Para se ter uma idéia, a nossa primeira Lei de Greve surgiu apenas em 1964 — Lei n. 4.330/64 —, durante o regime militar, o que impedia os sindicatos de exercerem seus direitos, com medo de represália.

Dentre as penas aplicáveis ao obreiro, a advertência (ou admoestação) surge como a mais leve. Pode ela ser meramente verbal ou assumir forma escrita. Essa pena tem origem na normatividade autônoma, em especial nos costumes trabalhistas (fonte do Direito, conforme art. 8º, CLT), embora também seja referida por alguns instrumentos convencionais coletivos. Raramente a advertência tem sido mencionada pela legislação heterônoma estatal. A título de ilustração, relembre-se que esteve insculpida na antiga Lei de Greve (Lei n. 4.330/64), existindo, ainda, referência à admoestação na atual Lei do Trabalho Portuário (Lei n. 8.630/93).

No caso de inexistência de norma coletiva em vigor — Tendo a coisa julgada, no processo coletivo, caráter temporário (vale por período de vigência consignado na sentença normativa), impede que nesse período possa ser ajuizado novo dissídio (vigência mínima de um ano — CLT, art. 873). A única exceção permitida, tal como contemplada na Lei de Greve, é a da superveniência de fato novo ou acontecimento imprevisto que modifique substancialmente a relação de trabalho (Lei n. 7.783/89, art. 14, parágrafo único, II).

Entretanto, esse aparato legal, embora vigente, tornou-se ineficaz na prática, como reconhece *Amauri Mascaro Nascimento* (*Comentários à Lei de Greve.* São

Paulo: LTr, 1989, p. 102), principalmente a partir do final da década de 70, quando os trabalhadores resolveram romper com o cinturão do regime estatal autoritário, com início no ABC paulista e posterior alastramento em todo o país, de norte a sul, deflagrando greves em atividades normais e essenciais.

Verdadeiras astreintes têm sido aplicadas pelo TST e outros Tribunais Trabalhistas, na interpretação dos arts. 11 e 12 da Lei de Greve (Lei n. 7.783/89). E sem expressa previsão legal e com notável eficácia.

Nos Dissídios de Greve em atividades essenciais, as astreintes estão inseridas no art. 11 da Lei n. 7.783/89, da chamada Lei de Greve, que tipifica a obrigação de fazer para os sindicatos, os empregadores e os trabalhadores, no sentido de garantirem, durante a greve, a prestação de serviços indispensáveis ao atendimento das necessidades inadiáveis da comunidade.

O art. 12 da mesma Lei de Greve determina:

A Constituição Federal, no § 2º, do art. 114, estabelece que "... é facultado aos respectivos sindicatos ajuizar dissídio coletivo...". A correta inteligência desse preceito leva ao convencimento de que o constituinte quis se referir a entidades sindicais quando mencionou sindicatos. Significa que só podem integrar os pólos da relação processual coletiva entidades sindicais, tanto representativas de categorias profissionais, como de categorias econômicas, de 1º Grau (sindicatos), de 2º Grau (federações) e de 3º Grau (confederações). Não há concorrência e sim preferência entre essas entidades, que se resolve por exclusão vertical. Onde há sindicato, a faculdade do § 2º do art. 114 da Constituição Federal é dele; não existindo é da federação; não existindo nem um, nem outro, é da confederação (CLT, art. 857, parágrafo único). Com essas normas harmoniza-se, também, o art. 8º e o seu inciso III, da Carta Magna: "art. 8º — É livre a associação profissional ou sindical, observado o seguinte: ... III — ao sindicato cabe a defesa dos direitos e interesses coletivos ou individuais da categoria, inclusive em questões judiciais ou administrativa." Não obstante o *caput* faça alusão à liberdade de associação profissional ou sindical, o direito estabelecido no aludido inciso III ficou reservado ao sindicato. Aliás, o art. 857 da Consolidação das Leis do Trabalho é claro: "A representação para instaurar a instância em dissídio coletivo constitui prerrogativa das associações sindicais, excluídas as hipóteses do art. 856, quando ocorrer suspensão do trabalho", hipótese em que também a Presidência do Tribunal e o Ministério Público do Trabalho podem instaurar dissídio coletivo (CLT, art. 856, e Lei de Greve — Lei n. 7.783, de 28.6.1989, art. 8º).

O delito de paralisação do trabalho, seguida de violência ou perturbação da ordem, também vem tipificado no art. 200 do Código Penal, que tem como objetivo jurídico a tutela da liberdade de trabalho.

Diz o texto da Lei Penal: Paralisação de trabalho, seguida de violência ou perturbação da ordem.

"Art. 200. Participar de suspensão ou abandono coletivo de trabalho, praticando violência contra pessoa ou contra coisa.

Pena. Detenção de 1 (um) mês a 1 (um) ano e multa, além da pena correspondente à violência.

Parágrafo único. Para que se considere coletivo o abandono de trabalho é indispensável o concurso de, pelo menos, três empregados".

Trata-se de crime doloso, que se consuma com a prática da violência, contra pessoa ou coisa, durante greve ou locaute. Admite-se a tentativa.

Na mesma esteira, temos o art. 201, *in verbis*:

Paralisação de trabalho de interesse coletivo.

"Art. 201. Participar de suspensão ou abandono coletivo de trabalho, provocando a interrupção de obra pública ou serviço de interesse coletivo.

Pena — detenção de 6 (seis) meses a 2 (dois) anos, e multa".

Trata-se de crime doloso, que se consuma com a interrupção da obra pública ou serviço de interesse coletivo, admitindo-se a tentativa.

Já o art. 202 do Código Penal trata da invasão de estabelecimento industrial, comercial ou agrícola. Sabotagem. Diz ele:

"Art. 202. Invadir ou ocupar estabelecimento industrial, comercial ou agrícola, com o intuito de impedir ou embaraçar o curso normal do trabalho, ou com o mesmo fim danificar o estabelecimento ou as coisas nele existentes ou delas dispor.

Pena — reclusão de 1 (um) a 3 (três) anos, e multa".

O sujeito ativo do crime ou ato ilícito pode ser o empregado, o empregador ou outra pessoa. No caso de empregados, para que se considere coletivo o abandono de trabalho, como vimos, é indispensável o concurso de, pelo menos, três trabalhadores.

A conduta típica vem expressa pelo verbo participar, que significa fazer parte, integrar e a participação pode ser de:

a) suspensão coletiva de trabalho, feita por empregadores, denominada locaute[(36)];

b) abandono coletivo de trabalho por empregados, no caso da greve.

O crime tipificado no art. 202 também trata-se de crime doloso, admitindo-se também a tentativa.

A propósito, inserimos a seguinte ementa:

CRIME CONTRA A ORGANIZAÇÃO DO TRABALHO — INVASÃO DE ESTABELECIMENTO INDUSTRIAL. Leiteiros que praticam depredações contra a usina pasteurizadora de produto — Delito caracterizado — Inexistência do crime de dano qualificado. Decisão mantida — Voto vencido — Inteligência dos arts. 202 e 163 do CP — Cometem o delito do art. 202 do CP aqueles que, com o fito de impedir o curso normal de

(36) O locaute não é permitido em nosso ordenamento jurídico.

atividade industrial do concorrente, eliminando-o do mercado, praticam depredações contra o estabelecimento do mesmo". (TJ SP — RT 3301/179).

Terceiros, desde que afetados pelo movimento grevista que lhes tenha provocado prejuízos ou danos materiais, poderão cobrar reparações decorrentes da abusividade do movimento, constituindo parte legítima para a ações de indenização por perdas e danos até mesmo perante os Juizados de Pequenas Causas (Lei n. 9.099/95 nas causas que não extrapolem o equivalente a 40 (quarenta) salários mínimos) ou na Justiça Comum nos demais casos, sendo que nos casos de reparação de danos em prédios urbanos ou rústicos, em que o valor não ultrapasse 60 (sessenta) vezes o salário mínimo aplica-se o disposto no inciso I, letra *c* do art. 275[(37)] do Código de Processo Civil (Procedimento Sumário).

---

(37) Do Procedimento Sumário
Art. 275 — Observar-se-á o procedimento sumário: (Redação dada pela Lei n. 9.245, de 26.12.1995)
I — nas causas cujo valor não exceda a 60 (sessenta) vezes o valor do salário mínimo; (Inciso alterado pela Lei n. 10.444, de 7.5.2002)
II — nas causas, qualquer que seja o valor: (Redação dada pela Lei n. 9.245, de 26.12.1995)
a) de arrendamento rural e de parceria agrícola; (Redação dada pela Lei n. 9.245, de 26.12.1995)
b) de cobrança ao condômino de quaisquer quantias devidas ao condomínio; (Redação dada pela Lei n. 9.245, de 26.12.1995)
c) de ressarcimento por danos em prédio urbano ou rústico; (Redação dada pela Lei n. 9.245, de 26.12.1995)
d) de ressarcimento por danos causados em acidente de veículo de via terrestre; (Redação dada pela Lei n. 9.245, de 26.12.1995)
e) de cobrança de seguro, relativamente aos danos causados em acidente de veículo, ressalvados os casos de processo de execução; (Redação dada pela Lei n. 9.245, de 26.12.1995)
f) de cobrança de honorários dos profissionais liberais, ressalvado o disposto em legislação especial; (Redação dada pela Lei n. 9.245, de 26.12.1995)
g) nos demais casos previstos em lei. (Redação dada pela Lei n. 9.245, de 26.12.1995)
Parágrafo único. Este procedimento não será observado nas ações relativas ao estado e à capacidade das pessoas. (Redação dada ao parágrafo pela Lei n. 9.245, de 26.12.1995)
Art. 276 — Na petição inicial, o autor apresentará o rol de testemunhas e, se requerer perícia, formulará quesitos, podendo indicar assistente técnico. (Redação dada ao artigo pela Lei n. 9.245, de 26.12.1995)
Art. 277 — O juiz designará a audiência de conciliação a ser realizada no prazo de 30 (trinta) dias, citando-se o réu com a antecedência mínima de 10 (dez) dias e sob a advertência prevista no § 2º deste artigo, determinando o comparecimento das partes. Sendo ré a Fazenda Pública, os prazos contar-se-ão em dobro. (Redação dada ao *caput* pela Lei n. 9.245, de 26.12.1995)
§ 1º A conciliação será reduzida a termo e homologada por sentença, podendo o juiz ser auxiliado por conciliador. (Parágrafo acrescentado pela Lei n. 9.245, de 26.12.1995)
§ 2º Deixando injustificadamente o réu de comparecer à audiência, reputar-se-ão verdadeiros os fatos alegados na petição inicial (art. 319), salvo se o contrário resultar da prova dos autos, proferindo o juiz, desde logo, a sentença. (Parágrafo acrescentado pela Lei n. 9.245, de 26.12.1995)
§ 3º As partes comparecerão pessoalmente à audiência, podendo fazer-se representar por preposto com poderes para transigir. (Parágrafo acrescentado pela Lei n. 9.245, de 26.12.1995)
§ 4º O juiz, na audiência, decidirá de plano a impugnação ao valor da causa ou a controvérsia sobre a natureza da demanda, determinando, se for o caso, a conversão do procedimento sumário em ordinário. (Parágrafo acrescentado pela Lei n. 9.245, de 26.12.1995)
§ 5º A conversão também ocorrerá quando houver necessidade de prova técnica de maior complexidade. (Parágrafo acrescentado pela Lei n. 9.245, de 26.12.1995)
Art. 278 — Não obtida a conciliação, oferecerá o réu, na própria audiência, resposta escrita ou oral, acompanhada de documentos e rol de testemunhas e, se requerer perícia, formulará seus quesitos desde logo, podendo indicar assistente técnico. (Redação dada pela Lei n. 9.245, de 26.12.1995)
§ 1º É lícito ao réu, na contestação, formular pedido em seu favor, desde que fundado nos mesmos fatos referidos na inicial. (Redação dada pela Lei n. 9.245, de 26.12.1995)
§ 2º Havendo necessidade de produção de prova oral e não ocorrendo qualquer das hipóteses previstas nos artigos 329 e 330, I e II, será designada audiência de instrução e julgamento para data próxima, não

Logo, podemos inferir de todo o exposto neste tópico que a responsabilidade pelos atos ilícitos ou crimes cometidos no curso do movimento paredista é de natureza subjetiva, de acordo com a legislação trabalhista, civil e penal, considerando-se a ocorrência do ato omissivo ou comissivo do agente ou trabalhador (dirigente sindical, por exemplo), bem como levando-se em consideração o nexo etiológico (relação de causa e efeito entre o ato e o dano lesivo), além da culpa, independentemente da decisão declaratória da abusividade da greve pelo Judiciário.

33. Responsabilidade subjetiva na Lei da Improbidade Administrativa (Lei n. 8.429/92)

O estabelecimento da base jurídica para a improbidade administrativa é fixada no art. 37 da Constituição Federal, ao determinar os princípios da Administração Pública (legalidade, impessoalidade, moralidade, publicidade) e a Emenda Constitucional n. 19/98 acrescentou o princípio da eficiência.

O § 4º do referido artigo destaca expressamente a improbidade administrativa, dispondo sobre as sanções aplicáveis aos atos de improbidade:

- suspensão de direitos políticos;
- perda da função pública;
- indisponibilidade dos bens;
- ressarcimento do erário.

Tais sanções independem da sanção penal cabível, conforme dispõe a Constituição Federal.

Pode-se, dessa forma, conceituar a improbidade administrativa, como atos de natureza civil, tipificados na lei, que atentem contra os princípios da Administração Pública acima mencionados.

---

excedente de trinta dias, salvo se houver determinação de perícia. (Redação dada pela Lei n. 9.245, de 26.12.1995)

Art. 279 — Os atos probatórios realizados em audiência poderão ser documentados mediante taquigrafia, estenotipia ou outro método hábil de documentação, fazendo-se a respectiva transcrição se a determinar o juiz. (Redação dada ao *caput* pela Lei n. 9.245, de 26.12.1995)

Parágrafo único. Nas comarcas ou varas em que não for possível a taquigrafia, a estenotipia ou outro método de documentação, os depoimentos serão reduzidos a termo, do qual constará apenas o essencial. (Parágrafo acrescentado pela Lei n. 9.245, de 26.12.1995)

Art. 280. No procedimento sumário não são admissíveis a ação declaratória incidental e a intervenção de terceiros, salvo a assistência, o recurso de terceiro prejudicado e a intervenção fundada em contrato de seguro.(NR) (*Caput* alterado pela Lei n. 10.444, de 7.5.2002)

I — não será admissível ação declaratória incidental, nem a intervenção de terceiro, salvo assistência e recurso de terceiro prejudicado; (Inciso acrescentado pela Lei n. 9.245, de 26.12.1995)

II — o perito terá o prazo de 15 (quinze) dias para apresentação do laudo; (Inciso acrescentado pela Lei n. 9.245, de 26.12.1995)

III — das decisões sobre matéria probatória, ou proferidas em audiência, o agravo será sempre retido. (Inciso acrescentado pela Lei n. 9.245, de 26.12.1995)

Art. 281 — Findos a instrução e os debates orais, o juiz proferirá sentença na própria audiência ou no prazo de 10 (dez) dias. (Redação dada ao artigo pela Lei n. 9.245, de 26.12.1995)

33.1. Sujeito Ativo na Improbidade Administrativa

O agente público, servidor ou não, que exerça, mesmo que transitoriamente ou sem remuneração, seja por eleição, nomeação, designação, contratação ou por qualquer outra forma de investidura ou vínculo, mandato, cargo, emprego ou função na administração direta ou indireta, em empresa incorporada ao patrimônio público ou em entidade para cuja criação ou custeio o erário tenha concorrido ou concorra com mais de cinqüenta por cento (50%) do patrimônio ou da receita anual.

Equipara-se à figura do agente público para os efeitos da lei, aquele que induzir a pratica do ato, que com ele concorrer ou em razão dele auferir qualquer vantagem.

A responsabilidade será sempre subjetiva, dependendo para sua ocorrência da existência do dolo ou da culpa na ação do agente público.

O ato de improbidade se configura no ato de auferir qualquer tipo de vantagem patrimonial indevida, em razão do exercício do cargo, mandato, função, emprego ou atividade mencionada no art. 1º da Lei n. 8.429/92.

Os requisitos para a sua configuração são:

- obtenção de vantagem patrimonial pelo agente;
- que esta vantagem não tenha causa lícita e
- nexo causal entre o exercício funcional e a vantagem indevida.

O art. 9º da Lei n. 8.429/92 e incisos são considerados exemplificados e não taxativos, podendo ainda ocorrer outras hipóteses não previstas.

O art. 10 da mencionada Lei exige, para sua concretização, o efetivo dano ou lesão aos cofres públicos, ao Erário Público e não ao Patrimônio Público em todas as suas formas. Existe, todavia, posição doutrinária maximalista, entendendo erário como Patrimônio Público.

Dessa forma, atos lesivos ao Erário Público consistem na ação ou omissão, dolosa ou culposa, que enseje lesão ao erário ou perda patrimonial, desvio, apropriação, malbaratamento ou dilapidação de bens ou haveres públicos.

É necessário, ademais, que a conduta seja ilegal, além da ocorrência de culpa ou dolo. Note-se que os incisos do art. 10 também são meramente exemplificados e não taxativos.

Podemos discriminar os agentes suscetíveis de incorrerem na prática da improbidade administrativa da seguinte forma:

- Agentes Públicos;
- Servidores Públicos (estatutários, celetistas ou remanescentes de outros regimes);
- Contratados: particulares exercendo transitoriamente funções estatais, sem vínculo profissional (Ex: representantes da sociedade civil em conselhos ou comissões de licitação, jurados, mesários de eleição etc.);

• Agentes Políticos;

• Equiparados (são os não servidores e não agentes públicos que induziram ou concorreram para a prática do ato de improbidade ou dele se beneficiem sob qualquer forma direta ou indireta).[38]

33.2. Sujeito passivo na Improbidade Administrativa

De acordo com a Lei n. 8.429/92, o sujeito passivo imediato é o Estado, uma vez que ela tem por finalidade a proteção do patrimônio público[39] (bens, direitos e valores, com ou sem apreciação econômica). O sujeito passivo imediato é a pessoa jurídica ou ente efetivamente afetado pelo ato lesivo ao seu patrimônio, uma vez incluído no seguinte elenco, conforme dispõe o art. 1º, *caput*, da Lei n. 8.429/92.

• órgãos da Administração Direta;

• órgão da Administração Indireta ou Fundacional;

• empresa ou entidade para cuja criação o erário haja concorrido ou concorra com mais de 50% do patrimônio ou da receita anual;

• empresa incorporada ao patrimônio público.

Enquadram-se nesse conceito, portanto, a Administração Pública direta, indireta, fundacional de qualquer dos poderes da União, Estados, Distrito Federal e Municípios, bem como a empresa incorporada ao patrimônio público e ainda empresas públicas e sociedades de economia mista que detenham a participação de mais de 50% do Estado.

33.3. Atos contra os Princípios da Administração Pública

O art. 11 da Lei n. 8.429/92 destaca que o autor de atos contra os princípios da Administração incorrerá nas seguintes sanções:

• ressarcimento integral do dano, se houver;

• perda da função pública;

• suspensão dos direitos políticos, de 3 a 5 anos;

• pagamento de multa civil de até 100 vezes o valor da remuneração percebida pelo agente;

• proibição de contratar com o Poder Público, ainda que por intermédio de pessoa jurídica, por 3 anos.

---

(38) SMANIO, Gianpaolo Poggio. *Interesses Difusos e Coletivos*. 5ª ed. São Paulo: Atlas, 2003, p. 110.
(39) Patrimônio público é um complexo de bens e direitos de valor econômico, artístico, estético, histórico e turístico do Estado. Erário Público apresenta noção mais restrita, consistindo em bens e direitos de valor econômico e financeiro.

33.4. Ação Civil Pública e a competência na Lei de Improbidade Administrativa

Para a aplicação das sanções disciplinadas na Lei de Improbidade Administrativa (art. 12) é necessária a promoção da Ação Civil Pública, em face de o bem jurídico tutelado ser de interesse difuso, coletivo ou metaindividual.

O órgão competente é a Justiça Comum ou a Justiça do Trabalho do local do dano, se houver, ou do ato praticado, conforme item 33.4.1, a seguir.

A legitimidade para a postulação da ação, que seguirá o rito ordinário é da pessoa jurídica lesada, de forma concorrente com o Ministério Público, conforme preceitua o art. 129, III, da Constituição Federal.

Qualquer pessoa, no gozo dos seus direitos civis, pode representar à autoridade competente para que seja apurado ato de improbidade praticado pelo servidor, devendo a representação ser necessariamente escrita ou reduzida a termo e assinada.

A ação civil de reparação de danos pela prática de improbidade administrativa terá rito ordinário, como já mencionamos alhures, devendo ser proposta dentro de 30 (trinta) dias da efetivação da medida liminar.

Se o Ministério Público, conforme dispõe o art. 17, § 3º propuser a ação, a pessoa jurídica que sofreu o dano ou a lesão será notificada para integrar a lide, como litisconsórcio ativo facultativo, podendo suprir omissões, falhas e mesmo indicar provas.

De outra parte, ocorrendo o contrário, ou seja, se a ação for proposta por pessoa jurídica, o Ministério Público[40] atuará, obrigatoriamente, como fiscal da lei.

---

(40) AÇÃO CIVIL PÚBLICA — MINISTÉRIO PÚBLICO — LEGITIMIDADE — PRESCRIÇÃO — CERCEAMENTO DE DEFESA — AUSÊNCIA — 1. O Ministério Público é parte legítima para promover Ação Civil Pública visando ao ressarcimento de dano ao erário público. 2. O Ministério Público, por força do art. 129, III, da CF/88, é legitimado a promover qualquer espécie de ação na defesa do patrimônio público social, não se limitando à ação de reparação de danos. Destarte, nas hipóteses em que não atua na condição de autor, deve intervir como *custos legis* (LACP, art. 5º, § 1º; CDC, art. 92; ECA, art. 202 e LAP, art. 9º). 3. A Carta de 1988, ao evidenciar a importância da cidadania no controle dos atos da administração, com a eleição dos valores imateriais do art. 37, da CF, como tuteláveis judicialmente, coadjuvados por uma série de instrumentos processuais de defesa dos interesses transindividuais, criou um microssistema de tutela de interesses difusos referentes à probidade da administração pública, nele encartando-se a Ação Popular, a Ação Civil Pública e o Mandado de Segurança Coletivo, como instrumentos concorrentes na defesa desses direitos eclipsados por cláusulas pétreas. 4. Em conseqüência, legitima-se o Ministério Público a toda e qualquer demanda que vise à defesa do patrimônio público sob o ângulo material (perdas e danos) ou imaterial (lesão à moralidade). 5. A nova ordem constitucional erigiu um autêntico 'concurso de ações' entre os instrumentos de tutela dos interesses transindividuais e, *a fortiori,* legitimou o Ministério Público para o manejo dos mesmos. 6. A Ação Civil Pública não veicula bem jurídico mais relevante para a coletividade do que a Ação Popular. Aliás, a bem da verdade, hodiernamente ambas as ações fazem parte de um microssistema de tutela dos direitos difusos onde se encartam a moralidade administrativa sob seus vários ângulos e facetas. Assim, à míngua de previsão do prazo prescricional para a propositura da Ação Civil Pública, inafastável a incidência da *analogia legis,* recomendando o prazo qüinqüenal para a prescrição das Ações Civis Públicas, tal como ocorre com a prescritibilidade da Ação Popular, porquanto UBI *eadem ratio ibi eadem legis* dispositio. 7. O STJ sedimentou o entendimento no sentido de que o julgamento antecipado da lide (art. 330, I, CPC), não implica cerceamento de defesa, se desnecessária a instrução probatória. 8. Recursos Especiais providos para acolher a prescrição qüinqüenal da ação civil pública. Recurso Especial da empresa a que se nega provimento. (STJ — RESP 406545 — SP — 1ª T. — Rel. Min. Luiz Fux — DJU 9.12.2002

O art. 17, § 1º da Lei veda qualquer tipo de transação, por se tratar de tutela de direito indisponível, embora haja entendimento doutrinário entendendo o cabimento de Termo de Ajustamento de Conduta para ressarcimento do dano, por meio de parcelamento.

A Lei de Improbidade Administrativa admite três tipos de decisões cautelares:

• Indisponibilidade dos bens (art. 7º);

• Seqüestro de bens e bloqueio de contas bancárias (art. 16);

• Afastamento do servidor do exercício do cargo (art. 20, parágrafo único).

Entretanto, não são vedadas outras medidas permitidas pelo ordenamento jurídico, como a vistoria *ad perpetuam rei memoriam*, como medida preparatória para o processo judicial.

AÇÃO CIVIL PÚBLICA — COMPETÊNCIA FUNCIONAL INTERNA DO TST — TRIBUNAL PLENO — 1. Ação civil pública originária distribuída no âmbito da Seção de Dissídios Coletivos do TST. 2. A ação civil pública "trabalhista" assemelha-se mais a um dissídio individual plúrimo — pelo fato de visar à observância de normas previamente existentes, presumivelmente descumpridas — que a um dissídio coletivo — que objetiva precipuamente a criação de novas regras de trabalho. 3. Não impressiona a possibilidade, similar ao dissídio coletivo, de consistir em obrigação de fazer, ou de não fazer, o comando emergente da sentença que dirime o litígio na ação civil pública. A um, porque a imposição de prestação dessa natureza não é peculiaridade do dissídio coletivo: também se dá no dissídio individual (ordem de reintegração, declaração de estabilidade no emprego, etc.). A dois, porque, na ação civil pública, a condenação também pode ter por objeto a condenação em dinheiro, quer exteriorizando-se na responsabilização por danos causados, quer em multa (arts. 1º e 3º da Lei n. 7.347/85). 4. Ausente disposição regimental expressa relativa à competência funcional de um dos Órgãos do Tribunal Superior do Trabalho para a ação civil pública, cabe internamente ao Tribunal Pleno conhecer da causa, por força do disposto na letra *j* do inciso I do art. 3º do Ato Regimental n. 5 (Resoluções Administrativas ns. 743/2000 e 815/2001). 5. Declara-se de ofício a incompetência funcional absoluta da Seção de Dissídios Coletivos do TST para conhecer e julgar, originariamente, a presente ação civil pública (art. 113, *caput*, do CPC), determinando a redistribuição do processo no âmbito do Tribunal Pleno. (TST — ACP . 663643 — SDC — Rel. Min. João Oreste Dalazen — DJU 1º.3.2002) RECURSO DE REVISTA — AÇÃO CIVIL PÚBLICA — COMPETÊNCIA FUNCIONAL — Não serve para comprovar o dissenso interpretativo o acórdão paradigma que, a par de não tratar da competência funcional à luz da Lei da Ação Civil Pública, dirime tal questão levando em conta apenas a natureza dos interesses protegidos, no sentido de que a ação civil pública, em virtude de proteger interesses difusos, tem índole coletiva e, como tal, é de competência dos Tribunais Regionais do Trabalho. Já o v. acórdão recorrido, interpretando o disposto no art. 2º da Lei n. 7347/85 (LACP), define a competência funcional, na ação civil pública, pelo critério da territorialidade, segundo o qual as ações civis públicas serão propostas no local onde ocorrer o dano, cujo juízo de primeiro grau terá a competência funcional para processar e julgar a causa, matéria não tratada no v. acórdão paradigma. Incidente o Enunciado n. 296 do TST. CANCELAMENTO DO PLANO DE DESLIGAMENTO INCENTIVADO — PDI — INTERESSE DE AGIR — Ao contrário do que sustenta a Recorrente, o cancelamento do Programa de Desligamento Incentivado não é suficiente para fazer desaparecer o interesse de agir do Ministério Público do Trabalho, autor da ação civil pública, nem a utilidade do provimento jurisdicional requerido, dada a necessidade de preservação das situações jurídicas constituídas no período de vigência do Programa e em razão do pedido de que a Reclamada se abstenha de repetir em futuros Planos de Demissão cláusulas com conteúdo semelhante. Recurso de Revista não conhecido. (TST — RR 473060 — 5ª T. — Rel. Min. Conv. Walmir Oliveira da Costa — DJU 19.10.2001 — p. 636) A Lei Complementar n. 75/93, em art. 83, III, autoriza o Ministério Público do Trabalho a promover a ação civil pública no âmbito da Justiça do Trabalho, para defesa de interesses coletivos, quando desrespeitados os direitos sociais constitucionalmente garantidos. A lei que introduziu a ação civil pública no ordenamento jurídico brasileiro foi a Lei n. 7.347, de 24.7.1985, portanto, anterior à CF de 1988. Ela não foi redigida com o pensamento voltado para a Justiça do Trabalho. Contudo, é com base nesse diploma legal que o Ministério Público do Trabalho promove o inquérito civil e a ação civil pública.

33.4.1. Competência Penal da Justiça do Trabalho

Com o advento da Emenda Constitucional n. 45/2004, que deu uma nova redação ao art. 114 da CF/88, houve um elastecimento da competência da Justiça do trabalho, para processar e julgar controvérsias decorrentes da relação de trabalho (e não apenas oriundas da relação de emprego), passando, dessa forma, a ser uma competência em relação à matéria (e não mais em relação às pessoas do empregado e empregador).

Houve a incorporação no art. 114 retro-referenciado da competência da Justiça do Trabalho para julgar o mandado de segurança, o *habeas data* e o *habeas corpus*. Este último instituto, verdadeiro remédio constitucional, também é considerado pelo Supremo Tribunal Federal como sendo de natureza penal, por estar topicamente inserido no art. 647, do Código de Processo Penal, *in verbis*:

> DO HABEAS CORPUS E SEU PROCESSO
>
> "Art. 647. Dar-se-á *habeas corpus* sempre que alguém sofrer ou se achar na iminência de sofrer violência ou coação ilegal na sua liberdade de ir e vir, salvo nos casos de punição disciplinar".

Em face de a Justiça do Trabalho já possuir a competência para a prisão do devedor infiel, mesmo antes da alteração da redação do art. 114 da Carta Magna de 1988, entendimento esse pacífico na doutrina e na jurisprudência, com o advento da Emenda Constitucional n. 45/2004, parte da doutrina já se inclina a entender que a Justiça do trabalho detém competência penal, nos crimes ou contravenções decorrentes da relação de trabalho, excluídos, obviamente aqueles crimes cuja competência constitucional foram atribuídos aos Tribunais do Júri (art. 5º, inciso XXXVIII, da CF/88), ou seja, os crimes dolosos contra a vida.

Sabemos que existem inúmeros crimes tipificados no Código Penal que ocorrem no desenvolvimento das relações de trabalho, dos quais podemos enumerar os seguintes:

> *Lesão corporal*
>
> Art. 129. Ofender a integridade corporal ou a saúde de outrem:
>
> Pena — detenção, de 3 (três) meses a 1 (um) ano.
>
> DOS CRIMES CONTRA A HONRA
>
> *Calúnia*
>
> Art. 138. Caluniar alguém, imputando-lhe falsamente fato definido como crime:
>
> Pena — detenção, de 6 (seis) meses a 2 (dois) anos, e multa.
>
> § 1º Na mesma pena incorre quem, sabendo falsa a imputação, a propala ou divulga.
>
> § 2º É punível a calúnia contra os mortos.
>
> *Difamação*
>
> Art. 139. Difamar alguém, imputando-lhe fato ofensivo à sua reputação:
>
> Pena — detenção, de 3 (três) meses a 1 (um) ano, e multa.

Exceção da verdade

Parágrafo único. A exceção da verdade somente se admite se o ofendido é funcionário público e a ofensa é relativa ao exercício de suas funções.

Injúria

Art. 140. Injuriar alguém, ofendendo-lhe a dignidade ou o decoro:

Pena — detenção, de 1 (um) a 6 (seis) meses, ou multa.

Redução a condição análoga à de escravo

Art. 149. Reduzir alguém a condição análoga à de escravo, quer submetendo-o a trabalhos forçados ou a jornada exaustiva, quer sujeitando-o a condições degradantes de trabalho, quer restringindo, por qualquer meio, sua locomoção em razão de dívida contraída com o empregador ou preposto:

Pena — reclusão, de dois a oito anos, e multa, além da pena correspondente à violência.

§ 1º Nas mesmas penas incorre quem:

I — cerceia o uso de qualquer meio de transporte por parte do trabalhador, com o fim de retê-lo no local de trabalho;

II — mantém vigilância ostensiva no local de trabalho ou se apodera de documentos ou objetos pessoais do trabalhador, com o fim de retê-lo no local de trabalho.

§ 2º A pena é aumentada de metade, se o crime é cometido:

I — contra criança ou adolescente;

II — por motivo de preconceito de raça, cor, etnia, religião ou origem. (NR) (Redação dada ao artigo pela Lei n. 10.803, de 11.12.2003, DOU 12.12.2003

DOS CRIMES CONTRA A INVIOLABILIDADE DOS SEGREDOS

Divulgação de segredo

Art. 153. Divulgar alguém, sem justa causa, conteúdo de documento particular ou de correspondência confidencial, de que é destinatário ou detentor, e cuja divulgação possa produzir dano a outrem:

Pena — detenção, de 1 (um) a 6 (seis) meses, ou multa.

§ 1º-A. Divulgar, sem justa causa, informações sigilosas ou reservadas, assim definidas em lei, contidas ou não nos sistemas de informações ou banco de dados da Administração Pública: (AC)

Pena — detenção, de 1 (um) a 4 (quatro) anos, e multa. (AC) (Parágrafo acrescentado pela Lei n. 9.983, de 14.7.2000, DOU 17.7.2000)

§ 1º Somente se procede mediante representação.

Violação do segredo profissional

Art. 154. Revelar alguém, sem justa causa, segredo, de que tem ciência em razão de função, ministério, ofício ou profissão, e cuja revelação possa produzir dano a outrem:

Pena — detenção, de 3 (três) meses a 1 (um) ano, ou multa.

Parágrafo único. Somente se procede mediante representação.

Furto

Art. 155. Subtrair, para si ou para outrem, coisa alheia móvel.

Pena — reclusão, de 1 (um) a 4 (quatro) anos, e multa.

§ 1º A pena aumenta-se de um terço, se o crime é praticado durante o repouso noturno.

Apropriação indébita

Art. 168. Apropriar-se de coisa alheia móvel, de que tem a posse ou a detenção:

Pena — reclusão, de 1 (um) a 4 (quatro) anos, e multa.

Apropriação indébita previdenciária (AC)

Art. 168-A. Deixar de repassar à previdência social as contribuições recolhidas dos contribuintes, no prazo e forma legal ou convencional: (AC)

Crime tipificado neste artigo.

Pena — reclusão, de 2 (dois) a 5 (cinco) anos, e multa. (AC)

§ 1º Nas mesmas penas incorre quem deixar de: (AC)

I — recolher, no prazo legal, contribuição ou outra importância destinada à previdência social que tenha sido descontada de pagamento efetuado a segurados, a terceiros ou arrecadada do público; (AC)

II — recolher contribuições devidas à previdência social que tenham integrado despesas contábeis ou custos relativos à venda de produtos ou à prestação de serviços; (AC)

III — pagar benefício devido a segurado, quando as respectivas cotas ou valores já tiverem sido reembolsados à empresa pela previdência social. (AC)

§ 2º É extinta a punibilidade se o agente, espontaneamente, declara, confessa e efetua o pagamento das contribuições, importâncias ou valores e presta as informações devidas à previdência social, na forma definida em lei ou regulamento, antes do início da ação fiscal. (AC)

§ 3º É facultado ao juiz deixar de aplicar a pena ou aplicar somente a de multa se o agente for primário e de bons antecedentes, desde que: (AC)

I — tenha promovido, após o início da ação fiscal e antes de oferecida a denúncia,

II — o valor das contribuições devidas, inclusive acessórios, seja igual ou inferior àquele estabelecido pela previdência social, administrativamente, como sendo o mínimo para o ajuizamento de suas execuções fiscais. (AC) (Artigo acrescentado pela Lei n. 9.983, de 14.7.2000)

Estelionato

Art. 171. Obter, para si ou para outrem, vantagem ilícita, em prejuízo alheio, induzindo ou mantendo alguém em erro, mediante artifício, ardil ou qualquer outro meio fraudulento:

Pena — reclusão, de 1 (um) a 5 (cinco) anos, e multa.

Fraude à execução

Art. 179. Fraudar execução, alienando, desviando, destruindo ou danificando bens, ou simulando dívidas:

Pena — detenção, de 6 (seis) meses a 2 (dois) anos, ou multa.

DOS CRIMES CONTRA A ORGANIZAÇÃO DO TRABALHO

Atentado contra a liberdade de trabalho

Art. 197. Constranger alguém, mediante violência ou grave ameaça:

I — a exercer ou não exercer arte, ofício, profissão ou indústria, ou a trabalhar ou não trabalhar durante certo período ou em determinados dias:

Pena — detenção, de 1 (um) mês a 1 (um) ano, e multa, além da pena correspondente à violência;

II — a abrir ou fechar o seu estabelecimento de trabalho, ou a participar de parede ou paralisação de atividade econômica:

Pena — detenção, de 3 (três) meses a 1 (um) ano, e multa, além da pena correspondente à violência.

Atentado contra a liberdade de contrato de trabalho e boicotagem violenta

Art. 198. Constranger alguém, mediante violência ou grave ameaça, a celebrar contrato de trabalho, ou a não fornecer a outrem ou não adquirir de outrem matéria-prima ou produto industrial ou agrícola:

Pena — detenção, de 1 (um) mês a 1 (um) ano, e multa, além da pena correspondente à violência.

Atentado contra a liberdade de associação

Art. 199. Constranger alguém, mediante violência ou grave ameaça, a participar ou deixar de participar de determinado sindicato ou associação profissional:

Pena — detenção, de 1 (um) mês a 1 (um) ano, e multa, além da pena correspondente à violência.

Paralisação de trabalho, seguida de violência ou perturbação da ordem

Art. 200. Participar de suspensão ou abandono coletivo de trabalho, praticando violência contra pessoa ou contra coisa:

Pena — detenção, de 1 (um) mês a 1 (um) ano, e multa, além da pena correspondente à violência.

Parágrafo único. Para que se considere coletivo o abandono de trabalho é indispensável o concurso de, pelo menos, três empregados.

Paralisação de trabalho de interesse coletivo

Art. 201. Participar de suspensão ou abandono coletivo de trabalho, provocando a interrupção de obra pública ou serviço de interesse coletivo:

Pena — detenção, de 6 (seis) meses a 2 (dois) anos, e multa.

Invasão de estabelecimento industrial, comercial ou agrícola. Sabotagem

Art. 202. Invadir ou ocupar estabelecimento industrial, comercial ou agrícola, com o intuito de impedir ou embaraçar o curso normal do trabalho, ou com o mesmo fim danificar o estabelecimento ou as coisas nele existentes ou delas dispor:

Pena — reclusão, de 1 (um) a 3 (três) anos, e multa.

Frustração de direito assegurado por lei trabalhista

Art. 203. Frustrar, mediante fraude ou violência, direito assegurado pela legislação do trabalho:

Pena — detenção de um ano a dois anos, e multa, além da pena correspondente à violência.

§ 1º Na mesma pena incorre quem:

I — obriga ou coage alguém a usar mercadorias de determinado estabelecimento, para impossibilitar o desligamento do serviço em virtude de dívida;

II — impede alguém de se desligar de serviços de qualquer natureza, mediante coação ou por meio da retenção de seus documentos pessoais ou contratuais.

§ 2º A pena é aumentada de um sexto a um terço se a vítima é menor de dezoito anos, idosa, gestante, indígena ou portadora de deficiência física ou mental.

Frustração de lei sobre a nacionalização do trabalho

Art. 204. Frustrar mediante fraude ou violência, obrigação legal relativa à nacionalização do trabalho:

Pena — detenção, de 1 (um) mês a 1 (um) ano, e multa, além da pena correspondente à violência.

Exercício de atividade com infração de decisão administrativa

Art. 205. Exercer atividade, de que está impedido por decisão administrativa:

Pena — detenção, de 3 (três) meses a 2 (dois) anos, ou multa.

Aliciamento para o fim de emigração

Art. 206. Recrutar trabalhadores, mediante fraude, com o fim de levá-los para território estrangeiro:

Pena — detenção, de 1 (um) a 3 (três) anos e multa.

Aliciamento de trabalhadores de um local para outro do território nacional

Art. 207. Aliciar trabalhadores, com o fim de levá-los de uma para outra localidade do território nacional:

Pena — detenção de um a três anos, e multa.

§ 1º. Incorre na mesma pena quem recrutar trabalhadores fora da localidade de execução do trabalho, dentro do território nacional, mediante fraude ou cobrança de qualquer quantia do trabalhador, ou, ainda, não assegurar condições do seu retorno ao local de origem. (Parágrafo acrescentado pela Lei n. 9.777, de 29.12.1998, DOU 30.12.1998)

§ 2º A pena é aumentada de um sexto a um terço se a vítima é menor de dezoito anos, idosa, gestante, indígena ou portadora de deficiência física ou mental. (Parágrafo acrescentado pela Lei n. 9.777, de 29.12.1998, DOU 30.12.1998)

Assédio sexual (AC)

Art. 216-A. Constranger alguém com o intuito de obter vantagem ou favorecimento sexual, prevalecendo-se o agente da sua condição de superior hierárquico ou ascendência inerentes ao exercício de emprego, cargo ou função. (AC)

Pena — detenção, de 1 (um) a 2 (dois) anos. (AC)

Parágrafo único. (VETADO) (Artigo acrescentado pela Lei n. 10.224, de 15.5.2001, DOU 16.5.2001)

DO LENOCÍNIO E DO TRÁFICO DE PESSOAS

...

Art. 227. ...

§ 1º Se a vítima é maior de 14 (catorze) e menor de 18 (dezoito) anos, ou se o agente é seu ascendente, descendente, cônjuge ou companheiro, irmão, tutor ou curador ou pessoa a quem esteja confiada para fins de educação, de tratamento ou de guarda:

..." (NR)

"Tráfico internacional de pessoas

Art. 231. Promover, intermediar ou facilitar a entrada, no território nacional, de pessoa que venha exercer a prostituição ou a saída de pessoa para exercê-la no estrangeiro:

Pena — reclusão, de 3 (três) a 8 (oito) anos, e multa.

§ 1º...

Pena — reclusão, de 4 (quatro) a 10 (dez) anos, e multa.

§ 2º Se há emprego de violência, grave ameaça ou fraude, a pena é de reclusão, de 5 (cinco) a 12 (doze) anos, e multa, além da pena correspondente à violência.

§ 3º (revogado)." (NR)

Art. 2º O Decreto-Lei n. 2.848, de 7 de dezembro de 1940 — Código Penal, passa a vigorar acrescido do seguinte art. 231-A:

"Tráfico interno de pessoas

Art. 231-A. Promover, intermediar ou facilitar, no território nacional, o recrutamento, o transporte, a transferência, o alojamento ou o acolhimento da pessoa que venha exercer a prostituição:

Pena — reclusão, de 3 (três) a 8 (oito) anos, e multa.

Parágrafo único. Aplica-se ao crime de que trata este artigo o disposto nos §§ 1º e 2º do art. 231 deste Decreto-Lei."

Falsificação de documento público

Art. 297. Falsificar, no todo ou em parte, documento público, ou alterar documento público verdadeiro:

Pena — reclusão de 2 (dois) a 6 (seis) anos, e multa.

§ 1º. Se o agente é funcionário público, e comete o crime prevalecendo-se do cargo, aumenta-se a pena de sexta parte.

§ 2º. Para os efeitos penais, equiparam-se a documento público o emanado de entidade paraestatal, o título ao portador ou transmissível por endosso, as ações de sociedade comercial, os livros mercantis e o testamento particular.

§ 3º Nas mesmas penas incorre quem insere ou faz inserir: (AC)

I — na folha de pagamento ou em documento de informações que seja destinado a fazer prova perante a previdência social, pessoa que não possua a qualidade de segurado obrigatório; (AC)

I — na Carteira de Trabalho e Previdência Social do empregado ou em documento que deva produzir efeito perante a previdência social, declaração falsa ou diversa da que deveria ter sido escrita; (AC)

III — em documento contábil ou em qualquer outro documento relacionado com as obrigações da empresa perante a previdência social, declaração falsa ou diversa da que deveria ter constado. (AC) (Parágrafo acrescentado pela Lei n. 9.983, de 14.07.2000, DOU 17.7.2000)

§ 4º Nas mesmas penas incorre quem omite, nos documentos mencionados no § 3º, nome do segurado e seus dados pessoais, a remuneração, a vigência do contrato de trabalho ou de prestação de serviços. (AC) (Parágrafo acrescentado pela Lei n. 9.983, de 14.7.2000, DOU 17.7.2000)

Falsificação de documento particular

Art. 298. Falsificar, no todo ou em parte, documento particular ou alterar documento particular verdadeiro:

Pena — reclusão, de 1 (um) a 5 (cinco) anos, e multa.

Falsidade ideológica

Art. 299. Omitir, em documento público ou particular, declaração que dele devia constar, ou nele inserir ou fazer inserir declaração falsa ou diversa da que devia ser escrita, com o fim de prejudicar direito, criar obrigação ou alterar a verdade sobre fato juridicamente relevante:

Pena — reclusão, de 1 (um) a 5 (cinco) anos, e multa, se o documento é público, e reclusão de 1 (um) a 3 (três) anos, e multa, se o documento é particular.

Parágrafo único. Se o agente é funcionário público, e comete o crime prevalecendo-se do cargo, ou se a falsificação ou alteração é de assentamento de registro civil, aumenta-se a pena de sexta parte.

Inserção de dados falsos em sistema de informações (AC)

Art. 313-A. Inserir ou facilitar, o funcionário autorizado, a inserção de dados falsos, alterar ou excluir indevidamente dados corretos nos sistemas informatizados ou bancos de dados da Administração Pública com o fim de obter vantagem indevida para si ou para outrem ou para causar dano: (AC)

Pena — reclusão, de 2 (dois) a 12 (doze) anos, e multa. (AC) (Artigo acrescentado pela Lei n. 9.983, de 14.7.2000, DOU 17.7.2000)

Modificação ou alteração não autorizada de sistema de informações (AC)

Art. 313-B. Modificar ou alterar, o funcionário, sistema de informações ou programa de informática sem autorização ou solicitação de autoridade competente: (AC)

Pena — detenção, de 3 (três) meses a 2 (dois) anos, e multa. (AC)

Falso testemunho ou falsa perícia

Art. 342. Fazer afirmação falsa, ou negar ou calar a verdade como testemunha, perito, contador, tradutor ou intérprete em processo judicial, ou administrativo, inquérito policial, ou em juízo arbitral: (Redação dada pela Lei n. 10.268, de 28.8.2001, DOU 29.8.2001)

Pena — reclusão, de 1 (um) a 3 (três) anos, e multa.

§ 1º As penas aumentam-se de um sexto a um terço, se o crime é praticado mediante suborno ou se cometido com o fim de obter prova destinada a produzir efeito em processo penal, ou em processo civil em que for parte entidade da administração pública direta ou indireta. (Redação dada ao parágrafo pela Lei n. 10.268, de 28.8.2001, DOU 29.8.2001)

§ 2º O fato deixa de ser punível se, antes da sentença no processo em que ocorreu o ilícito, o agente se retrata ou declara a verdade. (NR) (Redação dada ao parágrafo pela Lei n. 10.268, de 28.8.2001)

Art. 343. Dar, oferecer ou prometer dinheiro ou qualquer outra vantagem a testemunha, perito, contador, tradutor ou intérprete, para fazer afirmação falsa, negar ou calar a verdade em depoimento, perícia, cálculos, tradução ou interpretação:

Pena — reclusão, de três a quatro anos, e multa.

Parágrafo único. As penas aumentam-se de um sexto a um terço, se o crime é cometido com o fim de obter prova destinada a produzir efeito em processo penal ou em processo civil em que for parte entidade da administração pública direta ou indireta. (NR) (Redação dada ao artigo pela Lei n. 10.268, de 28.8.2001, DOU 29.8.2001)

Atitudes ilícitas do empregador ou de preposto contra a dignidade do trabalhador, como os casos de assédio moral, ainda não dispõem de regulamentação legal, muito embora alguns Estados da Federação já tenham desenvolvido projetos de lei relacionados ao tema.

Além dos crimes acima tipificados, podemos ainda mencionar as seguintes demandas que poderiam ser incluídas no caso vertente, ou seja, nas quais podem incidir a tipicidade criminal:

• Trabalho informal;

• Sonegação de direitos mediante diversas fraudes (recibos em branco, *truck system*, falsificação de assinaturas dos empregados);

• Controle paralelo de jornada;

• Salário por fora (extra folha);

• Falso cooperativismo (cooperativas fraudulentas);

• Constituição irregular de pessoas jurídicas;

• Discriminações de toda ordem;

• Simulação de ações trabalhistas para constituição de crédito privilegiado e burla a credores (lides simuladas);

• Estelionato na fraude ao seguro desemprego e ao FGTS (art. 171, CP);

• Crime de periclitação à vida ou à saúde nos casos de exposição do trabalhador a risco (art. 132);

• Contravenção penal de retenção indevida de CTPS (Carteira de Trabalho e Previdência Social);

• Discriminações raciais ou religiosas, de orientação sexual praticadas na relação de trabalho (Lei n. 7.761/89);

• Crimes contra pessoa portadora de deficiência (Lei n. 7.853/89);

• Crimes contra admissão irregular de servidor publico, sem concurso, Decreto-Lei n. 201/67 e Lei de Improbidade Administrativa;

• Lesão corporal culposa (art. 129 CP);

• Homicídio culposo em acidente de trabalho (art. 121CP);

• Falsidade ideológica (recibos em branco, controles paralelos de jornada, art. 299 CP);

• Outros crimes Lei n. 9.099/95 e em face da mulher, idoso. Lei n. 10.741/03.

33.4.1.1. Fundamento legal da competência penal da justiça do trabalho

O fundamento legal da competência penal trabalhista pode ser retirada do art. 114, da Constituição Federal, nos seguintes incisos:

a) incisos I — competência para processar e julgar as ações oriundas da relação de trabalho;

b) Inciso IV — os mandados de segurança, *habeas corpus* e *habeas data*, quando o ato questionado envolver matéria sujeita a sua jurisdição;

c) Inciso IX — outras controvérsias decorrentes da relação de trabalho.

A corrente favorável à competência criminal da Justiça do trabalho entende que o legislador abarcou todas as hipóteses decorrentes da relação de trabalho na órbita da Justiça Especializada, com exceção das estatutárias, inclusive as lides penais, não se observando na redação do art. 114 da Constituição Federal justificativa que autorize o fracionamento da jurisdição para a hipótese.

Como corolário lógico da expressão da jurisdição atribuída no citado art. 114, a Justiça do Trabalho é competente, independentemente da natureza da lide, ou seja, tanto para a ação de natureza cível (patrimonial), como para a de natureza criminal, que se originam da relação de trabalho, ou ainda para as ações referentes às multas administrativas, inclusive aquelas aplicadas pelo próprio juiz do trabalho, sendo certo que esta última competência lhe é atribuída pela CLT.

De outra forma, teríamos a cisão de competência: o juiz do trabalho julgaria apenas o direito patrimonial, e oficiaria o juiz penal para cuidar da lide de natureza penal.

A prevalência da jurisdição especializada há de vir, por analogia, pela própria dicção do art. 78, IV, do Código de Processo Penal, que preceitua:

"no concurso entre a jurisdição comum e a especial, prevalecerá esta".

Há, pois o reconhecimento no sistema pátrio da importância de que questões complexas sejam analisadas, ainda que criminalmente, por órgão especializado.

Se a relação de trabalho não fosse uma relação jurídica complexa, dinâmica e solidária, também vista como espécie de negócio jurídico bilateral, não em sua acepção liberal — até porque o elemento volitivo é abruptamente mitigado por se tratar de um contrato dirigido e de adesão — mas em concepção solidarista, que reconhece o sujeito de direito não como um ser abstrato e virtual, mas concreto e economicamente desigual, merecendo tutela jurídica a partir dessa desigualdade, nas palavras de *José Afonso Dallegrave Neto*[41], não haveria necessidade de jurisdição especializada, muito menos do Ministério Público do Trabalho para atender esta jurisdição, embora suas atribuições não fiquem limitadas à mesma, podendo essa instituição até mesmo demandar em juízo diverso, desde que para atender aos seus fins institucionais e constitucionalmente assegurados.

---

(41) NETO, José Affonso Dallegrave. *Responsabilidade civil no direito do trabalho*. São Paulo: LTr, 2005, p. 72.

A competência penal trabalhista, ademais, pode ser fundamentada no art. 83, inciso I, da Lei Complementar n. 75/93[42], que incumbiu ao Ministério Público do trabalho (MPT) o exercício das ações que lhe sejam atribuídas pela Constituição Federal e pelas leis trabalhistas, sendo certo que o art. 129, I, CF[43], erige como função institucional do MPT em sua totalidade, promover, privativamente, a ação penal púbica, na forma da lei.

Outrossim, o art. 6, V, da LC n. 75/93[44] dispõe competir ao Ministério Público da união, o qual é integrado pelo Ministério Público do Trabalho, a promoção da ação penal.

Pode-se ainda citar o art. 15 da Lei n. 7.783/89[45] (Lei de Greve), conjugado ao disposto no art. 114, inciso II[46], da Carta Magna, sem ainda mencionar o exercício do controle externo da atividade policial pelo Ministério Público, a que remete o especifico *caput* do art. 84 da LC n. 75/93.

Portanto, a competência penal da Justiça do Trabalho vem disposta no art. 129, inciso I, da Carta Magna, combinado com os arts. 83, I e 84[47], *caput* e art. 6º, V, da LC n. 75/93.

33.4.1.2. Correntes doutrinárias a respeito da competência penal trabalhista

Hodiernamente, temos duas correntes: uma favorável e outra contra a competência penal da Justiça do Trabalho. Vejamos:

Entre os doutrinadores que apresentam argumentos favoráveis à competência penal da Justiça do Trabalho, encontramos *Antônio Álvares da Silva*[48] e *Marcelo D'Ambrosio*[49], entre outros, de cujos entendimentos apresentamos, a seguir, uma breve síntese:

- Com o alargamento da competência da Justiça do Trabalho (nova redação do art. 114, CF/88), a competência agora abrange qualquer tipo de ação envolvendo relação de trabalho, com exceção das relações estatutárias, incluindo-se a ação penal, cuja titularidade é do Ministério Público do Trabalho.

---

(42) Art. 83. Compete ao Ministério Público do Trabalho o exercício das seguintes atribuições junto aos órgãos da Justiça do Trabalho:
I — promover as ações que lhe sejam atribuídas pela Constituição Federal e pelas leis trabalhistas;

(43) Art. 129. São funções institucionais do Ministério Público:
I — promover, privativamente, a ação penal pública, na forma da lei;

(44) Art. 6º Compete ao Ministério Público da União:
V — promover, privativamente, a ação penal pública, na forma da lei;

(45) Art. 15. A responsabilidade pelos atos praticados, ilícitos ou crimes cometidos, no curso da greve, será apurada, conforme o caso, segundo a legislação trabalhista, civil ou penal.
Parágrafo único. Deverá o Ministério Público, de ofício, requisitar a abertura de competente inquérito e oferecer denúncia quando houver indício da prática de delito.

(46) Art. 114. Compete à Justiça do Trabalho processor e julgar:
II — as ações que envolvam exercício do direito de greve.

(47) Art. 84. Incumbe ao Ministério Público do Trabalho, no âmbito das suas atribuições, exercer as funções institucionais previstas nos Capítulos I, II, III e IV do Título I, especialmente:

(48) SILVA, Antônio Álvares da. *Competência penal da Justiça do Trabalho.* São Paulo: LTr, 2006.

(49) D'AMBROSIO, Marcelo. "Competência penal da Justiça do Trabalho". *Revista LTr*, maio/2005.

• Não há em nossa Constituição Federal qualquer dispositivo que afaste a competência da Justiça do Trabalho para o julgamento de ações penais, envolvendo a relação de trabalho, exceto o disposto no art. 109, inciso I[(50)].

• O próprio art. 114, CF 88, em sua nova redação, dispõe no inciso IV, expressamente a competência da Justiça do Trabalho para o julgamento do *habeas corpus*. Sabemos que esse remédio constitucional (direito e ao mesmo tempo garantia, direito de ação e um direito que garante outro direito) não se projeta exclusivamente no campo penal, ou processual penal, sendo cabível também em outros ramos do direito. Todavia, o *habeas corpus* é utilizado para tutelar o direito da liberdade corpórea do individuo, de ir e de vir, de locomoção, quando este estiver sendo lesado ou ameaçado de sê-lo, abusivamente por qualquer pessoa[(51)], incluindo-se o particular.

• O art. 5º, inciso LXVIII, estatui: "conceder-se-á *habeas corpus* sempre que alguém sofrer ou se achar ameaçado de sofrer violência ou coação em sua liberdade de locomoção, por ilegalidade ou abuso de poder".

• Logo, não se pode olvidar que a possibilidade do juiz do trabalho decidir a respeito de *habeas corpus*, tornou-o apto também a conhecer de causas penais decorrentes inclusive em 1º grau de jurisdição.

• Para delimitarmos o poder jurisdicional, encontramos em primeiro plano, a competência ditada pela Constituição Federal. Distribuindo o poder de julgar entre os vários órgãos jurisdicionais, leva-se em conta a natureza da lide. Daí a Carta Magna prevê, de um lado, as chamadas jurisdições especiais ou justiças especiais. Neste caso, qualquer delito envolvendo relação de trabalho, ficará afastada a competência da Justiça Comum, não ocorrendo a aplicação do art. 109, I, CF, uma vez que a jurisdição especial prevalece sobre a jurisdição comum, esta meramente residual.

• A ação penal deverá ser proposta pelo Ministério Público ou querelante, nos casos de ação penal privada ou subsidiária, na Justiça do Trabalho.

• Deve-se ressaltar que a Lei Complementar n. 75/93 não delimita expressamente poderes ao Ministério Público do Trabalho na proposição da ação pe-

(50) Art. 109. Aos juízes federais compete processar e julgar:
I — as causas em que a União, entidade autárquica ou empresa pública federal forem interessadas na condição de autoras, rés, assistentes ou oponentes, exceto as de falência, as de acidentes de trabalho e as sujeitas à Justiça Eleitoral e à Justiça do Trabalho.

(51) É interessante mencionar um caso concreto de fácil confusão pelos operadores do direito, qual seja: caberá *habeas corpus* ou mandado de segurança para tutelar a presença de dirigente sindical na assembléia geral, se este for proibido de participar por ato do presidente do sindicato? No caso vertente, entendemos pelo descabimento tanto do *habeas corpus*, como do mandado de segurança, pois o HC tutela direito de ir e vir e o objeto principal neste caso é o direito de participar da assembléia geral e não do direito de locomoção. Não caberia também o mandado de segurança, uma vez que a autoridade coatora, responsável pela ilegalidade ou abuso de poder, não é autoridade pública ou agente de pessoa jurídica no exercício de atribuições do Poder Público. Entendemos pelo cabimento de outro instrumento processual, mesmo inominado, para a defesa daquele direito.

nal. Todavia, tal lacuna ficou suprimida pela nova regra constitucional (art. 114 com nova redação da Emenda n. 45/2004).

• Outro fator que conspira a favor da competência pena trabalhista foi delineada pelo próprio Supremo tribunal Federal, por meio do Ministro Ayres Neto, ao discorrer sobre a Teoria da Unidade de Convicção, pela qual o mesmo fato, quando tiver de ser analisado mais de uma vez, deve sê-lo pela mesma Justiça.

• Em outras palavras, o próprio STF reconhece hoje que a cisão ou partilhamento de competência não favorece a aplicação da justiça, e que a divergência de decisões para ações decorrentes da mesma relação de direito material invocada entre órgãos jurisdicionais distintos, pode vir a causar um impacto deletério no jurisdicionado e mesmo sobre a segurança jurídica.

• A cisão de competência provoca mora estatal na apreciação das demandas, o que agride frontalmente o princípio da razoável duração do processo. (Art. 5º, inciso LXXVIII da CF/88).

• A competência penal seria a mais eficiente ferramenta de afirmação dos direitos do trabalhador na Justiça do Trabalho e a mais potente arma para combater as violações às leis trabalhistas. Hoje ela não dispõe de sanção, apenas condena delitos de natureza patrimonial. Como os juros são insignificantes, e a demanda pode se estender por vários anos, como normalmente acontece, a condenação perde o significado. O mesmo fato, julgado pelos juízes do trabalho em seus efeitos patrimoniais, pelo modelo atual, é enviado a outro juiz, para julgar o aspecto penal.

• Há quem sugira que para os crimes penais trabalhistas, poder-se-ia substituir a pena privativa de liberdade, que seria reservada a casos excepcionais, pelas penas restritivas de direito (art. 43 do Código Penal: prestação pecuniária, perda de bens, prestação de serviços à comunidade ou entidades publicas, interdição temporária de direitos, limitação de fim de semana).

• Remeter a outra jurisdição controvérsias penais decorrentes da relação de trabalho significa enfraquecer ou mesmo eliminar o direito de acesso à jurisdição (art. 5º, inciso XXXV da CF/88), ferindo o princípio de que as normas constitucionais devem ter a máxima efetividade.

A corrente doutrinária que resiste à aceitação do cabimento da competência penal da Justiça do Trabalho apresenta os seguintes argumentos:

• A justiça do trabalho não está preparada para recepcionar esta atribuição;

• Corre-se o risco de descaracterizar a jurisdição trabalhista, ampliando demasiadamente o rol de suas competência (pedaço da jurisdição, de dizer o direito);

• Os juízes do trabalho não detêm competência penal;

• O legislador de 2004 retirou da PEC convertida na Emenda Constitucional n. 45/2004, o inciso que previa a competência para crimes contra a organização do trabalho;

• Não há atribuição expressa de competência criminal no art. 114 da CF/88;

• O STF está julgando em favor da competência da Justiça Federal, nos casos de crime de redução à condição análoga à escravidão (art. 149, CP);

• A nova disposição do art. 109 que possibilita a federalização de crimes contra direitos humanos, advinda da EC n. 45/04, constituiria forte argumento contrário à tese de que a competência para julgar o crime do art. 149 CP agora pertence à Justiça do Trabalho;

• O processo penal é incapaz de solver, de forma satisfatória os conflitos penais, logo, despiciendo trazê-lo à jurisdição trabalhista.

Porém, ao examinar cuidadosamente cada uma dessas proposições, pode-se concluir:

• Com o advento da Emenda Constitucional n. 45/2004, a Justiça do Trabalho, na verdade, não estava preparada para nenhuma das novas atribuições prevista no art. 114, da CF 88, com a nova redação trazida por aquela Emenda. Logo, adaptações foram e serão ainda necessárias.

• Não há descaracterização da Justiça do Trabalho porque o legislador a ela agregou questões decorrentes direta e indiretamente de relações de trabalho, às quais ela sempre esteve afeta. Basta dizer que a Justiça do Trabalho está estendida em todo o território nacional, mais do que a Justiça Federal, e ainda é o ramo mais descongestionado do Judiciário, o que lhe autoriza de forma dinâmica e eficaz a lidar com as questões penais.

• A Justiça do Trabalho sofreu profundas modificações na última década, que culminou com a Reforma do Judiciário (Emenda Constitucional n. 45/2004), modernizando-se com a extinção da representação classista, da transformação das antigas Juntas de Conciliação e Julgamento em Varas do trabalho, presididas por um juiz, bacharel em direito.

• Com essa modernização, a Justiça do Trabalho passou a processar e julgar, causas submetidas à sua apreciação, envolvendo os mais variados tipos de controvérsias, pela natureza da matéria, utilizando-se, subsidiariamente, em casos de lacuna, o Código Civil, o Código de Defesa do Consumidor (Lei n. 8.078/90), a Ação Civil Pública (Lei n. 7.347/85). Não remanesce qualquer dúvida que as ações coletivas, ações civis públicas, ações individuais plúrimas, interdito proibitório, ações de cessão de crédito, prestação de contas, consignação em pagamento, compensação etc. são de competência da Justiça do Trabalho, desde que a lide relacione-se à relação de trabalho.

• Portanto, a partir do exercício da jurisdição penal trabalhista será viável, a médio prazo, senão debelar, pelo menos arrefecer ou diminuir sensivelmente as práticas delituosas, já que o empregador será punido, e esta punição terá um caráter pedagógico e exemplar para a sociedade, nas práticas de trabalho sem registro, *truck system*, cooperativismo fraudulento, etc. Isto até poderá diminuir a litigiosidade e as ações trabalhistas.

• Falta de conhecimento dos juízes. Esta tese não convence, uma vez que os concursos públicos para ingresso na magistratura e no Ministério Público são dificílimos e a matéria penal faz parte do programa do edital. O magistrado deverá estudar direito penal e processo penal, como o fez em relação às demais matérias que passou a ser compelido a conhecer em decorrência de seu trabalho, como por exemplo, as ações civis públicas, ações civis coletivas, direito do consumidor etc.

• O argumento concernente à retirada do inciso que transferia à Justiça do Trabalho a competência para crimes contra a organização do trabalho também não prospera. Das lições da hermenêutica jurídica colhe-se que a lei se desvincula da vontade do legislador, para adquirir vida própria. Além disso, o STF entende que o *habeas corpus* detém competência criminal. Logo, pela teoria da Unidade de Convicção, se a Justiça do trabalho possui competência para julgar o *habeas corpus*, detém competência penal. Não há nenhuma restrição em julgados do STF quanto à jurisdição penal da Justiça do trabalho.

• Embora se reconheça, anacronicamente, a permanência do inciso VI do art. 109 da CF/88, atribuindo à Justiça Federal, competência para julgar os crimes contra a organização do trabalho, tal fato também não pode servir de óbice para o exercício da competência criminal trabalhista, porquanto, na forma mansa e pacífica da interpretação jurisprudencial dos TRFs, a Súmula n. 115 do extinto TFR, ressuscitada pelo STF e STJ, somente os crimes que atinjam a organização do trabalho como um todo — a totalidade dos órgãos federais de proteção ao trabalho — é que estarão sujeitos à jurisdição federal comum. (Crimes em face de determinados trabalhadores não tem o condão de atribuir a competência à Justiça Federal).

• A falta de previsão específica de matéria criminal para a Justiça do Trabalho deve ser descartada por dois argumentos: o legislador incluiu, no art. 114, inciso IV, previsão para o *habeas corpus*, ação conceituada pelo STF como de natureza criminal, embora remédio heróico constitucional. Ademais, a Justiça Eleitoral, tão especializada quanto a trabalhista, em cuja regulação de competência prevista nos arts. 118 a 121 da CF/88, em momento algum faz referência à matéria criminal. Todavia, esse ramo do Judiciário julga os crimes eleitorais, de acordo com o código eleitoral.

• A ação criminal é residual e não precisa vir expressa, mesmo assim, deve-se observar que na seara trabalhista, o elastecimento da competência material da Justiça do trabalho eliminou a limitação anterior relativa à competência em razão das pessoas do empregado e empregador, já que a competência agora relaciona-se à relação de trabalho. Pelo disposto no art. 129, I, CF c/c com os arts. 83, I e 84, *caput* e art. 6º, V, da LC n. 75/93 quanto à promoção da ação penal na Justiça do Trabalho pelo Ministério Público do Trabalho, como legitimado, temos os fundamentos legais para tal competência.

• Se a Constituição Federal atribui competência para a Justiça do Trabalho, sem distinções, para o conhecimento e julgamento das ações oriundas do direito de greve, e se o direito de greve nos termos de sua própria lei é analisada em seus aspectos trabalhista, civil, penal e administrativo, não se pode concluir de modo diverso, senão para entender que a competência especializada será a mais ampla possível.

• Somente por puro preconceito se poderá restringir essa possibilidade, já que a Constituição Federal deve ser interpretada pelos contornos da máxima efetividade de suas normas, da concordância prática, da harmonização, da unidade, da prevalência das normas constitucionais e da força normativa de suas normas.

• Ainda, o art. 37, II, da LC n. 75/93 estabelece que o Ministério Público Federal exercerá as suas funções nas causas de competência de quaisquer juizes e tribunais, para a defesa de direitos e interesses dos índios e das populações indígenas, do meio ambiente, etc.

• Admitida a hipótese de o Ministério Público atuar perante quaisquer juízos ou tribunais, resta esclarecido que as atribuições e legitimidade do *Parquet* são distintas das competências dos juízos e tribunais e a falta desta não induz a ausência daquelas. Portanto, os membros do Ministério Público do Trabalho podem atuar em quaisquer juízos ou tribunais, na Justiça do Trabalho, de forma predominante, bem como na Justiça Civil e até na justiça Penal.

• Não é correto, portanto, falar em simetria entre as atividades do ramo do Ministério Público com o correspondente ramo do Judiciário, mas tão-somente em mera preponderância de atividades, não competindo ao judiciário decidir quanto a atribuições do *Parquet*, uma vez que essa instituição é uma e indivisível.

• Inexistindo qualquer vedação legal ou restrição, na Constituição federal e na Lei Complementar n. 75/93, ou em qualquer outro diploma legal, acerca do exercício da ação penal pública pelo Ministério Público do Trabalho, a interpretação quanto à ilegitimidade ou ausência de atribuição penal ao Ministério Público do Trabalho é totalmente desprovida de embasamento legal, sob quaisquer perspectivas.

• As hipóteses de atuação penal do Ministério Público do Trabalho estão inseridas na conformidade do art. 84, *caput*, da LC n. 75/93, *in verbis*: "no âmbito das suas atribuições", ou seja, dentro das atividades promovidas na seara trabalhista (órgão agente e órgão interveniente, como fiscal da lei), quando tiver ciência de fato criminoso.

• Nas atividades imanentes do Ministério Público do Trabalho, cabe-lhe promover a ação penal pública, privativamente, na própria Justiça do Trabalho, quando a conduta típica, antijurídica e culpável decorrer da relação de trabalho, abrangidas as questões sindicais e que envolvem o exercício do direito de greve.

• A legitimidade penal do Ministério Público do Trabalho está plenamente assegurada na Constituição Federal, no art. 129, I, e na LC n. 75/93 nos arts. 6º, V, 83, I, e 84, *caput* da LC n. 75/93, sendo que interpretações restritivas ou contrárias colidem com o princípio da reserva legal (art. 5º, inciso II da CF/88).

• O critério para a fixação da competência penal seria o mesmo fixado para a competência trabalhista em geral, ou seja, relacionado à matéria e não mais às pessoas.

• Em outras palavras, se o ilícito decorrente da relação de trabalho, em sentido lato, incluindo as relações entre sindicatos e destes e seus associados e aquelas decorrentes do direito de greve, configurar conduta típica e antijurídica, que faça nascer o interesse de agir para o Ministério Público do Trabalho, em função de sua legitimidade, a competência da ação será da Justiça do Trabalho, excepcionando-se os crimes cuja competência são do Tribunal do Júri, consoante art. 5º, inciso XXVIII, inciso *d*[52].

• A competência da Justiça do Trabalho em matéria criminal resgata a dignidade da jurisdição trabalhista e consolida o respeito aos direitos sociais conquistados, o princípio do não retrocesso social desenvolvido por *J. J. Gomes Canotilho* e à atuação do Ministério Público do trabalho como órgão especializado na defesa da sociedade.

• Nunca é demais relembrar que a Carta Magna de 1988 considerou o trabalho humano como fundamento da República, juntamente com os valores sociais do trabalho e da livre iniciativa (art. 1º, inciso IV), bem como nele centralizou a ordem econômica, "fundada na valorização do trabalho humano, e na livre iniciativa (art. 170) e, finalmente, elevou-o à condição de fundamento da ordem social que "tem como base o primado do trabalho e como objetivo o bem estar social (art. 193).

Não obstante, existe uma Ação Declaratória de Inconstitucionalidade ADI n. 3.684, datada de 9 de março de 2006, proposta pela Procurador Geral da República atendendo pedido da Associação Nacional dos Procuradores da República, sem a oitiva do Ministério Público do Trabalho, propondo a inconstitucionalidade dos incisos I, IV e IX do art. 114 da CF 88 (com a nova redação dada pela Emenda n. 45/2004 — Reforma do Judiciário), apontando a violação dos arts. 60, §§ 2º e 4º, inciso IV e 5º, *caput*, e inciso LIII, todas da CF/88.

Nessa ADIN, alega o Procurador-Geral da República que não foi observado o devido processo legislativo na aprovação da Emenda n. 45/2004, uma vez que houve alteração substancial do texto do projeto de emenda, na votação do Senado em primeiro turno, que não foi observada na votação do segundo turno e conseqüente aprovação, e que os aludidos parágrafos têm gerado confusões interpretativas de

(52) Art. 5º, inciso XXXVIII, da Constituição Federal de 1988: é reconhecida a instituição do júri, com a organização que lhe der a lei, assegurados:
d) a competência para o julgamento dos crimes dolosos contra a vida.

alcance normativo não pretendido pelo constituinte derivado, posto que há casos em que o Ministério Público do Trabalho e a Justiça do Trabalho estão praticando atos relativos à matéria criminal, invocando as alterações constitucionais em decorrência da EC n. 45.

Afirma ainda que a interpretação que estende a competência criminal à Justiça do trabalho viola flagrantemente regras e princípios postos na Constituição Federal relativos ao juiz natural e à repartição de competências jurisdicionais, uma vez que não é razoável depreender-se uma competência de forma implícita, quando a própria Constituição Federal, de forma explícita, já estabelece qual é o órgão do Judiciário que detém a jurisdição em matéria penal.

A posição doutrinária favorável em relação à competência da Justiça do Trabalho, em matéria criminal, considera que não há qualquer inconstitucionalidade formal nem material da Emenda Constitucional n. 45/2004, no atinente aos artigos citados como violados.

Após discorrer sobre todos os fundamentos que legitimam a competência penal da Justiça do Trabalho não nos resta outra alternativa a não ser aderir à corrente favorável à mesma, até mesmo porque somente seria de se entender o contrário, ou seja, pelo não cabimento da competência penal trabalhista, por motivos de outra ordem, que não os jurídicos, sejam de natureza cultural, histórica ou mesmo política, em face da possibilidade do acúmulo ainda maior de processos nas Varas e Tribunais do Trabalho, na hipótese de que a competência trabalhista venha a ser ampliada além das lides já elastecidas com o advento da Emenda Constitucional n. 45/2004.

33.5. Prescrição na Lei de Improbidade Administrativa

Dispõe a Lei n. 8.429/92, em seu art. 23, que para o agente público investido em mandato ou cargo em comissão, a prescrição(53) ocorrerá em até 5 (cinco) anos,

(53) Prescrição é um instituto de Direito Material que significa a perda da pretensão ao direito de ação, ou seja, é a extinção de uma ação ajuizável em virtude da inércia de seu titular durante certo lapso de tempo, na ausência de causas preclusivas de seu curso. O Código Civil de 1916 continha um erro ao enunciar no art. 75 que "a todo direito corresponde uma ação (*anspruch*)", quando o correto seria "a todo direito corresponde uma pretensão", uma vez que o termo *anspruch* foi traduzido erroneamente como ação, quando na verdade significa "pretensão", no sentido de poder exigir, querer, pretender. Tal fato foi devidamente corrigido no novo Código Civil, na medida em que o art. 189 estatui: "violado o direito, nasce para o titular a pretensão, a qual se extingue, pela prescrição, nos prazos a que aludem os arts. 205 e 206". Na verdade, em relação à pretensão podemos dizer que, quando o sujeito passivo (devedor) não cumpre sua obrigação ou dever jurídico, temos uma ação para satisfação do direito. Logo, a prescrição atinge a pretensão (e não a ação), uma vez que a ação é um direito constitucional (art. 5º, inciso 35 da CF/88) que permanece incólume no plano processual. Como atualmente não mais vige a Teoria Imanentista, para a qual para ter o direito de ação era necessário ter o direito, vige no nosso ordenamento jurídico, a ação como um direito autônomo, desvinculado do direito em si. Nem é preciso ter o direito para ter a ação. Basta o preenchimento das condições da ação (possibilidade jurídica do pedido, legitimidade e interesse de agir) — art. 267 do CPC, e dos pressupostos processuais para se ter o direito de postular em juízo a solução da lide. Logo, o direito de ação visto por esse ângulo não pode ser atingido ou extinto. Porém, se o titular de um direito, embora possa exigi-lo, deixa de fazê-lo em relação ao

podendo a ação ser proposta após o término do exercício do mandato, de cargo em comissão ou de função de confiança.

---

cumprimento da obrigação pelo devedor, pelo decurso do tempo e por sua inércia, estará dando ensejo à prescrição dessa faculdade de exigir o pagamento ou o cumprimento da obrigação. Haverá, a partir de então, ou seja, a partir do prazo da prescrição, apenas um direito subjetivo, porém, não mais a pretensão em si, e conseqüentemente não mais o direito de ação. Aquela obrigação antes exigível na sua plenitude transmuda-se apenas em uma obrigação natural, como por exemplo o pagamento da dívida prescrita. O novo Código Civil utilizou-se do critério científico de *Agnelo Amorim Filho* para estabelecer a diferença entre prescrição e decadência. Assim, podemos dizer que a decadência é a perda do direito pelo seu não exercício, seja pela inação de seu titular que deixa escoar o prazo legal ou voluntariamente fixado para o seu exercício. (Exemplo: prazo decadencial de 2 anos da ação rescisória e os planos fixados pelo empregador para o empregado aderir ao Plano de Demissão Voluntária). Para o critério científico citado, a prescrição atinge os direitos subjetivos a uma pretensão (positiva ou negativa), isto é, atinge direitos reais e pessoais, onde existe sujeito passivo obrigado a uma prestação positiva (dar ou fazer) ou negativa (não-fazer). Esses direitos subjetivos são exercidos sobre os bens da vida e estão reforçados de "pretensão" (do poder de exigir, querer) contra o obrigado. Por seu turno, a decadência envolve os direitos subjetivos de sujeição (direitos potestativos ou formativos), poderes que a lei confere a determinadas pessoas de influírem, com uma declaração de vontade em situações jurídicas de outras pessoas, sem o concurso de vontade destas. (Ex: o poder do mandante na revogação do mandato, do cônjuge na promoção do divórcio; o poder do herdeiro em aceitar ou renunciar à herança, o poder do contratante de rescindir o contrato por inadimplemento e por vícios redibitórios, a ocupação de *res nulius*, o poder do empregador em rescindir o contrato de trabalho). Podemos conceituar o direito potestativo que ampara o instituto da decadência, como a faculdade que tem o sujeito de produzir efeitos jurídicos mediante declaração de vontade sua, em certos casos integrada por decisão judicial. A essa faculdade corresponde, da parte daquele contra quem ela se exerce, um estado de sujeição, consistente em ficar submetido aos efeitos jurídicos produzidos, sem concorrer para eles e sem a eles poder opor-se (*Dicionário Jurídico De Plácido e Silva,* 3ª ed. Rio de Janeiro: Forense). Antes da classificação científica do que seja prescrição e decadência, podemos enunciar que hoje já se encontra superada a classificação ternária das ações pelo advento da classificação moderna denominada de "classificação quinária" que assim se desdobra: 1) ações condenatórias: pretende obter do réu uma determinada prestação (positiva ou negativa) pela violação de uma obrigação. O título condenatório servirá como título executivo; 2) ação constitutiva: visa não a uma prestação, mas à criação, modificação ou extinção de relações jurídicas; 3) ações declaratórias: têm o objetivo de obter certeza jurídica, ou existência ou inexistência de relações jurídicas; 4) ações mandamentais: têm por objetivo a obtenção de uma sentença em que o juiz emite uma ordem, cujo descumprimento por quem a receba caracteriza desobediência à autoridade estatal passível de sanções, inclusive de caráter penal (art. 330 do Código Penal — crime de desobediência). (Ex: sentenças proferidas em mandado de segurança, na ação de nunciação de obra nova — art. 958 do CPC). O não-cumprimento com exatidão do provimento mandamental sujeita o destinatário da ordem do juiz a multa de até 20% do valor da causa, que reverterá aos cofres públicos, sem prejuízo de imposição das demais sanções criminais, civis e processuais (art. 14 do CPC); 5) ações executivas *lato sensu* (ou ações sincréticas, misto de ação de conhecimento e de execução): por meio delas o autor não necessitará do processo de execução para obter a pretendida alteração no mundo dos fatos. Sua sentença de procedência é exeqüível no mesmo processo em que foi proferida (Ex.: ações de despejo e tutela de antecipação para reintegração do dirigente sindical — art. 273 e 461-A do CPC). Se as ações executivas objetivam a perseguição do cumprimento forçado de uma obrigação, pela qual responde o patrimônio do devedor, as executivas *lato sensu* correspondem a uma eficácia executiva que se efetiva no mesmo processo em que foi proferida a decisão e que atua independentemente da conduta do réu. Após essa digressão, com apoio no critério científico de *Agnello Amorim Filho*, podemos classificar as ações sujeitas à prescrição ou à decadência da seguinte forma: 1) todas as ações condenatórias (e somente elas) estão sujeitas à prescrição, conforme o art. 206 do novo Código Civil. Essas ações condenatórias estão embuídas ou armadas de pretensão, do direito de se exigir ou querer o cumprimento da obrigação. Quando a lei não fixar prazo, a prescrição ocorrerá em 10 anos (art. 205 do novo Código Civil), enquanto no art. 177 do Código Civil de 1916 o prazo era de 20 anos. E quando a prescrição deve ser alegada? Na oportunidade e no prazo em que a parte é chamada a se defender em juízo (art. 297 CPC), pois toda a matéria de defesa deve ser alegada quando da defesa (art. 300 CPC), inclusive a prescrição trabalhista. O Código de Processo Civil, de 1973, erigiu a prescrição ao *status* de mérito. Extingue-se o processo com julgamento do mérito, com base no inciso IV, do art. 295 do CPC: A petição inicial será indeferida: quando o juiz, verificar, desde logo, a decadência ou a prescrição). Em sendo mérito, por dever de obediência ao princípio da oralidade (concentração dos atos judiciais e imediatidade), respeito ao princípio do contraditório e da ampla defesa, deverá a parte invocar a prescrição em primeiro grau, sob pena de permitir-se a supressão de instância. A Súmula n. 153 do TST dispõe que não se conhece de prescrição não argüida na instância ordinária. Dessa forma, é cabível a argüição da prescrição durante todo o processo de conhecimento ou mesmo em sede recursal, ou ainda até o momento da formulação das contra-razões do recurso ou recurso adesivo. Não é cabível a argüição da prescrição no processo em fase de execução, exceto se superveniente à sentença transitada em julgado (art. 741 do CPC). A prescrição intercorrente poderá acontecer na fase de execução, quando o autor deixar o processo paralisado após o lapso prescricional de dois anos, com fulcro no art. 884, § 1º da CLT e Súmula n. 327 do Supremo Tribunal Federal, muito embora a Súmula n. 114 do Tribunal Superior do Trabalho seja em sentido contrário. A prescrição também não pode ser alegada em ação rescisória. A determinação legal de que a prescrição poderia ser alegada em qualquer instância deve ser entendida em seus devidos termos, isto é, que a alegação só é possível desde que a parte a quem aproveite não tenha ainda falado nos autos. A recente Lei n. 11.280/06 alterou o art. 219, § 5º, fazendo constar: "§ 5º O juiz pronunciará, de ofício, a prescrição" (Redação dada ao parágrafo pela Lei n. 11.280, de 16.2.2006, DOU 17.2.2006). Assim sendo, esse parágrafo derrogou o artigo 194 do novo Código Civil que estatuía: "Art. 194. O juiz não pode suprir, de ofício, a alegação de prescrição, salvo se favorecer a absolutamente incapaz." Portanto, a prescrição, assim como a decadência, podem ser alegadas pelo magistrado, *ex officio*, sem qualquer alegação da parte. Resta a dúvida se tal preceito legal aplica-se em sede de direito do trabalho, pois viria a favorecer tão somente o credor, mesmo em caso de revelia e confissão quanto à matéria de fato, ferindo de morte o princípio da proteção, que constitui fundamento de validade do direito do trabalho. A partir dessa alteração, a prescrição e a decadência passam a constituir matéria de ordem pública, com a diferença que a prescrição pode sofrer suspensão ou interrupção, enquanto os prazos decadenciais geralmente não se interrompem, nem se suspendem, exceto excepcionalmente quanto seguir determinação legal (Art. 208. Aplica-se à decadência o disposto nos arts. 195 e 198, inciso I). Outra questão que enseja controvérsias é se o Ministério Público do Trabalho tem ou não legitimidade para argüir a prescrição. A respeito dispõe a OJ n. 130 SDI I do TST: O Ministério Público não tem legitimidade para argüir a prescrição a favor de entidade de Direito Público, em matéria de direito patrimonial, quando atua na qualidade de *custos legis*. Alguns doutrinadores admitem a alegação de prescrição pelo Ministério Público, sob a consideração de que suas funções são institucionais, em especial no que tange à defesa da ordem jurídica, do regime democrático, dos interesses sociais, dos interesses individuais homogêneos, enfim, dos direitos difusos e coletivos (art. 129, CF/88 e LC n. 75/93). O termo inicial da contagem da prescrição segue o princípio do *actio nata*, isto é, a partir da lesão ao direito (art. 189, Código Civil). Todavia, em face do entendimento jurisprudencial, esse princípio não é aplicável a uma série de situações fáticas. Assim, a contagem é feita em *dies a quo* (Lei n. 8.10/49), desconsiderando-se o dia de início e computando-se o dia de vencimento (art. 125, Código Civil). 2) *Decadência*: os únicos direitos para os quais podem ser fixados prazos de decadência são os direitos potestativos (ou de sujeição). Logo, as únicas ações ligadas ao instituto da decadência são as *ações constitutivas*, que têm prazo especial de exercício fixado em lei (arts. 119, 178, 445, 1555 e 1560, dentre outros, do novo Código Civil). No Direito do Trabalho temos a decadência do seguro-desemprego se não requerida no prazo de 120 dias. Geralmente, a decadência conta-se em dias, ao passo que a prescrição conta-se em anos. Portanto, a decadência cabe em ações constitutivas positivas ou negativas (direito potestativo), ou seja, ações constitutivas que têm prazo especial de exercício fixado em lei ou de forma convencional entre as partes. 3) As ações *declaratórias* são classificadas como ações imprescritíveis ou perpétuas, o que atinge também aquelas ações constitutivas para as quais a lei não fixa prazo especial de exercício. 4) As ações *mandamentais* estão sujeitas à decadência (Lei n. 1.533/51, art. 18: mandado de segurança). Encontramos os prazos decadenciais dispersos pelo novo Código Civil em cada situação específica. Podemos asseverar que os prazos — se de decadência ou de prescrição — são determinados pela natureza da pretensão para o seu efetivo exercício. Quanto à decadência em si também podemos dizer: 1) ela não pode ser alegada pela primeira vez em recursos especiais ou extraordinários (CF/88 arts. 102 e 108), pois exige-se que a matéria impugnada tenha sido decidida na instância inferior ou haja prequestionamento; 2) a decadência é causa extintiva de direito pelo não exercício no prazo estipulado na lei ou na convenção; 3) cabe em ações constitutivas (positivas ou negativas), direitos potestativos ou pretensões constitutivas; 4) cabe em pretensões anulatórias (constitutiva negativa), por exemplo, ação rescisória em 2 anos; 5) a decadência tem natureza jurídica de ordem pública e deve ser conhecida de ofício pelo juiz (art. 210 do novo Código Civil e art. 219 do CPC), independentemente de alegação da parte ou do interessado e não está sujeita à preclusão, devendo ser conhecida a qualquer tempo e em qualquer grau ordinário de jurisdição. 5) a *decadência convencional* constitui exceção à regra do art. 219 do CPC, em seu § 5º. De acordo com o art. 211 do novo Código Civil, as partes podem convencionar a decadência do direito objeto da relação jurídica que celebram. Logo, a decadência convencional apresenta um regime jurídico híbrido, insuscetível de preclusão (a parte a quem aproveita pode alegá-la a qualquer tempo e grau ordinário de jurisdição). O juiz dela não pode tomar conhecimento de ofício e só pode conhecer da decadência convencional se for alegada pela parte a quem aproveita. Constitui matéria de direito dispositivo (das partes) e tem natureza jurídica de ordem pública, portanto, não preclui. Como exemplos de decadência no Direito do Trabalho podemos enumerar: inquérito para apuração de falta grave (30 dias); ação rescisória (2 anos); prazo fixado em instrumento normativo para a empregada gestante comprovar condição de gravidez para o empregador (a OJ n. 88 da SDI I do TST foi alterada eliminando essa exigência — de aviso do estado de gravidez ao empregador após eventual dispensa — acompanhando entendimento do Supremo Tribunal Federal, em acórdão da lavra do Ministro Celso Mello para quem o direito da empregada gestante é de natureza constitucional e norma coletiva não tem o condão de desconstituí-lo); prazo aberto para o empregado proceder à opção retroativa pelos depósitos do FGTS relativos ao período anterior à CF/88 (tratando-se de empregado não optante naquele período. O prazo para o exercício do direito potestativo de opção retroativa cessa com extinção do vínculo de emprego). Em relação à decadência e prescrição podemos ainda dizer que o Direito não ampara o que dorme (*dormientibus non succurrit jus*), com base no princípio da razoabilidade e da boa-fé e a jurisprudência trabalhista reiteradamente vem excluindo a indenização pecuniária dos meses em que o trabalhador se manteve inerte na busca de seu direito, reconhecendo-o apenas a partir do ingresso da ação em juízo. O suporte jurídico desse entendimento vem do fato de que com a lesão ao direito obrigacional nasce o direito de ação (*actio nata*) — art. 189 do novo Código Civil — que pode ser exercido no prazo de cinco anos, até o limite de dois anos após a extinção do contrato de trabalho (art. 7º, inciso XXIX da CF/88 e art. 11 da CLT). Para o trabalhador menor não corre qualquer prazo de prescrição (art. 440 da CLT) e após a Emenda n. 28/2000, que alterou o inciso XXIX do art. 7º da CF/88, não há mais diferença de prazo de prescrição entre o trabalhador urbano e rural. Nunca é demais repetir que as ações condenatórias sempre estarão sujeitas à prescrição e que o exemplo acima fulcra-se na OJ 116 da SDI-I do TST: "Estabilidade provisória. Período estabilitário exaurido. Reintegração não-assegurada. Devidos apenas os salários desde a despedida até o final do período estabilitário". Finalmente, cabe-nos, perfunctoriamente apresentar a diferenciação entre prescrição total e parcial no Direto do Trabalho. Ocorre prescrição total nas situações em que se verifica ato único do empregador, se o direito do trabalhador não estiver assegurado em preceito de lei. Exemplo disso encontramos na Súmula n. 294 do TST, *in verbis*: SÚMULA TST N. 294 — PRESCRIÇÃO — ALTERAÇÃO CONTRATUAL — TRABALHADOR URBANO — (Revisão dos Enunciados ns. 168 e 198) — Tratando-se de demanda que envolva pedido de prestações sucessivas decorrente de alteração do pactuado, a prescrição é total, exceto quando o direito à parcela esteja também assegurado por preceito de lei (RA 4/89 — DJU 14.4.89). Por preceito de lei devem ser entendidos os dispositivos contidos na CLT e legislação complementar, as convenções coletivas, os acordos coletivos, as sentenças normativas e os regulamentos de empresa. Insere-se nesse caso de prescrição total, a complementação dos proventos de aposentadoria que jamais foi paga ao ex-empregado. Tratando-se de pedido de complementação de aposentadoria oriunda de norma regulamentar e jamais paga ao ex-empregado, a prescrição é a total, começando a fluir o biênio a partir da aposentadoria. Logo, O prazo de prescrição é de dois anos, contados da data da jubilação. Daí, a aplicação do Enunciado n. 326 do TST, que enuncia: SÚMULA TST N. 326 — COMPLEMENTAÇÃO DOS PROVENTOS DE APOSENTADORIA — PARCELA NUNCA RECEBIDA — PRESCRIÇÃO TOTAL — Em se tratando de pedido de complementação de aposentadoria oriunda de norma regulamentar e jamais paga ao ex-empregado, a prescrição aplicável é a total, começando a fluir o biênio a partir da aposentadoria. (RA n. 18/93 — DJU 21.12.93). A prescrição parcial, por seu turno, nesse caso, estaria relacionada à diferença de complementação de aposentadoria não paga. Isto é, as parcelas vencem mês a mês, atingindo os últimos dois anos. Diz a Súmula n. 327 do TST, como segue: SÚMULA TST N. 327 — Complementação dos proventos de aposentadoria. Diferença. Prescrição parcial — Tratando-se de pedido de diferença de complementação de aposentadoria oriunda de norma regulamentar, a prescrição aplicável é a parcial, não atingindo o direito de ação, mas, tão-somente, as parcelas anteriores ao qüinqüênio. (Redação dada pela Resolução TST n. 121, DJ 19.11.2003). Por derradeiro, resta anunciar que existe posicionamento contrário ao Enunciado n. 326 do TST, acima mencionado, no sentido de que o entendimento do TST não trilha o melhor caminho, no caso da complementação de aposentadoria nunca recebida pelo empregado, mas prevista em regulamento de empresa, pois se a complementação de aposentadoria foi instituída por regulamento de empresa já se incorporou ao patrimônio do empregado (Súmula n. 51 do TST), e, daí, a prescrição deveria ser a parcial e não a total, de molde a se respeitar o direito adquirido do empregado (não se enquadraria como caso de ato único do empregador a ensejar a prescrição total, mas sim de prestações sucessivas, devendo recair no caso de prescrição parcial) consoante dispõe o art. 5º, inciso 36 da Constituição Federal de 1988 e o art. 6º da Lei de Introdução ao Código Civil (LICC).

Para o agente público de cargo ou emprego efetivo, a prescrição ocorrerá no mesmo prazo previsto em lei para faltas disciplinares puníveis com demissão a bem do serviço público.

Para o ressarcimento do dano não há prescrição, conforme dispõe o art. 37, § 5º[54] da Constituição Federal de 1988.

A propósito, inserimos as ementas:

PROCESSUAL CIVIL — AÇÃO CIVIL PÚBLICA — EXORDIAL DEFICIENTEMENTE INSTRUÍDA — APLICAÇÃO INDEVIDA DA LEI N. 7.347/85 — IMPROBIDADE ADMINISTRATIVA — LEI N. 8.429/92 — COMPETÊNCIA POR PRERROGATIVA DE FUNÇÃO DO RÉU — LEI N. 10.628/02 — INCIDÊNCIA IMEDIATA — COMPETÊNCIA DO SUPERIOR TRIBUNAL DE JUSTIÇA PARA PROCESSAR E JULGAR O FEITO — A ação civil pública que verse sobre improbidade administrativa deverá ser instruída com documentos ou justificação que contenham indícios suficientes da existência do ato de improbidade, exigência não atendida pela parte autora nestes autos; — Elastecer o raio da ação de improbidade administrativa é perigoso pois a mesma não foi instituída para abarcar todas as hjpóteses pretendidas pelo Ministério Público; — Não houve por parte do Réu, no exercício da função administrativa de Presidente do TRT — 1ª Região, condutas reveladoras de desonestidade ou inabilidade que configurem ato de improbidade administrativa, tendo em vista não ter sido demonstrado o nexo de causalidade entre o exercício funcional e o desrespeito aos Princípios da Administração Pública; — A Lei n. 7.347/85, invocada pelo órgão ministerial na exordial como diploma disciplinador do caso em tela, não rege a ação de responsabilidade decorrente de improbidade administrativa, tratada por Lei própria, a Lei n. 8.429/92; — Não é razoável transportar para a Lei de Improbidade Administrativa, o que vem inserto na Lei n. 7.347/85, a qual cuida da ação civil pública, já que não é admitida tal mixagem; — O Ministério Público Federal não argumentou que o Juiz Mello Porto tenha utilizado seu cargo para se promover, mas aduz, tão somente, que tal magistrado estaria fazendo campanha política para exercer cargo no Poder Executivo, o que o tempo demonstrou que nunca existiu; — A ação de improbidade administrativa sofre influência direta da esfera administrativa, tendo em vista que ela, quase sempre, é iniciada após o ato de representação administrativa ou por força de inquérito civil público; — A autoridade judiciária não possui responsabilidade civil quando pratica ato jurisdicional por serem agentes públicos regidos pela Lei Complementar n. 35/79 que não admite a infringência de outros órgãos na atuação do Poder Judiciário; — A competência funcional para processar e julgar a presente ação rege-se pela prerrogativa de função do Réu, regra fixada pelo novo art. 84 do Código de Processo Penal, alterado pela Lei n. 10.628/02, que por possuir caráter processual, tem imediata aplicabilidade; — Os subscritores[55] da exordial estão

---

(54) § 4º Os atos de improbidade administrativa importarão a suspensão dos direitos políticos, a perda da função pública, a indisponibilidade dos bens e o ressarcimento ao erário, na forma e gradação previstas em lei, sem prejuízo da ação penal cabível.

§ 5º A lei estabelecerá os prazos de prescrição para ilícitos praticados por qualquer agente, servidor ou não, que causem prejuízos ao erário, ressalvadas as respectivas ações de ressarcimento. (Ver Lei n. 9.873/99 e Lei n. 8.112/90, art. 142).

(55) O Tribunal, por maioria, julgou procedente a ação, nos termos do voto do relator, para declarar a *inconstitucionalidade da Lei n. 10.628*, de 24 de dezembro de 2002, que acresceu os §§ 1º e 2º ao art. 84 do Código de Processo Penal, vencidos os Senhores Ministros Eros Grau, Gilmar Mendes e a Presidente. Ausente, justificadamente, neste julgamento, o Senhor Ministro Nelson Jobim (Presidente). Presidiu o julgamento a Senhora Ministra Ellen Gracie (Vice-Presidente). Plenário, 15.9.2005.

O art. 84 do CPP, agora revogado pela inconstitucionalidade da Lei n. 10.628/02 assim preceituava:

despidos de competência para propositura desta ação de improbidade administrativa contra membro do TRT-1ª Região, tendo em vista competir ao Sub-Procurador da República, com assento no Superior Tribunal de Justiça, esta competência funcional; — Apelação desprovida. Inicial indeferida. (TRF 2ª R. — AC 98.02.39835-7 — 3ª T. — Rel. Des. Fed. Francisco Pizzolante — DJU 14.8.2003 — p. 116) AÇÃO CIVIL PÚBLICA — CONTRATO DE COMODATO — AUSÊNCIA DE AUTORIZAÇÃO LEGISLATIVA — ATO NULO — ATO DE IMPROBIDADE — OFENSA AO PRINCÍPIO DA LEGALIDADE — "Por considerações de direito e de moral, o ato administrativo não terá que obedecer somente à Lei jurídica, mas também à Lei ética da própria instituição, porque nem tudo que é legal é honesto, conforme já proclamavam os romanos: — *non omne quod licet honestum est*" (*Hely Lopes Meirelles*). "O art. 21, inciso, I da Lei n. 8.429/92(56) estatui que a

---

Art. 84. A competência pela prerrogativa de função é do Supremo Tribunal Federal, do Superior Tribunal de Justiça, dos Tribunais Regionais Federais e Tribunais de Justiça dos Estados e do Distrito Federal, relativamente às pessoas que devam responder perante eles por crimes comuns e de responsabilidade.

§ 1º A competência especial por prerrogativa de função, relativa a atos administrativos do agente, prevalece ainda que o inquérito ou a ação judicial sejam iniciados após a cessação do exercício da função pública.

§ 2º A ação de improbidade, de que trata a Lei n. 8.429, de 2 de junho de 1992, será proposta perante o tribunal competente para processar e julgar criminalmente o funcionário ou autoridade na hipótese de prerrogativa de foro em razão do exercício de função pública, observado o disposto no § 1º."

(56) LEI N. 8.429 de 1992 — Agentes Públicos — Improbidade Administrativa — Enriquecimento Ilícito.
LEI N. 8.429, DE 2 DE JUNHO DE 1992 (DOU 3.6.1992).

Dispõe sobre as sanções aplicáveis aos agentes públicos nos casos de enriquecimento ilícito no exercício de mandato cargo, emprego ou função na administração pública direta, indireta ou fundacional e dá outras providências.

CAPÍTULO I
DAS DISPOSIÇÕES GERAIS

Art. 1º Os atos de improbidade praticados por qualquer agente público, servidor ou não, contra a administração direta, indireta ou fundacional de qualquer dos Poderes da União, dos Estados, do Distrito Federal, dos Municípios, de Território, de empresa incorporada ao patrimônio público ou de entidade para cuja criação ou custeio o erário haja concorrido ou concorra com mais de 50% (cinqüenta por cento) do patrimônio ou da receita anual, serão punidos na forma desta Lei.

Parágrafo único. Estão também sujeitos às penalidades desta lei os atos de improbidade praticados contra o patrimônio de entidade que receba subvenção, benefício ou incentivo, fiscal ou creditício, de órgão público bem como daquelas para cuja criação ou custeio o erário haja concorrido ou concorra com menos de 50% (cinqüenta por cento) do patrimônio ou da receita anual, limitando-se, nestes casos, a sanção patrimonial à repercussão do ilícito sobre a contribuição dos cofres públicos.

Art. 2º Reputa-se agente público, para os efeitos desta Lei, todo aquele que exerce, ainda que transitoriamente ou sem remuneração, por eleição, nomeação, designação, contratação ou qualquer outra forma de investidura ou vínculo, mandato, cargo, emprego ou função nas entidades mencionadas no artigo anterior.

Art. 3º As disposições desta Lei são aplicáveis, no que couber, àquele que, mesmo não sendo agente público, induza ou concorra para a prática do ato de improbidade ou dele se beneficie sob qualquer forma direta ou indireta.

Art. 4º Os agentes públicos de qualquer nível ou hierarquia são obrigados a velar pela estrita observância dos princípios de legalidade, impessoalidade, moralidade e publicidade no trato dos assuntos que lhes são afetos.

Art. 5º Ocorrendo lesão ao patrimônio público por ação ou omissão, dolosa ou culposa, do agente ou de terceiro, dar-se-á o integral ressarcimento do dano.

Art. 6º No caso de enriquecimento ilícito, perderá o agente público ou terceiro beneficiário os bens ou valores acrescidos ao seu patrimônio.

Art. 7º Quando o ato de improbidade causar lesão ao patrimônio público ou ensejar enriquecimento ilícito, caberá à autoridade administrativa responsável pelo inquérito representar ao Ministério Público, para a indisponibilidade dos bens do indiciado.

Parágrafo único. A indisponibilidade a que se refere o *caput* deste artigo recairá sobre bens que assegurem o integral ressarcimento do dano, ou sobre o acréscimo patrimonial resultante do enriquecimento ilícito.

Art. 8º O sucessor daquele que causar lesão ao patrimônio público ou se enriquecer ilicitamente está sujeito às cominações desta Lei até o limite do valor da herança.

CAPÍTULO II
DOS ATOS DE IMPROBIDADE ADMINISTRATIVA

SEÇÃO I
DOS ATOS DE IMPROBIDADE ADMINISTRATIVA QUE IMPORTAM ENRIQUECIMENTO ILÍCITO

Art. 9º Constitui ato de improbidade administrativa importando enriquecimento ilícito auferir qualquer tipo de vantagem patrimonial indevida em razão do exercício de cargo, mandato, função, emprego ou atividade nas entidades mencionadas no artigo 1º desta Lei, e notadamente:

I — receber, para si ou para outrem, dinheiro, bem móvel ou imóvel, ou qualquer outra vantagem econômica, direta ou indireta, a título de comissão, percentagem, gratificação ou presente de quem tenha interesse, direto ou indireto, que possa ser atingido ou amparado por ação ou omissão decorrente das atribuições do agente público;

II — perceber vantagem econômica, direta ou indireta, para facilitar a aquisição, permuta ou locação de bem móvel ou imóvel, ou a contratação de serviços pelas entidades referidas no artigo 1º por preço superior ao valor de mercado;

III — perceber vantagem econômica, direta ou indireta, para facilitar a alienação, permuta ou locação de bem público ou o fornecimento de serviço por ente estatal por preço inferior ao valor de mercado;

IV — utilizar, em obra ou serviço particular, veículos, máquinas, equipamentos ou material de qualquer natureza, de propriedade ou à disposição de qualquer das entidades mencionadas no artigo 1º desta Lei, bem como o trabalho de servidores públicos, empregados ou terceiros contratados por essas entidades;

V — receber vantagem econômica de qualquer natureza, direta ou indireta, para tolerar a exploração ou a prática de jogos de azar, de lenocínio, de narcotráfico, de contrabando, de usura ou de qualquer outra atividade ilícita, ou aceitar promessa de tal vantagem;

VI — receber vantagem econômica de qualquer natureza, direta ou indireta, para fazer declaração falsa sobre medição ou avaliação em obras públicas ou qualquer outro serviço, ou sobre quantidade, peso, medida, qualidade ou característica de mercadorias ou bens fornecidos a qualquer das entidades mencionadas no artigo 1º desta Lei;

VII — adquirir, para si ou para outrem, no exercício de mandato, cargo, emprego ou função pública, bens de qualquer natureza cujo valor seja desproporcional à evolução do patrimônio ou à renda do agente público;

VIII — aceitar emprego, comissão ou exercer atividade de consultoria ou assessoramento para pessoa física ou jurídica que tenha interesse suscetível de ser atingido ou amparado por ação ou omissão decorrente das atribuições do agente público, durante a atividade;

IX — perceber vantagem econômica para intermediar a liberação ou aplicação de verba pública de qualquer natureza;

X — receber vantagem econômica de qualquer natureza, direta ou indiretamente, para omitir ato de ofício, providência ou declaração a que esteja obrigado;

XI — incorporar, por qualquer forma, ao seu patrimônio bens, rendas, verbas ou valores integrantes do acervo patrimonial das entidades mencionadas no art. 1º desta Lei;

XII — usar, em proveito próprio, bens, rendas, verbas ou valores integrantes do acervo patrimonial das entidades mencionadas no art. 1º desta Lei.

SEÇÃO II
DOS ATOS DE IMPROBIDADE ADMINISTRATIVA QUE CAUSAM PREJUÍZO AO ERÁRIO

Art. 10. Constitui ato de improbidade administrativa que causa lesão ao erário qualquer ação ou omissão, dolosa ou culposa, que enseje perda patrimonial, desvio, apropriação, malbaratamento ou dilapidação dos bens ou haveres das entidades referidas no artigo 1º desta Lei, e notadamente:

I — facilitar ou concorrer por qualquer forma para a incorporação ao patrimônio particular, de pessoa física ou jurídica, de bens, rendas, verbas ou valores integrantes do acervo patrimonial das entidades mencionadas no artigo 1º desta Lei;

II — permitir ou concorrer para que pessoa física ou jurídica privada utilize bens, rendas, verbas ou valores integrantes do acervo patrimonial das entidades mencionadas no art. 1º desta Lei, sem a observância das formalidades legais ou regulamentares aplicáveis à espécie;

III — doar à pessoa física ou jurídica bem como ao ente despersonalizado, ainda que de fins educativos ou assistenciais, bens, rendas, verbas ou valores do patrimônio de qualquer das entidades mencionadas no art. 1º desta Lei, sem observância das formalidades legais e regulamentares aplicáveis à espécie;

IV — permitir ou facilitar a alienação, permuta ou locação de bem integrante do patrimônio de qualquer das entidades referidas no artigo 1º desta Lei, ou ainda a prestação de serviço por parte delas, por preço inferior ao de mercado;

V — permitir ou facilitar a aquisição, permuta ou locação de bem ou serviço por preço superior ao de mercado;

VI — realizar operação financeira sem observância das normas legais e regulamentares ou aceitar garantia insuficiente ou inidônea;

VII — conceder benefício administrativo ou fiscal sem a observância das formalidades legais ou regulamentares aplicáveis à espécie;

VIII — frustrar a licitude de processo licitatório ou dispensá-lo indevidamente;

IX — ordenar ou permitir a realização de despesas não autorizadas em lei ou regulamento;

X — agir negligentemente na arrecadação de tributo ou renda, bem como no que diz respeito à conservação do patrimônio público;

XI — liberar verba pública sem a estrita observância das normas pertinentes ou influir de qualquer forma para a sua aplicação irregular;

XII — permitir, facilitar ou concorrer para que terceiro se enriqueça ilicitamente;

XIII — permitir que se utilize, em obra ou serviço particular, veículos, máquinas, equipamentos ou material de qualquer natureza, de propriedade ou à disposição de qualquer das entidades mencionadas no art. 1º desta Lei, bem como o trabalho de servidor público, empregados ou terceiros contratados por essas entidades.

SEÇÃO III
DOS ATOS DE IMPROBIDADE ADMINISTRATIVA QUE ATENTAM CONTRA OS PRINCÍPIOS DA ADMINISTRAÇÃO PÚBLICA

Art. 11. Constitui ato de improbidade administrativa que atenta contra os princípios da administração pública qualquer ação ou omissão que viole os deveres de honestidade, imparcialidade, legalidade e lealdade às instituições, e notadamente:

I — praticar ato visando fim proibido em lei ou regulamento ou diverso daquele previsto na regra de competência;

II — retardar ou deixar de praticar, indevidamente, ato de ofício;

III — revelar fato ou circunstância de que tem ciência em razão das atribuições e que deva permanecer em segredo;

IV — negar publicidade aos atos oficiais;

V — frustrar a licitude de concurso público;

VI — deixar de prestar contas quando esteja obrigado a fazê-lo;

VII — revelar ou permitir que chegue ao conhecimento de terceiro, antes da respectiva divulgação oficial, teor de medida política ou econômica capaz de afetar o preço de mercadoria, bem ou serviço.

CAPÍTULO III
DAS PENAS

Art. 12. Independentemente das sanções penais, civis e administrativas, previstas na legislação específica, está o responsável pelo ato de improbidade sujeito às seguintes cominações:

I — na hipótese do art. 9º, perda dos bens ou valores acrescidos ilicitamente ao patrimônio, ressarcimento integral do dano, quando houver, perda da função pública, suspensão dos direitos políticos de 8 (oito) a 10 (dez) anos, pagamento de multa civil de até 3 (três) vezes o valor do acréscimo patrimonial e proibição de contratar com o Poder Público ou receber benefícios ou incentivos fiscais ou creditícios, direta ou indiretamente, ainda que por intermédio de pessoa jurídica da qual seja sócio majoritário, pelo prazo de 10 (dez) anos;

II — na hipótese do artigo 10, ressarcimento integral do dano, perda dos bens ou valores acrescidos ilicitamente ao patrimônio, se concorrer esta circunstância, perda da função pública, suspensão dos direitos políticos de 5 (cinco) a 8 (oito) anos, pagamento de multa civil de até 2 (duas) vezes o valor do dano e proibição de contratar com o Poder Público ou receber benefícios ou incentivos fiscais ou creditícios, direta ou indiretamente, ainda que por intermédio de pessoa jurídica da qual seja sócio majoritário, pelo prazo de 5 (cinco) anos;

III — na hipótese do artigo 11, ressarcimento integral do dano, se houver, perda da função pública, suspensão dos direitos políticos de 3 (três) a 5 (cinco) anos, pagamento de multa civil de até 100 (cem) vezes o valor da remuneração percebida pelo agente e proibição de contratar com o Poder Público ou receber benefícios ou incentivos fiscais ou creditícios, direta ou indiretamente, ainda que por intermédio de pessoa jurídica da qual seja sócio majoritário, pelo prazo de 3 (três) anos.

Parágrafo único. Na fixação das penas previstas nesta Lei o juiz levará em conta a extensão do dano causado, assim como o proveito patrimonial obtido pelo agente.

CAPÍTULO IV
DA DECLARAÇÃO DE BENS

Art. 13. A posse e o exercício de agente público ficam condicionados à apresentação de declaração dos bens e valores que compõem o seu patrimônio privado, a fim de ser arquivada no Serviço de Pessoal competente.

§ 1º A declaração compreenderá imóveis, móveis, semoventes, dinheiro, títulos, ações, e qualquer outra espécie de bens e valores patrimoniais, localizados no País ou no exterior e, quando for o caso, abrangerá os bens e valores patrimoniais do cônjuge ou companheiro, dos filhos e de outras pessoas que vivam sob a dependência econômica do declarante, excluídos apenas os objetos e utensílios de uso doméstico.

§ 2º A declaração de bens será anualmente atualizada e na data em que o agente público deixar o exercício do mandato, cargo, emprego ou função.

§ 3º Será punido com a pena de demissão, a bem do serviço público, sem prejuízo de outras sanções cabíveis, o agente público que se recusar a prestar declaração dos bens, dentro do prazo determinado, ou que a prestar falsa.

§ 4º O declarante, a seu critério, poderá entregar cópia da declaração anual de bens apresentada à Delegacia da Receita Federal na conformidade da legislação do Imposto sobre a Renda e proventos de qualquer natureza, com as necessárias atualizações, para suprir a exigência contida no *caput* e no § 2º deste artigo.

CAPÍTULO V
DO PROCEDIMENTO ADMINISTRATIVO E DO PROCESSO JUDICIAL

Art. 14. Qualquer pessoa poderá representar à autoridade administrativa competente para que seja instaurada investigação destinada a apurar a prática de ato de improbidade.

§ 1º A representação, que será escrita ou reduzida a termo e assinada, conterá a qualificação do representante, as informações sobre o fato e sua autoria e a indicação das provas de que tenha conhecimento.

§ 2º A autoridade administrativa rejeitará a representação, em despacho fundamentado, se esta não contiver as formalidades estabelecidas no § 1º deste artigo. A rejeição não impede a representação ao Ministério Público, nos termos do artigo 22 desta Lei.

§ 3º Atendidos os requisitos da representação, a autoridade determinará a imediata apuração dos fatos que, em se tratando de servidores federais, será processada na forma prevista nos arts. 148 a 182 da Lei n. 8.112, de 11 de dezembro de 1990, e, em se tratando de servidor militar, de acordo com os respectivos regulamentos disciplinares.

Art. 15. A comissão processante dará conhecimento ao Ministério Público e ao Tribunal ou Conselho de Contas da existência de procedimento administrativo para apurar a prática de ato de improbidade.

Parágrafo único. O Ministério Público ou Tribunal ou Conselho de Contas poderá, a requerimento, designar representante para acompanhar o procedimento administrativo.

Art. 16. Havendo fundados indícios de responsabilidade, a comissão representará ao Ministério Público ou à procuradoria do órgão para que requeira ao juízo competente a decretação do seqüestro dos bens do agente ou terceiro que tenha enriquecido ilicitamente ou causado dano ao patrimônio público.

§ 1º O pedido de seqüestro será processado de acordo com o disposto nos arts. 822 e 825 do Código de Processo Civil.

§ 2º Quando for o caso, o pedido incluirá a investigação, o exame e o bloqueio de bens, contas bancárias e aplicações financeiras mantidas pelo indiciado no exterior, nos termos da lei e dos tratados internacionais.

Art. 17. A ação principal, que terá o rito ordinário, será proposta pelo Ministério Público ou pela pessoa jurídica interessada, dentro de 30 (trinta) dias da efetivação da medida cautelar.

§ 1º É vedada a transação, acordo ou conciliação nas ações de que trata o *caput*.

§ 2º A Fazenda Pública, quando for o caso, promoverá as ações necessárias à complementação do ressarcimento do patrimônio público.

§ 3º No caso da ação principal ter sido proposta pelo Ministério Público, aplica-se, no que couber, o disposto no § 3º do art. 6º da Lei n. 4.717, de 29 de junho de 1965. (Redação dada ao parágrafo pela Lei n. 9.366, de 16.12.1996)

Nota: Assim dispunha o parágrafo alterado:

"§ 3º No caso da ação principal ter sido proposta pelo Ministério Público, a pessoa jurídica interessada integrará a lide na qualidade de litisconsorte, devendo suprir as omissões e falhas da inicial e apresentar ou indicar os meios de prova de que disponha."

§ 4º O Ministério Público, se não intervier no processo como parte, atuará, obrigatoriamente, como fiscal da lei, sob pena de nulidade.

§ 5º A propositura da ação prevenirá a jurisdição do juízo para todas as ações posteriormente intentadas que possuam a mesma causa de pedir ou o mesmo objeto. (NR) (Parágrafo acrescentado pela Medida Provisória n. 2.180-35, de 24.8.2001, DOU 27.8.2001, em vigor conforme o art. 2º da EC n. 32/2001)

§ 6º A ação será instruída com documentos ou justificação que contenham indícios suficientes da existência do ato de improbidade ou com razões fundamentadas da impossibilidade de apresentação de qualquer dessas provas, observada a legislação vigente, inclusive as disposições inscritas nos arts. 16 a 18 do Código de Processo Civil. (Parágrafo acrescentado pela Medida Provisória n. 2.225-45, de 4.9.2001, DOU 5.9.2001 — Ed. Extra, em vigor conforme o art. 2º da EC n. 32/2001)

§ 7º Estando a inicial em devida forma, o juiz mandará autuá-la e ordenará a notificação do requerido, para oferecer manifestação por escrito, que poderá ser instruída com documentos e justificações, dentro do prazo de quinze dias. (Parágrafo acrescentado pela Medida Provisória n. 2.225-45, de 4.9.2001, DOU 5.9.2001 — Ed. Extra, em vigor conforme o art. 2º da EC n. 32/2001)

§ 8º Recebida a manifestação, o juiz, no prazo de trinta dias, em decisão fundamentada, rejeitará a ação, se convencido da inexistência do ato de improbidade, da improcedência da ação ou da inadequação da via eleita. (Parágrafo acrescentado pela Medida Provisória n. 2.225-45, de 4.9.2001, DOU 5.9.2001 — Ed. Extra, em vigor conforme o art. 2º da EC n. 32/2001)

§ 9º Recebida a petição inicial, será o réu citado para apresentar contestação. (Parágrafo acrescentado pela Medida Provisória n. 2.225-45, de 4.9.2001, DOU 5.9.2001 — Ed. Extra, em vigor conforme o art. 2º da EC n. 32/2001)

§ 10. Da decisão que receber a petição inicial, caberá agravo de instrumento. (Parágrafo acrescentado pela Medida Provisória n. 2.225-45, de 4.9.2001, DOU 5.9.2001 — Ed. Extra, em vigor conforme o art. 2º da EC n. 32/2001)

§ 11. Em qualquer fase do processo, reconhecida a inadequação da ação de improbidade, o juiz extinguirá o processo sem julgamento do mérito. (Parágrafo acrescentado pela Medida Provisória n. 2.225-45, de 4.9.2001, DOU 5.9.2001 — Ed. Extra, em vigor conforme o art. 2º da EC n. 32/2001)

§ 12. Aplica-se aos depoimentos ou inquirições realizadas nos processos regidos por esta Lei o disposto no art. 221, *caput* e § 1º, do Código de Processo Penal. (NR) (Parágrafo acrescentado pela Medida Provisória n. 2.225-45, de 4.9.2001, DOU 5.9.2001 — Ed. Extra, em vigor conforme o art. 2º da EC n. 32/2001)

Art. 18. A sentença que julgar procedente ação civil de reparação de dano ou decretar a perda dos bens havidos ilicitamente determinará o pagamento ou a reversão dos bens, conforme o caso, em favor da pessoa jurídica prejudicada pelo ilícito.

CAPÍTULO VI
DAS DISPOSIÇÕES PENAIS

Art. 19. Constitui crime a representação por ato de improbidade contra agente público ou terceiro beneficiário quando o autor da denúncia o sabe inocente.

Pena — detenção de 6 (seis) a 10 (dez) meses e multa.

Parágrafo único. Além da sanção penal, o denunciante está sujeito a indenizar o denunciado pelos danos materiais, morais ou à imagem que houver provocado.

Art. 20. A perda da função pública e a suspensão dos direitos políticos só se efetivam com o trânsito em julgado da sentença condenatória.

Parágrafo único. A autoridade judicial ou administrativa competente poderá determinar o afastamento do agente público do exercício do cargo, emprego ou função, sem prejuízo da remuneração, quando a medida se fizer necessária à instrução processual.

Art. 21. A aplicação das sanções previstas nesta Lei independe:

I — da efetiva ocorrência de dano ao patrimônio público;

II — da aprovação ou rejeição das contas pelo órgão de controle interno ou pelo Tribunal ou Conselho de Contas.

Art. 22. Para apurar qualquer ilícito previsto nesta Lei, o Ministério Público, de ofício, a requerimento de autoridade administrativa ou mediante representação formulada de acordo com o disposto no artigo 14, poderá requisitar a instauração de inquérito policial ou procedimento administrativo.

CAPÍTULO VII
DA PRESCRIÇÃO

Art. 23. As ações destinadas a levar a efeito as sanções previstas nesta Lei podem ser propostas:

I — até 5 (cinco) anos após o término do exercício de mandato, de cargo em comissão ou de função de confiança;

II — dentro do prazo prescricional previsto em lei específica para faltas disciplinares puníveis com demissão à bem do serviço público, nos casos de exercício de cargo efetivo ou emprego.

CAPÍTULO VIII
DAS DISPOSIÇÕES FINAIS

Art. 24. Esta Lei entra em vigor na data de sua publicação.

aplicação das sanções previstas independe da efetiva ocorrência de dano ao patrimônio público". "Os comportamentos que atentarem contra os princípios da administração pública merecem também ser punidos." "O objetivo do legislador foi permitir a punição dos agentes públicos que embora não tenham se enriquecido ilicitamente e nem tenham causado prejuízo ao erário infringiram os princípios constitucionais da moralidade, legalidade e honestidade". (TJMG — APCV 000.304.661-2/00 — 7ª C.Cív. — Rel. Des. Alvim Soares — J. 24.3.2003)

A Lei n. 8.112/90 também disciplina os atos de Improbidade Administrativa, em seu Título IV, nos seguintes dispositivos:

"CAPÍTULO IV
DAS RESPONSABILIDADES

Art. 121. O servidor responde civil, penal e administrativamente pelo exercício irregular de suas atribuições.

Art. 122. A responsabilidade civil decorre de ato omissivo ou comissivo, doloso ou culposo, que resulte em prejuízo ao erário ou a terceiros.

§ 1º A indenização de prejuízo dolosamente causado ao erário somente será liquidada na forma prevista no art. 46, na falta de outros bens que assegurem a execução do débito pela via judicial.

§ 2º Tratando-se de dano causado a terceiros, responderá o servidor perante a Fazenda Pública, em ação regressiva.

§ 3º A obrigação de reparar o dano estende-se aos sucessores e contra eles será executada, até o limite do valor da herança recebida.

Art. 123. A responsabilidade penal abrange os crimes e contravenções imputadas ao servidor, nessa qualidade.

Art. 124. A responsabilidade civil-administrativa resulta de ato omissivo ou comissivo praticado no desempenho do cargo ou função.

Art. 125. As sanções civis, penais e administrativas poderão cumular-se, sendo independentes entre si.

Art. 126. A responsabilidade administrativa do servidor será afastada no caso de absolvição criminal que negue a existência do fato ou sua autoria.

CAPÍTULO V
DAS PENALIDADES

Art. 127. São penalidades disciplinares:

I — advertência;

II — suspensão;

III — demissão;

IV — cassação de aposentadoria ou disponibilidade;

V — destituição de cargo em comissão;

Art. 25. Ficam revogadas as Leis ns. 3.164, de 1º de junho de 1957, e 3.502, de 21 de dezembro de 1958, e demais disposições em contrário.
Rio de Janeiro, 2 de junho de 1992; 171º da Independência e 104º da República.
Fernando Collor

VI — destituição de função comissionada.

Art. 128. Na aplicação das penalidades serão consideradas a natureza e a gravidade da infração cometida, os danos que dela provierem para o serviço público, as circunstâncias agravantes ou atenuantes e os antecedentes funcionais.

Parágrafo único. O ato de imposição da penalidade mencionará sempre o fundamento legal e a causa da sanção disciplinar. (Parágrafo acrescentado pela Lei n. 9.527, de 10.12.1997)

Art. 129. A advertência será aplicada por escrito, nos casos de violação de proibição constante do artigo 117, incisos I a VIII e XIX, e de inobservância de dever funcional previsto em lei, regulamentação ou norma interna, que não justifique imposição de penalidade mais grave. (Redação dada pela Lei n. 9.527, de 10.12.1997)

Art. 130. A suspensão será aplicada em caso de reincidência das faltas punidas com advertência e de violação das demais proibições que não tipifiquem infração sujeita a penalidade de demissão, não podendo exceder de 90 (noventa) dias.

§ 1º Será punido com suspensão de até 15 (quinze) dias o servidor que, injustificadamente, recusar-se a ser submetido a inspeção médica determinada pela autoridade competente, cessando os efeitos da penalidade uma vez cumprida a determinação.

§ 2º Quando houver conveniência para o serviço, a penalidade de suspensão poderá ser convertida em multa, na base de 50% (cinqüenta por cento) por dia de vencimento ou remuneração, ficando o servidor obrigado a permanecer em serviço.

Art. 131. As penalidades de advertência e de suspensão terão seus registros cancelados, após o decurso de 3 (três) e 5 (cinco) anos de efetivo exercício, respectivamente, se o servidor não houver, nesse período, praticado nova infração disciplinar.

Parágrafo único. O cancelamento da penalidade não surtirá efeitos retroativos.

Art. 132. A demissão será aplicada nos seguintes casos:

I — crime contra a administração pública;

II — abandono de cargo;

III — inassiduidade habitual;

IV — improbidade administrativa;

V — incontinência pública e conduta escandalosa, na repartição;

VI — insubordinação grave em serviço;

VII — ofensa física, em serviço, a servidor ou a particular, salvo em legítima defesa própria ou de outrem;

VIII — aplicação irregular de dinheiros públicos;

IX — revelação de segredo do qual se apropriou em razão do cargo;

X — lesão aos cofres públicos e dilapidação do patrimônio nacional;

XI — corrupção;

XII — acumulação ilegal de cargos, empregos ou funções públicas;

XIII — transgressão dos incisos IX a XVI do art. 117.

Art. 133. Detectada a qualquer tempo a acumulação ilegal de cargos, empregos ou funções públicas, a autoridade a que se refere o art. 143 notificará o servidor, por intermédio de sua chefia imediata, para apresentar opção no prazo improrrogável de dez dias contados da data da ciência e, na hipótese de omissão, adotará procedimento sumário para a sua apuração e regularização imediata, cujo processo administrativo disciplinar se desenvolverá nas seguintes fases:

I — instauração, com a publicação do ato que constituir a comissão, a ser composta por dois servidores estáveis, e simultaneamente indicar a autoria e a materialidade da transgressão objeto da apuração;

II — instrução sumária, que compreende indiciação, defesa e relatório;

III — julgamento.

§ 1º A indicação da autoria de que trata o inciso I dar-se-á pelo nome e matrícula do servidor, e a materialidade pela descrição dos cargos, empregos ou funções públicas em situação de acumulação ilegal, dos órgãos ou entidades de vinculação, das datas de ingresso, do horário de trabalho e do correspondente regime jurídico.

§ 2º A comissão lavrará, até três dias após a publicação do ato que a constituiu, termo de indiciação em que serão transcritas as informações de que trata o parágrafo anterior, bem como promoverá a citação pessoal do servidor indiciado, ou por intermédio de sua chefia imediata, para, no prazo de cinco dias, apresentar defesa escrita, assegurando-se-lhe vista do processo na repartição, observado o disposto nos arts. 163 e 164.

§ 3º Apresentada a defesa, a comissão elaborará relatório conclusivo quanto à inocência ou à responsabilidade do servidor, em que resumirá as peças principais dos autos, opinará sobre a licitude da acumulação em exame, indicará o respectivo dispositivo legal e remeterá o processo à autoridade instauradora, para julgamento.

§ 4º No prazo de cinco dias, contados do recebimento do processo, a autoridade julgadora proferirá a sua decisão, aplicando-se, quando for o caso, o disposto no § 3º do art. 167.

§ 5º A opção pelo servidor até o último dia de prazo para defesa configurará sua boa-fé, hipótese em que se converterá automaticamente em pedido de exoneração do outro cargo.

§ 6º Caracterizada a acumulação ilegal e provada a má-fé, aplicar-se-á a pena de demissão, destituição ou cassação de aposentadoria ou disponibilidade em relação aos cargos, empregos ou funções públicas em regime de acumulação ilegal, hipótese em que os órgãos ou entidades de vinculação serão comunicados.

§ 7º O prazo para conclusão do processo administrativo disciplinar submetido ao rito sumário não excederá trinta dias, contados da data de publicação do ato que constituir a comissão, admitida a sua prorrogação por até quinze dias, quando as circunstâncias o exigirem.

§ 8º O procedimento sumário rege-se pelas disposições deste artigo observando-se, no que lhe for aplicável, subsidiariamente, as disposições dos Títulos IV e V desta Lei. (Redação dada ao artigo pela Lei n. 9.527, de 10.12.1997)

Art. 134. Será cassada a aposentadoria ou a disponibilidade do inativo que houver praticado, na atividade, falta punível com a demissão.

Art. 135. A destituição de cargo em comissão exercido por não ocupante de cargo efetivo será aplicada nos casos de infração sujeita às penalidades de suspensão e de demissão.

Parágrafo único. Constatada a hipótese de que trata este artigo, a exoneração efetuada nos termos do artigo 35 será convertida em destituição de cargo em comissão.

Art. 136. A demissão ou a destituição de cargo em comissão, nos casos dos incisos IV, VIII, X e XI do artigo 132, implica a indisponibilidade dos bens e o ressarcimento ao erário, sem prejuízo da ação penal cabível.

Art. 137. A demissão, ou a destituição de cargo em comissão por infringência do artigo 117, incisos IX e XI, incompatibiliza o ex-servidor para nova investidura em cargo público federal, pelo prazo de 5 (cinco) anos.

Parágrafo único. Não poderá retornar ao serviço público federal o servidor que for demitido ou destituído do cargo em comissão por infringência do artigo 132, incisos I, IV, VIII, X e XI.

Art. 138. Configura abandono de cargo a ausência intencional do servidor ao serviço por mais de trinta dias consecutivos.

Art. 139. Entende-se por inassiduidade habitual a falta ao serviço, sem causa justificada, por sessenta dias, interpoladamente, durante o período de doze meses.

Art. 140. Na apuração de abandono de cargo ou inassiduidade habitual, também será adotado o procedimento sumário a que se refere o artigo 133, observando-se especialmente que: (Redação dada pela Lei n. 9.527, de 10.12.1997)

I — a indicação da materialidade dar-se-á: (Inciso acrescentado pela Lei n. 9.527, de 10.12.1997)

a) na hipótese de abandono de cargo, pela indicação precisa do período de ausência intencional do servidor ao serviço superior a trinta dias; (Alínea acrescentada pela Lei n. 9.527, de 10.12.1997)

b) no caso de inassiduidade habitual, pela indicação dos dias de falta ao serviço sem causa justificada, por período igual ou superior a sessenta dias interpoladamente, durante o período de doze meses; (Alínea acrescentada pela Lei n. 9.527, de 10.12.1997)

II — após a apresentação da defesa a comissão elaborará relatório conclusivo quanto à inocência ou à responsabilidade do servidor, em que resumirá as peças principais dos autos, indicará o respectivo dispositivo legal, opinará, na hipótese de abandono de cargo, sobre a intencionalidade da ausência ao serviço superior a trinta dias e remeterá o processo à autoridade instauradora para julgamento. (Inciso acrescentado pela Lei n. 9.527, de 10.12.1997)

Nota: Assim dispunha o artigo alterado:

"Art. 140. O ato de imposição da penalidade mencionará sempre o fundamento legal e a causa da sanção disciplinar."

Art. 141. As penalidades disciplinares serão aplicadas:

I — pelo Presidente da República, pelos Presidentes das Casas do Poder Legislativo e dos Tribunais Federais, e pelo Procurador-Geral da República, quando se tratar de demissão e cassação de aposentadoria ou disponibilidade de servidor vinculado ao respectivo Poder, órgão, ou entidade;

II — pelas autoridades administrativas de hierarquia imediatamente inferior àquelas mencionadas no inciso anterior quando se tratar de suspensão superior a 30 (trinta) dias;

III — pelo chefe da repartição e outras autoridades na forma dos respectivos regimentos ou regulamentos, nos casos de advertência ou de suspensão de até 30 (trinta) dias;

IV — pela autoridade que houver feito a nomeação, quando se tratar de destituição de cargo em comissão.

Art. 142. A ação disciplinar prescreverá:

I — em 5 (cinco) anos, quanto às infrações puníveis com demissão, cassação de aposentadoria ou disponibilidade e destituição de cargo em comissão;

II — em 2 (dois) anos, quanto à suspensão;

III — em 180 (cento e oitenta) dias, quanto à advertência.

§ 1º O prazo de prescrição começa a correr da data em que o fato se tornou conhecido.

§ 2º Os prazos de prescrição previstos na lei penal aplicam-se às infrações disciplinares capituladas também como crime.

§ 3º A abertura de sindicância ou a instauração de processo disciplinar interrompe a prescrição, até a decisão final proferida por autoridade competente.

§ 4º Interrompido o curso da prescrição, o prazo começará a correr a partir do dia em que cessar a interrupção.

TÍTULO V
DO PROCESSO ADMINISTRATIVO DISCIPLINAR

CAPÍTULO I
DISPOSIÇÕES GERAIS

Art. 143. A autoridade que tiver ciência de irregularidade no serviço público é obrigada a promover a sua apuração imediata, mediante sindicância ou processo administrativo disciplinar, assegurada ao acusado ampla defesa.

Nota: Ver Portaria SRF n. 699, de 21.7.1999, DOU 23.7.1999, que dispõe sobre a realização de sindicância ou processo administrativo disciplinar no âmbito da Secretaria da Receita Federal.

§ 1º Compete ao órgão central do SIPEC supervisionar e fiscalizar o cumprimento do disposto neste artigo. (Parágrafo acrescentado pela Lei n. 9.527, de 10.12.1997)

§ 2º Constatada a omissão no cumprimento da obrigação a que se refere o *caput* deste artigo, o titular do órgão central do SIPEC designará a comissão de que trata o artigo 149. (Parágrafo acrescentado pela Lei n. 9.527, de 10.12.1997)

§ 3º A apuração de que trata o *caput*, por solicitação da autoridade a que se refere, poderá ser promovida por autoridade de órgão ou entidade diverso daquele em que tenha ocorrido a irregularidade, mediante competência específica para tal finalidade, delegada em caráter permanente ou temporário pelo Presidente da República, pelos presidentes das Casas do Poder Legislativo e dos Tribunais Federais e pelo Procurador-Geral da República, no âmbito do respectivo Poder, órgão ou entidade, preservadas as competências para o julgamento que se seguir à apuração. (Parágrafo acrescentado pela Lei n. 9.527, de 10.12.1997)

Art. 144. As denúncias sobre irregularidades serão objeto de apuração, desde que contenham a identificação e o endereço do denunciante e sejam formuladas por escrito, confirmada a autenticidade.

Parágrafo único. Quando o fato narrado não configurar evidente infração disciplinar ou ilícito penal, a denúncia será arquivada, por falta de objeto.

Art. 145. Da sindicância poderá resultar:

I — arquivamento do processo;

II — aplicação de penalidade de advertência ou suspensão de até 30 (trinta) dias;

III — instauração de processo disciplinar.

Parágrafo único. O prazo para conclusão da sindicância não excederá 30 (trinta) dias, podendo ser prorrogado por igual período, a critério da autoridade superior.

Art. 146. Sempre que o ilícito praticado pelo servidor ensejar a imposição de penalidade de suspensão por mais de 30 (trinta) dias, de demissão, cassação de aposentadoria ou disponibilidade, ou destituição de cargo em comissão, será obrigatória a instauração de processo disciplinar.

CAPÍTULO II
DO AFASTAMENTO PREVENTIVO

Art. 147. Como medida cautelar e a fim de que o servidor não venha a influir na apuração da irregularidade, a autoridade instauradora do processo disciplinar poderá determinar o seu afastamento do exercício do cargo, pelo prazo de até 60 (sessenta) dias, sem prejuízo da remuneração.

Parágrafo único. O afastamento poderá ser prorrogado por igual prazo, findo o qual cessarão os seus efeitos, ainda que não concluído o processo.

CAPÍTULO III
DO PROCESSO DISCIPLINAR

Art. 148. O processo disciplinar é o instrumento destinado a apurar responsabilidade de servidor por infração praticada no exercício de suas atribuições, ou que tenha relação com as atribuições do cargo em que se encontre investido.

Art. 149. O processo disciplinar será conduzido por comissão composta de três servidores estáveis designados pela autoridade competente, observado o disposto no § 3º do artigo 143, que indicará, dentre eles, o seu presidente, que deverá ser ocupante de cargo efetivo superior ou de mesmo nível, ou ter nível de escolaridade igual ou superior ao do indiciado. (Redação dada pela Lei n. 9.527, de 10.12.1997)

§ 1º A Comissão terá como secretário servidor designado pelo seu presidente, podendo a indicação recair em um de seus membros.

§ 2º Não poderá participar de comissão de sindicância ou de inquérito, cônjuge, companheiro ou parente do acusado, consangüíneo ou afim, em linha reta ou colateral, até o terceiro grau.

Art. 150. A Comissão exercerá suas atividades com independência e imparcialidade, assegurado o sigilo necessário à elucidação do fato ou exigido pelo interesse da administração.

Parágrafo único. As reuniões e as audiências das comissões terão caráter reservado.

Art. 151. O processo disciplinar se desenvolve nas seguintes fases:

I — instauração, com a publicação do ato que constituir a comissão;

II — inquérito administrativo, que compreende instrução, defesa e relatório;

III — julgamento.

Art. 152. O prazo para a conclusão do processo disciplinar não excederá 60 (sessenta) dias, contados da data de publicação do ato que constituir a comissão, admitida a sua prorrogação por igual prazo, quando as circunstâncias o exigirem.

§ 1º Sempre que necessário, a comissão dedicará tempo integral aos seus trabalhos, ficando seus membros dispensados do ponto, até a entrega do relatório final.

§ 2º As reuniões da comissão serão registradas em atas que deverão detalhar as deliberações adotadas.

SEÇÃO I
DO INQUÉRITO

Art. 153. O inquérito administrativo obedecerá ao princípio do contraditório, assegurada ao acusado ampla defesa, com a utilização dos meios e recursos admitidos em direito.

Art. 154. Os autos da sindicância integrarão o processo disciplinar, como peça informativa da instrução.

Parágrafo único. Na hipótese de o relatório da sindicância concluir que a infração está capitulada como ilícito penal, a autoridade competente encaminhará cópia dos autos ao Ministério Público, independentemente da imediata instauração do processo disciplinar.

Art. 155. Na fase do inquérito, a comissão promoverá a tomada de depoimentos, acareações, investigações e diligências cabíveis, objetivando a coleta de prova, recorrendo, quando necessário, a técnicos e peritos, de modo a permitir a completa elucidação dos fatos.

Art. 156. É assegurado ao servidor o direito de acompanhar o processo pessoalmente ou por intermédio de procurador, arrolar e reinquirir testemunhas, produzir provas e contraprovas e formular quesitos, quando se tratar de prova pericial.

§ 1º O presidente da comissão poderá denegar pedidos considerados impertinentes, meramente protelatórios, ou de nenhum interesse para o esclarecimento dos fatos.

§ 2º Será indeferido o pedido de prova pericial, quando a comprovação do fato independer de conhecimento especial de perito.

Art. 157. As testemunhas serão intimadas a depor mediante mandado expedido pelo presidente da comissão, devendo a segunda via, com o ciente do interessado, ser anexada aos autos.

Parágrafo único. Se a testemunha for servidor público, a expedição do mandado será imediatamente comunicada ao chefe da repartição onde serve, com a indicação do dia e hora marcados para inquirição.

Art. 158. O depoimento será prestado oralmente e reduzido a termo, não sendo lícito à testemunha trazê-lo por escrito.

§ 1º As testemunhas serão inquiridas separadamente.

§ 2º Na hipótese de depoimentos contraditórios ou que se infirmem, proceder-se-á à acareação entre os depoentes.

Art. 159. Concluída a inquirição das testemunhas, a comissão promoverá o interrogatório do acusado, observados os procedimentos previstos nos arts. 157 e 158.

§ 1º No caso de mais de um acusado, cada um deles será ouvido separadamente, e sempre que divergirem em suas declarações sobre fatos ou circunstâncias, será promovida a acareação entre eles.

§ 2º O procurador do acusado poderá assistir ao interrogatório, bem como à inquirição das testemunhas, sendo-lhe vedado interferir nas perguntas e respostas, facultando-se-lhe, porém, reinquiri-las, por intermédio do presidente da comissão.

Art. 160. Quando houver dúvida sobre a sanidade mental do acusado, a comissão proporá à autoridade competente que ele seja submetido a exame por junta médica oficial, da qual participe pelo menos um médico psiquiatra.

Parágrafo único. O incidente de sanidade mental será processado em auto apartado e apenso ao processo principal, após a expedição do laudo pericial.

Art. 161. Tipificada a infração disciplinar, será formulada a indiciação do servidor, com a especificação dos fatos a ele imputados e das respectivas provas.

§ 1º O indiciado será citado por mandado expedido pelo presidente da comissão para apresentar defesa escrita, no prazo de 10 (dez) dias, assegurando-se-lhe vista do processo na repartição.

§ 2º Havendo dois ou mais indiciados, o prazo será comum e de 20 (vinte) dias.

§ 3º O prazo de defesa poderá ser prorrogado pelo dobro, para diligências reputadas indispensáveis.

§ 4º No caso de recusa do indiciado em apor o ciente na cópia da citação, o prazo para defesa contar-se-á da data declarada, em termo próprio, pelo membro da comissão que fez a citação, com a assinatura de 2 (duas) testemunhas.

Art. 162. O indiciado que mudar de residência fica obrigado a comunicar à comissão o lugar onde poderá ser encontrado.

Art. 163. Achando-se o indiciado em lugar incerto e não sabido, será citado por edital, publicado no Diário Oficial da União e em jornal de grande circulação na localidade do último domicílio conhecido, para apresentar defesa.

Parágrafo único. Na hipótese deste artigo, o prazo para defesa será de 15 (quinze) dias a partir da última publicação do edital".

Atualmente, uma corrente do Ministério Público do Trabalho que defende a competência penal da Justiça do Trabalho, principalmente no Estado de Santa Catarina, tem interposto ações de improbidade administrativa em face de prefeitos municipais, que contrataram ilegalmente trabalhadores por meio de cooperativas de trabalho ilegais, incluindo como pedido, além da perda da função pública e a suspensão dos direitos políticos, o reconhecimento do vínculo empregatício com aquele, bem como o pagamento de todas as verbas rescisórias, uma vez que o mesmo foi responsável pela intermediação ilícita de mão-de-obra.

34. Responsabilidade Objetiva no Dano ao Meio Ambiente

De acordo com a Lei n. 6.938/91, que traça a Política Nacional do Meio Ambiente, em seu art. 3º entende-se por meio ambiente

"...o conjunto de condições, leis, influências e interações de ordem física, química e biológica, que permite, abriga e rege a vida em todas as suas formas".

Para *José Afonso da Silva*(57) "meio ambiente é a interação do conjunto de elementos naturais, artificiais e culturais que propiciem o desenvolvimento equilibrado da vida em todas as suas formas".

O meio ambiente desdobra-se em meio ambiente artificial (espaço urbano, áreas construídas etc.), meio ambiente natural (solo, ar, vegetação, água etc.), meio ambiente cultural (tutela do patrimônio histórico, cultural, artístico e paisagístico) e meio ambiente do trabalho, considerado como meio ambiente artificial especial.

O meio ambiente de trabalho pode ser conceituado como um "complexo de bens móveis e imóveis de uma empresa e de uma sociedade, objeto de direitos subjetivos privados e de direitos invioláveis da saúde e da integridade física dos trabalhadores que o freqüentam"(58), sendo que o objeto imediato é a qualidade de vida do trabalhador e o objeto mediato as condições de saúde, bem-estar e segurança do trabalhador.

O meio ambiente do trabalho tem amparo constitucional no art. 200, inciso VIII da Constituição Federal de 1988, *in verbis*:

"Ao sistema único da saúde, compete, além de outras atribuições, nos termos da lei:

(...) VIII — colaborar na proteção ao meio ambiente, nele compreendido o do trabalho".

O art. 7º, incisos XXII e XXIII da Constituição Federal, assim se expressa:

XXII — "Redução dos riscos inerentes ao trabalho, por meio de normas de saúde, higiene e segurança".

XXIII — Adicional de remuneração para as atividades penosas, insalubres ou perigosas, na forma da lei".

A Convenção n. 155 da OIT também alude ao meio ambiente do trabalho, quando estabelece:

"Art. 3º, alínea *a*: o termo saúde, em relação ao trabalho, abrange não somente a ausência de afecções ou enfermidades, mas também os elementos físicos e mentais que afetam a saúde e estão diretamente relacionados com a segurança e higiene no trabalho e

"art. 4º, item 2: sobre a política nacional do meio ambiente: Esta política terá por objetivo prevenir os acidentes e os danos para a saúde que sejam conseqüência do trabalho, guardem relação com atividade laboral ou sobrevenham durante o trabalho, reduzindo, ao mínimo, na medida em que seja razoável e possível, as causas dos riscos inerentes ao meio ambiente do trabalho".

Os fundamentos constitucionais da proteção ao meio ambiente do trabalho têm como fulcro a dignidade da pessoa humana, erigindo o ambientalismo como direito

(57) SILVA, José Afonso da. *Curso de Direito Constitucional Positivo*. São Paulo: Malheiros, 1999, p. 134.

(58) Citado por SANTOS, Ronaldo Lima dos. *Sindicatos o Ações Coletivas*. São Paulo: LTr, 2003, p. 117, *apud* FIORILLO, Celso Antonio Pacheco. "A ação civil pública e o meio ambiente do trabalho". *In:* FREDIANY, Yone, Jane Granzoto Torres da (Coords.). *O Direito do Trabalho na sociedade contemporânea*. São Paulo: Jurídica Brasileira, 2001.

fundamental da pessoa humana. A qualidade do meio ambiente constitui-se, dessa forma, um bem ou patrimônio, cuja preservação, recuperação e revitalização tornam-se um imperativo do Estado.

Logo, cabe ao Estado e a toda a sociedade a preservação pela qualidade do meio ambiente, de forma a criar boas condições de bem-estar para a pessoa humana, no que refere-se à saúde, educação, lazer, segurança etc.

Nesse sentido, o art. 5º, inciso LXXIII da Constituição Federal de 1988, que trata da Ordem Social estabelece:

"Qualquer cidadão é parte legítima para propor ação popular que vise a anular ato lesivo ao patrimônio público ou de entidade de que o Estado participe, à moralidade administrativa, ao meio ambiente e ao patrimônio histórico e cultural, ficando o autor, salvo comprovada má-fé, isento de custas judiciais e do ônus da sucumbência".

O art. 225 da Magna Carta, que trata do Meio Ambiente expressa:

"DO MEIO AMBIENTE(59):

Art. 225. Todos têm direito ao meio ambiente ecologicamente equilibrado, bem de uso comum do povo e essencial à sadia qualidade de vida, impondo-se ao Poder Público e à coletividade o dever de defendê-lo e preservá-lo para as presentes e futuras gerações.

§ 1º Para assegurar a efetividade desse direito, incumbe ao Poder Público:

I — preservar e restaurar os processos ecológicos essenciais e prover o manejo ecológico das espécies e ecossistemas;

Nota: Regulamentado pela Lei n. 9.985, de 18.7.2000

II — preservar a diversidade e a integridade do patrimônio genético do País e fiscalizar as entidades dedicadas à pesquisa e manipulação de material genético;

Nota: Regulamentado pela Lei n. 9.985, de 18.7.2000 e Medida provisória n. 2.186-16, de 23.8.2001

III — definir, em todas as unidades da Federação, espaços territoriais e seus componentes a serem especialmente protegidos, sendo a alteração e a supressão permitidas somente através de lei, vedada qualquer utilização que comprometa a integridade dos atributos que justifiquem sua proteção;

Nota: Regulamentado pela Lei n. 9.985, de 18.7.2000

IV — exigir, na forma da lei, para instalação de obra ou atividade potencialmente causadora de significativa degradação do meio ambiente, estudo prévio de impacto ambiental, a que se dará publicidade;

V — controlar a produção, a comercialização e o emprego de técnicas, métodos e substâncias que comportem risco para a vida, a qualidade de vida e o meio ambiente;

VI — promover a educação ambiental em todos os níveis de ensino e a conscientização pública para a preservação do meio ambiente;

---

(59) O meio ambiente é também objeto da Lei n. 6.938/81, Lei n. 9.605/98, Lei n. 8.723/93, Lei n. 7.802/89, Decreto n. 98.816/90 (Regulamenta a Lei n. 7802/89), Lei n. 7.347/85.

VII — proteger a fauna e a flora, vedadas, na forma da lei, as práticas que coloquem em risco sua função ecológica, provoquem a extinção de espécies ou submetam os animais a crueldade.

Nota: Regulamentado pela Lei n. 9.985, de 18.7.2000

§ 2º Aquele que explorar recursos minerais fica obrigado a recuperar o meio ambiente degradado, de acordo com solução técnica exigida pelo órgão público competente, na forma da lei.

§ 3º As condutas e atividades consideradas lesivas ao meio ambiente sujeitarão os infratores, pessoas físicas ou jurídicas, a sanções penais e administrativas, independentemente da obrigação de reparar os danos causados.

(Súmula n. 91 do STJ)

§ 4º A Floresta Amazônica brasileira, a Mata Atlântica, a Serra do Mar, o Pantanal Mato-Grossense e a Zona Costeira são patrimônio nacional, e sua utilização far-se-á, na forma da lei, dentro de condições que assegurem a preservação do meio ambiente, inclusive quanto ao uso dos recursos naturais.

Nota: Regulamentado pela MP n. 2.186-16, de 23.8.2001

§ 5º São indisponíveis as terras devolutas ou arrecadadas pelos Estados, por ações discriminatórias, necessárias à proteção dos ecossistemas naturais.

§ 6º As usinas que operem com reator nuclear deverão ter sua localização definida em lei federal, sem o que não poderão ser instaladas".

Entre os principais princípios da Política Nacional do meio Ambiente que encontramos na Lei n. 6.938/81, podemos enumerar:

34.1. Princípio do Desenvolvimento sustentável, que procura compatibilizar o desenvolvimento econômico e o meio ambiente, de modo a considerar as futuras gerações, objetivando um mínimo de degradação ambiental. Esse princípio teve sua origem na Declaração de Estocolmo (1972) e foi citado na Declaração Eco/Rio de 1992, consistindo na seguinte definição: "na exploração equilibrada dos recursos naturais, nos limites da satisfação das necessidades e do bem-estar da presente geração, assim como de sua conservação no interesse das gerações futuras". Possui como motivação a consciência da esgotabilidade dos recursos naturais, conjugados com os perigos da própria subsistência da humanidade. Sua previsão constitucional é encontrada no art. 225, *caput*, da Constituição de 1988 e na Lei n. 6.938/81, art. 4º, bem como no art. 170, inciso VI[60] da Constituição Federal de 1988;

34.2. Princípio da Prevenção. Também chamado de Princípio da Precaução procura evitar a ocorrência do dano e evitar os riscos conhecidos. Adota de antemão as medidas preventivas para sua concretização, como medidas administrativas, licenciamento ambiental, estudo de impacto ambiental, relatório de impacto ambiental etc. Com base nesse princípio, o Estado impõe ao particular sanções administrativas (licenças, fiscalização, autorização, multa);

(60) Inciso VI — defesa do meio ambiente, inclusive mediante tratamento diferenciado conforme o impacto ambiental dos produtos e serviços e de seus processos de elaboração e prestação. (Redação dada ao inciso pela Emenda Constitucional n. 42, de 19.12.2003).

34.3. Princípio do Poluidor-Pagador. Possui caráter preventivo e procura evitar danos ao meio ambiente. Aqui encontramos os aspectos ligados à Responsabilidade Civil Objetiva pelos danos causados ao meio ambiente. De acordo com a Lei n. 9.605/98 a pessoa jurídica pode ser imputada criminalmente por tais danos, bem como pode incorrer em sanções de índole administrativa e civil. Tem-se como prioridade a reparação específica do dano e a solidariedade na reparação;

34.4. Princípio da participação. Tem por escopo a participação de toda a sociedade, já que o meio ambiente é visto como um bem jurídico de natureza difusa, ou seja pertence a todos e, ao mesmo tempo, não pertence a ninguém, por ser indivisível, não podendo ser dividido em quotas-partes. Como exemplo podemos considerar a praia da enseada no Guarujá. Portanto, o Poder Público e toda sociedade devem zelar pelo meio ambiente;

34.5. Princípio do Ônus Social. Apresenta-se como antítese ao princípio poluidor-pagador. Esse princípio apregoa que a repartição do ônus ambiental é para toda a sociedade, não importando a utilidade relativa de cada indivíduo. Seu exercício se dá pela cobrança pelo Estado de impostos e taxas ambientais visando à conservação desse bem difuso.

A Constituição Federal de 1988 sistematizou o tratamento jurídico do meio ambiente, estabelecendo, além das competências privativas, competência *comum* para o combate à poluição (art. 23, VI) e *concorrente* para legislar sobre florestas, caça, pesca, fauna, conservação da natureza, defesa do solo e dos recursos naturais, proteção do meio ambiente e controle da poluição (art. 24, VI, CF/88).

Essa repartição de competências ambientais verificada na Carta Magna de certa forma estabeleceu a municipalização da questão ambiental, especialmente nas matérias de interesse local.

A Lei n. 9.605/98 introduziu importantíssimos avanços na seara da criminalização das ações lesivas ao meio ambiente, estabelecendo sanções penais e administrativas em relação ao poluidor.

No campo ambiental, a responsabilidade de pessoa física ou jurídica, de direito público ou privado, é feita com base na conduta ou na atividade que venha a provocar qualquer dano ou lesão ao meio ambiente.

O direito ao meio ambiente sadio e equilibrado não poderá ser individualizado, pois é um bem que pertence a toda a sociedade. Portanto, toda pretensão em juízo que vise a apurar a reparação por lesão causada ao meio ambiente será de natureza difusa, indivisível, tendo como titulares sujeitos indeterminados e ligados por circunstâncias de fato.

A Lei de Política Nacional do Meio Ambiente (Lei n. 6.938/81) adota a sistemática da responsabilidade civil objetiva em seu art. 14, § 1º, tendo sido totalmente recepcionada pelo ordenamento jurídico nacional.

Dessa forma, não é necessária a perquirição da culpa, nas modalidades negligência, imprudência e imperícia, ou do dolo do lesante para lhe atribuir a culpabilidade por sua conduta ilícita, bem como pela sua obrigação jurídica de indenizar e reparar os danos causados.

Logo, a previsão legal em nosso ordenamento em relação ao dano ambiental é feita com base na responsabilidade civil objetiva, tendo surgido pela primeira vez, entre nós, com o advento do Decreto n. 79.347/77, de 1969, que promulgou a Convenção Internacional sobre Responsabilidade Civil por Danos Causados por Poluição por Óleo, tendo acolhido, em seu art. 4º, a tese da admissibilidade da responsabilidade objetiva aos danos provenientes de atividade nuclear.

A Lei n. 6.938/81 também agasalhou a responsabilidade civil objetiva na reparação do dano ambiental (art. 14, § 1º), não sendo mais necessária a comprovação da culpa do poluidor. O legislador optou pelo não-exame da conduta ou comportamento do agente poluidor do ponto de vista subjetivo, concentrando a análise do caso concreto no evento lesivo ou danoso ao meio ambiente.

Portanto, para que se verifique a obrigatoriedade da reparação ao dano ao meio ambiente é suficiente tão somente a demonstração do nexo etiológico, ou seja, relação de causa e efeito entre o dano causado ao meio ambiente e a ação ou omissão do agente responsável pelo ato.

A Teoria da Responsabilidade Objetiva encontra seu fundamento na Teoria do Risco Inerente à atividade desenvolvida pelo autor do dano, uma vez que aquele que se beneficia ou lucra com uma determinada atividade econômica deverá responder pelos riscos e danos provocados a outrem em decorrência da mesma.

O Ministério Público do Trabalho tem um papel fundamental nesse campo como um dos titulares da ação civil pública na defesa e proteção ao meio ambiente do trabalho. Ocorrendo o dano ao meio ambiente, por ato humano ou falha técnica, fruto de caso fortuito ou força maior, ou simplesmente pelo normal desempenho de uma atividade econômica, deverá o agente causador responder pela obrigação de arcar com todas as despesas e custos envolvidos pelos danos provocados ao meio ambiente, facultando-se-lhe, todavia, quando possível, o exercício do direito de regresso contra o responsável direto, se este agiu por dolo.

Com o advento da Lei n. 9.605/98, que trata dos Crimes Ambientais, os crimes contra o meio ambiente e as infrações administrativas ambientais passaram a ter tutela específica. Sistematizou as infrações penais ao meio ambiente, anteriormente previstos em um cipoal de leis, revogou vários institutos, reforçou penalidades existentes e impôs maior agilidade ao julgamento dos crimes, com a previsão do rito sumário (Lei n. 9.099/95), com a aplicação da lei das pequenas causas, introduzindo, ademais, várias inovações como a aplicação de penas alternativas como norma geral para as pessoas físicas criminosas, a responsabilidade penal das pessoas jurídicas e a desconsideração da personalidade jurídica.[61]

---

(61) SANTOS, Fabiano Pereira dos. "Meio ambiente e poluição". *Jus Navigandi*, n. 201, 23.1.2004, p. 9.

Ressalte-se que o artigo que previa a responsabilidade objetiva criminal foi vetado, mas a responsabilidade na esfera civil continua em vigor, por força do art. 14, § 1º da Lei n. 6.936/81, que traça a Política Nacional do Meio Ambiente, e ainda pelo fato da presente lei tratar apenas de ilícitos penais e administrativos contra o ambiente.

A Lei n. 9.605/98 introduziu as penas restritivas de direitos que foram criadas como uma alternativa à prisão. Consoante o art. 8º, as penas restritivas de direito correspondem à prestação de serviços à comunidade ou à entidade ambiental; interdição temporária de direitos, cassação de autorização ou licença concedida pela autoridade competente, suspensão parcial ou total de atividades; prestação pecuniária; recolhimento domiciliar. Tais penas são autônomas e substituem as penas privativas de liberdade, no caso de crime culposo ou se a pena privativa de liberdade for inferior a quatro anos, ou se a culpabilidade, os antecedentes, a conduta social e a personalidade do condenado, os motivos e as circunstâncias do crime o justificarem.[62]

Outra novidade da Lei n. 9.605/98 foi a responsabilização criminal das pessoas jurídicas. Dessa forma estabelece o art. 3º:

> "As pessoas jurídicas serão responsabilizadas administrativa, civil e penalmente conforme o disposto nesta Lei".

Resta mencionar que, certamente, somente serão aplicadas às pessoas jurídicas sanções como a multa, pena restritiva de direitos e a prestação de serviços à comunidade ou a entidade ambiental. Para a prestação de serviços à comunidade foram previstos: o custeio de programas e projetos ambientais, a execução de obras de recuperação de obras degradadas, a manutenção de espaços públicos e contribuições a entidades ambientais ou culturais públicas.

A pena restritiva de direitos poderá consistir na suspensão parcial ou total de atividades, interdição temporária de estabelecimento, obra ou atividade, ou na proibição de contratar com o Poder Público ou de obtenção de subsídios ou doações pelo prazo máximo de 10 anos.

De outra parte, o art. 13 da Lei n. 7.347/85 (Lei da Ação Civil Pública) dispõe que

> "Havendo condenação em dinheiro, a indenização pelo dano causado reverterá a um fundo gerido por um Conselho Federal ou por Conselhos Estaduais de que participarão necessariamente o Ministério Público e representantes da comunidade, sendo seus recursos destinados à reconstituição dos bens lesados".

Foi criado em 1994, por meio do Decreto n. 1.306/94, o Fundo de Defesa dos Direitos Difusos com o objetivo de coordenar as ações para reconstituição aos bens lesados.

Apresentamos as seguintes ementas alusivas à presente matéria:

---

(62) *Idem, ibidem*, p. 10.

73670 — COMPETÊNCIA — CRIME AMBIENTAL PREVISTO NA LEI N. 9.605/98, NÃO PRATICADO EM DETRIMENTO DE BENS OU INTERESSE DA UNIÃO — JUSTIÇA ESTADUAL — OCORRÊNCIA — Compete à Justiça Estadual e não à federal, processar e julgar o crime ambiental, previsto na Lei n. 9.605/98, na hipótese em que a infração não é praticada em detrimento de bens ou interesse da União, ou seja, de uma unidade de conservação federal. (TACRIMSP — RSE 1232703/7 — 14ª C. — Rel. Juiz Oldemar Azevedo — DOESP 21.2.2001).

EMBARGOS DE DECLARAÇÃO CONTRA ACÓRDÃO PROFERIDO EM AGRAVO REGIMENTAL — DANOS AMBIENTAIS — AÇÃO CIVIL PÚBLICA — RESPONSABILIDADE — ADQUIRENTE — TERRAS RURAIS — RECOMPOSIÇÃO — MATAS — 1. A Medida Provisória n. 1.736-33 de 11.2.99, que revogou o art. 99 da Lei n. 8.171/99, foi revogada pela MP n. 2.080-58, de 17.12.2000. 2. Em matéria de dano ambiental a *responsabilidade é objetiva*. O adquirente das terras rurais é responsável pela recomposição das matas nativas. 3. A Constituição Federal consagra em seu art. 186 que a função social da propriedade rural é cumprida quando atende, seguindo critérios e graus de exigência estabelecidos em lei, a requisitos certos, entre os quais o de "utilização adequada dos recursos naturais disponíveis e preservação do meio ambiente". 4. A Lei n. 8.171/91 vigora para todos os proprietários rurais, ainda que não sejam eles os responsáveis por eventuais desmatamentos anteriores. Na verdade, a referida norma referendou o próprio Código Florestal (Lei n. 4.771/65) que estabelecia uma limitação administrativa às propriedades rurais, obrigando os seus proprietários a instituírem áreas de reservas legais de, no mínimo, 20% de cada propriedade, em prol do interesse coletivo. 5. Embargos de Declaração parcialmente acolhidos para negar provimento ao Recurso Especial. (STJ — EDcl no Ag. no REsp 255.170 — SP — 1ª T. — Rel. Min. Luiz Fux — DJU 22.4.2003).

ADMINISTRATIVO — AÇÃO CIVIL PÚBLICA — DANO AO MEIO AMBIENTE DECORRENTE DE OBRA — RESPONSABILIDADE CIVIL — ATERRAMENTO — 1. A responsabilidade civil por dano ambiental é objetiva, pois independe da perquirição de culpa do agente. A Lei de Política Nacional do Meio Ambiente (Lei n. 6.938/81), dispõe em seu art. 14, § 1º, que o poluidor é obrigado, independentemente da existência de culpa, a indenizar ou reparar danos causados ao meio ambiente e a terceiros afetados por sua atividade. 2. Hipótese em que os fatos que ensejaram a dedução em juízo da presente pretensão ressarcitória restaram sobejamente comprovados no decorrer da instrução processual, evidencia o crescimento progressivo da interferência causadora do dano ambiental. 3. Apelação parcialmente provida para condenar o réu a reparar o dano na forma constante dos itens *a* e *c* da inicial. (TRF4ª R. — AC 2000.04.01.132370-0 — SC — 3ª T. — Relª Juíza Maria de Fátima Freitas Labarrère — DJU 26.9.2001).

AÇÃO CIVIL PÚBLICA. APLICAÇÃO AOS ATOS MATERIAIS PRATICADOS AINDA QUE ANTERIORES À SUA EDIÇÃO. 1. O Ministério Público tem legitimidade para propor ação civil pública objetivando a responsabilidade por danos ambientais decorrentes de atividade lesiva (queimada) anterior à edição da Lei n. 7.347/85. 2. A Lei n. 6.938/81, além de instituir o regime da *responsabilidade civil objetiva*, já havia legitimado o órgão ministerial, estadual e federal, para propositura da ação visando à reparação do dano ambiental. 3. A Lei n. 7.347/85 apenas ampliou a legitimidade para propositura da ação civil pública, antes atribuída apenas ao Ministério Público, para uma parcela maior da sociedade, o que foi totalmente recepcionado pela nova ordem constitucional, na medida em que o art. 225, da Carta Magna impôs ao Poder Público e a toda coletividade o dever de defender e preservar o meio ambiente. 4. A presente ação civil pública encontra fundamento: 1) nas disposições da Lei n. 6.938/81 no que se refere à questão da legitimidade *ad causam* ativa do órgão ministerial e à questão da responsabilidade objetiva pelos danos ambientais causados pela prática de queimada na vigência dessa lei (art. 14, § 1º); 2) nas disposições da Lei n. 7.345/85, de natureza processual, em vigor à época da propositura desta ação. 5. Tendo em vista o tempo decorrido até o julgamento deste recurso, deverá ser feita a devida adequação do objeto da perícia, para justificar sua pertinência e necessidade atuais. 6. Apelação provida para anular a sentença e determinar a baixa dos autos para regular processamento do feito. (TRF3ª R. — AC 62078 — (91030439747) — SP — 6ª T. — Relª Desª Fed. Consuelo Yoshida — DJU 28.3.2003).

AÇÃO INDIVIDUAL — AÇÃO CIVIL PÚBLICA — LITISPENDÊNCIA — INEXISTÊNCIA — EFEITOS — De acordo com a própria legislação aplicável à ação civil pública (art. 21 da Lei n. 7.347/85 e art. 104 da Lei n. 8.078/90), não há litispendência ou óbice para o ajuizamento de ação individual concomitante com a ação civil pública. Entretanto, os efeitos da coisa julgada *erga omnes* e *ultra partes* (incisos I, II e III do art. 103 da Lei n. 8.078/90 e art. 16 da Lei n. 7.347/85) da ação civil pública não beneficiarão os autores das ações individuais, se não for requerida sua suspensão no prazo de trinta dias, a contar da ciência nos autos do seu ajuizamento. Ação individual. Ação civil pública. Litispendência. Inexistência. Efeitos. De acordo com a própria legislação aplicável à ação civil pública (art. 21 da Lei n. 7.347/85 e art. 104 da Lei n. 8.078/90), não há litispendência ou óbice para o ajuizamento de ação individual concomitante com a ação civil pública. Entretanto, os efeitos da coisa julgada *erga omnes* e *ultra partes* (incisos I, II e III do art. 103 da Lei n. 8.078/90 e art. 16 da Lei n. 7.347/85) da ação civil pública não beneficiarão os autores das ações individuais, se não for requerida sua suspensão no prazo de trinta dias, a contar da ciência nos autos do seu ajuizamento. (TRT 9ª R. — Proc. 30507-1999-012-09-00-2 — (26463-2003) — Rel. Juiz Arnor Lima Neto — DJPR 21.11.2003)

35. Responsabilidade no Contrato de Franchising *(Franquia Empresarial)*

Hodiernamente temos assistido a um número crescente de demandas ajuizadas na Justiça do Trabalho, em que se busca o reconhecimento do vínculo de emprego na relação que se forma entre o franqueado, franqueador e empregado, como se configurasse uma relação terceirizada, ensejando a responsabilidade subsidiária do tomador, nos moldes da Súmula n. 331 do Tribunal Superior do Trabalho.

No entanto, a Lei n. 8.955, de 15 de dezembro de 1994, que dispõe sobre o contrato de franquia empresarial (*franchising*) dispõe em seu art. 2º, como segue:

> "Art. 2º Franquia empresarial é o sistema pelo qual um franqueador cede ao franqueado o direito de uso de marca ou patente, associado ao direito de distribuição exclusiva ou semi-exclusiva de produtos ou serviços, e eventualmente, também ao direito de uso de tecnologia de implantação e administração de negócio ou sistema operacional desenvolvidos ou detidos pelo franqueador, mediante remuneração direta ou indireta *sem que, no entanto, fique caracterizado vínculo empregatício*".

Já entre os sistemas de remuneração do contrato de franquia, o art. 3º, inciso VIII, letra *a*, estatui:

> "a) remuneração periódica pelo uso do sistema, da marca ou em troca dos serviços efetivamente prestados pelo franqueador ao franqueado (*royalties*)".

Fica claro pelos dispositivos acima que tal matéria não se coaduna com os preceitos da Súmula n. 331 do TST, que anuncia a prestação de serviços diretamente entre o tomador e o prestador de serviços, porquanto o contrato de franquia afasta de imediato a figura da terceirização, posto que os empregados da franqueada prestam serviços direta e exclusivamente a essa, que exerce na sua plenitude o poder diretivo, ou seja, o poder de fiscalização e de direção do trabalho, sem qualquer interferência da franqueadora, que lhe aluga a marca ou patente.

O art. 2º da Lei n. 8.955/94 é expresso em afirmar a inexistência de vínculo empregatício no contrato de franquia empresarial (*franchising*).

Neste sentido, julgamos oportuno trazer as seguintes ementas:

CONTRATO DE FRANQUIA. Inexistência de responsabilidade subsidiária. Evidenciada a avença de contrato de franquia entre as empresas reclamadas, regido por legislação específica — Lei n. 8.955, de 15.12.1994, descaracteriza-se a hipótese de grupo econômico ou terceirização — elementos ensejadores da responsabilidade subsidiária ou solidária, conforme disposto no § 2º. Do art. 2º da CLT e Enunciado n. 331 do C. TST. (TRT-RO 01280-2000-007-00-1, Rel. Juiz Marcos Roberto Pereira).

FRANQUIA. RESPONSABILIDADE SOLIDÁRIA OU SUBSIDIÁRIA DA LICENCIADORA DA MARCA. INEXISTÊNCIA.

Comprovado nos autos que a primeira reclamada autorizou a utilização de sua marca e do seu sistema de prestação de serviços, através do sistema de franquia, inexiste responsabilidade solidária ou subsidiária daquela com relação às empresas franqueadas, posto que ausentes os pressupostos legais para a caracterização de responsabilidade na hipótese, bem como por não se tratar de caso de prestação de serviços, vez que a primeira reclamada não trata de "tomadora de serviços" como exige o Enunciado n. 331/TST e máxime considerando que a relação de emprego se desenvolveu apenas com a empresa franqueadora, como esclarecido na inicial. (TRT/RO 0724/98, Ac. 2ª T., Rel. Juiz Braz Henriques de Oliveira).

RESPONSABILIDADE SUBSIDIÁRIA — CONTRATO DE FRANQUIA. Evidenciada a existência de contrato de franquia firmado entre as reclamadas, não há falar em terceirização, meio ensejador da responsabilidade subsidiária. No contrato de franquia não existe a empresa tomadora, em razão de os empregados somente prestarem serviços à empresa franqueada, real empregadora. (TRT 10ª. R. RO 00265-2003-010-10-00-1. Ac. 1ª T., Rel. Juíza Maria Regina Guimarães Dias, 17.12.2003).

36. Responsabilidade no pagamento de invenções do empregado

Uma das perguntas mais correntes, quando se trata de invenções ou de aperfeiçoamentos levados a cabo pelos empregados nas empresas, em alguma máquina, objeto, utilidade ou sistemas de computação, diz respeito a quem pertencem os direitos intelectuais dessa invenção.

Essa matéria é regulada pela Lei n. 9.279, de 14 de maio de 1996, que alterou o art. 454 da CLT, regulando os direitos e obrigações relativos à propriedade industrial e a proteção dos direitos relativos à propriedade industrial, considerando o seu interesse social e o desenvolvimento tecnológico e econômico do País, mediante o que dispõe o seu art. 2º:

• Concessão[63] de patentes de invenção e de modelo de utilidade;

• Concessão de registro de desenho industrial;

• Concessão de registro de marca;

• Repressão às falsas indicações geográficas; e

• Repressão à concorrência desleal.

O art. 3º da Lei n. 9.279/1996 diz que ela aplica-se também:

• Ao pedido de patente ou de registro proveniente do exterior e depositado no País por quem tenha proteção assegurada por tratado ou convenção em vigor no Brasil;

• Aos nacionais ou pessoas domiciliadas em país que assegure aos brasileiros ou pessoas domiciliadas no Brasil, a reciprocidade de direitos iguais ou equivalentes.

O art. 4º, por sua vez, dispõe:

• As disposições dos tratados em vigor no Brasil são aplicáveis, em igualdade de condições, às pessoas físicas e jurídicas nacionais ou domiciliadas no País.

Consideram-se bens móveis, para os efeitos legais, os direitos de propriedade industrial (art. 5º).

Para responder à questão inicial devemos recorrer aos arts. 88 a 93 da aludida Lei n. 9.279/1996, como dispõe:

"Da invenção e do modelo de utilidade realizado por empregado ou prestador de serviços:

Art. 88. A invenção e o modelo de utilidade pertencem exclusivamente ao empregador, quando decorrerem de contrato de trabalho, cuja execução ocorra no Brasil e que tenha por objeto a pesquisa ou a atividade inventiva, ou resulte esta da natureza dos serviços para os quais foi empregado contratado.

§ 1º Salvo, expressa disposição contratual em contrário, a retribuição pelo trabalho a que refere este artigo, limita-se ao salário ajustado.

§ 2º Salvo prova em contrário, consideram-se desenvolvidos na vigência do contrato a invenção ou o modelo de utilidade, cuja patente seja requerida pelo empregado até I (um) ano após a extinção do vínculo empregatício.

Art. 89. O empregador, titular da patente, poderá conceder ao empregado, autor de invento ou aperfeiçoamento, participação nos ganhos econômicos resultantes da exploração da patente, mediante negociação com o interessado ou conforme disposto em norma da empresa.

(63) A concessão de patente pelo INPI (Instituto Nacional de Propriedade Industrial) na área de medicamentos e remédios, passou a exigir, por medida provisória recentemente transformada em lei, a inspeção prévia da Agência Reguladora ANVISA (Agência Nacional da Vigilância Sanitária).

Parágrafo único. A participação referida neste artigo *não se incorpora,* a qualquer título, ao salário do empregado.

Art. 90. Pertencerá exclusivamente ao empregado, a invenção ou o modelo de utilidade por ele desenvolvido, desde que desvinculado do contrato de trabalho e não decorrente da utilização de recursos, meios, dados, materiais, instalações ou equipamentos do empregador.

Art. 91. A propriedade de invenção ou de modelo de utilidade será comum, em partes iguais, quando resultar da contribuição pessoal do empregado e de recursos, dados, meios, materiais, instalações ou equipamentos do empregador, ressalvada expressa disposição contratual em contrário.

§ 1º Sendo mais de um empregado, a parte que lhes couber, será dividida igualmente entre todos, salvo ajuste em contrário.

§ 2º É garantido ao empregador o direito exclusivo de licença de exploração e assegurada ao empregado a justa remuneração.

§ 3º A exploração do objeto da patente, na falta de acordo, deverá ser iniciada pelo empregador, dentro do prazo de 1 (um) ano, contado da data de sua concessão, sob pena de passar à exclusiva propriedade do empregado a titularidade da patente, ressalvadas as hipóteses de falta de exploração por razões legítimas.

§ 4º No caso de cessão, qualquer dos co-titulares, em igualdade de condições, poderá exercer o direito de preferência.

Art. 92. O disposto nos artigos anteriores aplica-se, no que couber, às relações entre o *trabalhador autônomo ou o estagiário* e a empresa contratante e entre empresas contratantes e contratadas.

Art. 93. Aplica-se o disposto nesse Capítulo, no que couber, às entidades da Administração Pública direta, indireta e fundacional, federal, estadual ou municipal.

Parágrafo único. Na hipótese do art. 88, será assegurada ao inventor, na forma e condições previstas no Estatuto ou Regimento Interno da entidade a que se refere este artigo, premiação de parcela no valor das vantagens auferidas com o pedido ou com a patente a título de incentivo.

O novo Código Civil dispõe sobre "invenções" nos seguintes dispositivos legais:

"*Da Invenção*

Art. 603. Quem quer que ache coisa alheia perdida, há de restituí-la ao dono ou legítimo possuidor.

Correlação c/ CC 2002, art. 1233.

Parágrafo único. Não o conhecendo, o inventor fará por descobri-lo, e, quando se lhe não depare, entregará o objeto achado à autoridade competente no lugar.

Art. 604. O que restituir a coisa achada, nos termos do artigo precedente, terá direito a uma recompensa e à indenização pelas despesas que houver feito com a conservação e transporte da coisa, se o dono não preferir abandoná-la.

Art. 605. O inventor responde pelos prejuízos causados ao proprietário ou possuidor legítimo, quando tivor procedido com dolo.

Art. 606. Decorridos 6 (seis) meses do aviso à autoridade, não se apresentando ninguém que mostre domínio sobre a coisa, será esta vendida em hasta pública, e, deduzidas do preço as despesas, mais a recompensa do inventor (art. 604), pertencerá o remanescente ao Estado, ou ao Distrito Federal, se nas respectivas circunscrições se deparou o objeto perdido, ou à União, se foi achado em território ainda não constituído em Estado. (Redação dada pelo Dec. Lei. n. 3.725/1919)".

Tratando-se de controvérsia sobre a invenção no curso da relação de emprego, a competência é da Justiça do Trabalho, com fundamento no art. 114 da Constituição Federal de 1988. Vejamos algumas ementas sobre a matéria:

DE RECURSO REVISTA. COMPETÊNCIA DA JUSTIÇA DO TRABALHO. INVENÇÃO DO EMPREGADO. CÓDIGO DE PROPRIEDADE INDUSTRIAL. A fixação da competência da Justiça do Trabalho se faz pela matéria ou natureza do litígio, desde que decorrente da relação de trabalho (art. 114 da CF). Não é porque o Código de Propriedade Industrial trata da invenção, que a matéria seria exclusiva da jurisdição civil (*Vantuil Abdala*), ainda mais quando há capítulo específico nessa lei, cuidando "Do invento ocorrido na vigência do contrato de trabalho", disso também falando o vetusto art. 454 da CLT. A competência firma-se em decorrência do contrato de trabalho, sem o qual essa criação não teria ocorrido (*Sebastião Machado*). Recurso de Revista conhecido e acolhido. (TST — RR 593729 — 2ª Turma — Rel. Min. Conv. José Pedro de Camargo — DJ 16.2.2001).

ADMINISTRATIVO E COMERCIAL. PROPRIEDADE INDUSTRIAL. PRAZO DE VALIDADE DE PATENTES. LIMINAR DEFERINDO PRORROGAÇÃO. APLICAÇÃO DE LEGISLAÇÃO NOVA, QUE ESTATUI PRAZO DE 20 ANOS PARA PRIVILÉGIO DE INVENÇÃO , ÀS PATENTES DEFERIDAS SOB A ÉGIDE DE LEGISLAÇÃO ANTERIOR QUE PRAZO DE 15 ANOS. AUSÊNCIA SE *FUMOS BONI IURIS*.PRECEDENTE DE E.4ª TURMA DESTE C. TRIBUNAL. EFEITO RETROATIVO IMPLÍCITO NÃO ADMITIDO. AGRAVO DE INSTRUMENTO PROVIDO. LIMINAR CASSADA. Decisão. A Turma, à unanimidade, deu provimento ao agravo, nos termos do voto do(a) Relator(a). (TRF 2ª R. — AGV 37939 — Proc. 99.02.17982-7 — RJ — QUARTA TURMA — Rel. JUIZ ROGERIO CARVALHO — DJU DATA: 22.2.2000 Outras Fontes DJU. Fls. 227/253 22.2.2000 DJUFLS-259 22.2.2000).

INVENÇÃO — NÃO CARACTERIZAÇÃO — SIMPLES IDÉIA DE SOLUÇÃO PARA RESOLVER PROBLEMA DO COTIDIANO — A expressão inventar existe na língua com uma gama variada de sentidos, desde a fabulação e imaginação — a invenção de ficções — a desculpas ou pretextos — inventar motivos para fazer ou deixar de fazer alguma coisa ou justificar a quebra de um compromisso, etc. — até a apresentação de boas ou más idéias novas para alegrar, melhorar, aperfeiçoar o cotidiano e chegando ao invento em sentido estrito aqui examinado, da criação original de algo novo, diferente e diverso de tudo que já existiu e que sirva para uma nova função ou utilidade, inexistente e impensada antes, gerando novidade, progresso e evolução tecnológica. Não sendo o caso, a simples e singela idéia — e não invenção — de se amarrar o telefone público à sua base com um fio de aço para não ser furtado por vândalos. O que é — amarrar objetos para desestimular ou dificultar o furto — tão velho que se perde na memória dos tempos. Não se podendo dizer, pois, que o Autor tenha feito uma invenção, nos sentidos técnico e jurídico do termo, capaz de lhe garantir direitos e a propriedade do "invento" de maneira tal que ninguém mais no mundo possa prender um telefone na base com um arame sem ter que obter dele a devida licença e pagar taxas pelo uso da invenção. Pela idéia útil, o empregado foi premiado com pequeno incentivo como previsto no regulamento da empresa, não ficando caracterizada invenção, no sentido próprio do termo técnico, para dar-lhe milionária indenização pelo uso dela. (TRT 3ª R. — RO 00812-2002-023-03-00-2 — 3ª T. — Rel. Juiz Paulo Araújo — DJMG 2.8.2003).

JUSTIÇA DO TRABALHO — COMPETÊNCIA — INVENÇÃO DO EMPREGADO — Da Justiça do Trabalho a competência para apreciar o pedido do empregado referente a indenização ou remuneração pela exploração, em benefício do empregador, de invento de sua autoria, desde que resultante da execução do contrato de trabalho ou de fato a este vinculado. Trata-se de controvérsia decorrente da relação de emprego, cuja competência para conciliar, instruir e julgar atribuída à Justiça do Trabalho, pelo art. 114 da Constituição brasileira, pouco importando a natureza civil do objeto do pedido. (TRT 3ª R. — RO 11737/02 — 4ª T. — Red. Juiz Fernando Luiz Gonçalves Rios Neto — DJMG 4.2.2003 — p. 11).

37. Responsabilidade na relação de trabalho do Conselho Tutelar

O Conselho Tutelar é regido pela Lei n. 8.069/90 (Estatuto da Criança e do Adolescente) e a função exercida pelos conselheiros tutelares tem natureza jurídica específica, de caráter administrativo, não sendo regida, pois, pela Consolidação das Leis do Trabalho.

A rigor, os conselheiros tutelares são agentes públicos honoríficos, eleitos pela comunidade, por prazo certo de 3 (três) anos, permitida uma recondução, para prestar serviço público relevante, mas sem qualquer outro vínculo com a Administração Pública, conforme se depreende dos arts. 131 a 135 da Lei n. 8.069/90, *in verbis*:

"*Do Conselho Tutelar*

CAPÍTULO I
Disposições Gerais

Art. 131. O Conselho Tutelar é órgão permanente e autônomo, não jurisdicional, encarregado pela sociedade de zelar pelo cumprimento dos direitos da criança e do adolescente, definidos nesta lei.

Art. 132. Em cada Município haverá, no mínimo, um Conselho Tutelar composto de cinco membros, escolhidos pela comunidade local para mandato de três anos, permitida uma recondução. (Redação dada ao artigo pela Lei n. 8.242, de 12.10.1991)

Art. 133. Para a candidatura a membro do Conselho Tutelar, serão exigidos os seguintes requisitos:

I — reconhecida idoneidade moral;

II — idade superior a vinte e um anos;

III — residir no município.

Art. 134. Lei Municipal disporá sobre local, dia e horário de funcionamento do Conselho Tutelar, inclusive quanto à eventual remuneração de seus membros.

Parágrafo único. Constará da Lei Orçamentária Municipal previsão dos recursos necessários ao funcionamento do Conselho Tutelar.

Art. 135. O exercício efetivo da função do conselheiro constituirá serviço público relevante, estabelecerá presunção de idoneidade moral e assegurará prisão especial, em caso de crime comum, até o julgamento definitivo.

CAPÍTULO II
Das Atribuições do Conselho

Art. 136. São atribuições do Conselho Tutelar:

I — atender as crianças e adolescentes nas hipóteses previstas nos arts. 98 e 105, aplicando as medidas previstas no art. 101, I a VII;

II — atender e aconselhar os pais ou responsável, aplicando as medidas previstas no art. 129, I a VII;

III — promover a execução de suas decisões, podendo para tanto:

a) requisitar serviços públicos nas áreas de saúde, educação, serviço social, previdência, trabalho e segurança;

b) representar junto à autoridade judiciária nos casos de descumprimento injustificado de suas deliberações;

IV — encaminhar ao Ministério Público notícia de fato que constitua infração administrativa ou penal contra os direitos da criança ou adolescente;

V — encaminhar à autoridade judiciária os casos de sua competência;

VI — providenciar a medida estabelecida pela autoridade judiciária, dentre as previstas no art. 101, de I a VI, para o adolescente autor de ato infracional;

VII — expedir notificações;

VIII — requisitar certidões de nascimento e de óbito de criança ou adolescente quando necessário;

IX — assessorar o Poder Executivo local na elaboração da proposta orçamentária para planos e programas de atendimento dos direitos da criança e do adolescente;

X — representar, em nome da pessoa e da família, contra a violação dos direitos previstos no art. 220, § 3º, inciso II da Constituição Federal;

XI — representar ao Ministério Público, para efeito das ações de perda ou suspensão do pátrio poder.

Art. 137. As decisões do Conselho Tutelar somente poderão ser revistas pela autoridade judiciária a pedido de quem tenha legítimo interesse.

CAPÍTULO III
Da Competência

Art. 138. Aplica-se ao Conselho Tutelar a regra de competência constante do art. 147.

CAPÍTULO IV
Da Escolha dos Conselheiros

Art. 139. O processo para a escolha dos membros do Conselho Tutelar será estabelecido em Lei Municipal e realizado sob a responsabilidade do Conselho Municipal dos Direitos da Criança e do Adolescente, e a fiscalização do Ministério Público. (Redação dada ao artigo pela Lei n. 8.242, de 12.10.1991)

CAPÍTULO V
Dos Impedimentos

Art. 140. São impedidos de servir no mesmo Conselho marido e mulher, ascendentes e descendentes, sogro e genro ou nora, irmãos, cunhados, durante o cunhadio, tio e sobrinho, padrasto ou madrasta e enteado.

Parágrafo único. Estende-se o impedimento do conselheiro, na forma deste artigo, em relação à autoridade judiciária e ao representante do Ministério Público com atuação na Justiça da Infância e da Juventude, em exercício na Comarca, Foro Regional ou Distrital.

Art. 143. É vedada a divulgação de atos judiciais, policiais e administrativos que digam respeito a crianças e adolescentes a que se atribua autoria de ato infracional.

Parágrafo único. Qualquer notícia a respeito do fato não poderá identificar a criança ou adolescente, vedando-se fotografia, referência a nome, apelido, filiação, parentesco, residência e, inclusive, iniciais do nome e sobrenome. (Redação dada ao parágrafo pela Lei n. 10.764, de 12.11.2003, DOU 13.11.2003)

CAPÍTULO II
Da Justiça da Infância e da Juventude

SEÇÃO I
Disposições Gerais

Art. 145. Os Estados e o Distrito Federal poderão criar varas especializadas e exclusivas da infância e da juventude, cabendo ao Poder Judiciário estabelecer sua proporcionalidade por número de habitantes, dotá-las de infra-estrutura e dispor sobre o atendimento, inclusive em plantões.

SEÇÃO II
Do Juiz

Art. 146. A autoridade a que se refere esta lei é o Juiz da Infância e da Juventude, ou o Juiz que exerce essa função, na forma da Lei de Organização Judiciária local.

(Súmula n. 108[64] do STJ).

Art. 147. A competência será determinada:

I — pelo domicílio dos pais ou responsável;

II — pelo lugar onde se encontre a criança ou adolescente, à falta dos pais ou responsável.

§ 1º Nos casos de ato infracional, será competente a autoridade do lugar da ação ou omissão, observadas as regras de conexão, continência e prevenção.

§ 2º A execução das medidas poderá ser delegada à autoridade competente da residência dos pais ou responsável, ou do local onde sediar-se a entidade que abrigar a criança ou adolescente.

§ 3º Em caso de infração cometida através de transmissão simultânea de rádio ou televisão, que atinja mais de uma comarca, será competente, para aplicação da penalidade, a autoridade judiciária do local da sede estadual da emissora ou rede, tendo a sentença eficácia para todas as transmissoras ou retransmissoras do respectivo Estado.

Art. 148. A Justiça da Infância e da Juventude é competente para:

I — conhecer de representações promovidas pelo Ministério Público, para apuração de ato infracional atribuído a adolescente, aplicando as medidas cabíveis;

(64) SÚMULA STJ N. 108 — A aplicação de medidas sócio-educativas ao adolescente, pela prática de ato infracional, é da competência exclusiva do juiz.

II — conceder a remissão, como forma de suspensão ou extinção do processo;

III — conhecer de pedidos de adoção e seus incidentes;

IV — conhecer de ações civis fundadas em interesses individuais, difusos ou coletivos afetos à criança e ao adolescente, observado o disposto no art. 209;

V — conhecer de ações decorrentes de irregularidades em entidades de atendimento, aplicando as medidas cabíveis;

VI — aplicar penalidades administrativas nos casos de infrações contra norma de proteção a crianças ou adolescentes;

VII — conhecer de casos encaminhados pelo Conselho Tutelar, aplicando as medidas cabíveis.

Parágrafo único. Quando se tratar de criança ou adolescente nas hipóteses do art. 98, é também competente a Justiça da Infância e da Juventude para o fim de:

a) conhecer de pedidos de guarda e tutela;

b) conhecer de ações de destituição do pátrio poder, perda ou modificação da tutela ou guarda;

c) suprir a capacidade ou o consentimento para o casamento;

d) conhecer de pedidos baseados em discordância paterna ou materna, em relação ao exercício do pátrio poder;

e) conhecer a emancipação, nos termos da lei civil, quando faltarem os pais;

f) designar curador especial em casos de apresentação de queixa ou representação, ou de outros procedimentos judiciais ou extrajudiciais em que haja interesses de criança ou adolescente;

g) conhecer de ações de alimentos;

h) determinar o cancelamento, a retificação e o suprimento dos registros de nascimento e óbito.

Art. 149. Compete à autoridade judiciária disciplinar, através de portaria, ou autorizar, mediante alvará:

I — a entrada e permanência de criança ou adolescente, desacompanhado dos pais ou responsável, em:

a) estádio, ginásio e campo desportivo;

b) bailes ou promoções dançantes;

c) boate ou congêneres;

d) casa que explore comercialmente diversões eletrônicas;

e) estúdios cinematográficos, de teatro, rádio e televisão.

II — a participação de criança e adolescente em:

a) espetáculos públicos e seus ensaios;

b) certames de beleza.

Parágrafo único. Para os fins do disposto neste artigo, a autoridade judiciária levará em conta, dentre outros fatores:

a) os princípios desta lei;

b) as peculiaridades locais;

c) a existência de instalações adequadas;

d) o tipo de freqüência habitual ao local;

e) a adequação do ambiente à eventual participação ou freqüência de crianças e adolescentes;

f) a natureza do espetáculo.

§ 2º As medidas adotadas na conformidade deste artigo deverão ser fundamentadas, caso a caso, vedadas as determinações de caráter geral".

Caberá ao Ministério Público promover o inquérito civil e a ação civil pública para a proteção dos interesses individuais, difusos ou coletivos relativos à infância e à adolescência, inclusive os definidos no art. 220[(65)], § 3º, inciso II, da Constituição Federal.

De outra parte, os membros do Conselho Tutelar não podem ser nomeados ou exonerados livremente como os cargos típicos de cargo em comissão (em que tais servidores são demissíveis *ad nutum*).

Assim sendo, podemos afirmar que a relação de trabalho entre a Municipalidade e os membros do Conselho Tutelar são de natureza administrativa, com regulação por lei municipal, inexistindo, portanto, qualquer vínculo de emprego.

A responsabilidade por atos de tais membros, por dolo ou culpa, que venham a afetar terceiros, no exercício da função, enquadra-se no art 37, § 6º da Constituição Federal de 1988, ou seja, constitui responsabilidade objetiva da Administração Pública direta, no caso o Município, pelo fato de tais membros se equipararem aos servidores públicos municipais.

Transcrevemos as seguintes ementas emanadas de nossos Pretórios Trabalhistas.

---

(65) Art. 220. A manifestação do pensamento, a criação, a expressão e a informação, sob qualquer forma, processo ou veículo não sofrerão qualquer restrição, observado o disposto nesta Constituição. (CF, art. 5º, IV e IX). Lei n. 5.250/67 (Lei de Imprensa). § 1º Nenhuma lei conterá dispositivo que possa constituir embaraço à plena liberdade de informação jornalística em qualquer veículo de comunicação social, observado o disposto no art. 5º, IV, V, X, XIII e XIV.

§ 2º É vedada toda e qualquer censura de natureza política, ideológica e artística.

§ 3º Compete à lei federal:

I — regular as diversões e espetáculos públicos, cabendo ao Poder Público informar sobre a natureza deles, as faixas etárias a que não se recomendem, locais e horários em que sua apresentação se mostre inadequada;

II — estabelecer os meios legais que garantam à pessoa e à família a possibilidade de se defenderem de programas ou programações de rádio e televisão que contrariem o disposto no art. 221, bem como da propaganda de produtos, práticas e serviços que possam ser nocivos à saúde e ao meio ambiente.

§ 4º A propaganda comercial de tabaco, bebidas alcoólicas, agrotóxicos, medicamentos e terapias estará sujeita a restrições legais, nos termos do inciso II do parágrafo anterior, e conterá, sempre que necessário, advertência sobre os malefícios decorrentes de seu uso. (CF, Lei n. 9.294/96, Decreto n. 2.018/96 e Lei n. 7.802/89).

§ 5º Os meios de comunicação social não podem, direta ou indiretamente, ser objeto de monopólio ou oligopólio.

§ 6º A publicação de veículo impresso de comunicação independe de licença de autoridade.

RELAÇÃO DE EMPREGO — CONSELHEIRA TUTELAR — Membro escolhido para o Conselho Municipal dos Direitos da Criança e do Adolescente, cujas atribuições estão elencadas no art. 136 da Lei n. 8.069/90, ainda que o exercício efetivo da função de conselheira constitua serviço público relevante, não detém a situação jurídica de empregado do Município no curso do seu mandato. (TRT4ª R. — Ac. 00450.531/98-8 RO — 8ª T — Rel. Juiz Nelson Ribas — DOERS 20.5.2002).

CONSELHEIRA TUTELAR — VÍNCULO DE EMPREGO — Não há que se falar em vínculo empregatício entre as partes, por tratar-se a reclamante de membro eleito pelos cidadãos locais, para o Conselho Tutelar dos Direitos da Criança e do Adolescente, cujas atribuições estão opostas no art. 136 da Lei n. 8.069/90, não obstante o exercício efetivo da função de conselheira constitua serviço público relevante. Por outro lado, não foram observados os requisitos do art. 37, II da CF/88, porquanto a autora não se submeteu a concurso público. (TRT4ª R. — Ac. 00451.531/98-1 RO — 2ª T — Relª Juiza Dulce Olenca B. Padilha — DOERS 24.9.2001).

ADMINISTRATIVO — CONSELHEIRO TUTELAR — NATUREZA JURÍDICA DO CARGO — AGENTES PÚBLICOS QUE NÃO SE ENQUADRAM NA CATEGORIA DE SERVIDOR PÚBLICO — REGIME DE REMUNERAÇÃO — LEI ESPECIAL — INAPLICABILIDADE DO ESTATUTO DOS SERVIDORES PÚBLICOS MUNICIPAIS — RECURSO DESPROVIDO — Conquanto seja inegável que os membros do Conselho Tutelar sejam agentes públicos, estes não integram a subespécie servidor estatal; porém, por semelhança, são enquadrados na categoria de agentes honoríficos. Assim, o regime de remuneração, quando cabível, é o previsto em lei especial, sendo inaplicável o Estatuto dos Servidores Públicos Municipais. (TJSC — AC 2002.002760-0 — 2ª C. Dir. Pub. — Rel. Des. Luiz Cézar Medeiros — J. 13.2.2003).

Oportuno, no momento, trazer o entendimento do Tribunal de Justiça do Rio Grande do Sul sobre o Conselho Tutelar:

Conclusões do Centro de Estudos do TJRS

30ª Para a escolha de Conselheiro Tutelar, a Lei Municipal pode estabelecer outros requisitos compatíveis com o cargo, além dos indicados no art. 133 do ECA, ante o permissivo dos arts. 24, inc. XV e 30, inc. II, da Constituição Federal. (Unanimidade).

A orientação jurisprudencial desta Corte firmou-se no sentido de admitir que cada Município pode legislar supletivamente, consoante suas próprias peculiaridades e necessidades, estabelecendo exigências, requisitos ou condições para o registro de candidatura ao pleito para o cargo de Conselheiro Tutelar, tal como autoriza o art. 30, inc. II, da Constituição Federal, visto que o art. 24, inc. XV da Carta Magna estabelece a competência concorrente entre a União, o Estado e o Município para legislar sobre a proteção à infância e à juventude. Entende-se, portanto, que os requisitos indicados no art. 133 do Estatuto da Criança e do Adolescente são aqueles mínimos necessários ao desempenho do cargo, sendo que o art. 139 da precitada Lei estabelece processo para a escolha dos membros do Conselho Tutelar deve ser regulado por Lei Municipal. Claro que tal competência legislativa não se limita a definir mera forma de funcionamento, senão de adequar os critérios de escolha, a partir do que for conveniente e necessário para o Município, assegurando-se a livre e ampla, mas qualificada, participação popular. (Fonte TJRS) (Ver precedentes APC 70002367613, MS 70002245603).

CAPÍTULO III

A RESPONSABILIDADE OBJETIVA E SUBJETIVA DA EMPRESA NA PRÁTICA DO DIREITO DO TRABALHO

(A POSIÇÃO DOS TRIBUNAIS DO TRABALHO)

1. Introdução

Entre os inúmeros casos de aplicação da responsabilidade subjetiva e objetiva no caso concreto do Direito do Trabalho, relacionamos alguns casos, em que procuraremos demonstrar a ampla aplicação, de longa data, da responsabilidade objetiva na regulação das relações entre o capital e o trabalho, como segue:

2. A Posição de nossos Tribunais

Para que possamos aferir o entendimento e a posição de nossos Tribunais, elencamos a seguir vários extratos jurisprudenciais, para constatação das linhas de decisão adotadas pelos nossos magistrados, no tratamento da responsabilidade objetiva e subjetiva aplicadas às relações de trabalho.

2.1. Grupo de empresas

O entendimento predominante na doutrina é que existindo ou não relação de subordinação ou de coordenação entre as empresas do mesmo grupo, existe *responsabilidade objetiva* delas em face dos direitos trabalhistas, por presunção *juris tantum*.

É o patrimônio do grupo que garante os direitos dos trabalhadores e em qualquer tipo de cisão, fusão, incorporação ou alteração societária, a regra é: "para onde vai o patrimônio deve ir a demanda trabalhista". No caso do grupo de empresas como empregador único, a jurisprudência já pacificou a tese de sua solidariedade ativa e passiva.

Sob este prisma, o patrimônio da empresa constitui, na verdade, a hipoteca legal dos direitos dos trabalhadores, já que os créditos trabalhistas acompanham o patrimônio do empregador como uma espécie de direito de seqüela.

No caso em espécie, trazemos os seguintes acórdãos para elucidar a matéria.

GRUPO DE EMPRESAS — EFEITOS DA SOLIDARIEDADE — INEXISTÊNCIA DE UM ÚNICO CONTRATO DE TRABALHO — Ocorre grupo econômico sempre que uma ou mais empresas, tendo, embora, cada uma delas, personalidade jurídica própria, estiverem sob a direção, controle ou administração de outra. Constituindo grupo industrial, comercial ou de qualquer outra atividade econômica, serão, para os efeitos da relação de emprego, solidariamente responsáveis a empresa principal e cada uma das subordinadas (inteligência do art. 2º, § 2º, da CLT). Entre os efeitos da solidariedade decorrente do reconhecimento do consórcio empresarial não se encontra o de que o vínculo de emprego com mais de uma das consorciadas gera a unicidade contratual. O efeito da solidariedade restringe-se apenas à responsabilidade de todos os consorciados pelo pagamento dos créditos adquiridos pelo empregado em face de uma das empresas do conglomerado. (TRT 12ª R. — RO-V 00014-2002-014-12-00-0 — (12043/2004) — Florianópolis — 2ª T. — Relª Juíza Marta Maria Villalba Fabre — J. 14.10.2004).

EMBARGOS DE TERCEIRO — EMPRESAS PERTENCENTES AO MESMO GRUPO ECONÔMICO. A CLT, ao tratar da figura do empregador, determina a *responsabilidade* solidária de *empresas* quando verificada a ocorrência de *grupo* econômico, ou seja, "sempre que uma ou mais *empresas*, tendo, embora, cada uma delas personalidade jurídica própria, estiverem sob direção, controle ou administração de outra constituindo *grupo* industrial, comercial ou de qualquer outra atividade econômica, serão, para os efeitos da relação de emprego, solidariamente responsáveis a *empresa* principal e cada uma das subordinadas" (art. 2º, § 2º). Assim, caracterizada a formação de *grupo* econômico entre a Embargante e a Executada não há que se falar em pessoa jurídica estranha à lide. TRIBUNAL: 15ª Região ACÓRDÃO NUM: Acórdão: 030833/2000 DECISÃO: 15.8.2000 TURMA: SEP — Seção Especializada (Comp. Recursal. Relator: MARIA CECÍLIA FERNANDES ALVARES LEITE)

EMBARGOS DE TERCEIRO E O TEOR DO ENUNCIADO N. 205 DO TST. O Enunciado n. 205 do TST assevera *in verbis*: "O responsável solidário, integrante do *grupo econômico,* que não participou da relação processual como reclamado e que, portanto, não consta do Título Executivo Judicial como devedor, não pode ser sujeito passivo na execução." A bem da verdade trata-se de um retrocesso o referido entendimento jurisprudencial. Exigir do reclamante, na fase de conhecimento, litigar contra todas as empresas do *grupo* é por demais exagerado. Deve ajuizar a ação contra a empresa aparente. Cabe a esta discutir o mérito do contrato de trabalho que se apresenta litigioso. Somente quando a referida empresa se mostrar inadimplente é que o empregado, pela aplicação da solidariedade, tem o direito de exigir das demais integrantes do *grupo* o ressarcimento de seus créditos trabalhistas. Em havendo a lesão ao direito subjetivo trabalhista, pode e deve o empregado procurar a sua reparação, exercitando o seu direito de ação contra o seu empregador efetivo. Reconhecido o direito, através do competente processo de conhecimento, em execução de sentença com base no título executivo judicial (art. 876, CLT), se a empresa devedora se mostrar de fato inadimplente, devem ser penhorados e expropriados os bens das demais empresas integrantes do *grupo econômico*, em função do fato de que a solidariedade passiva é impositivo legal (art. 2º, § 2º, CLT). A *responsabilidade* solidária está prevista na legislação trabalhista, portanto, a mesma pode e deve ser reconhecida na ação de execução. Rejeito o apelo quanto a aplicação do disposto no Enunciado n. 205 do TST. TRIBUNAL: 2ª Região. ACÓRDÃO NUM: 20030390430 DECISÃO: 5.8.2003 TIPO: AP02 NUM: 28046 ANO: 2003. NÚMERO ÚNICO PROC: AP02 — 28046-2003-902-02-00. AGRAVO DE PETICAO EM EMBARGOS DE TERCEIRO. TURMA: 4ª ÓRGÃO JULGADOR — QUARTA TURMA. DOE SP, PJ, TRT 2ª Data: 22.8.2003 PG: Relator:FRANCISCO FERREIRA JORGE NETO. Revisor: SALVADOR FRANCO DE LIMA LAURINO.

AÇÃO DECLARATÓRIA DE RESPONSABILIDADE SOLIDÁRIA E/OU SUBSIDIÁRIA CONTRA OUTRAS EMPRESAS DIVERSAS DO EMPREGADOR FORMAL. ACORDO HOMOLOGADO EM COMISSÃO DE CONCILIAÇÃO PRÉVIA. Juridicamente impossibilitado o trabalhador de levar à referida Comissão qualquer outra empresa do mesmo *grupo econômico* ou que seja subsidiariamente responsável por seus créditos trabalhistas é certo que ele tem direito de ação pretendendo a extensão da *responsabilidade* destas empresas pela satisfação do valor do acordo fixado na Comissão de Conciliação Prévia, criada pela Lei n. 9.958, de 12 de janeiro de 2000. Recurso ordinário provido, para afastar a extinção do processo, por indeferimento da inicial, sem notificação das reclamadas. TRIBUNAL: 2ª Região. ACÓRDÃO NUM: 20020797812 DECISÃO: 10.12.2002. TIPO: RS01 NUM: 49992200290202009 ANO: 2002. NÚMERO ÚNICO PROC: RS01 — RECURSO ORDINÁRIO EM RITO SUMARÍSSIMO. TURMA: 05 ÓRGÃO JULGADOR — QUINTA TURMA. DOE SP, PJ, TRT 2ª Data: 7.1.2003. Redator designado: FERNANDO ANTONIO SAMPAIO DA SILVA

É de se destacar que a Súmula n. 205 do TST foi cancelada pela revisão dos enunciados do TST realizada no final de 2003, atendendo a uma espécie de clamor dos advogados, que entendiam que o Tribunal Superior do Trabalho tinha exacerbado nas suas atribuições constitucionais ao dar uma interpretação extremamente restritiva ao art. 8º, inciso III da Constituição Federal de 1988.

O entendimento estampado nessa Súmula ficou ainda mais comprometido, a partir do momento em que o Código de Defesa do Consumidor (Lei n. 8.078/90), em seu art. 81, *caput* e parágrafo único, III e 82, ao mesmo tempo em que a Ação Civil Pública (Lei n. 7.347/85), no art. 5º, passaram a contemplar a plena substituição processual ou extraordinária das associações, entre as quais se encontram os sindicatos, para figurarem no pólo ativo das ações coletivas, difusas ou individuais homogêneas na defesa dos interesses dos trabalhadores.

A substituição processual dos sindicatos[(1)], que é entendida como substituição processual extraordinária, já que o sindicato, em seu próprio nome, postula em juízo direitos de terceiros (seus associados), consoante art. 6º[(2)] do Código de Processo Civil, não se confunde com a substituição processual autônoma[(3)] do Ministério Pú-

(1) "CARÊNCIA DE AÇÃO — SUBSTITUIÇÃO PROCESSUAL — AÇÃO DE CUMPRIMENTO — ART. 872, PARÁGRAFO ÚNICO, DA CLT (...) SUBSTITUIÇÃO PROCESSUAL DE UM ÚNICO TRABALHADOR .Não há nos dispositivos legais disciplinadores da matéria (arts. 843 e 872 da CLT e 8º, III, da CR) qualquer vedação para que o sindicato se apresente como substituto processual em defesa de um único trabalhador. Se a lei não faz a distinção, não cabe ao intérprete fazê-la. Ademais, não é o número de substituídos que fixa a forma de postular em juízo, mas, sim, o título pleiteado. (...) (TST, RR 461.124/ 1998.3, (Ac. 3ª T.), 8ª R., Relª Min. MARIA CRISTINA IRIGOYEN PEDUZZI, DJU 19.9.2003, p. 566)"

(2) Art. 6º Ninguém poderá pleitear, em nome próprio, direito alheio, salvo quando autorizado por lei.

(3) Em relação ao Ministério Público, não é da sua natureza constitucional defender direitos subjetivos individuais disponíveis; nos casos em que o legislador o legitimou para tal tarefa (tutela de consumidores, de credores de instituições financeiras em regime de liquidação e de investidores no mercado financeiro), ocorre substituição processual autônoma, para demandar pretensão condenatória genérica, em caráter coletivo e impessoal. A compatibilidade constitucional dessa legitimação está em que a lesão conjunta àqueles direitos individuais implica também lesão a valores sociais especialmente privilegiados pelo direito positivo, cuja tutela constitui obrigação do Ministério Público. Com exceção dos casos expressamente previstos em Lei, a legitimidade do Ministério Público na defesa de direitos individuais poderá ser admitida apenas em situações especiais, quando a lesão ao conjunto dos direitos venha representar, à luz dos valores jurídicos estabelecidos, não apenas a soma dos interesses particulares, mas também o comprometimento de interesses relevantes da sociedade, como um todo.
A substituição é uma figura processual por meio da qual uma pessoa estranha às relações de direito material e processual ingressa em juízo em nome de uma das partes. Assim, o substituto é parte no sentido processual, mas não o é no sentido material. Logo, é atingido apenas pela coisa julgada formal. O substituído, parte no aspecto substancial, porém, é que é albergado pela coisa julgada material.

blico do Trabalho, já que este postula em juízo, independentemente de qualquer tipo de autorização dos interessados, por fulcro de mandamento constitucional emanado dos arts. 127 a 129 da Carta Magna e do arts. 83 e 84 da Lei Complementar n. 75/93.

Dessa forma, com o cancelamento da Súmula n. 310 do TST, os sindicatos passam a ostentar um alargamento de sua legitimidade para figurar no pólo ativo, como substituto processual, nas lides de defesa dos interesses dos trabalhadores, que não mais fica restrita às ações que pleiteavam aumentos salariais, adicionais de periculosidade ou insalubridade etc.

2.2. Grupo econômico típico

No *grupo econômico típico* — O grupo não é empregador único. A responsabilidade é subsidiária, e não solidária. Temos aqui um caso de obrigação meramente passiva, e não ativa. Na situação atípica, onde o grupo é empregador único, o contrato de trabalho existe com todo o grupo, e a obrigação é solidária, existindo solidariedade ativa e passiva.

2.3. Sucessão trabalhista

A OJ (Orientação Jurisprudencial) n. 225 da SDI — I do TST (Seção de Dissídios Individuais do Tribunal Superior do Trabalho) traz-nos um exemplo de responsabilidade objetiva do empregador em sucessão trabalhista.

Diz a orientação:

> 225. Contrato de Concessão de Serviço Público. Responsabilidade Trabalhista. Inserida em 20.6.01 e alterada pelo Tribunal Pleno, em 18.4.02 — MA n. 10.999/02 (nova redação). Celebrado contrato de concessão de serviço público em que uma empresa (primeira concessionária) outorga a outra (segunda concessionária), no todo ou em parte, mediante arrendamento ou qualquer outra forma contratual, a título transitório, bens de sua propriedade: I — em caso de rescisão do contrato de trabalho após a entrada em vigor da concessão, a segunda concessionária, na condição de sucessora, responde pelos direitos decorrentes do contrato de trabalho, sem prejuízo da responsabilidade subsidiária da primeira concessionária pelos débitos trabalhistas contraídos até a concessão; II — no tocante ao contrato de trabalho extinto antes da vigência da concessão, a responsabilidade pelos direitos dos trabalhadores será exclusivamente da antecessora.

Colacionamos, a seguir, alguns acórdãos recentes elucidativos sobre a temática em análise.

> EMBARGOS DA FCA — SUCESSÃO TRABALHISTA REDE FERROVIÁRIA FEDERAL S.A. ARRENDAMENTO DA MALHA FERROVIÁRIA PARA A FERROVIA CENTRO ATLÂNTICA S.A. — O acórdão embargado apresenta estrita consonância com a OJ n. 225/SBDI1: Em razão da subsistência da Rede Ferroviária Federal S/A e da transitoriedade da transferência dos seus bens pelo arrendamento das malhas ferroviárias, a

Rede é responsável subsidiariamente pelos direitos trabalhistas referentes aos contratos de trabalho rescindidos após a entrada em vigor do contrato de concessão; e quanto àqueles contratos rescindidos antes da entrada em vigor do contrato de concessão, a responsabilidade é exclusiva da Rede. De fato, o acórdão do TRT noticia que a FCA absorveu o contrato de trabalho do reclamante, assumindo plenamente a condição de empregadora (fl. 664). Nessa hipótese, ao teor da Orientação transcrita, a responsabilidade da RFFSA tem alcance meramente subsidiário, conforme decidido, sendo responsável principal a FCA, por todo o período contratual. Embargos não conhecidos. II — EMBARGOS DA RFFSA. RESPONSABILIDADE DA RFFSA — RECURSO DE REVISTA NÃO CONHECIDO AUSÊNCIA DE INDICAÇÃO EXPRESSA DE OFENSA AO ART. 896 DA CLT. O recurso de revista da RFFSA não foi conhecido por ausência de violação dos arts. 10 e 448 da CLT e inaptidão da jurisprudência colacionada. Os presentes embargos não indicam expressamente violação do art. 896 da CLT, desatendendo à OJ n. 294/SBDI1. Embargos não conhecidos. (TST — ERR 464398 — SBDI 1 — Relª Juíza Conv. Rosita de Nazaré Sidrim Nassar — DJU 3.12.2004)

PRELIMINAR DE ILEGITIMIDADE PASSIVA "AD CAUSAM". SUCESSÃO. RESPONSABILIDADE. A controvérsia em torno da *responsabilidade* da sucessora pelos débitos trabalhistas encontra-se pacificada pela Orientação Jurisprudencial n. 225 da SDI-1 desta Corte, no sentido de que as empresas que prosseguiram na exploração das malhas *ferroviárias* da *Rede Ferroviária Federal* são responsáveis pelos direitos trabalhistas dos ex-empregados desta, cujos contratos de trabalho não foram rescindidos antes da entrada em vigor do contrato de concessão de serviço respectivo. Assim, vem à baila o Enunciado n. 333 do TST, em que os precedentes da SDI foram erigidos à condição de requisitos negativos de admissibilidade do recurso. Recurso não conhecido. PRELIMINAR DE INÉPCIA DA PETIÇÃO INICIAL.Incide o óbice das disposições do Enunciado n. 297/TST, em face da ausência de prequestionamento da matéria pela ótica suscitada na revista. Revista não conhecida. NULIDADE POR CERCEAMENTO DE DEFESA. INDEFERIMENTO DA DENUNCIAÇÃO À LIDE.A decisão regional apresenta-se em perfeita consonância com a jurisprudência desta, cristalizada na OJ n. 227 da SDI-1. Assim sendo, o apelo esbarra no óbice no Enunciado n. 333 do TST. Recurso de revista não conhecido. HORAS EXTRAS. O Recurso de Revista, em face de sua natureza extraordinária, tem lugar apenas nas hipóteses elencadas no art. 896 da CLT. Recurso não conhecido. ADICIONAL DE PERICULOSIDADE. A decisão foi baseada nos fatos colhidos em laudo pericial e sua conclusão foi expressamente lastreada na Orientação Jurisprudencial n. 5, SDI-1, erigindo-se, do art. 896, § 4º, CLT e Enunciado n. 333, TST, óbice ao recurso. Recurso não conhecido. DECISÃO: Por unanimidade, não conhecer do recurso de revista. DJ DATA: 7.11.2003. RELATORA JUÍZA CONVOCADA MARIA DO PERPÉTUO SOCORRO W. DE CASTRO.

NULIDADE PROCESSUAL. IMPOSSIBILIDADE DE DECRETAÇÃO. ALTERAÇÃO DO RITO PROCESSUAL. AUSÊNCIA DE PREJUÍZO. Pontua o art. 794 da CLT que "nos processos sujeitos à apreciação da Justiça do Trabalho só haverá nulidade quando resultar dos atos inquinados manifesto prejuízo às partes litigantes". Este preceito tem na instrumentalidade do processo seu principal fundamento. A aplicação do princípio se revela na hipótese em que a argüição de nulidade, por alteração do rito processual, em segundo grau de jurisdição, não vem calcada em prejuízo processual para o Litigante, eis que, a despeito da alteração do rito, o Tribunal Regional do Trabalho findou por analisar, de forma fundamentada, todos os argumentos suscitados pela Parte, em seu recurso ordinário, e renovados no Recurso de Revista. Recurso de Revista não conhecido. 2. REDE FERROVIÁRIA FEDERAL S.A. FERROBAN — FERROVIAS BAN-

DEIRANTES S.A. CONTRATO DE CONCESSÃO DE SERVIÇO PÚBLICO. SUCESSÃO TRABALHISTA. RESPONSABILIDADE. DISSOLUÇÃO CONTRATUAL EFETIVADA EM DATA PRETÉRITA AO APERFEIÇOAMENTO DA CONCESSÃO. EFEITO. "Em razão da subsistência da Rede Ferroviária Federal S/A e da transitoriedade da transferência dos seus bens pelo arrendamento das malhas ferroviárias, a Rede é responsável subsidiariamente pelos direitos trabalhistas referentes aos contratos de trabalho rescindidos após a entrada em vigor do contrato de concessão; e quanto àqueles contratos rescindidos antes da entrada em vigor do contrato de concessão, a responsabilidade é exclusiva da Rede" (OJ n. 225/SDI-1). Constatando-se a efetivação da dissolução contratual em data pretérita ao aperfeiçoamento da concessão, nenhuma obrigação remanesce para a sucessora. Recurso de Revista parcialmente provido. TRIBUNAL: TST DECISÃO: 17.9.2003. NUMERAÇÃO ÚNICA PROC: RR — 251-2000-100-15-00. RECURSO DE REVISTA. TURMA: 03. ÓRGÃO JULGADOR — TERCEIRA TURMA. DJ DATA: 10.10.2003. RELATOR JUIZ CONVOCADO ALBERTO LUIZ BRESCIANI PEREIRA.

2.4. Bancos. Sucessão trabalhista

Caso idêntico é disciplinado pela Orientação Jurisprudencial n. 261 da Seção de Dissídios Individuais I do Tribunal Superior do Trabalho, que assim se expressa:

"*Bancos. Sucessão trabalhista.* As obrigações trabalhistas, inclusive as contraídas à época em que os empregados trabalhavam para o banco sucedido, são de responsabilidade do sucessor, uma vez que a este foram transferidos os ativos, as agências, os direitos e deveres contratuais, caracterizando típica sucessão trabalhista".

Transcrevemos, a seguir, acórdãos para esclarecer a matéria.

BANCOS — SUCESSÃO TRABALHISTA — NÃO-CONHECIMENTO — Conforme dispõe a Orientação Jurisprudencial n. 261 da SDBI-1 desta col. Corte: As obrigações trabalhistas, inclusive as contraídas à época em que os empregados trabalhavam para o banco sucedido, são de responsabilidade do sucessor, uma vez que a este foram transferidos os ativos, as agências, os direitos e deveres contratuais, caracterizando típica sucessão trabalhista. Estando a decisão regional de acordo com esse entendimento, não há como conhecer da Revista em razão da redação do art. 896, § 4º, da CLT e da Súmula n. 333/TST. BANERJ — DIFERENÇAS SALARIAIS — PREVISÃO EM ACORDO COLETIVO 91/92 — O art. 5º do acordo coletivo de trabalho do BANERJ, ano 91/92, o qual previu o pagamento de reajuste de 26,06%, referente às diferenças referentes ao Plano Bresser, não estava submetido a uma condição suspensiva, tendo, portanto, eficácia plena. Dessa forma, devido o pagamento do reajuste pactuado, tendo como limitação o mês de agosto de 1992, como também previsto no instrumento coletivo firmado. Recurso de Revista parcialmente conhecido e parcialmente provido. (TST — RR 722.225/2001.6 — 4ª T. — Relª Juíza Conv. Maria de Assis Calsing — DJU 1º.7.2005)

SUCESSÃO DE EMPREGADORES — A discussão sobre a sucessão de bancos encontra-se dirimida na Orientação Jurisprudencial SBDI-1 261, o que implica o pressuposto negativo contido no art. 896, § 4º da CLT e Enunciado n. 333 do TST. Recurso de Revista não conhecido. QUITAÇÃO — Enunciado n. 330/TST. A tese, firmada pelo Tribunal Regional, quanto à limitação da eficácia liberatória do recibo de quitação devidamente homologado às parcelas expressamente consignadas, e pertinência da apreciação pelo Judiciário de outras verbas trabalhistas que nele não estejam incluídos, consoa à redação do referido Enunciado n. 330, I (RA 108/2001); incidência do art. 896, § 4º, da CLT. Recurso não conhecido. RECURSO DE REVISTA, ADESIVO, DO RECLAMANTE — A interposição de recurso adesivo pressupõe a inexistência da iniciativa recursal, pela parte, em face da decisão judicial; a anterior interposição do Recurso autônomo configura a preclusão consumativa para a atuação recursal, ainda que tenha sido negado seguimento ao recurso por intempestivo. Recurso não conhecido. (TST — RR 617.725/1999.8 — 1ª T. — Relª Juíza Conv. Maria do Perpétuo Socorro Wanderley de Castro — DJU 13.05.2005)

DA SUCESSÃO — Os arestos paradigmas são inservíveis para demonstrar o dissenso de teses porque inespecíficos (En. n. 296/TST). As alegações de que o contrato de trabalho do reclamante extinguiu-se antes de efetivado o negócio de compra e venda entre os bancos reclamados não foi objeto de análise pelo Regional, o que impede a sua apreciação por esta instância extraordinária, por falta de prequestionamento (En. n. 297/TST). Além disso, a questão atinente à sucessão do Banco Bamerindus S/A, hoje em liquidação extrajudicial, pelo Banco HSBC Bamerindus S/A, é de muito conhecida desta Corte, restando assentado o entendimento de que compete ao sucessor o pagamento dos débitos trabalhistas devidos pela sucedida. Não conheço. APLICABILIDADE DO EN. N. 304 — JUROS DE MORA — A alegação de divergência jurisprudencial não logra prosperar, porque o aresto paradigma é oriundo de Turma desta Corte (art. 896, *a*, da CLT). Ademais, na hipótese, a empresa sucedida e em regime de liquidação extrajudicial não foi responsabilizada pelo pagamento dos créditos trabalhistas, tendo sido, inclusive, deferida a sua exclusão do pólo passivo da presente reclamação. Assim, o fato de o sucedido encontrar-se sob intervenção em nada altera a questão, não se vislumbrando a alegada violação ao art. 18, *d*, da Lei n. 6.024/74, nem contrariedade ao En. n. 304 desta Corte. Não conheço. (TST — RR 641918 — 3ª T. — Relª Min. Conv. Dora Maria da Costa — DJU 21.11.2003)

SUCESSÃO TRABALHISTA. BANCO BANDEIRANTES E BANCO BANORTE. Sobre a sucessão do Banco Banorte pelo Banco Bandeirantes a jurisprudência desta Corte encontra-se concentrada na Orientação Jurisprudencial n. 261 da SBDI-1, vazada nos seguintes termos: "as obrigações trabalhistas, inclusive as contraídas à época em que os empregados trabalhavam para o banco sucedido, são de responsabilidade do sucessor, uma vez que a este foram transferidos os ativos, as agências, os direitos e deveres contratuais, caracterizando típica sucessão trabalhista". Hipótese de incidência da Súmula n. 333 do TST como óbice ao conhecimento do Recurso. QUITAÇÃO. SÚMULA N. 330 DO TST. Não tendo constado do acórdão regional que as horas extras pleiteadas foram objeto do termo de rescisão contratual nem havendo menção de tratar-se de circunstância incontroversa nos autos, é inviável a aferição de contrariedade à Súmula n. 330 do TST. Recurso de Embargos de que não se conhece. TRIBUNAL: TST DECISÃO: 29.9.2003 PROC: ERR NUM: 480559 ANO: 1998 REGIÃO: 6 EMBARGOS EM RECURSO DE REVISTA TURMA: D1 ÓRGÃO JULGADOR — SUBSEÇÃO I ESPECIALIZADA EM DISSÍDIOS INDIVIDUAIS DJ DATA: 10.10.2003 Relator MINISTRO JOÃO BATISTA BRITO PEREIRA

PRELIMINAR DE DESERÇÃO POR AUSÊNCIA DE PAGAMENTO DE CUSTAS PROCESSUAIS E DE DEPÓSITO RECURSAL, SUSCITADA NA CONTRAMINUTA. A efetivação do depósito recursal é exigível somente no Recurso Ordinário, Recurso de Revista, Embargos e Recurso Extraordinário, nos termos do artigo 899 da CLT. Carece, portanto, de amparo legal a exigência de pagamento de depósito recursal em Agravo de Instrumento. 2 — CUSTAS PROCESSUAIS. EXIGÊNCIA. AGRAVO DE INSTRUMENTO. As custas na Justiça do Trabalho são recolhidas apenas uma vez, pelo vencido. Salvo quando o Tribunal Regional acrescer o valor da condenação, o que não ocorreu na hipótese vertente. A Lei n. 10.537, de 27.8.2002, que acrescentou, entre outros, o art. 789-A à CLT, a qual instituiu o pagamento de custas ao Agravo, não pode ser aplicada a estes autos, porque o Agravo foi interposto, no dia 30.10.2001 (fl. 02), data anterior à vigência da referida lei. 3 — PRELIMINAR POR FALTA DE INSTRUMENTALIDADE DO RECURSO ARGÜIDA NA CONTRAMINUTA — AUSÊNCIA DE REQUERIMENTO DO IMEDIATO JULGAMENTO DO RECURSO. As normas contidas no processo civil somente são aplicadas ao processo do trabalho quando há omissão e mesmo assim, desde que não sejam incompatíveis com os princípios norteadores do Direito do Trabalho (CLT, art. 769). A disciplina do agravo de instrumento no processo do trabalho encontra-se delineada pelo art. 897 da CLT. A aludida norma não impõe ao Agravante o ônus de instrumentar o Agravo, com o requerimento do imediato julgamento do Recurso de Revista. Sua obrigação é a de instruir o processo, trasladando todas as peças que reputar essenciais para o deslinde da controvérsia. Se, porventura, o Agravo for provido, caberá à Turma julgadora deliberar sobre o Julgamento do Recurso principal, nos termos dos §§ 6º e 7º do referido preceito legal. 4 — PRELIMINAR DE NÃO CONHECIMENTO DO AGRAVO, POR SE ENCONTRAR DESFUNDAMENTADO, ARGÜIDA NA CONTRAMINUTA. O Reclamado argüiu a prefacial em epígrafe, argumentando que o Agravo de Instrumento não merece ser conhecido, porque o Recurso de Revista não atendeu aos pressupostos contidos no art. 896 da CLT. A ausência de demonstração de ofensa a lei e/ou dissenso pretoriano não enseja o não conhecimento do Agravo de Instrumento, mas tão-somente pode acarretar o seu desprovimento. A questão argüida pelo Reclamado não constitui matéria objeto de preliminar de não conhecimento. 5 — DO PEDIDO DE CONDENAÇÃO DO RECLAMADO POR LITIGÂNCIA DE MÁ-FÉ FORMULADO NA CONTRAMINUTA. O Agravado, na contraminuta, à fl. 156, pede que o Agravante seja condenado por litigância de má-fé, asseverando que, ao interpor o Agravo de Instrumento, estaria apresentando recurso procrastinatório. O pedido formulado na contraminuta tem apoio nos arts. 16 a 18 do CPC, que dispõem que a litigância de má-fé será declarada de ofício ou a requerimento da parte. Em princípio, não há motivo para se aplicar a sanção, tendo em vista que o Agravante logrou demonstrar que o apelo apresentado tem objetivo infirmatório, como se depreende da leitura dos argumentos veiculados na minuta, em que a parte busca desconstituir os fundamentos da decisão agravada mediante a demonstração de suposta divergência pretoriana. REJEITO o pedido. 6 — PRELIMINAR DE INÉPCIA DO AGRAVO DE INSTRUMENTO, SUSCITADA NA CONTRAMINUTA, POR INCOMPETÊNCIA DA INSTÂNCIA OU POR AUSÊNCIA DE IDENTIFICAÇÃO DA AUTORIDADE A QUAL FOI DIRIGIDA. O Agravo de Instrumento é utilizado no processo trabalhista de forma diferente da utilizada no processo civil, pois, na seara do Direito do Trabalho é cabível, no prazo de oito dias, "dos despachos que denegarem a interposição de recurso". Esse Recurso será dirigido à autoridade judiciária prolatora do despacho impugnado. Isso porque tal Recurso tem de ser apreciado pelo Tribunal que seria competente para conhecer o Recurso,cujo seguimento fora obstado. 7 — SUCESSÃO TRABALHISTA — BANCO BANORTE S.A. E BANCO BANDEIRANTES S.A. De acordo com os arts. 10 e 448 da CLT, a alteração na estrutura jurídica da empresa não afeta os contratos de trabalho dos empregados, ou os respectivos direitos por eles adquiridos. Considerando o princípio da despersonalização da pessoa jurídica do empregador, o patrimônio da empresa é que assegura o cumprimento das obrigações trabalhistas e, se ao Banco Bandeirantes S.A. fora transferida parte operacional do Banco Banorte S.A., sem interrupção da prestação do trabalho, consoante se inferiu do acórdão recorrido, deve aquele responder pelas verbas trabalhistas reconhecidas ao Reclamante. A sucessão, no Direito do Trabalho, é modalidade de assunção de débito e crédito, obrigatória por força de lei, pela qual o sucessor responde com seu patrimônio pelos direitos trabalhistas pendentes. Dessa peculiaridade decorre que a responsabilidade do sucessor alcança indiferentemente os débitos oriundos dos contratos de trabalho vigentes à época do repasse da empresa e os débitos relativos a contratos resilidos anteriormente. 8 — HORAS EXTRAS — PROVA TESTEMUNHAL ÚNICA — VALIDADE — MATÉRIA FÁTICA. Se a prova está plenamente delineada pelo Regional que, com base no depoimento da testemunha, que demonstrou o horário em sobrejornada, não há que se cogitar de ofensa aos arts. 818 da CLT e 333, I, do CPC. A testemunha é do juízo, e uma vez produzida a prova, valerá tanto para o Autor como para o Reclamado. Não existe vedação legal quanto a se formar o convencimento em depoimento único. Os arts. 130 e 131, ambos do CPC, dão conta de que a prova é produzida nos autos para o convencimento do Julgador, e não da parte, estando o Magistrado livre para sua apreciação, estando tão-somente obrigado a indicar os motivos do seu convencimento. (TRIBUNAL: TST DECISÃO: 10.9.2003 NUMERAÇÃO ÚNICA PROC: AIRR — 14769-2002-900-13-00 AGRAVO DE INSTRUMENTO EM RECURSO DE REVISTA TURMA: 05 ÓRGÃO JULGADOR — QUINTA TURMA DJ DATA: 10.10.2003 RELATOR MINISTRO RIDER NOGUEIRA DE BRITO)

2.5. Extinção de estabelecimento

Na *extinção do estabelecimento* ou cessação da atividade da empresa, temos também casos de responsabilidade objetiva do empregador, pelo risco inerente que corre em relação à atividade produtiva, objeto do art. 2º da CLT.

A Súmula n. 44 do Tribunal Superior do Trabalho destaca:

"a cessação da atividade da empresa, com o pagamento da indenização, simples ou em dobro, não exclui, por si só, o direito do empregado ao aviso prévio".

Por outro lado, o direito não contempla a exorbitância do paternalismo nas relações laborais, como ocorre com a cessação da estabilidade provisória de dirigente sindical, a partir da data do fechamento da empresa ou encerramento de suas atividades, sem a responsabilidade do empregador pelo pagamento das verbas até doze meses após o respectivo mandato.

É que o direito visa à proteção do trabalhador, o que não se confunde com um paternalismo exacerbado. O mesmo acontece com os salários dos empregados que somente são devidos até a data de extinção ou de cessação das atividades da empresa.

Mesmo nos casos de força maior, consoante os arts. 501 e 502 da CLT, aplica-se a teoria da responsabilidade objetiva, uma vez que todo acontecimento que atinge a empresa entra na esfera jurídica de responsabilidade do empregador. Não cabe ao empregado correr o risco do negócio. A força maior não desobriga o pagamento de indenizações por parte do empregador. Apenas tem o condão de as reduzir, em alguns casos pela metade, embora a jurisprudência invariavelmente seja exigente, rejeitando com freqüência a configuração de força maior.

Trazemos à lume os acórdãos, a seguir:

ESTABILIDADE DA GESTANTE — EXTINÇÃO DO ESTABELECIMENTO — A empregada gestante tem jus à estabilidade de emprego conferida pelo art. 10, II, *b*, do ADCT, ainda que a despedida tenha ocorrido em virtude do fechamento da empresa, a qual assume os riscos da atividade econômica e com eles deve arcar em caso de perdas advindas do empreendimento, consoante o disposto no art. 2º da CLT. Recurso conhecido e provido (...*omissis*...). (Proc. n. TST-RR-627.917/2000.3. Publicação: DJ 12.3.2004 — 1ª Turma. Rel. Ministro Lelio Bentes Corrêa). (TRT 12ª R. — RO-V 00110-2004-024-12-00-8 — (00586/2005) — Florianópolis — 1ª T. — Rel. Juiz Marcos Vinício Zanchetta — J. 16.12.2004)

MEMBRO DA CIPA — ESTABILIDADE PROVISÓRIA — EXTINÇÃO DA EMPRESA — INDENIZAÇÃO SUBSTITUTIVA — IMPROCEDÊNCIA — De acordo com o disposto no art. 165, da CLT, mostra-se impossível a reintegração do empregado representante da CIPA ao emprego, no caso de extinção da empresa e, em conseqüência, indevido o pagamento de indenização substitutiva, visto que com a extinção da empresa ou de sua unidade fabril, local onde o reclamante trabalhava, extingue-se, também, a CIPA e o mandado de seus integrantes. A estabilidade provisória assegurada ao cipeiro na Constituição Federal (letra 'a', do art. 10, do ADCT) tem por finalidade a garantia ao emprego, para possibilitar ao empregado o exercício do mister para o qual foi eleito. Se não existe mais o estabelecimento e, conseqüentemente, a CIPA, inexiste direito a ser assegurado no que concerne à reintegração ao emprego e também com referência ao pagamento de indenização substitutiva. (TRT 3ª R. — RO 00861-2004-079-03-00-1 — 7ª T. — Relª Juíza Wilméia da Costa Benevides — DJMG 24.2.2005)

EMPREGADO ESTÁVEL — EXTINÇÃO DA EMPRESA PÚBLICA EMPREGADORA — REINTEGRAÇÃO — IMPOSSIBILIDADE — CONVERSÃO EM INDENIZAÇÃO EM DOBRO — Mesmo havendo decisão de mérito com trânsito em julgado reconhecendo a estabilidade no emprego, operando-se, no curso da execução da obrigação de fazer, a extinção da empresa pública empregadora, impossível a reintegração, devendo-se convertê-la em indenização em dobro, nos termos do art. 497 da CLT. (TRT 22ª R. — AP 01187-1993-002-22-00-0 — Rel. Juiz Manoel Edilson Cardoso — DJU 7.12.2004 — p. 6)

ESTABILIDADE PROVISÓRIA CONCEDIDA POR NORMA CONVENCIONAL — EXTINÇÃO PARCIAL DA FILIAL DA EMPREGADORA NO LOCAL DE PRESTAÇÃO DOS SERVIÇOS — NULIDADE DA DISPENSA — REINTEGRAÇÃO DO EMPREGADO NO EMPREGO — POSSIBILIDADE — A extinção do estabelecimento ou da empresa no local de prestação de serviços torna inviável, do ponto de vista fático, a reintegração do empregado no emprego, mesmo sendo detentor de estabilidade provisória conferida por norma convencional. Nesse caso, é cabível apenas a correspondente indenização, tal como ocorria com o estável decenal, que a recebia em dobro (art. 498/CLT), ou, atualmente, com o servidor estável regulado pelo art. 41 da CF/88, ao qual se assegura a disponibilidade remunerada, nos termos dos §§ 2º e 3º do referido dispositivo constitucional. A situação é diversa quando se comprova que apenas as atividades técnicas da empregadora foram encerradas na filial, sem implicar a sua extinção, ainda que tenha havido uma redução de sua estrutura para permitir a continuidade do empreendimento. Comprovadas a estabilidade provisória do empregado e a continuidade operacional da reclamada no local da prestação dos serviços, há de ser declarada a nulidade da dispensa e determinada a reintegração do empregado no emprego, com os efeitos jurídicos dela decorrentes, pois, nulo o ato, determina o Direito que as partes retornem ao *status quo ante*, sem reconhecimento de repercussões ao ato jurídico viciado. (TRT 3ª R. — RO 00438-2003-111-03-00-4 — 1ª T. — Rel. Juiz Maurício J. Godinho Delgado — DJMG 5.9.2003 — p. 4)

RECURSO DE REVISTA DA FERROVIA CENTRO ATLÂNTICA S.A. — SUCESSÃO TRABALHISTA. A sucessão que pressupõe a continuidade da atividade lucrativa dá-se com ou sem a *extinção* da empresa sucedida. Neste último caso, é suficiente a transferência do *estabelecimento*, como unidade produtiva, com a conseqüente prestação de trabalho. Não se verificando a *extinção* empresarial, não haverá sucessão de empregador relativamente aos contratos de trabalho extintos antes da transferência do *estabelecimento*. Embora, até mesmo do ponto de vista administrativo, a *responsabilidade* e risco sejam pressupostos imanentes no caso de concessão, a obrigação atribuída ao concessionário deve ater-se aos limites de sua substituição quanto à figura do empregador. Pela própria característica da concessão, a hipótese de *extinção* da empresa fica de difícil evidência, não se caracterizando também a sucessão quando não houver a continuidade da prestação de trabalho após a data da concessão. Recurso de Revista conhecido e provido, para, atribuindo o ônus da condenação somente à Rede Ferroviária Federal S.A., excluir da relação processual a Ferrovia Centro Atlântica S.A. RECURSO DE REVISTA DA REDE FERROVIÁRIA FEDERAL S.A. — APOSENTADORIA ESPONTÂNEA — EXTINÇÃO DO CONTRATO DE TRABALHO. A jurisprudência desta Corte Superior Trabalhista firmou-se no sentido de que a aposentadoria espontânea do empregado importa em *extinção* do contrato de trabalho, nos termos do art. 453 da CLT. A legislação previdenciária no que se refere à retroação do benefício à data do seu requerimento, quando não há desligamento do emprego, não repercute no contrato de trabalho, cuja *extinção* ocorre a partir da concessão da aposentadoria. (TRIBUNAL: TST DECISÃO: 3.4.2002 PROC: RR NUM: 579326 ANO: 1999 REGIÃO:18 RECURSO DE REVISTA TURMA: 05 ÓRGÃO JULGADOR — QUINTA TURMA DJ DATA: 19.4.2002 Relator MINISTRO JOÃO BATISTA BRITO PEREIRA)

2.6. Supressão de horas extras

Outro caso de responsabilidade objetiva podemos inferir da Súmula n. 291 do TST:

"*Horas extras. Supressão.* A supressão, pelo empregador, do serviço suplementar prestado com habitualidade, durante pelo menos um ano, assegura ao empregado o direito à indenização correspondente ao valor de um mês das horas suprimidas para cada ano ou fração igual ou superior a seus meses de prestação de serviço acima da jornada normal. O cálculo observará a média das horas suplementares efetivamente trabalhadas nos últimos 12 meses, multiplicada pelo valor da hora extra do dia da supressão."

Transcrevemos as seguintes ementas:

Súmula n. 291/TST. APLICAÇÃO. A hipótese é de aplicação da Súmula n. 291/TST, e não da Súmula n. 76, que foi cancelada. A supressão de horas extras não implica em alteração lesiva do contrato de trabalho, porque o trabalho em regime extraordinário pode e deve ser suprimido pelo empregador quando não há mais necessidade de serviço de natureza extraordinária, e não há obrigatoriedade de integração, ao salário, de forma integral, do valor das horas suprimidas, porque com a supressão não fica configurado o intuito de prejudicar o empregado, mas de atender a circunstâncias de fato que tornam desnecessário o trabalho em regime de sobrejornada. Embargos não conhecidos. (TST — ERR 548.494/1999.7 — SESBDI 1 — Rel. Min. Carlos Alberto Reis de Paula — DJU 1º.7.2005)

INDENIZAÇÃO PELA SUPRESSÃO DE HORAS EXTRAS — INDEFERIMENTO — A inclusão do tempo de deslocamento da boca da mina até a frente de trabalho na jornada legal do mineiro, prevista no art. 293 da CLT, não se confunde com a supressão de horas extras de que trata a Súmula n. 291 do TST. (TRT 12ª R. — RO-V 01606-2003-003-12-00-7 — (10677/2005) — Florianópolis — 1ª T. — Rel. Juiz Edson Mendes de Oliveira — J. 17.8.2005)

CONVENÇÃO COLETIVA DE TRABALHO — SUPRESSÃO DE HORAS EXTRAS — TEORIA DO CONGLOBAMENTO — POSSIBILIDADE — A análise das vantagens e conquistas dos empregados, no âmbito de instrumentos coletivos, não pode ser feita de forma isolada e individualizada tomando por base, apenas, uma cláusula. Segundo a teoria do conglobamento, devem ser observadas as vantagens e avanços conquistados no pacto como um todo, de forma sistêmica, após observação de todas as cláusulas estipuladas pelas partes. No caso dos autos, a supressão do adicional de 50%, incidente sobre as aulas que extrapolaram o limite previsto no art. 318 da CLT, ou seja, 4 aulas consecutivas ou 06 intercaladas, foi compensada pela concessão de outros direitos, tais como pagamento da hora aula, acrescido de 50%, quando os professores participavam de reuniões, trabalhos e atividades fora do seu trabalho normal, além da garantia ao filho ou dependente de gratuidade plena da anuidade escolar. Recurso conhecido e não provido. (TRT 16ª R. — Proc. 01044-2003-003-16-00-0 — (01659-2005) — Rel. Juiz Alcebíades Tavares Dantas — J. 1º.6.2005) .

2.7. Dispensa obstativa

A responsabilidade objetiva do empregador também se manifesta na *dispensa obstativa*.

As ementas ilustram a matéria:

DISPENSA OBSTATIVA — NULIDADE — REINTEGRAÇÃO — EMPREGADA ENFERMA E SEM O DEVIDO ENCAMINHAMENTO AO INSS — É nula a dispensa que se revela obstativa do direito da reclamante de ter tratada a enfermidade da forma adequada, seja ela decorrente ou não da atividade laborativa. O Reclamado tinha plena ciência do seu estado de saúde, conforme prova a ressalva aposta no TRCT pelo sindicato assistente, e ainda assim procedeu à dispensa, descumprindo as regras contidas nos arts. 168, II e 169 da CLT, densificadoras do princípio constitucional de proteção à saúde do trabalhador (art. 7º, XXII, da CR/88). A reiteração dos afastamentos da reclamante, inferiores a quinze dias, demonstra de forma inequívoca que eles eram insuficientes, daí porque a atitude do reclamado deveria ter sido encaminhá-la para o INSS, para que este pudesse avaliar a sua capacidade ou não para o trabalho. Assim não procedendo, impediu-a do gozo do benefício previdenciário, seja ele qual for: O auxílio-doença comum ou acidentário. Recurso provido para condenar o reclamado à reintegração da reclamante, e subseqüente encaminhamento ao INSS, com o pagamento dos salários e demais direitos desde a data de ajuizamento da demanda, compensados os valores pagos a título de verbas rescisórias. (TRT 3ª R. — RO 00712-2002-072-03-00-6 — 3ª T. — Rel. Juiz Paulo Roberto Sifuentes Costa — DJMG 9.10.2004 — p. 5)

ESTABILIDADE PROVISÓRIA. GESTANTE. CONFIRMAÇÃO DA GRAVIDEZ APÓS A DISPENSA. ARTIGO 10, INCISO II, ALÍNEA "B", DO ADCT. O objetivo social da norma constitucional é proteger a gestante contra a *dispensa obstativa* ao exercício das prerrogativas inerentes à maternidade. A norma também resguarda a indispensável atenção ao recém-nascido, tanto que prorrogou a estabilidade até 5 meses após o parto. A concepção ocorreu durante a vigência do pacto laboral e, assim, independente da inexistência de ato ilícito perpetuado pelo empregador, já que nem a própria Reclamante tinha conhecimento de seu estado gravídico, à época da *dispensa*, já havia o direito à estabilidade, porque ocorrido o fato gerador, a concepção, ante a *responsabilidade* objetiva. A gravidez preexistiu à *dispensa*. No entanto, deve ser levado em consideração que, apesar de o direito estar vinculado à gravidez contemporânea à relação de emprego, os seus efeitos pecuniários somente se expressam com o ingresso da ação, considerando a demora do pedido da providência jurisdicional. A Reclamante afirma, em suas próprias razões recursais, que postulou indenização equivalente ao período de estabilidade provisória pelo estado gravídico. Por esse fato, verifica-se que não foi requerida a reintegração, mas somente a indenização equivalente ao período estabilitário. Entretanto, como a ação foi ajuizada ainda durante o período estabilitário, não se pode deixar de reconhecer o direito à indenização relativa à estabilidade, fixado como termo inicial a data do ingresso da ação, até o quinto mês após o parto. Revista provida parcialmente. (TRIBUNAL: TST DECISÃO: 13.8.2003 PROC: RR NUM: 541830 ANO: 1999 REGIÃO:2 RECURSO DE REVISTA TURMA: 03 ÓRGÃO JULGADOR — TERCEIRA TURMA DJ DATA: 5.9.2003 Relator MINISTRO CARLOS ALBERTO REIS DE PAULA)

ENTE PÚBLICO DA ADMINISTRAÇÃO INDIRETA. EMPRESA PÚBLICA. TOMADORA DE SERVIÇOS. RESPONSABILIDADE SUBSIDIÁRIA. EMPREGADA DISPENSADA PELA EMPRESA PRESTADORA DE SERVIÇOS EM FACE DA EXTINÇÃO DAS ATIVIDADES. ESTABILIDADE PROVISÓRIA (ACIDENTÁRIA). PAGAMENTO DE INDENIZAÇÃO. INDEVIDO. Se a hipótese é de encerramento das atividades da empregadora (empresa prestadora de serviços), não há que se falar em direito à manutenção do contrato de trabalho do empregado que detenha garantia de emprego temporária na hipótese da estabilidade acidentária (art. 118 da Lei n. 8.212/91). Se a *dispensa* se dá em face da extinção das atividades, não há que se falar em direito a reintegração nem a pagamento de salários. O motivo da rescisão afasta qualquer presunção de intenção *obstativa* da garantia de emprego.

Recurso de Revista conhecido e provido apenas quanto a este tema. (TRIBUNAL: TST DECISÃO: 4.12.2002 PROC: RR NUM: 548721 ANO: 1999 REGIÃO: 3 RECURSO DE REVISTA TURMA: 5 ÓRGÃO JULGADOR — QUINTA TURMA DJ DATA: 7.2.2003 Relator MINISTRO RIDER NOGUEIRA DE BRITO)

A dispensa obstativa também pode ocorrer quando a empresa dispensa o trabalhador prestes a obter o benefício previdenciário decorrente do acidente de trabalho, doença profissional ou ocupacional. Dessa forma, obstando o empregado acidentado ou doente de preencher os requisitos do art. 118 da Lei n. 8.213/91, ou seja, o afastamento do serviço por período superior a 15 dias e a percepção do auxílio-doença acidentário, o empregador estaria, maliciosamente, obstando a aquisição desse direito ao empregado.

O acidente de trabalho[4] equipara-se à doença profissional e já temos inúmeros exemplos em nossa jurisprudência de responsabilidade civil do empregador por dano moral nos casos decorrentes de LER ou DORT.

(4) A título ilustrativo informamos que o art. 124 da Lei n. 8.213/91 dispõe: "Salvo os casos de direito adquirido, não é permitido o recebimento conjunto dos seguintes benefícios da Previdência Social: I — aposentadoria e auxílio-doença; II — mais de uma aposentadoria; III — aposentadoria e abono de permanência em serviço; IV — salário-maternidade e auxílio-doença; V — mais de um auxílio-acidente; VI

O art. 7º, inciso XXVIII da Constituição Federal, no caso específico do acidente de trabalho, adota a teoria da responsabilidade subjetiva do empregador (.... *sem excluir a indenização a que este está obrigado, quando incorrer em dolo ou culpa*), enquanto a norma infraconstitucional disposta no parágrafo único do art. 927 do novo Código Civil, que introduziu definitivamente em nosso ordenamento jurídico a responsabilidade objetiva, com base na Teoria do Risco inerente à atividade, dispensa ao empregado a prova da culpabilidade do empregador em tais casos.

Os dissídios individuais entre trabalhadores e empregadores decorrentes de indenizações derivadas de acidente de trabalho que tenham como causa a relação de emprego, em que houver a responsabilização do empregador por dano moral estão no âmbito de competência da Justiça do Trabalho.

A propósito, o Tribunal Superior do Trabalho recentemente divulgou o entendimento disposto na Súmula n. 392, que dispõe:

N. 392 — DANO MORAL. COMPETÊNCIA DA JUSTIÇA DO TRABALHO. (CONVERSÃO DA ORIENTAÇÃO JURISPRUDENCIAL N. 327 DA SDI-1)

Nos termos do art. 114 da CF/1988, a Justiça do Trabalho é competente para dirimir controvérsias referentes à indenização por dano moral, quando decorrente da relação de trabalho. (ex-OJ n. 327 — DJ 9.12.2003)

Podemos assim destacar que a Justiça Comum[(5)] possui competência para o julgamento das ações que envolvam o ressarcimento de danos de natureza compensatória ou tarifada, cuja responsabilidade da entidade autárquica (INSS) é objetiva, independe de perquirição de culpa (negligência ou imprudência) e de dolo (intenção deliberada de produzir um resultado lesivo para a vítima).

A responsabilidade objetiva do INSS pelo adimplemento das prestações acidentárias fundamenta-se no nexo etiológico (relação de causa e efeito) e o dano ou lesão, com base no risco criado pela própria atividade econômica do empregador, que se beneficia da mesma, e é segurado obrigatório da Previdência Social.

— mais de uma pensão deixada por cônjuge ou companheiro, ressalvado o direito de opção pela mais vantajosa. Parágrafo Único. É vedado o recebimento conjunto do seguro-desemprego com qualquer benefício de prestação continuada da Previdência Social, exceto pensão por morte ou auxílio-acidente". Para saber se os benefícios previdenciários podem ou não ser cumuláveis, temos que nos atentar para sua origem, de onde podemos examinar o seguinte critério de distinção entre os vários benefícios: a) prestações devidas aos segurados (aposentadorias e os auxílios-doença e natalidade); b) prestações garantidas aos dependentes (pensões, auxílio-reclusão e auxílio-funeral) e c) prestações devidas às duas categorias anteriores, sem distinção (benefícios de uma forma geral). Assim, podem-se acumular, por exemplo, a aposentadoria e a pensão por morte, pois a primeira é derivada das prestações devidas aos próprios segurados e a segunda aos dependentes, portanto, de origem distinta. No que tange à pensão por morte, após a edição da atual Lei de Benefícios da Previdência Social, ele passou a ser partilhada, em quotas iguais entre todos os dependentes que a lei habilita ao recebimento (art. 77, Lei n. 8.213/91). Em havendo a perda de qualidade de qualquer um deles, a sua parte será redistribuída entre os remanescentes (§ 1º do art. 77). Entre os dependentes, se incluem o marido e a mulher, conforme for o caso, e ambos terão direito à pensão pela morte do outro. A hipótese dessa dupla proteção também se estende aos demais dependentes (os filhos, por exemplo). Logo, se morrerem marido e mulher, ambos segurados, os filhos receberão duas pensões, uma de cada um dos segurados filiados.

(5) Súmula n. 15 do STJ: "SÚMULA STJ N. 15 — Compete à Justiça Estadual processar e julgar os litígios decorrentes de acidente do trabalho".

Vemos, dessa forma, que o nosso ordenamento jurídico alberga o ressarcimento dos danos provenientes de acidente de trabalho em dois campos: o da responsabilidade objetiva (infortunística) e na do direito comum (subjetiva, com base na culpa ou dolo), permitindo a acumulação da prestação previdenciária do INSS e a reparação civil pelo empregador. Tal previsão encontra-se no art. 121 da Lei n. 8.213/91, *in verbis*:

"o pagamento pela Previdência Social, das prestações por acidente de trabalho não exclui a responsabilidade civil da empresa ou de outrem".

Anteriormente à previsão constitucional do art. 7º acima mencionado, o Supremo Tribunal Federal já assegurava uma indenização ao empregado acidentado em caso de dolo ou culpa grave do empregador, bem como a possibilidade da responsabilidade objetiva ou subjetiva. Vejamos a Súmula n. 229 do STF:

"Acidente. Indenização. A indenização acidentária não exclui a do Direito comum, em caso de dolo ou culpa grave do empregador".

Em decorrência da evolução do tempo e com base no princípio da dignidade da pessoa humana do trabalhador, hodiernamente o Supremo Tribunal Federal já não exige a culpa grave[6] do empregador, espelhando seu novo entendimento em inúmeros julgados, em que basta a culpa de natureza levíssima, como veremos em tópico mais à frente nessa obra.

Vejamos a seguinte ementa:

REINTEGRAÇÃO NO EMPREGO — DOENÇA PROFISSIONAL. O afastamento do trabalho, por prazo superior a 15 dias e a percepção do auxílio-doença constituem condições *sine qua non* para que o empregado adquira o direito à estabilidade, prevista no art. 118 da Lei n. 8.213/91, porém, tal condição não se aplica a este caso. Verifico na decisão do Regional, soberano na apreciação de provas e fatos, que a Reclamada somente enviou a CAT (Comunicação de Acidente de Trabalho) ao INSS em 25.4.1997, na mesma data de demissão do Reclamante, que somente enviou a CAT ao INSS quando do desligamento do Reclamante da empresa, impedindo assim que o empregado se beneficiasse da lei. Revista conhecida e desprovida. (RR-574911/1999, Juiz Conv. Marcos Pina Magnani, DJ 9.5.2003). Têm-se assim que o Recorrente, ao deixar de cumprir a obrigação legal de emitir a CAT respectiva, obstou maliciosamente o implemento das referidas condições, pelo que é lícito concluir que foram efetivamente implementadas, à luz da regra contida no art. 120 do Código Civil de 1916, renovada no art. 129 do novo Código Civil de 2002. Nesse caso, é imperioso reconhecer que nenhuma violação sofreu o disposto no art. 118 da Lei n. 8.213/91. Nessa mesma linha de raciocínio conclui que o Recurso de Revista também não se credencia por divergências jurisprudenciais, por que os arestos produzidos nas razões recursais são inespecíficos, haja vista que as decisões neles retratadas estão assentadas em premissa factual. Diversa da verificada nesse processo, qual seja, de que não houve acidente de trabalho e gozo de auxílio-doença. Incide aqui o óbice constante

(6) Após o advento da Lei n. 6.367/76, não mais se exige, para a caracterização do dever de o empregador indenizar, a ocorrência do dolo ou da culpa grave. Podemos ainda acrescentar que o dever do empregador de indenizar o empregado por acidente de trabalho acha-se consubstanciado no art. 186 do novo Código Civil e no art. 7º. Inciso XXVIII da Constituição Federal de 1988.

do verbete sumular n. 296[7] dessa Corte. Por essas razões não conheço do Recurso de Revista. Isto posto, acórdão os Ministros da 1ª Turma do TST, unanimemente, não conhecer do Recurso de Revista interposto pela reclamada, nos termos da fundamentação. Brasília, 2 de junho de 2004 (TST RR 512927/998.6, 1ª T., Rel. Juiz Conv. Altino Pedrozo dos Santos, publicada no DJU 25.6.2004).

Recentemente, o Supremo Tribunal Federal passou a se posicionar no sentido de que a competência para julgar lides decorrentes de dano moral ou material nos acidentes de trabalho é da Justiça do Trabalho, remanescendo como competência da Justiça Federal apenas as lides acidentárias interpostas em face da autarquia previdenciária.

2.8. Trabalho temporário

No caso do *trabalho temporário*, amparado na Lei n. 6.019/74, a Súmula n. 331 do TST dispõe sobre a responsabilidade do tomador de serviços.

Nos casos de intermediação de mão-de-obra (prestação de serviços), com fraude à lei (art. 9º CLT), temos o caso de autêntica solidariedade, de acordo com o art. 942, do Código Civil.

A Lei n. 6.019, de 3 de janeiro de 1974, que dispõe sobre o trabalho temporário nas empresas urbanas estabelece em seu art. 16 a responsabilidade solidária da empresa tomadora de serviços ou cliente, *in verbis:*

> "Art. 16. No caso de falência da empresa de trabalho temporário, a empresa tomadora ou cliente é *solidariamente* responsável pelo recolhimento das contribuições previdenciárias, no tocante ao tempo em que o trabalhador esteve sob suas ordens, assim como em referência ao mesmo período, pela remuneração e indenização, previstas nesta lei".

Idêntica é a posição do legislador na Lei n. 6.533, de 24 de maio de 1978, que regula a atividade do artista e técnico em espetáculos de diversões, em seu art. 17, como segue:

> "Art. 17. A utilização de profissional contratado por agência de locação de mão-de-obra, obrigará o tomador do serviço *solidariamente* pelo cumprimento das obrigações legais e contratuais, se caracterizar a tentativa, pelo tomador de serviço, de utilizar a agência para fugir às responsabilidades e obrigações decorrentes desta lei ou de contrato".

A Lei n. 6.615, de 16 de dezembro de 1978, que trata do Radialista, também assim dispõe em seu art. 11, *in verbis*:

> "Art. 11. A utilização de profissional contratado por agência de locação de mão-de-obra, obrigará o tomador do serviço solidariamente pelo cumprimento das obrigações legais e contratuais, se caracterizar a tentativa, pelo tomador de serviço, de utilizar a agência para fugir às responsabilidades e obrigações decorrentes desta lei ou de contrato".

---

(7) SÚMULA TST N. 296 — RECURSO — DIVERGÊNCIA JURISPRUDENCIAL — ESPECIFICIDADE — A divergência jurisprudencial ensejadora da admissibilidade, do prosseguimento e do conhecimento do recurso há de ser específica, revelando a existência de teses diversas na interpretação de um mesmo dispositivo legal, embora idênticos os fatos que as ensejaram. (RA 6/89 — DJU 14.4.89).

Embora não se trate de trabalho temporário, também é interessante trazer ao leitor o disposto na Lei n. 7.195, de 12 de junho de 1984, que regula as atividades dos empregados domésticos e a responsabilidade civil das agências de contratação.

A lei acima dispõe em seu art. 1º que:

"As agências especializadas na indicação de empregados domésticos são civilmente responsáveis pelos atos ilícitos cometidos por estes no desempenho de suas atividades", enquanto no art. 2º. Estabelece:

"No ato da contratação, a agência firmará compromisso com o empregador, obrigando-se a reparar qualquer dano que venha a ser praticado pelo empregado contratado, no período de um (1) ano".

No entanto, o TST fixou seu entendimento no sentido de que a responsabilidade do tomador de serviços é subsidiária, ou seja secundária, de acordo com a Súmula n. 331 do TST assim dispõe:

> "I — a contratação de trabalhadores por empresa interposta é ilegal, formando-se o vínculo diretamente com o tomador dos serviços. No caso de trabalho temporário (Lei n. 6.019/74). II — a contratação irregular de trabalhador, através de empresa interposta, não gera vínculo de emprego com os órgãos da Administração Pública Direta, Indireta ou Fundacional (art. 37, II da CF de 88). III — não forma vínculo de emprego com o tomador a contratação de serviços de vigilância, de conservação e limpeza, bem como a de serviços especializados ligados à atividade-meio do tomador, desde que inexistentes a pessoalidade e a subordinação direta. IV — o inadimplemento das obrigações trabalhistas, por parte do empregador, implica a responsabilidade subsidiária do tomador de serviços quanto àquelas obrigações, desde que este tenha participado da relação processual e conste também do título executivo judicial."

Trazemos também em complementação os acórdãos a seguir enunciados.

RECURSO DE REVISTA. EMPRESA PÚBLICA. RESPONSABILIDADE SUBSIDIÁRIA. O inadimplemento das obrigações trabalhistas, por parte do empregador, implica a *responsabilidade* subsidiária do tomador dos serviços quanto àquelas obrigações, inclusive quanto aos órgãos da administração direta, das autarquias, das fundações públicas, das empresas públicas e das sociedades de economia mista, desde que hajam participado da relação processual e constem também do título executivo judicial (art. 71 da Lei n. 8.666/93), nos termos do item IV do Enunciado n. 331 do colendo TST. Recurso de Revista não conhecido. ADICIONAL DE INSALUBRIDADE. PREVISÃO LEGAL. Não há como conhecer da revista cuja divergência jurisprudencial colacionada seja do mesmo Tribunal Regional ou de Turma do TST, óbice da alínea *a* do art. 896 da CLT. Recurso interposto posteriormente à Lei n. 9.756/98, que modificou o art. 896 da CLT. Revista não conhecida. INDENIZAÇÃO SEGURO-DESEMPREGO. DECISÃO REGIONAL EM SINTONIA COM A ITERATIVA, NOTÓRIA E ATUAL JURISPRUDÊNCIA DO TST. À luz do Enunciado n. 333, não se admite o recurso de revista contra decisão regional firmada em consonância com a Orientação Jurisprudencial n. 211 da C. SDI-I. Recurso de revista não conhecido. HONORÁRIOS ADVOCATÍCIOS — CABIMENTO. Estando a decisão recorrida em conflito com o disposto nos Enunciados ns. 219 e 329, cabível a reforma. Recurso de Revista conhecido e provido, nesse tema. (TRIBUNAL: TST DECISÃO: 6.8.2003 PROC: RR NUM: 578086 ANO: 1999 REGIÃO:04 RECURSO DE REVISTA ÓRGÃO JULGADOR — QUINTA TURMA DJ DATA: 22.8.2003 Relatora JUÍZA CONVOCADA ROSITA DE NAZARÉ SIDRIM NASSAR)

RESPONSABILIDADE SUBSIDIÁRIA — ADMINISTRAÇÃO PÚBLICA (AUTARQUIAS, FUNDAÇÕES PÚBLICAS, EMPRESAS PÚBLICAS E SOCIEDADES DE ECONOMIA

MISTA) — LEI N. 8.666/93 — À administração Pública aplica-se a orientação do Enunciado n. 331, IV, do TST, com nova redação, decorrente do julgamento do Incidente de Uniformização de Jurisprudência suscitado no RR-297.751/96: "IV. O inadimplemento das obrigações trabalhistas, por parte do empregador, implica na responsabilidade subsidiária do tomador dos serviços, quanto àquelas obrigações, inclusive quanto aos órgãos da administração direta, das autarquias, das fundações públicas, das empresas públicas e das sociedades de economia mista, desde que hajam participado da relação processual e constem também do título executivo judicial (art. 71 da Lei n. 8.666/93)". O acórdão recorrido está conforme à Súmula, inviabilizando o conhecimento dos Embargos, nos termos do art. 894, alínea *b*, da CLT e da Súmula n. 333 do TST. Embargos não conhecidos. (TST — ERR 660.300/2000.5 — SBDI 1 — Relª Minª Maria Cristina Irigoyen Peduzzi — DJU 1º.7.2005).

RESPONSABILIDADE SUBSIDIÁRIA — SOCIEDADE DE ECONOMIA MISTA — A recorrente foi condenada de forma subsidiária em face da sua condição de tomadora dos serviços prestados pelo autor, com base no inciso IV, da Súmula n. 331/TST, alterado pela Resolução n. 96/00 (DJ 18.9.00) que, expressamente, atribuiu responsabilidade subsidiária aos órgãos da administração direta, autarquias, fundações públicas, empresas e sociedades de economia mista. O item II do referido Verbete é bastante claro em excepcionar os entes estatais das conseqüências da terceirização ilícita, qual seja, do reconhecimento do vínculo diretamente com o tomador de serviços. Não os excluiu, no entanto, da responsabilidade pelas verbas trabalhistas, ainda que lícita a terceirização, sendo inválida qualquer previsão contratual de isenção do ente público no tocante à responsabilidade pelos créditos trabalhistas inadimplidos pela empresa terceirizada. O art. 71, da Lei n. 8.666/93, mesmo com a nova redação que lhe foi dada pela Lei n. 9.032/95, não excluiu a responsabilidade do órgão público, porquanto a norma tem como alvo o contrato administrativo, restringindo a sua eficácia aos contratantes, não alcançando o trabalhador, terceiro na relação jurídica, que não pode reaver a sua força de trabalho. Recurso de revista não conhecido. (TST — RR 705.277/2000.3 — 3ª T. — Rel. Juiz Conv. Luiz Ronan Neves Koury — DJU 1º.7.2005)

RECURSO DE REVISTA — APLICAÇÃO DO ENUNCIADO N. 331, IV, DO TST — RESPONSABILIDADE SUBSIDIÁRIA — "O inadimplemento das obrigações trabalhistas, por parte do empregador, implica a responsabilidade subsidiária do tomador dos serviços, quanto àquelas obrigações, inclusive quanto aos órgãos da administração direta, das autarquias, das fundações públicas, das empresas públicas e das sociedades de economia mista, desde que hajam participado da relação processual e constem também do título executivo judicial (Lei n. 8.666/93 art. 71). " Revista não conhecida. Adicional de insalubridade. Base de cálculo. A matéria já está pacificada no âmbito da SDI-1 desta Corte, sob o entendimento de que, mesmo na vigência da Constituição Federal de 1988, a base de cálculo do adicional de insalubridade é o salário-mínimo. Assim sendo, prevalece o que está consubstanciado na Súmula n. 228 do TST, segundo o qual "O percentual do adicional de insalubridade incide sobre o salário mínimo de que cogita o art. 76 da CLT, salvo as hipóteses previstas na Súmula n. 17". Revista conhecida e provida. (TST — RR 628.658/2000.5 — 4ª T. — Rel. Juiz Conv. Luiz Antonio Lazarin — DJU 1º.7.2005)

RESPONSABILIDADE SUBSIDIÁRIA — A condenação subsidiária do tomador de serviços abrange todas as verbas devidas pelo devedor principal, inclusive as multas convencionais, normativas e aquela prevista no artigo 477 da CLT, em observância ao princípio constitucional da responsabilidade objetiva (art. 37, § 6º) e das culpas *in eligendo* e *in vigilando*. Assim, nos termos da Súmula n. 331, IV, desta Corte, as obrigações não cumpridas pelo empregador passam ao encargo do tomador de serviços, de forma subsidiária, não se justificando a exclusão de parcela de qualquer natureza. Recurso não conhecido. (TST — RR 578.979/1999.5 — 2ª T. — Rel. Juiz Conv. Luiz Carlos Gomes Godoi — DJU 1º.7.2005)

TERCEIRIZAÇÃO — RESPONSABILIDADE TRABALHISTA — O instituto da licitação visa a propiciar à entidade estatal ou paraestatal a escolha do melhor contratante, jamais mecanismos para acobertar irresponsabilidade patrimonial. A culpa *in eligendo* e *in vigilando* da administração atrai a responsabilidade subsidiária, por atuação do princípio inserto no art. 455 da Consolidação, aplicado por força do inciso II § 1º do art. 173 da CF/88, além do que preconiza o art. 67 da mesma Lei n. 8.666/93 (Aplicação do Enunciado n. 331, inciso IV, do TST). Recurso de Revista conhecido e não provido. (TST — RR 703231/2000.0 — 4ª T. — Relª Juíza Conv. Maria Doralice Novaes — DJU 20.5.2005)

2.9. Empreiteiro principal

A responsabilidade solidária passiva é do *empreiteiro principal*, se o subempreiteiro não honrar dívidas trabalhistas com os seus empregados. Vige neste caso o art. 275[(8)] do Código Civil, em conexão com o art. 455[(9)], da CLT, impondo a responsabilidade subsidiária ou secundária ou, ainda, solidariedade com benefício de ordem, nas ações onde os empregados do subempreiteiro demandam o empreiteiro principal.

Exemplificamos essa hipótese jurídica, com os seguintes acórdãos abaixo enunciados:

O empreiteiro principal é responsável solidário pelos haveres trabalhistas do obreiro, juntamente com o subempreiteiro, na forma do art. 455, da CLT. (TRT 5ª R. — RO 02198-2003-015-05-00-9 — (10.600/05) — 5ª T. — Relª Juíza Delza Karr — J. 24.5.2005).

EMPREITEIRO PRINCIPAL — RESPONSABILIDADE SOLIDÁRIA — Deve ser reconhecida responsabilidade solidária do empreiteiro principal, pelas obrigações derivadas dos contratos firmados pelo sub-empreiteiro, em razão do risco do empreendimento, na forma do quanto disposto no art. 2º, *caput*, e no art. 455, ambos da CLT. (TRT 5ª R. — RO 01513-2004-006-05-00-0 — (7.261/05) — Relª Juíza Elisa Amado — J. 19.4.2005)

CONTRATO DE SUBEMPREITADA — RESPONSABILIDADE SOLIDÁRIA — O art. 455 da CLT autoriza o empregado a propor ação contra o empreiteiro principal, caso haja inadimplemento das obrigações derivadas do contrato de trabalho com o subempreiteiro. O que equivale dizer que o empreiteiro principal só responderá após configurado o inadimplemento pelo subempreiteiro e, portanto, sua responsabilidade é subsidiária.

---

(8) Art. 275. O credor tem direito a exigir e receber de um ou de alguns dos devedores, parcial ou totalmente, a dívida comum; se o pagamento tiver sido parcial, todos os demais devedores continuam obrigados solidariamente pelo resto.
Parágrafo único. Não importará renúncia da solidariedade a propositura de ação pelo credor contra um ou alguns dos devedores.

(9) Art. 455. Nos contratos de subempreitada responderá o subempreiteiro pelas obrigações derivadas do contrato de trabalho que celebrar, cabendo, todavia, aos empregados, o direito de reclamação contra o empreiteiro principal pelo inadimplemento daquelas obrigações por parte do primeiro.
Parágrafo único. Ao empreiteiro principal fica ressalvada, nos termos da lei civil, ação regressiva contra o subempreiteiro e a retenção de importâncias a este devidas, para a garantia das obrigações previstas neste artigo.

(RO 00097-2004-654 — 1º.6.05). (TRT 9ª R. — Proc. 00097-2004-654-09-00-4 — (14276-2005) — Rel. Juiz Arnor Lima Neto — DJPR 14.6.2005)

CONTRATO DE SUBEMPREITADA — OBRIGAÇÕES TRABALHISTAS — CLÁUSULA CONTRATUAL QUE EXCLUI A RESPONSABILIDADE — VALIDADE — Consoante o art. 455 da CLT, o empregado poderá reclamar do empreiteiro principal obrigações trabalhistas não cumpridas pelo subempreiteiro. A existência de cláusula contratual que exclui a responsabilidade da empreiteira principal não afasta a incidência desta norma, pois o Direito do Trabalho é regido por normas de ordem pública, inderrogáveis por vontade das partes. (TRT 10ª R. — RO 01110-2004-002-10-00-9 — 1ª T. — Rel. Juiz André R. P. V. Damasceno — J. 8.6.2005)

RESPONSABILIDADE SOLIDÁRIA OU SUBSIDIÁRIA — MUNICÍPIO — DONO DA OBRA — O Município que contrata a realização de determinada obra com empresa que faz, por sua vez, a subcontratação ou subempreitada com outra não tem responsabilidade solidária ou subsidiária pelas dívidas trabalhistas da última. Nos termos do art. 455 da CLT, a responsabilidade alcança o empreiteiro principal, mas não o dono da obra. (TRT 12ª R. — RXN-V 00006-2003-039-12-00-1 — (09594/2005) — Florianópolis — 2ª T. — Relª Juíza Marta Maria Villalba Fabre — J. 29.7.2005)

RECURSO ORDINÁRIO — CONDENAÇÃO SUBSIDIÁRIA — PROVIMENTO — A condenação do empreiteiro principal deve ser subsidiária nos termos do art. 455 da CLT e Enunciado 331, IV, do colendo Tribunal Superior do Trabalho. (TRT 14ª R. — RO 00996.2003.002.14.00-0 — Rel. Juiz Carlos Augusto Gomes Lôbo — DOJT 28.4.2005)

RESPONSABILIDADE SOLIDÁRIA — EMPREITEIRO PRINCIPAL — ART. 455 DA CLT — Empresa do ramo da construção civil que atua como construtora e incorporadora não se classifica como "dona da obra" para efeito do art. 455 da CLT, emergindo a sua condição de empreiteira principal, com responsablidade solidária, diante da inadimplência do subempreiteiro contratado. Recurso da segunda reclamada ao qual se nega provimento. (TRT 15ª R. — ROPS 01763-2004-074-15-00-4 — (26195/2005) — (Proc. Orig. 01763/2004) — 4ª T. — Rel. Juiz Manuel Soares Ferreira Carradita — DOESP 10.6.2005)

EMPREITADA. AJUIZAMENTO DA AÇÃO APENAS CONTRA O EMPREITEIRO PRINCIPAL E, NÃO, CONTRA O SUBEMPREITEIRO, REAL EMPREGADOR. POSSIBILIDADE. O art. 455 da CLT é expresso no sentido de que o empregado poderá ajuizar reclamação trabalhista exclusivamente em face do *empreiteiro principal*, não obstante fosse empregado do subempreiteiro. Evidencia-se que o legislador, com a norma em comento, optou por garantir ao trabalhador a possibilidade de buscar seus direitos trabalhistas perante àquele que, sem ser seu empregador, usufruiu de seu trabalho, resguardando-o contra uma possível inidoneidade econômica do subempreiteiro. Conforme dispõe a CLT, nessa hipótese cabe ao *empreiteiro* ação de regresso contra o subempreiteiro, nos termos da lei civil. (TRIBUNAL: TST DECISÃO: 25.6.2002 PROC: RR NUM: 528310 ANO: 1999 REGIÃO:02 RECURSO DE REVISTA TURMA: 5 ÓRGÃO JULGADOR — QUINTA TURMA DJ DATA: 16.8.2002 Relator MINISTRO RIDER NOGUEIRA DE BRITO)

2.10. Falta de anotação da carteira de trabalho e previdência social (CTPS)

A falta de anotação da carteira de tempo de serviço e de previdência social constitui outra hipótese de enquadramento na modalidade de responsabilidade civil objetiva da empresa ou do empregador.

Trata-se de gravíssima ofensa aos direitos materiais e morais do empregado que podem ensejar reparação por dano material e moral. O fato de não registrar o empregado é gravíssimo e se enquadra no rol da responsabilidade objetiva do empregador, pois obsta o direito básico de aposentadoria, de se beneficiar do auxílio-acidentário ou auxílio-doença da Previdência Social, em caso de necessidade, além de deixar o empregado em posição de inferioridade em relação aos demais empregados, devidamente registrados.

Para diminuir a informalidade no mercado de trabalho no Brasil, cremos que uma das mais eficazes medidas a ser adotada seria a utilização efetiva da legislação já em vigor que penaliza o empregador que deixa de anotar a CTPS de seus empregados, como forma de burlar ou fraudar a legislação trabalhista e previdenciária.

Transcrevemos as seguintes ementas elucidativas, como segue:

RESCISÃO INDIRETA — FALTA DE ANOTAÇÃO NA CTPS — ACIDENTE DE TRABALHO — Em regra, a falta de anotação da CTPS do empregado não enseja, por si só, a rescisão indireta do contrato de trabalho, pois trata-se de infração meramente administrativa, podendo a omissão do empregador, de resto, ser suprida nos termos do art. 39, §§ 1º e 2º, da CLT. No caso, porém, a omissão da Reclamada trouxe grave prejuízo para o Reclamante, que, acidentado no trabalho, viu-se impedido de recorrer à Previdência Social por não ser regularmente registrado. Rescisão indireta acolhida com fundamento no art. 483, alínea "d", da CLT. Recurso provido parcialmente. (TRT 24ª R. — RO 0020/2005-076-24-00-1 — Rel. Juiz Márcio Eurico Vitral Amaro — DOMS 1º.8.2005)

RESCISÃO INDIRETA — FALTA DE ANOTAÇÃO DA CTPS — FALTA GRAVE DO EMPREGADOR — ART. 483, ALÍNEA "D", DA CLT — A falta de anotação da CTPS configura ato de grave violação das obrigações decorrentes da celebração do contrato de trabalho. A omissão do empregador gera insegurança e prejuízo para o empregado, pela ausência dos oportunos depósitos do FGTS e recolhimentos previdenciários, privando-o da possibilidade de prontamente exercer os direitos daí decorrentes. Sendo a infração de natureza continuada, que se renova dia a dia, não se exige do empregado buscar imediatamente a reparação da lesão, podendo ele escolher o melhor momento para o fazer. (TRT 3ª R. — RO 6206/03 — 3ª T. — Rel. Juiz Sebastião Geraldo de Oliveira — DJMG 28.6.2003 — p. 06)

VÍNCULO DE EMPREGO. RECONHECIMENTO. TRABALHO HABITUAL. Tendo a Reclamada negado existência de vínculo de emprego, mas admitido a prestação de serviços, atraiu para si o ônus de comprovar a veracidade de seus argumentos, obrigação da qual não se desincumbiu a contento (art. 818 da CLT e 333 do CPC). As declarações do preposto no sentido de que o trabalho se dava em torno de duas vezes por semana mostram-se suficientes para caracterizar a habitualidade da prestação laboral, inserindo a situação entre as hipóteses contempladas pelo art. 3º da CLT. Recurso a que se nega provimento.

VOTO

ADMISSIBILIDADE Preenchidos os pressupostos processuais de admissibilidade, conheço do Recurso Ordinário da Reclamada. MÉRITO DO VÍNCULO DE EMPREGO. PERÍODO SEM ANOTAÇÃO EM CARTEIRA. Insurge-se a Recorrente contra o reconhecimento do vínculo de emprego relativamente ao periodo compreendido entre 4.9.98 e 1º.9.99, período no qual o Reclamante teria prestado serviços à Reclamada sem a devida anotação de sua CTPS. Afirma que a inexistência de subordinação e a eventualidade da prestação laboral restaram devidamente comprovadas e que a condição do trabalho como "chapa" ficou caracterizada pelo trabalho eventual, sem obrigação de comparecimento e sem nenhum tipo de subordinação. Razão não assiste à Reclamada, sendo certo que a habitualidade do trabalho desenvolvido pelo Reclamante ficou devidamente comprovada, não havendo de se falar em prestação eventual de serviços. O art. 818 da CLT determina: "a prova das alegações incumbe à parte que as fizer". Essa orientação deve ser complementada pela regra inserta no art. 333 do CPC, que dispõe ser do autor o ônus de provar o fato constitutivo do direito alegado em juízo (inciso I), e do réu o encargo de provar os fatos impeditivos, extintivos ou modificativos do direito do autor, quando suscitados na defesa (inciso II). Verifica-se, pois, que o ônus da prova é a *responsabilidade* atribuída à parte para produzir uma prova, encargo esse que, não satisfeito, tem por conseqüência o não-reconhecimento, pelo órgão jurisdicional, do fato que a prova destinava-se a demonstrar. Como o próprio nome indica, não há um dever de provar, mas um simples ônus, assumindo o litigante o risco de perder a causa se não provar os fatos alegados como fundamento da relação jurídica controvertida. Importante salientar, ainda, que a prova há de ser convincente a respeito do fato litigioso, uma vez que *falta* de prova e prova incompleta ou insuficiente equivalem-se na sistemática processual do ônus da prova. No dizer de COUTURE: "o ônus da prova vem a ser, portanto, a necessidade de provar para vencer a causa, de sorte que nela se pode ver uma imposição e uma sanção de ordem processual". Por outras palavras, MICHELI afirma: "existe ônus da prova quando um determinado comportamento é exigido da parte para alcançar um bem jurídico desejado". Cada parte, portanto, tem o ônus de provar os pressupostos fáticos do direito que pretende seja reconhecido na solução da controvérsia. Dentro desse contexto, cabia à Reclamada comprovar a ausência do vínculo de emprego, o que efetivamente não ocorreu. Como bem colocado pela decisão primária, o preposto da Reclamada confirma que no período em questão o Reclamante trabalhava "em torno de duas vezes por semana" (a fl. 66); a referida periodicidade mostra-se suficiente para caracterizar a habitualidade da prestação laboral, inserindo a situação entre as hipóteses contempladas pelo art. 3º da CLT. Esse tem sido, inclusive, o posicionamento adotado pelos doutrinadores quando da interpretação do termo "serviços de natureza não eventual", estampado no artigo consolidado em questão, como colocado pelo jurista *Sérgio Pinto Martins*, em seus *Comentários à CLT*: No contrato de trabalho, há a habitualidade na prestação dos serviços, que na maioria das vezes é feita diariamente, mas poderia ser de outra forma, por exemplo: bastaria o empregado trabalhar uma vez ou duas por semana, toda vez no mesmo horário, para caracterizar a continuidade da prestação de serviços. (...) A CLT não usa a expressão trabalho quotidiano, diário, mas não-eventual, contínuo, habitual. Assim, o trabalho não precisa ser feito todos os dias, mas necessita ser habitual (*in Comentários à CLT*. Atlas, 5ª ed., ano 2002, p. 31.) Ressalte-se, por oportuno, que os elementos caracterizadores da subordinação encontram-se também nas declarações do preposto, que afirmou "que antes da anotação na CTPS do recte quem dava ordens era o encarregado geral Sr. Freitas, inclusive após a assinatura da CTPS" (a fl. 61). Consta também das declarações da testemunha que o Reclamante não possuía outra ocupação e que normalmente era chamado diariamente para trabalhar. Ademais, havia um determinado modo de agir da Empresa que constitui argumento capaz de caracterizar a obrigatoriedade de comparecimento ora refutada pela Recorrente, qual seja, a declaração da testemunha do Reclamante no sentido de "que se os 'chapas' deixassem de comparecer eram substituídos por outros, não sendo mais chamados para o trabalho" (a fl. 61). Assim sendo, há de se confirmar a sentença que identificou a presença dos elementos caracterizadores do vínculo de emprego para o período trabalhado sem *anotação* de carteira. Nego provimento ao Recurso, no particular. DAS HORAS EXTRAS. Inconforma-se a Reclamada com as horas extras deferidas, colocando em dúvida a veracidade do testemunho prestado mediante a alegação de que havia "amizade próxima" entre o Reclamante e o sogro da testemunha. Em seguida, passa a questionar o deferimento das horas extras relativamente ao período sem *anotação* em carteira, voltando a argumentar que o trabalho era eventual e que a sobrejornada não restou comprovada. Também aqui as argumentações da Reclamada não prosperam. Primeiramente, não há de se pôr em dúvida a veracidade do depoimento da testemunha, uma vez que não alegado, no momento oportuno, nenhum vício capaz de macular as declarações. Ressalte-se que, como bem registrado pela sentença, as próprias declarações do preposto mostraram-se suficientes para retirar o valor probante dos cartões de ponto, na medida em que este declarou que havia trabalho após o fechamento dos cartões. Assim sendo, hão de se manter as horas extras, nos termos do que foi declarado pela testemunha do Reclamante, que confirmou a jornada alegada na inicial, abrangendo todo o período para o qual foi reconhecido o vínculo de emprego, uma vez que não se acolheu a tese da eventualidade da prestação laboral defendida pela Reclamada. Nego provimento. DAS FÉRIAS. Insurge-se a Reclamada contra a determinação de que se paguem em dobro as férias relativas ao período aquisitivo 98/99, acrescidas do terço constitucional, asseverando que as férias não são devidas porque não estavam presentes, naquele período, os elementos constitutivos do contrato de trabalho. Sem razão. O direito em questão é mera conseqüência do reconhecimento do vínculo empregatício no período indicado. Como decidido em tópico anterior, os elementos caracterizadores do vínculo estão presentes na relação, motivo pelo qual cai no vazio a argumentação intentada pela Reclamada. Mantenho a decisão. CONCLUSÃO Ante o exposto, conheço do Recurso interposto e, no mérito, nego-lhe provimento, nos termos da fundamentação supra. É o meu voto. (TRIBUNAL: 10ª Região ORIGEM: 01ª VARA — BRASÍLIA/DF 01-0182/2002 NA VARA DE ORIGEM DECISÃO: 12.8.2002 TIPO: RO NUM: 02107 ANO: 2002 REGIÃO: 10NÚMERO ÚNICO PROC: RO — TURMA: 3ª TURMA RELATORA Juíza Relatora : MARIA DE ASSIS CALSING REVISOR Juiz Revisor : MARCOS ROBERTO PEREIRA)

Com o advento da Lei n. 9.983/2000, que alterou o art. 297, §§ 3º e 4º do Código Penal, o empregador que deixar de registrar seus empregados e consignar as devidas anotações na CTPS estará tipificado em crime, na conduta do citado dispositivo legal, que assim dispõe:

"Falsificação de documento público

Art. 297 — Falsificar, no todo ou em parte, documento público, ou alterar documento público verdadeiro:

Pena — reclusão, de 2 (dois) a 6 (seis) anos, e multa.

§ 1º Se o agente é funcionário público, e comete o crime prevalecendo-se do cargo, aumenta-se a pena de sexta parte.

§ 2º Para os efeitos penais, equiparam-se a documento público o emanado de entidade paraestatal, o título ao portador ou transmissível por endosso, as ações de sociedade comercial, os livros mercantis e o testamento particular.

§ 3º Nas mesmas penas incorre quem insere ou faz inserir: (AC) (Acrescentado pela Lei n. 9.983, de 14.7.2000)

I — na folha de pagamento ou em documento de informações que seja destinado a fazer prova perante a Previdência Social, pessoa que não possua a qualidade de segurado obrigatório; (AC) (Acrescentado pela Lei n. 9.983, de 14.7.2000)

II — na Carteira de Trabalho e Previdência Social do empregado ou em documento que deva produzir efeito perante a Previdência Social, declaração falsa ou diversa da que deveria ter sido escrita; (AC) (Acrescentado pela Lei n. 9.983, de 14.7.2000)

III — em documento contábil ou em qualquer outro documento relacionado com as obrigações da empresa perante a Previdência Social, declaração falsa ou diversa da que deveria ter constado. (AC) (Acrescentado pela Lei n. 9.983, de 14.7.2000)

§ 4º Nas mesmas penas incorre quem omite, nos documentos mencionados no § 3º, nome do segurado e seus dados pessoais, a remuneração, a vigência do contrato de trabalho ou de prestação de serviços. (AC) (Acrescentado pela Lei n. 9.983, de 14.7.2000)".

Portanto, podemos dizer que mesmo que o empregado consinta em não ser registrado pelo empregador, após a Lei n. 9.983/2000 esse comportamento se configura como um ilícito penal, capitulado no art. 297 acima descrito.

Entendemos que em idêntico crime incorrerá o empregador que registrar o empregado com salário menor, uma vez que estará omitindo e relacionando dados incorretos na CTPS e demais documentos respectivos, além de estar fraudando o recolhimento do INSS com o pagamento da contribuição previdenciária com base de cálculo em remuneração inferior à real.

No passado havia doutrinadores que entendiam o cabimento do art. 203(10) do Código Penal nessa atitude empresarial. Todavia, tal entendimento restou superado pelo advento da Lei n. 9.983/2000, uma vez que a frustração do direito do empregado se dá mediante fraude, *mas não violência*, ferindo direito assegurado pela legislação de trabalho, como enuncia o dispositivo legal.

Entretanto, uma outra corrente poderia alegar a compatibilidade do art. 203 do Código Penal, pois a previsão legal utiliza-se da conjunção alternativa "ou" e não da conjunção aditiva "e", incorrendo no crime, portanto, o empregador que frustrar direito trabalhista mediante fraude *ou* violência. Assim, se o empregador agir mediante fraude (p. ex. registrando o empregado com salário a menor), mesmo que sem violência, já estará configurado o crime tipificado no art. 203.

---

(10) Frustação de direito assegurado por lei trabalhista
Art. 203. Frustrar, mediante fraude ou violência, direito assegurado pela legislação do trabalho:
Pena — detenção, de um ano a dois anos, e multa, além da pena correspondente à violência. (Redação dada à pena pela Lei n. 9.777, de 29.12.1998)
§ 1º Na mesma pena incorre quem: (Acrescentado pela Lei n. 9.777, de 29.12.1998)
I — obriga ou coage alguém a usar mercadorias de determinado estabelecimento, para impossibilitar o desligamento do serviço em virtude de dívida; (Acrescentado pela Lei n. 9.777, de 29.12.1998)
II — impede alguém de se desligar de serviços de qualquer natureza, mediante coação ou por meio de retenção de seus documentos pessoais ou contratuais. (Acrescentado pela Lei n. 9.777, de 29.12.1998)
§ 2º A pena é aumentada de um sexto a um terço se a vítima é menor de dezoito anos, idosa, gestante,indígena ou portadora de deficiência física ou mental. (Parágrafo acrescentado pela Lei n. 9.777, de 29.12.1998).

Não obstante, cremos que a Lei n. 9.983/2000, em seus §§ 4º e 5º, veio, de forma definitiva, clarificar a matéria.

2.11. Consórcio de empregadores rurais

O *consórcio de empregadores rurais acha-se regulado pela* Portaria n. 1.964/99 do Ministério do Trabalho e do Emprego e pelo art. 25 da Lei n. 8.212/91, por meio dos quais os empregadores rurais, pessoas físicas, compartilham a mesma mão-de-obra.

A existência do pacto de solidariedade entre eles suscita a responsabilização objetiva de todos pelos direitos dos trabalhadores, sejam eles de índole material ou moral.

Idêntica situação de responsabilidade objetiva encontramos nos casos de *Condomínio de empregadores rurais.*

Transcrevemos abaixo a seguinte ementa:

CONTRATAÇÃO RURAL — CONSÓRCIO DE EMPREGADORES FORMALIDADES PROTEÇÃO LEGAL ASSEGURADA AO EMPREGADO. O novo modelo de contratação rural chamado "*Consórcio*, ou Condomínio, de *Empregadores*" está definido na Portaria GM/MTE n. 1.964, de 1º.12.99 como "a união de produtores *rurais*, pessoas físicas, com a finalidade única de contratar empregados *rurais*". Nesse modelo admite-se que, além dos empregados diretos do produtor rural, outros possam ser contratados para prestar serviços ao grupo consorciado. A adoção do modelo, no entanto, exige o cumprimento de certas formalidades, dentre as quais a matrícula no Cadastro Eletrônico do INSS (CEI) e o registro cartorial de um pacto de solidariedade firmado pelos produtores nos termos da lei civil, mediante o qual reconhecem sua responsabilidade pelas obrigações trabalhistas, previdenciárias e fiscais decorrentes da prestação de serviços. O Direito do Trabalho não permite que se deixe o empregado ao desamparo; conseqüentemente, se o exame da situação concreta revela que a prestação de serviços se desenvolveu em violação das normas trabalhistas, não pode o produtor, que usufruiu daquele benefício, eximir-se de sua responsabilidade para com o empregado. A irregularidade do *consórcio* não obsta a responsabilização dos consorciados, atraindo a solidariedade, aliás prevista como requisito para a regularização do *consórcio*; o credor pode demandar de qualquer deles o total da dívida (cf. art. 904, do Código Civil Brasileiro). INDENIZAÇÃO SUBSTITUTIVA DO SEGURO-DESEMPREGO PRESSUPOSTO ESSENCIAL. A dispensa sem justa causa obriga o empregador a fornecer ao ex- empregado as guias necessárias ao recebimento do seguro-desemprego, não cabendo a esse último dizer do direito ao benefício (art. 24, Lei n. 7.998/90); deixando o ex-empregador de fornecer os documentos ao trabalhador, obsta-lhe o exercício do direito, devendo indenizá-lo, nos termos do art. 159/Código Civil. Tal não ocorre, todavia, se o próprio trabalhador admite ter obtido nova ocupação após o desligamento do emprego, contrariando a presunção de falta de recursos financeiros no lapso imediatamente posterior à dispensa, pois nesse caso revela-se inexistente o pressuposto essencial que motivou a norma benéfica. (TRIBUNAL: 3ª Região DECISÃO: 24.10.2000 TIPO: RO NUM: 16734 ANO: 2000 NÚMERO ÚNICO PROC: RO — TURMA: Quinta Turma DJMG DATA: 18.11.2000 PG: 25 Relator Juiz Eduardo Augusto Lobato)

2.12. Condomínios residenciais

Podemos citar como casos de autêntica solidariedade e, portanto, de responsabilidade objetiva, os *condomínios residenciais* — Lei n. 2.757/56, art. 3º que dispõe que os condôminos respondem solidariamente (se o condomínio não pagar, pagam os condôminos, cada um a sua parte); do operador portuário — Lei n. 9.719/89, art. 2º, parágrafo quarto, por meio do qual o trabalhador avulso pode cobrar do operador e do Órgão Gestor da Mão-de-Obra, independentemente do benefício de ordem.

As ementas abaixo elucidam esse caso concreto:

NULIDADE. CITAÇÃO. IMPROCEDENTE. Empresas situadas no mesmo imóvel. A notificação recebida por empresa sediada à frente do imóvel, não implica em nulidade de citação, pois em local onde funcione duas ou mais empresas, essas são condôminas, de forma que se uma recebe a correspondência de outra, seu dever, por *responsabilidade objetiva* é entregá-la, sob pena de responder por danos em ação regressiva. Caso assim não fosse, a correspondência em prédios onde funcionam dezenas e até centenas de *condôminos*, não poderia permanecer nas mãos do zelador. (TRIBUNAL:2ª Região ACÓRDÃO NUM: 2000020052 DECISÃO: 19.10.2000 TIPO: 4 NUM: 1999015757 ANO: 1999 NÚMERO ÚNICO PROC: 4 — AÇÃO RESCISÓRIA TURMA: SDI ÓRGÃO JULGADOR — Secretaria de Dissídios Individuais DOE SP, PJ, TRT 2ª Data: 14.11.2000 PG. RELATOR: JOÃO CARLOS DE ARAUJO, REVISOR(A): DORA VAZ TREVIÑO)

TRABALHADOR AVULSO. RESPONSABILIDADE SOLIDÁRIA DO SINDICATO E DO OPERADOR PORTUÁRIO. LEI N. 8.923/93. Filio-me atualmente à corrente doutrinária e jurisprudencial que atribui ao *operador portuário a responsabilidade* solidária pelos créditos do trabalhador avulso, o que em nada se confunde com reconhecimento de liame empregatício com o sindicato ou com a operadora. E isso porque o § 2º do art. 19 da Lei n. 8.630/93 prevê especificamente a *responsabilidade* solidária do *operador portuário* e do órgão gestor pela remuneração devida ao trabalhador avulso. A tese de que o sindicato não desempenha o papel atribuído ao OGMO também não favorece a reclamada, já que o SINTRAPORT — ao escalar avulsos para o trabalho realizado junto à demandada — nada mais fez do que atuar como órgão gestor; numa conduta suportada pelo ordenamento em virtude do notório desinteresse dos atores sociais envolvidos no processo de modernização dos portos (trabalhadores, operadores e sindicatos) em dar regular cumprimento à dicção da Lei 8630/93. (TRIBUNAL: 2ª Região ACÓRDÃO NUM: 20020791270 DECISÃO: 2.12.2002 TIPO: RO01 NUM: 36523200290202000 ANO: 2002 NÚMERO ÚNICO PROC: RO01 — RECURSO ORDINÁRIO TURMA: 07 ÓRGÃO JULGADOR — SÉTIMA TURMA DOE SP, PJ, TRT 2ª Data: 17.1.2003 PG: RELATORA YONE FREDIANI REVISOR*(A)* LUIZ ANTONIO MOREIRA VIDIGAL)

TERCEIRIZAÇÃO DE MÃO-DE-OBRA. CULPA "IN ELIGENDO" E "IN VIGILANDO". RESPONSABILIDADE SUBSIDIÁRIA. ENUNCIADO N. 331 DO C. TST — O contrato assinado entre as partes para a concessão de mão-de-obra não atrela o trabalhador que se constitui em "res inter alios". Ao contratar empresa inidônea (inadimplente) a tomadora da mão-de-obra age com culpa "in eligendo" e "in vigilando" (art. 159 do Código Civil) pelo que deverá permanecer no pólo passivo com *responsabilidade* subsidiária (En. N. 331). O crédito trabalhista, de natureza alimentar (art. 100, CF/88) e dotado de superprivilégio (arts. 186, 187, do CTN e art. 29 da Lei n. 6.830/80) deve ser garantido pela empresa contratante e pelo tomador da mão-de-obra. Esta, em sendo o caso, terá oportunidade de alavancar-se regressivamente sobre a sua contratante inadimplente. (TRIBUNAL: 2ª Região ACÓRDÃO NUM: 19990601774 DECISÃO: 9.11.1999 TIPO: RO01 NUM: 02980551982 ANO: 1998 NÚMERO ÚNICO PROC: RO01 — RECURSO ORDINÁRIO TURMA: 05 ÓRGÃO JULGADOR — QUINTA TURMA DOE SP, PJ, TRT 2ª Data: 26.11.1999 PG: R*ELATOR* FRANCISCO ANTONIO DE OLIVEIRA REVISOR(A) PEDRO PAULO TEIXEIRA MANUS)

2.13. Dono da obra

A Orientação jurisprudencial n. 191, da SDI-1 do Tribunal Superior do Trabalho trata da responsabilidade do dono da obra.

A aludida orientação assim se expressa:

"*Dono da obra* — responsabilidade — Diante da inexistência de previsão legal, o contrato de empreitada entre o dono da obra e o empreiteiro não impõe responsabilidade solidária ou subsidiária nas obrigações trabalhistas contraídas pelo empreiteiro, salvo sendo o dono da obra uma empresa construtora ou incorporadora".

Transcrevemos o entendimento da matéria pelo Tribunal Superior do Trabalho, como segue:

EMPREITADA — DONO DA OBRA — RESPONSABILIDADE — INAPLICABILIDADE DO ENUNCIADO N. 331 DO TST — ORIENTAÇÃO JURISPRUDENCIAL N. 191 DA E. SDI-1. É distinta a relação jurídica que existe entre o empreiteiro e o dono da obra, esta de natureza eminentemente civil, e aquela que se estabelece entre o empreiteiro e seus empregados, integralmente regida pela legislação trabalhista. O dono da obra não é empregador dos trabalhadores, que laboram para o empreiteiro, e, em relação a eles, não é titular de nenhum direito ou obrigação de cunho trabalhista. Esse entendimento está consagrado na Orientação Jurisprudencial n. 191 do TST, nestes termos: "Diante da inexistência de previsão legal, o contrato de empreitada entre o dono da obra e o empreiteiro não enseja responsabilidade solidária ou subsidiária nas obrigações trabalhistas contraídas pelo empreiteiro, salvo sendo o dono da obra uma empresa construtora ou incorporadora". O Enunciado n. 331 do TST não guarda relação com o vínculo havido entre o empreiteiro e o dono da obra. O citado enunciado se aplica às empresas prestadoras de serviços, atribuindo às empresas tomadoras a responsabilidade subsidiária pelo inadimplemento das obrigações trabalhistas assumidas pelas primeiras. (TRIBUNAL: TST DECISÃO: 22.9.2003 PROC: ERR NUM: 558064 ANO: 1999 REGIÃO:5 EMBARGOS EM RECURSO DE REVISTA TURMA: D1 ÓRGÃO JULGADOR — SUBSEÇÃO I ESPECIALIZADA EM DISSÍDIOS INDIVIDUAIS DJ DATA: 17.10.2003 REDATOR DESIGNADO MINISTRO MILTON DE MOURA FRANÇA)

NULIDADE POR NEGATIVA DE PRESTAÇÃO JURISDICIONAL DO TRIBUNAL REGIONAL. A decisão prolatada pela Corte "a quo", embora contrária ao interesse do recorrente, apresentou uma solução judicial para o conflito, configurando-se efetiva prestação jurisdicional, de modo que restam incólumes os arts. 832 da CLT, 458, incs. I, II e III, do Código de Processo Civil e 5º, incs. XXXV, LIV e LV, da Constituição da República. "DONO DA OBRA. RESPONSABILIDADE. Diante da inexistência de previsão legal, o contrato de empreitada entre o dono da obra e o empreiteiro não enseja responsabilidade solidária ou subsidiária nas obrigações trabalhistas contraídas pelo empreiteiro, salvo sendo o dono da obra uma empresa construtora ou incorporadora." (Orientação Jurisprudencial n. 191 da SBDI-1) (TRIBUNAL: TST DECISÃO: 8.9.2003 PROC: ERR NUM: 779929 ANO: 2001 REGIÃO:3 EMBARGOS EM RECURSO DE REVISTA TURMA: D1 ÓRGÃO JULGADOR — SUBSEÇÃO I ESPECIALIZADA EM DISSÍDIOS INDIVIDUAIS DJ DATA: 26.9.2003 RELATOR MINISTRO JOÃO BATISTA BRITO PEREIRA)

DONO DA OBRA. RESPONSABILIDADE. Diante da inexistência de previsão legal, o contrato de empreitada entre o dono da obra e o empreiteiro não enseja responsabilidade solidária ou subsidiária nas obrigações trabalhistas contraídas pelo empreiteiro, salvo sendo o dono da obra uma empresa construtora ou incorporadora (Orientação Jurisprudencial n. 191 da C. SDI desta Corte). No caso dos autos, não se tratando o dono da obra de uma empresa construtora ou incorporadora, não há como lhe imputar a responsabilidade solidária pelo pagamento das parcelas trabalhistas decorrentes do contrato de trabalho havido entre o reclamante e a empreiteira. (TRIBUNAL: TST DECISÃO: 03 09 2003 PROC: RR NUM: 486713 ANO: 1998 REGIÃO:09 RECURSO DE REVISTA TURMA: 01 ÓRGÃO JULGADOR — PRIMEIRA TURMA DJ DATA: 19.9.2003 RELATOR JUIZ CONVOCADO ALOYSIO CORRÊA DA VEIGA)

AGRAVO DE INSTRUMENTO. DONO DA OBRA. RESPONSABILIDADE SUBSIDIÁRIA. PROVIMENTO. Dá-se provimento ao Agravo quando demonstrada a divergência jurisprudencial, na forma prevista no artigo 896, letra "a", da CLT. RECURSO DE REVISTA. DONO DA OBRA. RESPONSABILIDADE SUBSIDIÁRIA. IMPOSSIBILIDADE. APLICAÇÃO DA OJ n. 191 DA SBDI DO TST. PROVIMENTO. Segundo a jurisprudência assente nesta Corte, convalidada por meio do precedente jurisprudencial n. 191 da SDI, resta afastada a possibilidade de reconhecimento da responsabilidade subsidiária quando não constatada a natureza de construtor ou incorporador do dono da obra. Recurso de Revista conhecido e provido para determinar a reforma da decisão regional. (TRIBUNAL: TST DECISÃO: 3.9.2003 NUMERAÇÃO ÚNICA PROC: RR — 4128-2002-900-03-00 RECURSO DE REVISTA TURMA: 01 ÓRGÃO JULGADOR — PRIMEIRA TURMA DJ DATA: 19.9.2003 RELATORA JUÍZA CONVOCADA MARIA DE ASSIS CALSING)

Outrossim, para corroborar o entendimento acima, alguns doutrinadores aludem à responsabilidade solidária do dono da obra e do construtor emanada do art. 30 e incisos da Lei n. 8.212/91, que dispõe:

"VI — o proprietário, o incorporador definido na Lei n. 4.591, de 16 de dezembro de 1964, o dono da obra ou condômino da unidade imobiliária, qualquer que seja a forma de contratação da construção, reforma ou acréscimo, são solidários com o construtor, e estes com a subempreiteira pelo cumprimento das obrigações para com a Seguridade Social, ressalvado o seu direito regressivo contra o executor ou contratante da obra e admitida a retenção de importância a este devida para garantia do cumprimento dessas obrigações, não se aplicando, em qualquer hipótese, o benefício de ordem; (Redação dada ao inciso pela Lei n. 9.528, de 10.12.1997)

VII — exclui-se da responsabilidade solidária perante a Seguridade Social o adquirente de prédio ou unidade imobiliária que realizar a operação com empresa de comercialização ou incorporador de imóveis, ficando estes solidariamente responsáveis com o construtor;

VIII — nenhuma contribuição à Seguridade Social é devida se a construção residencial unifamiliar, destinada ao uso próprio, de tipo econômico, for executada sem mão-de-obra assalariada, observadas as exigências do regulamento;

IX — as empresas que integram grupo econômico de qualquer natureza respondem entre si, solidariamente, pelas obrigações decorrentes desta Lei".

2.14. Armador de navio

Temos ainda os casos de responsabilidade do *armador* de navio pelo trabalho em bloco para manutenção de cascos de embarcação, quando o armador contrata empreiteiros. Neste caso, responde o armador pelas obrigações trabalhistas de empreiteiro que contratar para o serviço de bloco, consoante Lei n. 5.385/68, art. 42.

Trazemos, a título de ilustração, as ementas:

CARENCIA DA AÇÃO. OS ESTIVADORES TÊM AÇÃO CONTRA O AGENTE MARÍTIMO (ARTIGO DUZENTOS E SESSENTA E TRÊS DA CLT), PORQUANTO O CITADO PRECEITO CONSOLIDADO PREVÊ A SOLIDARIEDADE ENTRE O ARMADOR E O AGENTE PELAS SOMAS DEVIDAS AOS OPERÁRIOS. (TRIBUNAL: TST ACÓRDÃO NUM: 3466 DECISÃO: 19.10.1989 PROC: RR NÚM: 264 NO: 1988 REGIÃO: 01 UF: RJ RECURSO DE REVISTA ÓRGÃO JULGADOR — PRIMEIRA TURMA — TURMA: 01 DJ DATA: 7.12.1989 PG: 18056 RELATOR: MINISTRO GUIMARÃES FALCÃO)

AGÊNCIA DE NAVEGAÇÃO. RESPONSABILIDADE SOLIDÁRIA. E PRINCÍPIO EXPRESSO NA LEI SUBSTANTIVA CIVIL QUE A SOLIDARIEDADE NÃO SE PRESUME, MAS DECORRE DE LEI, OU DA VONTADE DAS PARTES. O DECRETO OITENTA E TRÊS MIL SEISCENTOS E ONZE DE SETENTA E NOVE E SUFICIENTEMENTE PRECISO EM ATRIBUIR A RESPONSABILIDADE PELAS DESPESAS RESULTANTES DA REQUISIÇÃO DE VIGIAS APENAS, AO ARMADOR, O QUE, A MENOS QUE HOUVESSE AVENÇA ENTRE AS PARTES, EXCLUI A RESPONSABILIDADE DA AGÊNCIA DE NAVEGAÇÃO. REVISTA CONHECIDA E PROVIDA. (TRIBUNAL: TST ACÓRDÃO NÚM: 2700 DECISÃO: 30.10.1989 PROC: RR NÚM: 1553 ANO: 1989 REGIÃO: 01 UF: RJ RECURSO DE REVISTA ÓRGÃO JULGADOR — SEGUNDA TURMA TURMA: 02 DJ DATA: 2.3.1990 PG: 01373 RELATOR: MINISTRO MARCELO PIMENTEL)

PORTUÁRIO — VIGIA PORTUÁRIOS: SÃO DE RESPONSABILIDADE DO COMANDANTE, ARMADOR, OU SEU REPRESENTANTE LEGAL, AS REQUISIÇÕES DE SERVIÇOS DE VIGILÂNCIA EXECUTADOS, NA FORMA DO PARÁGRAFO ÚNICO DO ART. 7 DO DECRETO N. 83.611/79.BJ-NOV81 (TRIBUNAL: 1ª Região ACÓRDÃO NÚM: DECISÃO: 19.1.1988 TIPO: RO NÚM: 06458 ANO: 1987 NÚMERO ÚNICO PROC: RO — TURMA: 1ª TURMA DORJ, III, DE 2.2.1988. RELATOR: JUIZ ALÉDIO VIEIRA BRAGA)

2.15. Transferência de empregado brasileiro para o exterior. Lei n. 7.064/82

A transferência do empregado brasileiro para o exterior na construção civil, por empresa estrangeira com sócio no Brasil, com no mínimo 5% do capital social é regida pela Lei n. 7.064/82, arts. 12, 13 e 19. Havendo inadimplência do sócio estrangeiro, a responsabilidade objetiva é do sócio brasileiro, ocorrendo típico caso de solidariedade.

As seguintes ementas ilustrarão a presente situação jurídica:

SOLIDARIEDADE PASSIVA. O único paradigma apresentado pela Recorrente é inespecífico, porque não aprecia as particularidades da espécie (Enunciado n. 296/TST).

TRABALHO NO EXTERIOR — EMPREGADO CONTRATADO NO BRASIL — CONFLITO DE LEIS NO ESPAÇO. O contrato de trabalho de empregado admitido no Brasil por empresa nacional, que é transferido para o exterior, é regido pela legislação brasileira, quando mais favorável do que a vigente no território estrangeiro, na forma do art. 3º, inciso II, da Lei n. 7.064/82. Ausência de confronto com o Enunciado n. 207 do TST. REPOUSO SEMANAL REMUNERADO. Recurso não conhecido, por aplicação do Enunciado n. 297 do TST. DESCONTOS DE ALUGUEL. O aresto-paradigma trata de situação fática não confirmada pelo acórdão regional, no sentido de que o Autor não demonstrou que fora contratado com direito a moradia. Incide o Enunciado n. 296 do TST. DEPÓSITOS E MULTA DE 40% (QUARENTA POR CENTO) DO FGTS. A Empresa investe contra a condenação no pagamento da indenização pela ausência de depósitos fundiários e da respectiva multa de 40% (quarenta por cento). Inexiste condenação na multa de 40%. A r. sentença deferiu, dentre outros, o pedido constante da letra "k" do rol de pedidos (indenização do FGTS, exclusive os 40% indenizatórios — fl. 70). O v. acórdão acresceu à condenação outros pedidos da inicial, nada referindo ao pleito de multa de 40% do FGTS, falecendo, portanto, interesse de recorrer, no ponto. Quanto à indenização pela não-efetivação dos depósitos, o Recurso está desfundamentado, à luz do art. 896 da CLT. E, ainda que assim não fosse, incidiria o Enunciado n. 297/TST, ante o silêncio do acórdão também neste particular. SEGURO-DESEMPREGO — AVISO PRÉVIO — MULTA DO ART. 477 DA CLT — ADICIONAL DE TRANSFERÊNCIA. Recurso de Revista não conhecido, no tópico, por aplicação do Enunciado n. 297 do TST. AVISO PRÉVIO — FÉRIAS E 13º SALÁRIO. Recurso não conhecido, porque desfundamentado. (TRIBUNAL: TST DECISÃO: 20.8.2003 PROC: RR NUM: 449529 ANO: 1998 REGIÃO: RECURSO DE REVISTA TURMA: 03 ÓRGÃO JULGADOR — TERCEIRA TURMA. DJ DATA: 12.9.2003 RELATORA: MINISTRA MARIA CRISTINA IRIGOYEN PEDUZZI)

RECURSO DE REVISTA. NEGATIVA DE PRESTAÇÃO JURISDICIONAL. O Recurso encontra-se desfundamentado em face do art. 896 da CLT, pois não apontados violados os dispositivos legais nos termos da Orientação Jurisprudencial n. 115 deste Tribunal. Revista não conhecida. INCONSTITUCIONALIDADE DA LEI N. 7.064/82. O recurso neste item também se encontra desfundamentado eis que o recorrente não aduziu qual teria sido a afronta ao texto Constitucional. Revista não conhecida. ILEGITIMIDADE PASSIVA. O único aresto é inservível por tratar de matéria fática diversa da consignada pelo acórdão, atraindo a incidência do Enunciado n. 296 deste Tribunal. Revista não conhecida. CONFLITO DE LEIS NO ESPAÇO. O princípio da "lex loci executionis", pelo qual é aplicável à relação jurídica trabalhista a lei vigente no país da prestação do serviço, é de ordem genérica. "In casu", há lei especial, a Lei n. 7.064/82, regulando o tipo de contratação dos autos e que é alusiva a serviços de engenharia, consultoria, projetos e obras, montagens, gerenciamento e congêneres, que é o caso dos autos. Revista não conhecida.

ADICIONAL DE TRANSFERÊNCIA — AVISO PRÉVIO — REPOUSO SEMANAL REMUNERADO — SEGURO DESEMPREGO — REFLEXO DE HORAS EXTRAS — FGTS. O acórdão regional não prequestionou acerca de tais matérias, não tendo sido instado a fazê-lo através de oportunos embargos declaratórios, ensejando a aplicação do Enunciado n. 297 deste Tribunal. Revista não conhecida. FÉRIAS — 13º SALÁRIO. O recurso encontra-se desfundamentado em face do art. 896 da CLT. Recurso não conhecido. MULTA DO ART. 477 DA CLT. Para analisar o Recurso de Revista à luz de sua fundamentação, necessário seria o revolvimento de matéria fático-probatória, tendo como óbice o Enunciado n. 126 deste Tribunal, o que afasta a pretendida divergência jurisprudencial, incidindo também o Enunciado n. 296. Recurso não conhecido. (TRIBUNAL: TST DECISÃO: 25.9.2002 PROC: RR NUM: 474091 ANO: 1998 REGIÃO: 01 RECURSO DE REVISTA TURMA: 03 ÓRGÃO JULGADOR — TERCEIRA TURMA DJ DATA: 18.10.2002. RELATOR: JUIZ CONVOCADO PAULO ROBERTO SIFUENTES COSTA)

PRELIMINAR DE NULIDADE DA DECISÃO REGIONAL POR NEGATIVA DE PRESTAÇÃO JURISDICIONAL — AUSÊNCIA DE FUNDAMENTAÇÃO LEGAL PARA DEFERIMENTO DO ADICIONAL DE TRANSFERÊNCIA. Se o Regional não lançou tese sobre a questão atinente ao adicional de transferência, de forma expressa, porque o tema sequer foi objeto do recurso ordinário da Reclamada, não há que se falar em negativa de prestação jurisdicional. 2. PRELIMINAR DE ILEGITIMIDADE PASSIVA "AD CAUSAM". A revista não reúne condições de prosperar se a divergência jurisprudencial cotejada para o tema da ilegitimidade passiva "ad causam" aprecia situação fática não distinguida pelo Tribunal de origem. De fato, se a Corte Regional, no paradigma apresentado, concluiu que a documentação juntada acenava com a regularidade da intermediação da mão-de-obra pela empresa nacional e o acórdão recorrido reconhece que foi irregular a intermediação não há como estabelecer o dissenso válido de interpretação, porquanto as circunstâncias fáticas e probatórias são diferentes. Óbice da Súmula n. 296 do TST. 3. CONFLITO DE LEIS NO ESPAÇO — PRINCÍPIO DA "LEX LOCI EXECUTIONIS CONTRACTI". A contratação de trabalhadores no Brasil, bem como a transferência deles, para prestação de serviços no exterior, para serviços de engenharia, inclusive com consultoria, projetos e obras, montagens, gerenciamentos e congêneres encontra-se regulada pela Lei n. 7064, de 6-12-82. Esta Lei determina, em seu art. 3º, II, a aplicação da lei brasileira ao contrato de trabalho, sempre que mais benéfica no conjunto de normas e em relação a cada matéria, independentemente da observância da legislação do local da execução dos serviços. O princípio da "lex loci executionis contracti", pelo qual é aplicável à relação jurídica trabalhista a lei vigente no país da prestação do serviço, é de ordem genérica. "In casu", há lei especial, a Lei n. 7064/82, regulando o tipo de contratação dos autos, de forma que não se evidencia o conflito de leis no espaço. 4. ADICIONAL DE TRANSFERÊNCIA, AVISO PRÉVIO E MULTA DO ART. 477 DA CLT — FALTA DE PREQUESTIONAMENTO. Não havendo tese expressa, no acórdão recorrido, a respeito do direito às parcelas de adicional de transferência, aviso prévio e multa do art. 477 da CLT, não há como confrontar as razões do recurso de revista, sendo atraído, na espécie, o óbice da Súmula n. 297 do TST. 5. REPOUSO SEMANAL REMUNERADO, SEGURO-DESEMPREGO E REFLEXO DAS HORAS EXTRAS — DESFUNDAMENTAÇÃO. À míngua de enquadramento do apelo revisional, para os temas do RSR, seguro-desemprego e reflexo das horas extras, em qualquer dos permissivos do art. 896 da CLT, não há como admiti-lo, haja vista a falta de fundamentação legal. Recurso de revista não conhecido integralmente. (TRIBUNAL: TST DECISÃO: 12.12.2001 PROC: RR NUM: 376910 ANO: 1997 REGIÃO: 01 RECURSO DE REVISTA TURMA: 04 ÓRGÃO JULGADOR — QUARTA TURMA DJ DATA: 1º.3.2002. RELATOR: MINISTRO IVES GANDRA MARTINS FILHO)

CONTRATO PARA PRESTAÇÃO DE SERVIÇOS NO EXTERIOR — RESPONSABILIDADE LEGAL DA EMPRESA BRASILEIRA CONTRATANTE — LEGITIMIDADE PASSIVA — LEI N. 7.064/82. O art. 19 da Lei n. 7.064/82 assenta a responsabilidade solidária da pessoa jurídica domiciliada no Brasil pelas obrigações advindas da contratação de trabalhador para prestar serviços relacionados à engenharia, consultoria, projetos, obras e afins, no exterior, daí ser a empresa brasileira contratante legítima para figurar no pólo passivo da demanda. Não enfocando a questão sob esse aspecto, estar-se-ia admitindo a contratação direta de trabalhador nacional por empregador estrangeiro, através de conduta flagrantemente ilícita da Reclamada, que quer eximir-se de qualquer responsabilidade, o que consubstanciaria crime contra a organização do trabalho, tipificado pelo aliciamento de mão-de-obra (Código Penal, art. 206). CONFLITO DE LEIS NO ESPAÇO — PRINCÍPIO DA "LEX LOCI EXECUTIONIS CONTRACTI". A contratação de trabalhadores no Brasil, bem como a transferência deles, para prestação de serviços no exterior, para serviços de engenharia, inclusive com consultoria, projetos e obras, montagens, gerenciamentos e congêneres encontra-se regulada pela Lei n. 7.064, de 6.12.82. Esta Lei determina, em seu art. 3º, II, a aplicação da lei brasileira ao contrato de trabalho, sempre que mais benéfica no conjunto de normas e em relação a cada matéria, independentemente da observância da legislação do local da execução dos serviços. O princípio da "lex loci executionis contracti", pelo qual é aplicável à relação jurídica trabalhista a lei vigente no país da prestação do serviço, é de ordem genérica. "In casu", há lei especial, a Lei n. 7.064/82, regulando o tipo de contratação dos autos, de forma que não se evidencia o conflito de leis no espaço. Recurso de revista conhecido em parte e desprovido. (TRIBUNAL: TST DECISÃO: 22.3.2000 PROC: RR NUM: 355472 ANO: 1997 REGIÃO: 01 RECURSO DE REVISTA TURMA: 04 ÓRGÃO JULGADOR — QUARTA TURMA DJ DATA: 5.5.2000 PG: 505 RELATOR MINISTRO IVES GANDRA MARTINS FILHO)

Portanto, o empregado brasileiro contratado para prestação de serviços no exterior estará submetido à lei do lugar da prestação dos serviços (*lex loci executionis*), consoante se depreende do Enunciado n. 207[11] do TST, que afasta as disposições do art. 9º[12] da LICC e do art. 435[13] do Código Civil. O que importa é onde se dá a prestação dos serviços.

Se o trabalhador desenvolver suas atividades em outro país, a ele é aplicável a lei desse país e não a lei brasileira. O Brasil ratificou o Código Bustamante, por meio do Decreto n. 18.871/29, que em seu art. 198 dispõe sobre o princípio da territorialidade para as leis de proteção ao trabalho. No entanto, o empregador terá que ter qualquer domicílio no Brasil (filial, agência etc.), senão a citação terá que ser feita por carta rogatória.

Dispõe ainda o Código Bustamante, que é territorial a legislação sobre acidentes de trabalho e proteção social do trabalhador e que não haverá qualquer distinção entre empresas privadas e de capital misto, quando se refere à solução de conflito legislativo no espaço.

Essa temática é regulada pelo art. 651[14] da CLT. Aplica-se a Lei n. 7.064/82 nas situações de trabalhadores contratados ou transferidos para prestar serviços no

(11) ENUNCIADO TST N. 207 — CONFLITOS DE LEIS TRABALHISTAS NO ESPAÇO — PRINCÍPIO DA *LEX LOCI EXECUTIONIS* — A relação jurídica trabalhista é regida pelas leis vigentes no país da prestação de serviços e não por aquelas do local da contratação. (RA 13/85 — DJU 11.7.85).

(12) Art. 9º Para qualificar e reger as obrigações, aplicar-se-á a lei do país em que se constituírem.

§ 1º Destinando-se a obrigação a ser executada no Brasil e dependendo de forma essencial, será esta observada, admitidas as peculiaridades da lei estrangeira quanto aos requisitos extrínsecos do ato.

§ 2º A obrigação resultante do contrato reputa-se constituída no lugar em que residir o proponente.

(13) Art. 435. Reputar-se-á celebrado o contrato no lugar em que foi proposto.

(14) Art. 651. A competência das Juntas de Conciliação e Julgamento é determinada pela localidade onde o empregado, reclamante ou reclamado, prestar serviços ao empregador, ainda que tenha sido contratado noutro local ou no estrangeiro.

A Emenda Constitucional n. 24 substituiu a expressão "Junta de Conciliação e Julgamento" por "Vara do Trabalho", extinguiu o cargo de Juiz Classista e alterou a Justiça do Trabalho.

exterior (empregados que prestam serviços de engenharia), por analogia à falta de outra norma para regular a questão. Pedidos que têm por fundamento unicamente a CLT serão julgados improcedentes, uma vez que subsistirão os que têm por base a lei estrangeira, que será aplicada ao caso concreto. Em tais demandas, mesmo que se aplique a lei estrangeira, o empregado brasileiro fará jus ao FGTS, ao INSS e ao PIS (Programa de Integração Social).

No caso concreto, no cotejo entre as legislações dos dois países para se identificar o conjunto das normas mais favoráveis, a jurisprudência tem se inclinado na utilização da Teoria do Conglobamento, ou seja, lhe importará mais o conjunto das normais mais favoráveis, e, não levará em conta a Teoria da Acumulação, por meio da qual as normas mais favoráveis são pinçadas dos ordenamentos, individualmente, formando um terceiro conjunto de normas.

A propósito, trazemos a seguinte ementa:

REAJUSTE SALARIAL — APOSENTADOS — NORMAS COLETIVAS — CONFLITO — INTERPRETAÇÃO — TEORIA DO CONGLOBAMENTO — Havendo conflito entre normas trabalhistas, o operador do direito, além da busca daquela que for mais favorável ao empregado, deve prestigiar a que mais favorece a categoria profissional como um todo. O que a doutrina identificou como "teoria do conglobamento", que se choca com a "teoria da cumulação", em que as vantagens são pinçadas de várias normas da mesma hierarquia. No caso examinado, aplica-se a sentença normativa advinda do acordo firmado nos autos do dissídio coletivo de n. 810.905/2001.3, que tramitou perante o egrégio tribunal superior do trabalho, em que as partes envolvidas, incluindo-se o sindicato dos empregados dos estabelecimentos bancários de Uberaba, resolveram negociar condições de trabalho específicas para regular as relações jurídicas entre o reclamado e seus empregados a partir de 1º.9.01, sem previsão de reajuste salarial ou pagamento de abono. (TRT 3ª R. — RO 14749/02 — 6ª T. — Relª Juíza Mônica Sette Lopes — DJMG 13.2.2003 — p. 13).

2.16. Itaipu binacional

Por meio do Tratado Internacional de Itaipu, Decreto n. 75.242/75, art. 12, a *Itaipu Binacional* responde subsidiariamente pelas obrigações resultantes de contratos de trabalho celebrados pelos empreiteiros ou subempreiteiros de obras e locadores ou sublocadores de serviços.

A seguir, as seguintes ementas atinentes à matéria:

---

§ 1º Quando for parte no dissídio agente ou viajante comercial, a competência será da Junta da localidade em que a empresa tenha agência ou filial e a esta o empregado esteja subordinado e na falta será competente a Junta da localização em que o empregado tenha domicílio ou a localidade mais próxima. (NR) (Redação dada pela Lei n. 9.851, de 27.10.1999)

§ 2º A competência das Juntas de Conciliação e Julgamento, estabelecida neste artigo, estende-se aos dissídios ocorridos em agência ou filial no estrangeiro, desde que o empregado seja brasileiro e não haja convenção internacional dispondo em contrário.

§ 3º Em se tratando de empregador que promova realização de atividades fora do lugar do contrato de trabalho, é assegurado ao empregado apresentar reclamação no foro da celebração do contrato ou no da prestação dos respectivos serviços.

VIOLAÇÃO DO ART. 896 DA CLT. VÍNCULO DE EMPREGO. ITAIPU BINACIONAL. DECRETO N. 75.242/75. Tendo havido a constatação, pelo Regional, de que houve o preenchimento dos requisitos autorizadores do reconhecimento do vínculo de emprego entre a Itaipu, tomadora de serviços, e o Reclamante, não havia mesmo como a E. Turma acolher a alegada ofensa ao Decreto n. 75.242/75, pois este dispõe tão-somente que a Itaipu Binacional poderá se valer de mão-de-obra de empregados dependentes de empreiteiros e subempreiteiros de obras e de locadores e sublocadores de serviços. Ou seja, afirma que a Itaipu pode se valer de contratos de prestação de serviços, mas, em momento algum, dispõe sobre os casos em que tais contratos venham a se desvirtuar, nem proíbe, em havendo o desvirtuamento, que se reconheça a existência de vínculo de emprego diretamente com a tomadora dos serviços, quando verificado o preenchimento dos requisitos legais. (TRIBUNAL: TST DECISÃO: 1º.9.2003 PROC: ERR NUM: 375077 ANO: 1997 REGIÃO: 9 EMBARGOS EM RECURSO DE REVISTA TURMA: D1 ÓRGÃO JULGADOR — SUBSEÇÃO I ESPECIALIZADA EM DISSÍDIOS INDIVIDUAIS DJ DATA: 26.9.2003 RELATOR MINISTRO JOSÉ LUCIANO DE CASTILHO PEREIRA)

ITAIPU BINACIONAL. VÍNCULO EMPREGATÍCIO. DECRETO N. 75.242/75. Uma vez constatada a existência dos requisitos dos arts. 2º e 3º da CLT, o reconhecimento de vínculo empregatício entre a Itaipu Binacional, tomadora de serviços, e o obreiro, não fere o Decreto n. 75.242/75. Este apenas dispõe que a reclamada poderá valer-se de mão-de-obra de empregados "dependentes de empreiteiros e subempreiteiros de obras e de locadores e sublocadores de serviços". Ou seja, afirma que a reclamada pode se valer de contratos de prestação de serviços. Todavia, em momento algum, dispõe acerca dos casos em que tais contratos venham a se desvirtuar, nem proíbe, nestes casos, que se reconheça a existência de vínculo empregatício diretamente com a tomadora dos serviços, desde que existente a pessoalidade e subordinação direta, conforme reconhecido nos autos. Não há que se falar, também, em incidência do art. 37, II, da Constituição da República, uma vez que a Itaipu Binacional não possui natureza jurídica de empresa pública, sociedade de economia mista, autarquia ou fundação pública, de modo a autorizar a sua inserção no âmbito da administração pública indireta. Nesse contexto, não há que se falar em necessidade de concurso público para reconhecimento do vínculo. CORREÇÃO MONETÁRIA. Esta c. Corte firmou entendimento, expresso na Orientação Jurisprudencial n. 124 da SDI-1, no sentido de que "O pagamento dos salários até o 5º dia útil do mês subseqüente ao vencido não está sujeito à correção monetária. Se essa data limite for ultrapassada, incidirá o índice da correção monetária do mês subseqüente ao da prestação dos serviços". Recurso de revista parcialmente conhecido. (TRIBUNAL: TST DECISÃO: 28.5.2003 PROC: RR NUM: 490068 ANO: 1998 REGIÃO: 09 RECURSO DE REVISTA TURMA: 04 ÓRGÃO JULGADOR — QUARTA TURMA DJ DATA: 13.6.2003 RELATOR JUIZ CONVOCADO HORÁCIO R. DE SENNA PIRES)

ITAIPU BINACIONAL. VÍNCULO DE EMPREGO. O Tratado de Itaipu prevê que ela será regida pelas normas estabelecidas no próprio tratado, em seu estatuto e anexos; e o Protocolo Adicional esclarece que grande parte da mão-de-obra será constituída por trabalhadores dependentes de empreiteiros e subempreiteiros de obras e locadores e sublocadores de serviços. Porém, nenhum desses diplomas autoriza que os contratos de prestação de serviços sejam desvirtuados, servindo para mascarar um vínculo de emprego existente diretamente com a Itaipu Binacional, em manifesto prejuízo aos trabalhadores, nem afasta a aplicação da legislação trabalhista naquelas hipóteses em que for constatada fraude. E, no caso dos autos, as instâncias percorridas consideraram provada a existência de vínculo empregatício diretamente com a Itaipu Binacional, em face da subordinação direta a essa empresa. Decisão em sentido contrário seria possível apenas com o revolvimento das provas dos autos, o que é vedado pelo Enunciado n. 126 do TST. Recurso de revista não conhecido. (TRIBUNAL: TST DECISÃO: 25.6.2002 PROC: RR NUM: 457489 ANO: 1998 REGIÃO: 09 RECURSO DE REVISTA TURMA: 05 ÓRGÃO JULGADOR — QUINTA TURMA DJ DATA: 23.8.2002 RELATOR MINISTRO RIDER NOGUEIRA DE BRITO)

2.17. Dispensa discriminatória

A *dispensa discriminatória* disposta na Lei n. 9.029/95[15], art. 4º, também tipifica casos de discriminação no emprego e proíbe tais práticas nas relações de trabalho, ensejando a reintegração com pagamento dos atrasados, a percepção em dobro das verbas trabalhistas, e em alguns casos reparação por danos morais.

---

(15) LEI N. 9.029, DE 13 DE ABRIL DE 1995 (DOU 17.4.1995)
Proíbe a exigência de atestados de gravidez e esterilização, e outras práticas discriminatórias, para efeitos admissionais ou de permanência da relação jurídica de trabalho, e dá outras providências.
Nota: Decreto n. 4.316, de 30.7.2002, DOU 31.7.2002, que promulga o Protocolo Facultativo à Convenção sobre a Eliminação de Todas as Formas de Discriminação contra a Mulher.
O Presidente da República
Faço saber que o Congresso Nacional decreta e eu sanciono a seguinte Lei:
Art. 1º Fica proibida a adoção de qualquer prática discriminatória e limitativa para efeito de acesso à relação de emprego, ou sua manutenção, por motivo de sexo, origem, raça, cor, estado civil, situação familiar ou idade, ressalvadas, neste caso, as hipóteses de proteção ao menor previstas no inciso XXXIII do art. 7º da Constituição Federal.
Art. 2º Constituem crime as seguintes práticas discriminatórias:
I — a exigência de teste, exame, perícia, laudo, atestado, declaração ou qualquer outro procedimento relativo à esterilização ou a estado de gravidez;
II — a adoção de quaisquer medidas, de iniciativa do empregador, que configurem:
a) indução ou instigamento à esterilização genética;
b) promoção do controle de natalidade, assim não considerado o oferecimento de serviços e de aconselhamento ou planejamento familiar, realizados através de instituições públicas ou privadas, submetidas às normas do Sistema Único de Saúde — SUS.
Pena: detenção de um a dois anos e multa.
Parágrafo único. São sujeitos ativos dos crimes a que se refere este artigo:
I — a pessoa física empregadora;
II — o representante legal do empregador, como definido na legislação trabalhista;
III — o dirigente, direto ou por delegação, de órgãos públicos e entidades das administrações públicas direta, indireta e fundacional de qualquer dos Poderes da União, dos Estados, do Distrito Federal e dos Municípios.
Art. 3º Sem prejuízo do prescrito no artigo anterior, as infrações do disposto nesta Lei são passíveis das seguintes cominações:
I — multa administrativa de dez vezes o valor do maior salário pago pelo empregador, elevado em cinqüenta por cento em caso de reincidência;
II — proibição de obter empréstimo ou financiamento junto a instituições financeiras oficiais.
Art. 4º O rompimento da relação de trabalho por ato discriminatório, nos moldes desta Lei, faculta ao empregado optar entre:
I — a readmissão com ressarcimento integral de todo o período de afastamento, mediante pagamento das remunerações devidas, corrigidas monetariamente, acrescidas dos juros legais;
II — a percepção, em dobro, da remuneração do período de afastamento, corrigida monetariamente e acrescida dos juros legais.
Art. 5º Esta Lei entra em vigor na data de sua publicação.
Art. 6º Revogam-se as disposições em contrário.
Brasília, 13 de abril de 1995; 174º da Independência e 107º da República.
Fernando Henrique Cardoso
Paulo Paiva

A seguir, trazemos uma ementa sobre a matéria.

RECURSO DE EMBARGOS DA RECLAMANTE. PRELIMINAR DE NEGATIVA DE PRESTAÇÃO JURISDICIONAL. Da leitura das razões expostas pela ora embargante, constata-se que não ampara a pretensão a alegação de ofensa ao art. 5º, incisos XXXV, LIV e LV, da Carta Magna, tendo em vista a Orientação Jurisprudencial n. 115 da SDI. PRELIMINAR DE DESERÇÃO DO RECURSO. O Juízo "a quo" não arbitrou novo valor à condenação e o depósito recursal foi efetuado pelo Banco, quando da interposição do recurso de revista, observando-se a quantia dada à causa pela empregada e que foi tomada como base de cálculo, conforme a guia constante a fl. 167. Desse modo, o único valor estipulado e, portanto, possível de ser exigido foi depositado, nada mais cabendo a este título. RECURSO DE EMBARGOS DO BANCO. LEI N. 9.026/95 — DISPENSA DISCRIMINATÓRIA. O período em que a reclamante esteve afastada do trabalho, pelo rompimento da relação trabalhista, uma vez reconhecido como ato discriminatório do empregador, é passível de ressarcimento, com readmissão, ou a percepção, em dobro, da remuneração do período de afastamento. Embargos não conhecidos. (TRIBUNAL: TST DECISÃO: 26.8.2002 PROC: ERR NUM: 463913 ANO: 1998 REGIÃO: 03 EMBARGOS EM RECURSO DE REVISTA TURMA: D1 ÓRGÃO JULGADOR — SUBSEÇÃO I ESPECIALIZADA EM DISSÍDIOS INDIVIDUAIS. DJ DATA: 27.9.2002. RELATOR: MINISTRO WAGNER PIMENTA)

De outra parte, entre os objetivos fundamentais da República Federativa do Brasil, como para dar suporte à proteção do trabalhador e do cidadão e impedir quaisquer atitudes discriminatórias, dispõe a Constituição Federal em seu art. 3º, como segue:

"Art. 3º Constituem objetivos fundamentais da República Federativa do Brasil:

I — construir uma sociedade livre, justa e solidária;

II — garantir o desenvolvimento nacional;

III — erradicar a pobreza e a marginalização e reduzir as desigualdades sociais e regionais;

IV — promover o bem de todos, sem preconceitos de origem, raça, sexo, cor, idade e quaisquer outras formas de discriminação".

O Brasil também é signatário da Convenção sobre a Eliminação de Todas as Formas de Discriminação contra a Mulher[16], que hoje integra o nosso ordenamento jurídico, como lei ordinária federal.

---

(16) DECRETO N. 4.316, DE 30 DE JULHO DE 2002 (DOU 31.7.2002)
Promulga o Protocolo Facultativo à Convenção sobre a Eliminação de Todas as Formas de Discriminação contra a Mulher.
O Presidente da República, no uso da atribuição que lhe confere o art. 84, inciso VIII, da Constituição,
Considerando que o Congresso Nacional aprovou o texto do Protocolo Facultativo à Convenção sobre a Eliminação de Todas as Formas de Discriminação contra a Mulher, por meio do Decreto Legislativo n. 107, de 6 de junho de 2002;
Considerando que o Protocolo entra em vigor, para o Brasil, em 28 de setembro de 2002, nos termos de seu art. 16, § 2º.
Decreta:
Art. 1º O Protocolo Facultativo à Convenção sobre a Eliminação de Todas as Formas de Discriminação contra a Mulher, apenso por cópia ao presente Decreto, será executado e cumprido tão inteiramente como nele se contém.
Art. 2º São sujeitos à aprovação do Congresso Nacional quaisquer atos que possam resultar em revisão do referido Protocolo, assim como quaisquer ajustes complementares que, nos termos do art. 49, inciso I, da Constituição, acarretem encargos ou compromissos gravosos ao patrimônio nacional.

Art. 3º Este Decreto entra em vigor em 28 de setembro de 2002.
Brasília, 30 de julho de 2002; 181º da Independência e 114º da República.
FERNANDO HENRIQUE CARDOSO
Celso Lafer
Protocolo Facultativo à Convenção sobre a Eliminação de Todas as Formas de Discriminação contra a Mulher
A Assembléia Geral,
Reafirmando a Declaração e Programa de Ação de Viena e a Declaração e Plataforma de Ação de Pequim,
Lembrando que a Plataforma de Ação de Pequim, em seguimento à Declaração e Programa de Ação de Viena, apoiou o processo iniciado pela Comissão sobre a Situação da Mulher com vistas à elaboração de minuta de protocolo facultativo à Convenção sobre a Eliminação de Todas as Formas de Discriminação contra a Mulher que pudesse entrar em vigor tão logo possível, em procedimento de direito a petição;
Observando que a Plataforma de Ação de Pequim exortou todos os Estados que não haviam ainda ratificado ou aderido à Convenção a que o fizessem tão logo possível, de modo que a ratificação universal da Convenção pudesse ser alcançada até o ano 2000;
1. Adota e abre a assinatura, ratificação e adesão o Protocolo Facultativo à Convenção, cujo texto encontra-se anexo à presente resolução;
2. Exorta todos os Estados que assinaram, ratificaram ou aderiram à Convenção a assinar e ratificar ou aderir ao Protocolo tão logo possível;
3. Enfatiza que os Estados Partes do Protocolo devem comprometer-se a respeitar os direitos e procedimentos dispostos no Protocolo e cooperar com o Comitê para a Eliminação da Discriminação contra a Mulher em todos os estágios de suas ações no âmbito do Protocolo;
4. Enfatiza também que, em cumprimento de seu mandato, bem como de suas funções no âmbito do Protocolo, o Comitê deve continuar a ser pautado pelos princípios de não-seletividade, imparcialidade e objetividade;
5. Solicita ao Comitê que realize reuniões para exercer suas funções no âmbito do Protocolo após sua entrada em vigor, além das reuniões realizadas segundo o art. 20 da Convenção; a duração dessas reuniões será determinada e, se necessário, reexaminada, por reunião dos Estados Partes do Protocolo, sujeita à aprovação da Assembléia Geral;
6. Solicita ao Secretário-Geral que forneça o pessoal e as instalações necessárias para o desempenho efetivo das funções do Comitê segundo o Protocolo após sua entrada em vigor;
7. Solicita, ainda, ao Secretário-Geral que inclua informações sobre a situação do Protocolo em seus relatórios regulares apresentados à Assembléia Geral sobre a situação da Convenção.
28ª Reunião Plenária, em 6 de outubro de 1999.

ANEXO

Protocolo Facultativo à Convenção sobre a Eliminação de Todas as Formas de Discriminação Contra a Mulher
Os Estados Partes do presente Protocolo,
Observando que na Carta das Nações Unidas se reafirma a fé nos direitos humanos fundamentais, na dignidade e no valor da pessoa humana e na igualdade de direitos entre homens e mulheres,
Observando, ainda, que a Declaração Universal dos Direitos Humanos proclama que todos os seres humanos nascem livres e iguais em dignidade e direitos e que cada pessoa tem todos os direitos e liberdades nela proclamados, sem qualquer tipo de distinção, incluindo distinção baseada em sexo,
Lembrando que as Convenções Internacionais de Direitos Humanos e outros instrumentos internacionais de direitos humanos proíbem a discriminação baseada em sexo,
Lembrando, ainda, a Convenção sobre a Eliminação de Todas as Formas de Discriminação Contra a Mulher (doravante denominada "a Convenção"), na qual os Estados Partes condenam a discriminação contra a mulher em todas as suas formas e concordam em buscar, de todas as maneiras apropriadas e sem demora, uma política de eliminação da discriminação contra a mulher,
Reafirmando sua determinação de assegurar o pleno e equitativo gozo pelas mulheres de todos os direitos e liberdades fundamentais e de agir de forma efetiva para evitar violações desses direitos e liberdades,
Concordaram com o que se segue:

Artigo 1º

Cada Estado Parte do presente Protocolo (doravante denominado "Estado Parte") reconhece a competência do Comitê sobre a Eliminação da Discriminação contra a Mulher (doravante denominado " o Comitê") para receber e considerar comunicações apresentadas de acordo com o art. 2º deste Protocolo.

Artigo 2º

As comunicações podem ser apresentadas por indivíduos ou grupos de indivíduos, que se encontrem sob a jurisdição do Estado Parte e aleguem ser vítimas de violação de quaisquer dos direitos estabelecidos na Convenção por aquele Estado Parte, ou em nome desses indivíduos ou grupos de indivíduos. Sempre que for apresentada em nome de indivíduos ou grupos de indivíduos, a comunicação deverá contar com seu consentimento, a menos que o autor possa justificar estar agindo em nome deles sem o seu consentimento.

Artigo 3º

As comunicações deverão ser feitas por escrito e não poderão ser anônimas. Nenhuma comunicação relacionada a um Estado Parte da Convenção que não seja parte do presente Protocolo será recebida pelo Comitê.

Artigo 4º

1. O Comitê não considerará a comunicação, exceto se tiver reconhecido que todos os recursos da jurisdição interna foram esgotados ou que a utilização desses recursos estaria sendo protelada além do razoável ou deixaria dúvida quanto a produzir o efetivo amparo.

2. O Comitê declarará inadmissível toda comunicação que:

(a) se referir a assunto que já tiver sido examinado pelo Comitê ou tiver sido ou estiver sendo examinado sob outro procedimento internacional de investigação ou solução de controvérsias;

(b) for incompatível com as disposições da Convenção;

(c) estiver manifestamente mal fundamentada ou não suficientemente consubstanciada;

(d) constituir abuso do direito de submeter comunicação;

(e) tiver como objeto fatos que tenham ocorrido antes da entrada em vigor do presente Protocolo para o Estado Parte em questão, a não ser no caso de tais fatos terem tido continuidade após aquela data.

Artigo 5º

1. A qualquer momento após o recebimento de comunicação e antes que tenha sido alcançada determinação sobre o mérito da questão, o Comitê poderá transmitir ao Estado Parte em questão, para urgente consideração, solicitação no sentido de que o Estado Parte tome as medidas antecipatórias necessárias para evitar possíveis danos irreparáveis à vítima ou vítimas da alegada violação.

2. Sempre que o Comitê exercer seu arbítrio segundo o § 1º deste Artigo, tal fato não implica determinação sobre a admissibilidade ou mérito da comunicação.

Artigo 6º

1. A menos que o Comitê considere que a comunicação seja inadmissível sem referência ou Estado Parte em questão, e desde que o indivíduo ou indivíduos consintam na divulgação de sua identidade ao Estado Parte, o Comitê levará confidencialmente à atenção do Estado Parte em questão a comunicação por ele recebida no âmbito do presente Protocolo.

2. Dentro de seis meses, o Estado Parte que receber a comunicação apresentará ao Comitê explicações ou declarações por escrito esclarecendo o assunto e o remédio, se houver, que possa ter sido aplicado pelo Estado Parte.

Artigo 7º

1. O Comitê considerará as comunicações recebidas segundo o presente Protocolo à luz das informações que vier a receber de indivíduos ou grupos de indivíduos, ou em nome destes, ou do Estado Parte em questão, desde que essa informação seja transmitida às partes em questão.

2. O Comitê realizará reuniões fechadas ao examinar as comunicações no âmbito do presente Protocolo.

3. Após examinar a comunicação, o Comitê transmitirá suas opiniões a respeito, juntamente com sua recomendação, se houver, às partes em questão.

4. O Estado Parte dará a devida consideração às opiniões do Comitê, juntamente com as recomendações deste último, se houver, e apresentará ao Comitê, dentro de seis meses, resposta por escrito incluindo informações sobre quaisquer ações realizadas à luz das opiniões e recomendações do Comitê.

5. O Comitê poderá convidar o Estado Parte a apresentar informações adicionais sobre quaisquer medidas que o Estado Parte tenha tomado em resposta às opiniões e recomendações do Comitê, se houver, incluindo, quando o Comitê julgar apropriado, informações que passem a constar de relatórios subseqüentes do Estado Parte segundo o art. 18 da Convenção.

Artigo 8º

1. Caso o Comitê receba informação fidedigna indicando graves ou sistemáticas violações por um Estado Parte dos direitos estabelecidos na Convenção, o Comitê convidará o Estado Parte a cooperar no exame da informação e, para esse fim, a apresentar observações quanto à informação em questão.

2. Levando em conta quaisquer observações que possam ter sido apresentadas pelo Estado Parte em questão, bem como outras informações fidedignas das quais disponha, o Comitê poderá designar um ou mais de seus membros para conduzir uma investigação e apresentar relatório urgentemente ao Comitê.

Sempre que justificado, e com o consentimento do Estado Parte, a investigação poderá incluir visita ao território deste último.
3. Após examinar os resultados da investigação, o Comitê os transmitirá ao Estado Parte em questão juntamente com quaisquer comentários e recomendações.
4. O Estado Parte em questão deverá, dentro de seis meses do recebimento dos resultados, comentários e recomendações do Comitê, apresentar suas observações ao Comitê.
5. Tal investigação será conduzida em caráter confidencial e a cooperação do Estado Parte será buscada em todos os estágios dos procedimentos.

Artigo 9º

1. O Comitê poderá convidar o Estado Parte em questão a incluir em seu relatório, segundo o art. 18 da Convenção, pormenores de qualquer medida tomada em resposta à investigação conduzida segundo o art. 18 deste Protocolo.
2. O Comitê poderá, caso necessário, após o término do período de seis meses mencionado no art. 8.4 deste Protocolo, convidar o Estado Parte a informá-lo das medidas tomadas em resposta à mencionada investigação.

Artigo 10

1. Cada Estado Parte poderá, no momento da assinatura ou ratificação do presente Protocolo ou no momento em que a este aderir, declarar que não reconhece a competência do Comitê disposta nos arts. 8º e 9º deste Protocolo.
2. O Estado Parte que fizer a declaração de acordo com o § 1º deste art.10 poderá, a qualquer momento, retirar essa declaração através de notificação ao Secretário-Geral.

Artigo 11

Os Estados Partes devem tomar todas as medidas apropriadas para assegurar que os indivíduos sob sua jurisdição não fiquem sujeitos a maus tratos ou intimidação como conseqüência de sua comunicação com o Comitê nos termos do presente Protocolo.

Artigo 12

O Comitê incluirá em seu relatório anual, segundo o Artigo 21 da Convenção, um resumo de suas atividades nos termos do presente Protocolo.

Artigo 13

Cada Estado Parte compromete-se a tornar públicos e amplamente conhecidos a Convenção e o presente Protocolo e a facilitar o acesso à informação acerca das opiniões e recomendações do Comitê, em particular sobre as questões que digam respeito ao próprio Estado Parte.

Artigo 14

O Comitê elaborará suas próprias regras de procedimento a serem seguidas no exercício das funções que lhe são conferidas no presente Protocolo.

Artigo 15

1. O presente Protocolo estará aberto à assinatura por qualquer Estado que tenha ratificado ou aderido à Convenção.
2. O presente Protocolo estará sujeito à ratificação por qualquer Estado que tenha ratificado ou aderido à Convenção. Os instrumentos de ratificação deverão ser depositados junto ao Secretário-Geral das Nações Unidas.
3. O presente Protocolo estará aberto à adesão por qualquer Estado que tenha ratificado ou aderido à Convenção.
4. A adesão será efetivada pelo depósito de instrumento de adesão junto ao Secretário-Geral das Nações Unidas.

Artigo 16

1. O presente Protocolo entrará em vigor três meses após a data do depósito junto ao Secretário-Geral das Nações Unidas do décimo instrumento de ratificação ou adesão.
2. Para cada Estado que ratifique o presente Protocolo ou a ele venha a aderir após sua entrada em vigor, o presente Protocolo entrará em vigor três meses após a data do depósito de seu próprio instrumento de ratificação ou adesão.

Artigo 17

Não serão permitidas reservas ao presente Protocolo.

Artigo 18

1. Qualquer Estado Parte poderá propor emendas ao presente Protocolo e dar entrada a proposta de emendas junto ao Secretário-Geral das Nações Unidas. O Secretário-Geral deverá, nessa ocasião, co-

2.18. Empregada gestante

O caso da *responsabilidade objetiva do empregador em relação à gestante*, de acordo com a Súmula n. 244 do Colendo Tribunal Superior do Trabalho que assim se expressa:

"N. 244 — GESTANTE. ESTABILIDADE PROVISÓRIA. (INCORPORADAS AS ORIENTAÇÕES JURISPRUDENCIAIS NS. 88 E 196 DA SDI-1)

I — O desconhecimento do estado gravídico pelo empregador não afasta o direito ao pagamento da indenização decorrente da estabilidade. (art. 10, II, *b* do ADCT). (ex-OJ n. 88 — DJ 16.4.2004)

II — A garantia de emprego à gestante só autoriza a reintegração se esta se der durante o período de estabilidade. Do contrário, a garantia restringe-se aos salários e demais direitos correspondentes ao período de estabilidade. (ex-Súmula n. 244 — Res n. 121/2003, DJ 21.11.2003)

III — Não há direito da empregada gestante à estabilidade provisória na hipótese de admissão mediante contrato de experiência, visto que a extinção da relação de emprego, em face do término do prazo, não constitui dispensa arbitrária ou sem justa causa".

Após a nova redação da retro-mencionada Súmula, o entendimento prevalecente no Tribunal Superior do Trabalho é no sentido de que uma norma coletiva, que deflui do princípio da autonomia privada coletiva, embora constitua fonte formal do

---

municar as emendas propostas aos Estados Partes juntamente com solicitação de que o notifiquem caso sejam favoráveis a uma conferência de Estados Partes com o propósito de avaliar e votar a proposta. Se ao menos um terço dos Estados Partes for favorável à conferência, o Secretário-Geral deverá convocá-la sob os auspícios das Nações Unidas. Qualquer emenda adotada pela maioria dos Estados Partes presentes e votantes na conferência será submetida à Assembléia-Geral das Nações Unidas para aprovação.

2. As emendas entrarão em vigor tão logo tenham sido aprovadas pela Assembléia-Geral das Nações Unidas e aceitas por maioria de dois terços dos Estados Partes do presente Protocolo, de acordo com seus respectivos processos constitucionais.

3. Sempre que as emendas entrarem em vigor, obrigarão os Estados Partes que as tenham aceitado, ficando os outros Estados Partes obrigados pelas disposições do presente Protocolo e quaisquer emendas anteriores que tiverem aceitado.

Artigo 19

1. Qualquer Estado Parte poderá denunciar o presente Protocolo a qualquer momento por meio de notificação por escrito endereçada ao Secretário-Geral das Nações Unidas. A denúncia terá efeito seis meses após a data do recebimento da notificação pelo Secretário-Geral.

2. A denúncia não prejudicará a continuidade da aplicação das disposições do presente Protocolo em relação a qualquer comunicação apresentada segundo o art. 2º deste Protocolo e a qualquer investigação iniciada segundo o Artigo 8 deste Protocolo antes da data de vigência da denúncia.

Artigo 20

O Secretário-Geral das Nações Unidas informará a todos os Estados sobre:

(a) Assinaturas, ratificações e adesões ao presente Protocolo;

(b) Data de entrada em vigor do presente Protocolo e de qualquer emenda feita nos termos do art. 18 deste Protocolo;

(c) Qualquer denúncia feita segundo o art. 19 deste Protocolo.

Artigo 21

1. O presente Protocolo, do qual as versões em árabe, chinês, inglês, francês, russo e espanhol são igualmente autênticas, será depositado junto aos arquivos das Nações Unidas.

2. O Secretário-Geral das Nações Unidas transmitirá cópias autenticadas do presente Protocolo a todos os estados mencionados no art. 25 da Convenção.

direito, não tem o condão de restringir a aplicação de uma norma constitucional, que visa amparar não apenas a trabalhadora gestante, mas, sobretudo, a criança que carece ainda de maior proteção.(17)

Apresentamos, a seguir, as seguintes ementas tratando do caso da trabalhadora gestante.

ESTABILIDADE PROVISÓRIA. GESTANTE. CONFIRMAÇÃO DA GRAVIDEZ APÓS A DISPENSA. ART. 10, INCISO II, ALÍNEA "B", DO ADCT. O objetivo social da norma constitucional é proteger a gestante contra a dispensa obstativa ao exercício das prerrogativas inerentes à maternidade. A norma também resguarda a indispensável atenção ao recém-nascido, tanto que prorrogou a estabilidade até 5 meses após o parto. A concepção ocorreu durante a vigência do pacto laboral e, assim, independente da inexistência de ato ilícito perpetuado pelo empregador, já que nem a própria Reclamante tinha conhecimento de seu estado gravídico, à época da dispensa, já havia o direito à estabilidade, porque ocorrido o fato gerador, a concepção, ante a responsabilidade objetiva. A gravidez preexistiu à dispensa. No entanto, deve ser levado em consideração que,apesar de o direito estar vinculado à gravidez contemporânea à relação de emprego, os seus efeitos pecuniários somente se expressam com o ingresso da ação, considerando a demora do pedido da providência jurisdicional. A Reclamante afirma, em suas próprias razões recursais, que postulou indenização equivalente ao período de estabilidade provisória pelo estado gravídico. Por esse fato, verifica-se que não foi requerida a reintegração, mas somente a indenização equivalente ao período estabilitário. Entretanto, como a ação foi ajuizada ainda durante o período estabilitário, não se pode deixar de reconhecer o direito à indenização relativa à estabilidade, fixado como termo inicial a data do ingresso da ação, até o quinto mês após o parto. Revista provida parcialmente.(TRIBUNAL: TST DECISÃO: 13 08 2003 PROC: RR NUM: 541830 ANO: 1999 REGIÃO: 02 RECURSO DE REVISTA TURMA: 03 ÓRGÃO JULGADOR — TERCEIRA TURMA DJ DATA: 5.9.2003. RELATOR: MINISTRO CARLOS ALBERTO REIS DE PAULA)

GRAVIDEZ — ATESTADO COMPROBATÓRIO DE QUE A GRAVIDEZ OCORREU NO MÍNIMO NO PRAZO DO AVISO PRÉVIO — DIREITO DA EMPREGADA. Comprovado que a reclamante estava grávida no curso do aviso prévio, conforme atestado, o fato de o empregador desconhecer seu estado gravídico não o isenta de responsabilidade pelo pagamento dos salários e demais vantagens, atento a que a responsabilidade é objetiva, na medida em que decorre de dois elementos: gravidez no curso do contrato e dispensa imotivada da empregada. Recurso de revista conhecido e provido. (TRIBUNAL: TST DECISÃO: 6.8.2003 PROC: RR NUM: 576126 ANO: 1999 REGIÃO: 02 RECURSO DE REVISTA TURMA: 04 ÓRGÃO JULGADOR — QUARTA TURMA DJ DATA: 22.8.2003. RELATOR: MINISTRO MILTON DE MOURA FRANÇA)

RECURSO DE REVISTA — DESCABIMENTO. GESTANTE. ESTABILIDADE PROVISÓRIA. AQUISIÇÃO NO CURSO DO AVISO PRÉVIO. NÃO-RECONHECIMENTO. Quanto aos direitos decorrentes da gestação, as obrigações do empregador, firmadas sob responsabilidade objetiva, têm gênese com a concepção, ao tempo em que perdurava a relação de emprego, independentemente de seu conhecimento e, até mesmo, de ciência da obreira. As normas constitucionais (art. 7º, XVIII; ADCT, art. 10, II, "b") buscam resguardar os direitos do nascituro. Esta é a inteligência da OJ n. 88/SDI. No entanto, o entendimento sedimentado desta Corte está posto, no sentido de que estabilidade provisória e aviso prévio são institutos antagônicos, em sua natureza. Se, por um quadrante, é inválida a concessão de aviso prévio durante o período de estabilida-

---

(17) SANTOS, Enoque Ribeiro dos. "As *Affirmative Actions* (Ações Afirmativas) e a nova redação da OJ (Orientação Jurisprudencial) n. 88 da SDI — I do Tribunal Superior do Trabalho". *Suplemento Trabalhista* n. 067/04. São Paulo: LTr, ano 40, p. 287.

de (Enunciado n. 348 do TST), por outro, não se reconhece estabilidade adquirida no curso do aviso prévio (OJ n. 40/SDI). Imposição do óbice a que alude o art. 896, § 4º, da CLT. Recurso de revista não conhecido. (TRIBUNAL: TST DECISÃO: 10.4.2002 PROC: RR NUM: 465965 ANO: 1998 REGIÃO: 15 RECURSO DE REVISTA TURMA: 04 ÓRGÃO JULGADOR — QUARTA TURMA DJ DATA: 26.4.2002. RELATOR: JUIZ CONVOCADO ALBERTO LUIZ BRESCIANI PEREIRA)

DISSÍDIO COLETIVO DE NATUREZA ECONÔMICA — DISSÍDIO DE GREVE — CUMULAÇÃO DE AÇÕES. A possibilidade de coexistência de Dissídio Coletivo de Natureza Econômica e Dissídio Coletivo de Greve identifica-se como típica cumulação objetiva de ações, daí a necessidade da observância de procedimento que assegure a respectiva relação processual viabilizadora de cada pedido. Não contendo os autos elementos que permitam o julgamento com segurança, quer pela abusividade, quer pela não-abusividade do movimento paredista, porque não definidos os limites da relação jurídica relativa à greve, pressuposto indispensável de todo provimento jurisdicional, a solução juridicamente correta é a sua não-apreciação pelo Tribunal. Dissídio coletivo de natureza econômica julgado procedente, em parte. (TRIBUNAL: TST DECISÃO: 14.11.2001 PROC: DC NUM: 805594 ANO: 2001 ORIGINÁRIO TST DISSÍDIO COLETIVO TURMA: DC ÓRGÃO JULGADOR — SEÇÃO ESPECIALIZADA EM DISSÍDIOS COLETIVOS DJ DATA: 7.2.2002. RELATOR: MINISTRO MILTON DE MOURA FRANÇA)

GRAVIDEZ — ATESTADO COMPROBATÓRIO DE QUE A GRAVIDEZ OCORREU NO MÍNIMO NO PRAZO DO AVISO PRÉVIO — DIREITO DA EMPREGADA. Comprovado que a reclamante estava grávida no curso do aviso prévio, conforme atestado, o fato de o empregador desconhecer seu estado gravídico não o isenta de responsabilidade pelo pagamento dos salários e demais vantagens, atento a que a responsabilidade é objetiva, na medida em que decorre de dois elementos: gravidez no curso do contrato e dispensa imotivada da empregada. Recurso de revista conhecido e provido. (TRIBUNAL: TST DECISÃO: 6.8.2003 PROC: RR NUM: 576126 ANO: 1999 REGIÃO: 02 RECURSO DE REVISTA TURMA: 04 ÓRGÃO JULGADOR — QUARTA TURMA DJ DATA: 22.8.2003. RELATOR: MINISTRO MILTON DE MOURA FRANÇA)

2.19. Empregado acidentado

A responsabilidade do empregador em relação ao *acidentado* é *objetiva*. Sabemos que o acidentado precisa de dezesseis dias afastado para receber o auxílio-doença acidentário. Se o empregador, dolosamente, deixa de emitir a CAT — Comunicação de Acidente de Trabalho, responderá objetivamente, pois não poderá se beneficiar da própria torpeza, de acordo com a Lei de Introdução ao Código Civil, art 3º. que declara que

"ninguém se escusa de cumprir a lei, alegando que não a conhece".

Se não houver neste caso o afastamento e, por conseqüência, o empregado deixa de receber o auxílio-doença acidentário, pré-requisito para a obtenção da estabilidade provisória, a responsabilidade é do empregador negligente.

A Súmula n. 378 do TST assim declara:

"N. 378 — ESTABILIDADE PROVISÓRIA. ACIDENTE DO TRABALHO. ART. 118 DA LEI N. 8.213/1991. CONSTITUCIONALIDADE. PRESSUPOSTOS. (CONVERSÃO DAS ORIENTAÇÕES JURISPRUDENCIAIS NS. 105 E 230 DA SDI-1)

I — É constitucional o art. 118 da Lei n. 8.213/1991 que assegura o direito à estabilidade provisória por período de 12 meses após a cessação do auxílio-doença ao empregado acidentado. (ex-OJ n. 105 — Inserida em 1º.10.1997)

II — São pressupostos para a concessão da estabilidade o afastamento superior a 15 dias e a conseqüente percepção do auxílio-doença acidentário, salvo se constatada, após a despedida, doença profissional que guarde relação de causalidade com a execução do contrato de emprego. (Primeira parte — ex-OJ n. 230 — Inserida em 20.6.2001)

A seguir, transcrevemos algumas ementas sobre o trabalhador acidentado:

ESTABILIDADE DO ACIDENTADO — EXTINÇÃO DA EMPRESA — Extinguindo-se a unidade fabril em que trabalhava o empregado, cessa o contrato de trabalho, desaparecendo as garantias decorrentes da relação de emprego, inclusive a estabilidade de que trata o art. 118 da Lei n. 8.213/91, e isto porque a garantia conferida ao trabalhador tem como objetivo impedir que o empregador, de maneira arbitrária, dispense o empregado que não raramente tem sua capacidade laborativa diminuída em decorrência do acidente de trabalho. A circunstância de a reclamada ter encerrado as suas atividades no ramo em que trabalhava o reclamante constitui óbice à percepção da indenização correspondente ao período de estabilidade provisória do acidentado. Recurso de Revista a que se nega provimento. (TST — RR 718.179/00.1/7ª R. — 1ª T. — Rel. Juiz Guilherme Bastos — DJU 24.6.2005 — p. 910)

ANTECIPAÇÃO DE TUTELA — AGREGAÇÃO DE MILITAR ACIDENTADO EM SERVIÇO — LESÃO IRREVERSÍVEL NO OLHO DIREITO — PRESSUPOSTOS DO ART. 273, I E II, DO CPC — PRESENÇA — LIMINAR CONCEDIDA CONTRA A FAZENDA PÚBLICA — VEDAÇÕES — NÃO INCIDÊNCIA — 1. Havendo requerimento do autor, e, tendo vislumbrado o prolator da decisão recorrida a existência de prova inequívoca, convincente da verossimilhança da alegação, além da presença do fundado receio de dano irreparável ou de difícil reparação, tem-se por satisfeitos os pressupostos legais insertos no art. 273, e, I e II, do CPC, para o deferimento da antecipação dos efeitos da tutela. 2. Em sede de antecipação dos efeitos da tutela, uma vez atendidos os pressupostos legais insertos no art. 273, I e II, do CPC, e, não se configurando nenhuma das vedações previstas nas Leis ns. 4.348/64, 5.021/66, e, 8.437/92, é lícito conceder a antecipação dos efeitos da tutela contra a Fazenda Pública. 3. *In casu*, o benefício foi concedido ao argumento de que o requerente já havia demonstrado o nexo causal entre a irreversível lesão ocular sofrida e a prestação do serviço militar, mediante provas documentais consistentes em laudos, pareceres de juntas de Inspeção de Saúde, relatórios médicos e ficha funcional, preenchendo os requisitos necessários à obtenção do benefício vindicado, tendo em vista o disposto nos arts. 82, V e 84 da Lei n. 6.880/80, que estabelecem que o militar agregado ficará adido à organização militar, enquanto tramitar o processo de reforma. 4. Precedente do TRF 2ª Região: AG 2003.02.01.003458-1/RJ, Rel. Juiz Paulo Espírito Santo, 2ª Turma, DJ 10.2.2004, p. 237. 5. Agravo de instrumento desprovido. (TRF 1ª R. — AG 200501000121492 — MG — 1ª T. — Rel. Des. Fed. José Amilcar Machado — DJU 25.7.2005 — p. 47)

ESTABILIDADE ACIDENTÁRIA X INDENIZAÇÃO SUBSTITUTIVA — O art. 118 da Lei n. 8.213/91 garante estabilidade ao empregado que sofreu acidente de trabalho, no período de doze meses, após a cessação do auxílio-doença acidentário. Esta figura legal se define como o direito de o trabalhador permanecer no emprego, mesmo contra a vontade do empregador. Vale dizer, é o direito ao trabalho e à conseqüente inclusão e permanência do empregado acidentado no mercado, garantia essencial prevista pelo legislador em face da onda de desemprego, a cada dia maior, que assola o país. Exatamente por se tratar de uma garantia do posto de trabalho e do exercício da atividade profissional desenvolvida perante um determinado empregador, não se justifica a indenização substitutiva quando não obstaculizada a permanência ou continuidade do vínculo. Recurso a que se nega provimento em homenagem à justiça. (TRT 3ª R. — RO 01117-2004-001-03-00-2 — 2ª T. — Rel. Juiz Fernando Antonio Viegas Peixoto — DJMG 4.2.2005)

ACIDENTE DE TRABALHO — GARANTIA DE EMPREGO — NECESSIDADE DE FORMULAÇÃO DE PEDIDO DE REINTEGRAÇÃO — O direito assegurado pelo art. 118, da Lei n. 8.213/91, é a "a manutenção do seu contrato de trabalho na empresa, após a cessação do auxílio-doença acidentário". Busca, portanto, o legislador garantir o emprego do acidentado e não o direito a salários sem a respectiva contraprestação correspondente ao trabalho. A indenização correspondente aos salários e outras verbas contratuais trata-se de mera decorrência da inviabilidade da reintegração postulada, pelo exaurimento do período estabilitário, ou de esta ter sido obstada pelo agir do empregador. No caso, o autor não postulou a reintegração, mas tão-somente a indenização, circunstância reveladora de que o interesse da parte não é voltar ao trabalho, mas apoderar-se dos valores correspondentes ao período em que gozava de garantia de emprego, sem a devida prestação laboral. Condenação em indenização que se exclui. INTERVALO INTRAJORNADA — REMUNERAÇÃO DO PERÍODO NÃO CONCEDIDO — Nos termos do art. 71, o 4º, da CLT, o 4º, o empregador é obrigado a remunerar o período correspondente a não concessão do intervalo intrajornada. Logo, se nenhum intervalo foi concedido, deve remunerar integralmente o período legal (1 hora ou 15 minutos, conforme hipóteses do caput e o 1º do art. 71); se a concessão parcial foi parcial, o pagamento deve corresponder ao período não concedido. Embora a OJ 307 contenha declaração que "a não-concessão total ou parcial do intervalo intrajornada mínimo, para repouso e alimentação, implica o pagamento total do período correspondente", isto não significa que, em caso de concessão parcial, o pagamento deva corresponder ao período integral previsto na Lei. A exegese correta é que o valor a ser quitado corresponderá ao total do período correspondente à não concessão. Do contrário teríamos o enriquecimento ilícito do trabalhador, pois obrigaria o empregador a "remunerar" também o período correspondente ao intervalo já concedido, o que mostra-se injustificável. (TRT 9ª R. — Proc. 10104-2002-002-09-00-6 — (18481-2005) — Relª Juíza Sueli Gil El-Rafihi — DJPR 22.7.2005)

ACIDENTE DE TRABALHO — ENCERRAMENTO DE ATIVIDADE — IMPOSSIBILIDADE DE REINTEGRAÇÃO — INDENIZAÇÃO — CABIMENTO — A impossibilidade de reintegração do empregado acidentado em face do encerramento das atividades da empresa não impede o direito do trabalhador a indenização do período correspondente à estabilidade acidentária, pois cuida-se de garantia pessoal que subsiste mesmo no encerramento de atividade do trabalhador, caso contrário, estar-se-ia transferindo ao empregado os riscos da atividade econômica, que por serem previsíveis não podem ser equiparados a força maior. Recurso provido. (TRT 15ª R. — Proc. 729-2004-048-15-00-6 — (38601/05) — 5ª C. — Rel. Juiz Lorival Ferreira dos Santos — DOESP 19.8.2005 — p. 50.

ESTABILIDADE PROVISÓRIA — ACIDENTE DO TRABALHO — NÃO PERCEPÇÃO DO AUXÍLIO-DOENÇA ACIDENTÁRIO — NÃO CABIMENTO — O reconhecimento da estabilidade provisória ao empregado acidentado requer, ex VI legis, o seu afastamento das funções laborais por período superior a 15 dias, com a subseqüente percepção do auxílio-doença acidentário, assim como a verificação do nexo causal entre as atividades exercidas e a doença desenvolvida. Ausente qualquer desses requisitos, não faz jus o obreiro à reintegração ou à estabilidade, por não observado o art. 118 da Lei n. 8.213/91. Indenização. Dano moral. Responsabilidade. Pressupostos ausentes. Indevido. A responsabilidade civil advém por decorrência da presença de seus elementos básicos, quais sejam: Ação ou omissão, o dano e o nexo de causalidade. O nexo causal refere-se a elementos objetivos, constantes na ação ou omissão do sujeito, atentatórios do direito alheio, produzindo dano material ou moral. Ausentes esses elementos, não há que se falar em indenização, mormente por dano moral. Registre-se que o poder potestativo do empregador, quer para a instauração de procedimento administrativo para apuração de eventual irregularidade, quer para decidir acerca da resilição do pacto, por si só não dá ensejo à indenização atinente ao dano moral. (TRT 15ª R. — RO 01056-2002-073-15-85-2 — (24754/2005) — (Proc. Orig. 01056/2002) — 2ª T. — Rel. Juiz Luís Carlos Cândido Martins Sotero da Silva — DOESP 3.6.2005)

CONTRATO TEMPORÁRIO — ESTABILIDADE ACIDENTÁRIA — CABIMENTO — O art. 118 da Lei n. 8.213/91 não distingue a modalidade da contratação no caso de manutenção do contrato de emprego. Assim, restando comprovado que o acidente de trabalho foi ocasionado por culpa da reclamada, que não respeitou normas de segurança, higiene e proteção do trabalhador, deve ser reconhecida a estabilidade acidentária do reclamante, não obstante a existência de contrato de trabalho temporário, uma vez que, caso contrário, estar-se-ia bonificando a empresa que não cumpre com seu dever e com seu ônus e apenando duplamente o trabalhador, que, além de estar acidentado, também é privado das verbas que seriam devidas na contratação por prazo indeterminado. (TRT 15ª R. — ROPS 01025-2004-102-15-00-1 — (26231/2005) — (Proc. Orig. 01025/2004) — 6ª T. — Relª p/o Ac. Juíza Maria Cecília Fernandes Alvares Leite — DOESP 10.6.2005)

É hoje pacífico na doutrina que foi ampliado consideravelmente o posicionamento do Supremo Tribunal Federal em relação ao acidentado, no tocante à interpretação da Súmula n. 229, *in verbis*:

"SÚMULA STF N. 229 — A indenização acidentária não exclui a do direito comum, em caso de dolo ou culpa grave do empregador".

Anteriormente somente se deferia indenização no caso de dolo ou culpa grave do empregador. Entretanto, mudando para melhor e denotando uma maior preocupação com a saúde e segurança do trabalhador, hodiernamente, havendo culpa do empregador ou de outrem, de qualquer grau, mesmo que levíssima, o trabalhador acidentado faz jus à reparação.

Constitui obrigação do empregador a emissão da CAT (Comunicação de Acidente de Trabalho), como dito acima, até o 1º (primeiro) dia útil seguinte ao da ocorrência, e, em caso de morte, de imediato, à autoridade competente, sob pena de multa variável entre o limite mínimo e máximo do salário-de-contribuição, sucessivamente, aumentada nas reincidências e cobrada pela Presidência Social, conforme se depreende do art. 22, *caput*, da Lei n. 8.213/91.

Entretanto, de acordo com a IN n. 98 INSS/DC, de 5 de dezembro de 2003, publicada no DO de 10.12.2003, a CAT deve ser emitida mesmo nos casos em que não acarrete incapacidade laborativa para fins de registro e não necessariamente para o afastamento do trabalho. Segundo o art. 336 do Decreto n. 3.048/99, para fins estatísticos e epidemiológicos, a empresa deverá comunicar o acidente de que tratam os arts. 19, 20, 21 e 23 da Lei n. 8.213/91, de 1991. Entre esses acidentes, se encontram incluídas as doenças do trabalho, nas quais se encontram as LER/DORT.

Várias empresas na tentativa de justificar sua omissão na obrigação de emitir a CAT vêm se posicionando no sentido de que as normas regulamentadoras não são vinculantes, com fulcro no disposto no art. 5º, inciso II, da Constituição Federal de 1988[18], esquecendo-se da previsão legal estatuída no art. 154[19] e ss., bem como do art. 169[20] da CLT.

O art. 200 da CLT apresenta, com clareza solar, que cabe ao

"Ministério do trabalho estabelecer disposições complementares às normas de que trata este Capítulo, tendo em vista as peculiaridades de cada atividade ou setor de trabalho, especialmente sobre:

I — medidas de prevenção de acidentes e os equipamentos de proteção individual em obras de construção, demolição ou reparos".

---

(18) Art. 5º, inciso II da CF/88: "ninguém será obrigado a fazer ou deixar de fazer alguma coisa senão em virtude da lei".

(19) Art. 154. A observância, em todos os locais de trabalho, do disposto neste Capítulo, não desobriga as empresas do cumprimento de outras disposições que, com relação à matéria, sejam incluídas em códigos de obras ou regulamentos sanitários dos Estados ou Municípios em que se situem os respectivos estabelecimentos, bem como daquelas oriundas de convenções coletivas de trabalho. (Redação dada pela Lei n. 6.514, de 22.12.1977)

Art. 155. Incumbe ao órgão de âmbito nacional competente em matéria de Segurança e Medicina do Trabalho: (Redação dada pela Lei n. 6.514, de 22.12.1977)

I — estabelecer, nos limites de sua competência, normas sobre a aplicação dos preceitos deste Capítulo, especialmente os referidos no art. 200;

II — coordenar, orientar, controlar e supervisionar a fiscalização e as demais atividades relacionadas com a segurança e a medicina do trabalho em todo o território nacional, inclusive a Campanha Nacional de Prevenção de Acidentes do Trabalho;

III — conhecer, em última instância, dos recursos, voluntários ou de ofício, das decisões proferidas pelos Delegados Regionais do Trabalho, em matéria de Segurança e Medicina do Trabalho.

Art. 156. Compete especialmente às Delegacias Regionais do Trabalho, nos limites de sua jurisdição:

I — promover a fiscalização do cumprimento das normas de Segurança e Medicina do Trabalho;

II — adotar as medidas que se tornem exigíveis, em virtude das disposições deste Capítulo, determinando as obras e reparos que, em qualquer local de trabalho, se façam necessárias;

III — impor as penalidades cabíveis por descumprimento das normas constantes deste Capítulo, nos termos do art. 201. (Redação dada pela Lei n. 6.514, de 22.12.1977)

Art. 157. Cabe às empresas:

I — cumprir e fazer cumprir as normas de Segurança e Medicina do Trabalho;

II — instruir os empregados, através de ordens de serviço, quanto às precauções a tomar no sentido de evitar acidentes do trabalho ou doenças ocupacionais;

III — adotar as medidas que lhes sejam determinadas pelo órgão regional competente;

IV — facilitar o exercício da fiscalização pela autoridade competente. (Redação dada pela Lei n. 6.514, de 22.12.1977)

Art. 158. Cabe aos empregados:

I — observar as normas de Segurança e Medicina do Trabalho, inclusive as instruções de que trata o item II do artigo anterior;

II — colaborar com a empresa na aplicação dos dispositivos deste Capítulo.

Parágrafo único. Constitui ato faltoso do empregado a recusa injustificada:

a) à observância das instruções expedidas pelo empregador na forma do item II do artigo anterior;

b) ao uso dos equipamentos de proteção individual fornecidos pela empresa. (Redação dada pela Lei n. 6.514, de 22.12.1977)

Art. 159. Mediante convênio autorizado pelo Ministro do Trabalho, poderão ser delegadas a outros órgãos federais, estaduais ou municipais, atribuições de fiscalização ou orientação às empresas quanto ao cumprimento das disposições constantes deste Capítulo. (Redação dada pela Lei n. 6.514, de 22.12.1977)

(20) Art. 169. Será obrigatória a notificação das doenças profissionais e das produzidas em virtude de condições especiais de trabalho, comprovadas ou objeto de suspeita, de conformidade com as instruções expedidas pelo Ministério do Trabalho. (Redação dada pela Lei n. 6.514, de 22.12.1977)

No caso de recusa da empresa em emitir a CAT, esta poderá ser preenchida pelo próprio acidentado, seus dependentes, pela entidade sindical competente, pelo médico que o assistiu ou qualquer autoridade pública, não prevalecendo nestes casos o prazo previsto no *caput* do art. 22 da Lei n. 8.213/91.

Se a CAT for emitida pelo empregador, a entidade autárquica (INSS) concederá o benefício "auxílio-doença acidentário", mas, se ela for formalizada pelo próprio acidentado ou pelas demais pessoas ou entidades indicadas, o benefício poderá ou não ser concedido pelo órgão previdenciário sob a forma de "auxílio-doença". Como regra geral, decorridos 90 dias, no máximo, o benefício, nesse caso, poderá ser suspenso e o trabalhador será liberado para retornar ao emprego.

Luiz Salvador afirma que, entre as razões da recusa de não emissão da CAT pelos empregadores são conhecidas, dentre outras:

a) obrigação de continuar depositando o FGTS, enquanto o empregado estiver com o contrato suspenso;

b) garantia de emprego até um ano após a suspensão do benefício acidentário do art. 118 da Lei n. 8.213/91;

c) elevação dos custos operacionais por incidência de uma alíquota maior, em razão do reconhecimento dos riscos existentes na empresa por infortúnios, instituídos pela Lei n. 8.212/91, que pelo art. 22 é obrigada a recolher sobre a folha de pagamento de 1,0%, 2,0% e 3,0% para as empresas em cuja atividade preponderante esse risco seja considerado grave. Tais contribuições se referem ao antigo SAT e atualmente LDRAT e destinadas ao financiamento dos benefícios concedidos em razão do grau de incidência de incapacidade laborativa decorrentes dos riscos ambientais do trabalho[21].

De outra parte, verificando o magistrado ou o Tribunal, no caso concreto, que o empregador age no sentido de obstruir a aquisição do direito pelo empregado, ao se recusar a emitir a CAT, de forma maliciosa, deixando de cumprir obrigação que lhe é imposta pela lei, à luz do art. 129[22] do novo Código Civil, aplicado subsidiariamente no ordenamento jurídico trabalhista, poderá ser levado à ilação de que o implemento das condições necessárias à obtenção da estabilidade provisória foram efetivamente implementadas.

---

(21) SALVADOR, Luis. "Acidente do trabalho. Empregador que não emite a CAT deve indenizar trabalhador pelo prejuízo". *Revista Justiça do Trabalho*. Porto Alegre, ano 21, n. 248, agosto 2004, p. 26. O autor ainda informa que "diante dos abusos já consabidos dessas subnotificações, o governo preocupado com a tragédias dessas despedidas de trabalhadores doentes e lesionados, sem emissão da CAT, onerando a previdência e a própria sociedade, alterou os critérios para o recolhimento das referidas alíquotas, que doravante poderão ser menores ou maiores, como se extrai do exame da Lei n. 10.666, de 8 de maio de 2003, que permite a redução no pagamento das alíquotas instituídas em até 50% e/ou um acréscimo em até 100%, em razão do desempenho da empresa em relação à respectiva atividade econômica, apurado em conformidade com os resultados obtidos a partir dos índices de freqüência, gravidade e custo, calculados segundo metodologia aprovada polo Conselho Nacional de Previdência Social".

(22) Art. 129. Reputa-se verificada, quanto aos efeitos jurídicos, a condição cujo implemento for maliciosamente obstado pela parte a quem desfavorecer, considerando-se, ao contrário, não verificada a condição maliciosamente levada a efeito por aquele a quem aproveita o seu implemento.

2.19.1. Empregado acidentado no contrato de experiência

Encontramos várias definições para o contrato de experiência: contrato de prova, pacto de prova, período de experiência, pacto de experiência, contrato de experiência etc. A CLT utiliza-se da expressão contrato de experiência no art. 443, § 2º e art. 445, parágrafo único.

A rigor, o contrato de experiência é utilizado para que haja um conhecimento recíproco entre empregador e empregado, aquilatando-se nesse período de 90 (noventa) dias, que pode ser prorrogado uma única vez (desde que não extrapole o prazo de 90 dias), as reais aptidões, técnica e responsabilidade do empregado, bem como a sua adequação ao quadro funcional, prerrogativas e exigências do empregador.

O contrato de experiência equipara-se levemente ao instituto do estágio probatório do Direito Administrativo, de 3 anos para os servidores em geral, conforme se depreende do art. 41 da Constituição Federal, e de 2 anos para servidores públicos com regulamento próprio (magistrados, procuradores etc.), de acordo com o art. 37 e parágrafos da mesma Constituição.

Sérgio Pinto Martins[23] diz que o contrato de experiência não deixa de ser um contrato de trabalho por tempo determinado. Assim, há necessidade de anotação na CTPS do empregado do referido pacto, que dará ao obreiro todos os direitos e obrigações pertinentes ao citado acordo.

O problema que se afigura é se o empregado, no curso do contrato de experiência, vier a se acidentar, estará protegido e usufruirá dos benefícios do art. 118 da Lei n. 8.213/91, da mesma forma que o empregado contratado por prazo indeterminado.

Temos duas correntes doutrinárias a esse respeito: uma, que diz que ao contratar o empregado, em contrato de experiência, esse último já tem o conhecimento da provisoriedade da relação empregatícia, e, portanto, vindo a se acidentar no interregno do contrato, ocorreria tão somente a suspensão do contrato de trabalho, e, advindo o termo final, ele não teria os benefícios atribuídos ao empregado amparado por contrato por prazo indeterminado. Uma segunda corrente, ao contrário, defende a tese de que o acidente de trabalho no curso do contrato de experiência provoca a sua interrupção[24], daí, esse tipo de empregado também passa a ter o amparo do benefício previdenciário (a garantia temporária no emprego até 12 meses após o retorno ao trabalho), da mesma forma que o empregado contratado em regime de tempo indeterminado.

Vejamos algumas ementas elucidativas sobre essas duas correntes:

---

(23) MARTINS, Sérgio Pinto. *Direito do Trabalho.* 19ª ed. São Paulo: Atlas, p. 142.

(24) Na interrupção do contrato de trabalho, o empregador é obrigado a pagar salários e conta-se o tempo de serviço para todos os efeitos legais (ex: férias, licença paternidade, etc.). Na suspensão do contrato de trabalho, o empregador não é obrigado a pagar salários e não se conta o tempo de serviço (ex: afastamento do empregado punido com suspensão disciplinar por 10 dias).

CONTRATO DE EXPERIÊNCIA — ACIDENTE DE TRABALHO. É incontroverso nos autos que o contrato celebrado entre as partes era por período de experiência, portanto, contrato por prazo determinado, que não tem natureza de continuidade, extinguindo-se no término do prazo previsto. O art. 118 da Lei n. 8.213/91 assegura, em caso de acidente de trabalho, a manutenção, pelo prazo mínimo de 12 meses, do contrato de trabalho, referindo-se à modalidade típica, por prazo indeterminado, não sendo admissível interpretação ampliativa, de modo a estender-se a garantia a ele inerente para o contrato por prazo determinado ou a termo. Recurso de revista de que se conhece e a que se nega provimento. (TST — RR — 592.253/1999.2 — 5ª. T. — Rel. Min. João Batista Brito Pereira — DJU 30.4.2004).

CONTRATO DE EXPERIÊNCIA — ACIDENTE DE TRABALHO. Nos contratos de experiência não tem o trabalhador a garantia, pelo prazo mínimo de doze meses, da manutenção do emprego, após a cessação do auxílio-doença acidentário. A suspensão contratual decorrente de acidente de trabalho prorroga o termo final do contrato de experiência, deduzidos os primeiros quinze dias de afastamento (TRT 10ª. R — Proc. RO —V 02886 — 2000 — 032 — 12-00-3 — Ac. 03025/04 — 2ª. T. — Rel. Juiz José Luiz Moreira Cacciari — DJSC 31.3.2004).

CONTRATO DE EXPERIÊNCIA — ACIDENTE DE TRABALHO. INTERRUPÇÃO. ESTABILIDADE DA LEI N. 8.213/91. Ocorrendo o acidente durante o período de experiência, o contrato a prazo se interrompe, contando-se o tempo do afastamento como de efetivo exercício, para todos os efeitos. Ultrapassado o marco temporal fixado para experiência, transmuda-se o pacto a termo em contrato a prazo indeterminado, incidindo a garantia estabilitária durante um ano contado da alta médica (art. 118 da Lei n. 8.213/91), não podendo o empregador no retorno da alta médica, considerar-se o empregado ainda em experiência. Nos primeiros 15 (quinze) dias por conta do empregador, como a partir do 16º dia de afastamento, com o empregado recebendo da Previdência social o auxílio-acidentário, o contrato de trabalho considera-se interrompido, computando-se esse tempo como de serviço efetivo. Assim ocorre porque o efeito do afastamento acidentário o contrato de trabalho é interruptivo e não suspensivo, ou seja, embora cessem as atividades laborativas, remanescem obrigações contratuais, tais como: a contagem de tempo de serviço para fins de indenização e estabilidade (art. 4º.parágrafo único da CLT); cômputo de tempo para férias até o prazo de 6 meses (art. 131, III e 133, IV, CLT); recolhimento de FGTS (art. 15, § 5º, Lei n. 8.036/90). (TRT 2ª. R. — 4ª. T. — Ac. 20040319789 — Rel. Juiz Ricardo Artur Costa e Trigueiros — DOE 2.7.2004, p. 1 — *v.u.*).

ACIDENTE DE TRABALHO NA VIGÊNCIA DO CONTRATO DE EXPERIÊNCIA — DIREITO À ESTABILIDADE ACIDENTÁRIA PREVISTA NO ART. 118 DA LEI N. 8.213/91 — Considerando que a norma previdenciária não faz nenhuma restrição quanto ao tipo de contrato, se a prazo certo ou indeterminado, para que o empregado acidentado durante o exercício de suas atividades a serviço da empresa tenha direito à estabilidade acidentária prevista no art. 118 da Lei n. 8.213/91, imperiosa a modificação da sentença a quo para estendê-la ao autor, admitido mediante contrato de experiência, até porque é a própria Constituição da República (art. 7º, inc. XXII). Que determina tutela especial sobre as situações envolvendo a saúde e segurança do trabalhador, que no caso não foi obedecida. (TRT 11ª R. — RO 11964/2004-002-11-00 — (2859/2005) — Relª Desª Fed. Vera Lúcia Câmara de Sá Peixoto — J. 8.7.2005)

Embora o entendimento predominante no Tribunal Superior do Trabalho decline-se em favor da primeira corrente (pelo não-deferimento do benefício previdenciário ao obreiro em curso de contrato de experiência), em homenagem ao princípio da dignidade da pessoa humana, da igualdade e da justiça social, humildemente somos filiados à segunda corrente, emanada pelos ensinamentos dos eminentes magistrados do Tribunal Regional do Trabalho da 2ª Região, conforme se depreende da ementa retro-referida.

Considerando que inúmeras empresas optam por contratar, inicialmente, por meio do contrato de experiência, para depois efetivar tais trabalhadores, de forma definitiva a seu quadro funcional, entendemos que esses trabalhadores não constituem obreiros de "segunda categoria", posto que militam ao lado e muitas das vezes em idênticas, e às vezes em funções até mesmo superiores em relação aos empregados amparados por contratos por prazo indeterminado.

Daí, não compactuarmos com qualquer tipo de discriminação pejorativa em relação aos obreiros contratados em contratos de experiência, devendo os mesmos ser amparados, de forma idêntica e isonômica, aos demais empregados da empresa, posto que detentores dos mesmos direitos e obrigações.

Ademais a Súmula n. 378 do Tribunal Superior do Trabalho, retro-mencionada, deixa bem claro o posicionamento daquela Excelsa Corte.

A Súmula referida não faz qualquer distinção entre trabalho por prazo indeterminado ou determinado para o deferimento do benefício acidentário.

Em supedâneo ao entendimento esposado assinado, podemos citar a Súmula n. 371 do Tribunal Superior do Trabalho, que enuncia:

> "N. 371 — AVISO PRÉVIO INDENIZADO. EFEITOS. SUPERVENIÊNCIA DE AUXÍLIO-DOENÇA NO CURSO DESTE. (CONVERSÃO DAS ORIENTAÇÕES JURISPRUDENCIAIS NS. 40 E 135 DA SDI-1) A projeção do contrato de trabalho para o futuro, pela concessão do aviso prévio indenizado, tem efeitos limitados às vantagens econômicas obtidas no período de pré-aviso, ou seja, salários, reflexos e verbas rescisórias. No caso de concessão de auxílio-doença no curso do aviso prévio, todavia, só se concretizam os efeitos da dispensa depois de expirado o benefício previdenciário. (ex-OJs ns. 40 e 135 — Inseridas respectivamente em 28.11.1995 e 27.11.1998)

A OJ 41 da SDI I do TST, no mesmo sentido, também dispõe:

> "OJ 41. Estabilidade. Instrumento normativo. Vigência. Eficácia. Preenchidos todos os pressupostos para a aquisição de estabilidade decorrente de acidente ou doença profissional, ainda durante a vigência do instrumento normativo, goza o empregado de estabilidade mesmo após o término da vigência deste".

A Súmula n. 46 do TST, por seu turno, reforça a tese de que as faltas ou ausências decorrentes de acidente de trabalho configuram típica situação de interrupção do contrato de trabalho, ao dispor:

> "N. 46 — ACIDENTE DO TRABALHO — As faltas ou ausências decorrentes de acidente de trabalho não são consideradas para os efeitos de duração de férias e cálculo da gratificação natalina. (RA 41/73 — DJU 14.6.73)".

Alguns poderiam se referir ao item III da Súmula n. 244 para fundamentar o não-deferimento da garantia do emprego ao empregado contrato no regime de contrato de experiência. Assim dispõe o item III daquela Súmula:

"III — Não há direito da empregada gestante à estabilidade provisória na hipótese de admissão mediante contrato de experiência, visto que a extinção da relação de emprego, em face do término do prazo, não constitui dispensa arbitrária ou sem justa causa."

Temos que reconhecer, todavia, que o caso da empregada gestante deve ter uma outra interpretação, diferenciada que é do acidente de trabalho no curso do contrato de experiência. Além de ter a seu favor outros benefícios previdenciários, mesmo que desempregada[(25)], se tal interpretação fosse extensiva à gestante, poderia suscitar fraudes na tentativa de se obter o benefício, o que inevitavelmente levaria ao esvaziamento, ou a mais um óbice envolvendo custos, na contratação de trabalhadoras no regime do contrato de experiência.

2.20. Aviso prévio indenizado

Nesta mesma esteira podemos enquadrar o *aviso prévio indenizado*, pela superveniência de auxílio-doença, que vem regulado pela Súmula n. 371 do Colendo TST, que assim dispõe:

"N. 371 — AVISO PRÉVIO INDENIZADO. EFEITOS. SUPERVENIÊNCIA DE AUXÍLIO-DOENÇA NO CURSO DESTE. (CONVERSÃO DAS ORIENTAÇÕES JURISPRUDENCIAIS NS. 40 E 135 DA SDI-1) A projeção do contrato de trabalho para o futuro, pela concessão do aviso prévio indenizado, tem efeitos limitados às vantagens econômicas obtidas no período de pré-aviso, ou seja, salários, reflexos e verbas rescisórias. No caso de concessão de auxílio-doença no curso do aviso prévio, todavia, só se concretizam os efeitos da dispensa depois de expirado o benefício previdenciário. (ex-OJs ns. 40 e 135 — Inseridas respectivamente em 28.11.1995 e 27.11.1998)

As seguintes ementas tratam do presente caso:

ESTABILIDADE — LEI ELEITORAL N. 9.504/97 — PROJEÇÃO DO AVISO PRÉVIO INDENIZADO — INCIDÊNCIA DA ORIENTAÇÃO JURISPRUDENCIAL N. 40 DA SBDI-1 DO TST — A matéria em debate encontra-se superada pelo entendimento consagrado na Orientação Jurisprudencial n. 40 da SBDI-1 do TST, no sentido de que "a projeção do contrato de trabalho para o futuro, pela concessão do aviso prévio indenizado, tem efeitos limitados às vantagens econômicas obtidas no período de pré-aviso, ou seja, salários, reflexos e verbas rescisórias. " Não merece conhecimento o recurso de revista, quando o tema for objeto de enunciado ou de orientação jurisprudencial da Seção de Dissídios Individuais desta Corte, situação em que a missão do TST ter-se-á, previamente, ultimado. Aplicação do disposto na alínea a e no § 4º do art. 896 da CLT. Agravo a que se nega provimento. (TST — AIRR 48.949/2002-900-02-00.3 — 1ª T. — Rel. Min. Lélio Bentes Corrêa — DJU 6.5.2005)

---

(25) Recente julgado do Tribunal Regional do Trabalho da 2ª Região, em que figura como relator o Prof. *Sérgio Pinto Martins*, julgou procedente uma ação de uma desempregada doméstica que postulava o recebimento do salário-maternidade, com base no art. 97 do Regulamento da Previdência Social (Decreto n. 3.048/93, art. 26, VI), da Lei n. 8.213/91 e anda com base no art. 37 da CF/88, sob o fundamento de que não há previsão legal para a exigência de a empregada doméstica estar empregada para ter direito ao benefício (sendo que a lei nesse caso não exige nem a carência legal para a concessão do salário-maternidade), desde que o que a lei não proíbe ou não determinada expressamente pode ser contemplado à trabalhadora, no caso a empregada, trabalhadora avulsa e empregada doméstica. Fonte: http: www.sintese.com/ 8.10.2004.

AGRAVO DE INSTRUMENTO — RECURSO DE REVISTA — 1. INDENIZAÇÃO DO ART. 9º DA LEI N. 7.238/84 — PROJEÇÃO DO PERÍODO DO AVISO PRÉVIO — "Na forma do Enunciado n. 314/TST, ocorrendo a rescisão contratual no período de trinta dias que antecede à data-base, observado o Enunciado 182 do TST, o pagamento das verbas rescisórias com o salário já corrigido não afasta o direito à indenização adicional prevista nas Leis ns. 6.708/79 e 7.238/84. Depreende-se, então, que, contando-se o tempo do aviso prévio, mesmo indenizado, para efeito da indenização adicional do art. 9º da Lei n. 7.238/84 (Enunciado 182/TST), tem-se, também, que, ultrapassada a data-base da categoria, pelo cômputo do período, resta indevida a indenização prevista no art. 9º da Lei n. 7.238/84. Entendimento contrário implicaria a adoção de dois pesos e duas medidas para o mesmo fato jurídico" (Juiz Convocado Alberto Bresciani). 2. HORAS EXTRAS — CONFISSÃO — DIREITOS INDISPONÍVEIS — ART. 351 DO CPC. Se a condenação fundou-se em provas documentais cuja veracidade foi corroborada pelo autor seja na petição inicial, seja em seu próprio depoimento, não há que se falar em violação ao art. 351 do CPC. Agravo de instrumento a que se nega provimento. (TST — AIRR 2512/2000-005-07-00.2 — 3ª T. — Rel. Juiz Conv. Ricardo Machado — DJU 20.05.2005).

RECURSO DE REVISTA — INDENIZAÇÃO ADICIONAL — LEI N. 7.238/84 — AVISO PRÉVIO — PROJEÇÃO DO CONTRATO DE TRABALHO — PERÍODO DE TRINTA DIAS QUE ANTECEDE À DATA—BASE ULTRAPASSADO — Ao se contar o tempo do aviso prévio, mesmo indenizado, para efeito da indenização adicional do art. 9º da Lei n. 7.238/84 (Súmulas ns. 314 e 182/TST), tem-se, também, que, ultrapassada a data-base da categoria, pelo cômputo do período, fica indevida a indenização prevista no art. 9º da Lei n. 7.238/84. Recurso de revista não conhecido. (TST — RR 753.514/2001.2 — 3ª T. — Rel. Min. Carlos Alberto Reis de Paula — DJU 27.5.2005.

RECURSO DE REVISTA — ADMISSIBILIDADE — AVISO PRÉVIO INDENIZADO — EFEITOS — SUPERVENIÊNCIA DE AUXÍLIO-DOENÇA NO CURSO DESTE — 1. Inadmissível recurso de revista interposto contra acórdão de Tribunal Regional do Trabalho proferido em consonância com a Súmula n. 371 do Tribunal Superior do Trabalho, segundo a qual os efeitos da dispensa, quando concedido auxílio-doença no curso do aviso prévio indenizado, só se concretizam depois de expirado o benefício previdenciário (CLT, art. 896, § 4º). 2. Agravo de instrumento a que se nega provimento. (TST — AIRR 3065/1997-061-02-40.2 — 1ª T. — Rel. Min. João Oreste Dalazen — DJU 27.5.2005)

CONCESSÃO DE BENEFÍCIO PREVIDENCIÁRIO DURANTE AVISO PRÉVIO INDENIZADO — SUSPENSÃO DO CONTRATO DE TRABALHO — RESCISÃO CONTRATUAL — NULA — CONSIGNAÇÃO EM PAGAMENTO — IMPROCEDENTE — Se durante o aviso prévio é concedido à autora benefício previdenciário, isso suspende o contrato de trabalho. Por conseqüência, é nula a rescisão contratual, sendo a reintegração ao emprego e a improcedência do pleito constante da ação de consignação em pagamento mero consectários dessa declaração. Ademais, cumpre acrescentar que o término contrato de trabalho somente se efetiva com o fim do aviso prévio, pois esse período integra o tempo de serviço para todos os efeitos legais (aplicação do parágrafo sexto do art. 487 da CLT). (TRT 3ª R. — RO 01196-2003-036-03-00-4 — 3ª T. — Relª Juíza Maria Cristina Diniz Caixeta — DJMG 26.02.2005)

PRESCRIÇÃO BIENAL — AVISO PRÉVIO — Na correta exegese do art. 487, § 1º, consolidado, o período relativo ao aviso prévio indenizado integra o tempo de serviço do empregado para todos os efeitos legais, inclusive, no que tange à contagem do biênio prescricional. Não se há que falar em prescrição absoluta do direito de ação, quando a ação é proposta dentro do biênio constitucional, levando-se em conta a integração operada, eis que a Carta Magna determina o início do fluxo prescricional a contar do fim do vínculo que, em casos como o presente, ocorreu ao término do prazo do aviso prévio, com o decurso dos trinta dias. (TRT 5ª R. — RO 00005-2003-134-05-00-1 — (14.299/05) — 1ª T. — Rel. Juiz Valtércio de Oliveira — J. 7.7.2005)

2.21. Seguro-desemprego

O seguro-desemprego constitui benefício de natureza previdenciária, conquanto não seja pago pela Previdência social (INSS), mas sim com recursos do FAT (Fundo de Amparo ao Trabalhador), em convênio com a Caixa Econômica Federal (CEF), alimentado de forma plural (recursos de recapacitação, qualificação profissional, multas etc.).

O período de fruição do seguro-desemprego[26] varia de acordo com o período trabalhado com carteira assinada, ou seja, com o devido registro na CTPS. Assim, se o período trabalhado com carteira assinada for de 6 a 11 meses, o número de prestações do seguro-desemprego é de 3 parcelas mensais; se de 12 a 23 meses de trabalho, o número de prestações é de 4 parcelas mensais e se o trabalhador trabalhou mais de 23 meses, o número de parcelas do seguro-desemprego é de 5 parcelas mensais.

O valor dessas parcelas varia de acordo com a remuneração do trabalhador e este tem um prazo de 7 a 120 dias para requerer o benefício. Esse prazo é decaden-cial, ou seja, uma vez que o empregado deixa transcorrer o prazo *in albis* há a perda efetiva do direito.

De outra parte, o período aquisitivo do direito ao seguro-desemprego é de 16 meses, sendo possível a fruição de mais de um seguro-desemprego, desde que seja observada a comprovação de mais de uma atividade pelo trabalhador. Se voltar a trabalhar, há a suspensão do benefício.

Após 16 meses, se o trabalhador voltar a ficar desempregado, terá direito de receber as parcelas que não recebeu anteriormente. Vale dizer, na primeira fruição do benefício: exigência de 6 meses, no mínimo, de período trabalhado; já na segunda vez o período aquisitivo é elastecido para 16 meses.

Temos as seguintes hipóteses de suspensão do benefício do seguro-desemprego: a) admissão em novo emprego e b) início de percepção de benefício de prestação continuada da Previdência Social, exceto auxílio-acidente e pensão por morte (hipóteses em que a cumulação dos benefícios é permitida).

As hipóteses de cancelamento do benefício do seguro-desemprego, por seu turno, são assim enumeradas: a) recusa por parte do trabalhador-desempregado de

---

(26) A Lei n. 10.608/2002 concedeu o benefício do seguro-desemprego aos trabalhadores resgatados da condição análoga à de escravo, na proporção de 3 (três) parcelas de seguro-desemprego, além de cursos de requalificação profissional no SINE. A Lei n. 10.779/2003 proporcionou o pagamento de parcelas de seguro-desemprego ao pescador profissional, individual ou em regime de economia familiar (pescador artesanal), no período de defeso.

outro emprego condizente com sua qualificação e remuneração anterior; b) comprovação de falsidade na prestação de informações necessárias à habilitação do benefício; c) comprovação de fraude para obtenção do benefício e d) morte do trabalhador.

O seguro-desemprego também está contemplado nos casos de responsabilidade objetiva da empresa ou empregador.

De acordo com a Súmula n. 389 do TST, o não fornecimento pelo empregador da guia necessária para o recebimento do seguro-desemprego dá origem ao direito à indenização. Vejamos:

"N. 389 — SEGURO-DESEMPREGO. COMPETÊNCIA DA JUSTIÇA DO TRABALHO. DIREITO À INDENIZAÇÃO POR NÃO LIBERAÇÃO DE GUIAS. (CONVERSÃO DAS ORIENTAÇÕES JURISPRUDENCIAIS NS. 210 E 211 DA SDI-1)

I — Inscreve-se na competência material da Justiça do Trabalho a lide entre empregado e empregador tendo por objeto indenização pelo não-fornecimento das guias do seguro-desemprego. (ex-OJ n. 210 — Inserida em 8.11.2000)

II — O não-fornecimento pelo empregador da guia necessária para o recebimento do seguro-desemprego dá origem ao direito à indenização. (ex-OJ n. 211 — Inserida em 8.11.2000)".

É outro caso típico de responsabilidade objetiva do empregador, que poderá ser decorrente de uma responsabilidade indireta. É o caso de negligência de um de seus prepostos, encarregado desta função na empresa. Se houve dolo ou culpa do empregado, o empregador terá o direito da ação regressiva contra ele.

As seguintes ementas ajudam a esclarecer a presente situação fática:

SEGURO-DESEMPREGO — COMPETÊNCIA DA JUSTIÇA DO TRABALHO — DIREITO À INDENIZAÇÃO POR NÃO LIBERAÇÃO DE GUIAS — SÚMULA N. 389 DO TST — I — Inscreve-se na competência material da Justiça do Trabalho a lide entre empregado e empregador tendo por objeto indenização pelo não-fornecimento das guias do seguro-desemprego. (ex-OJ n. 210 — Inserida em 8.11.2000) II — O não-fornecimento pelo empregador da guia necessária para o recebimento do seguro-desemprego dá origem ao direito à indenização. (ex-OJ n. 211 — Inserida em 8.11.2000). Recurso de revista de que não se conhece. (TST — RR 636358/2000.3 — 5ª T. — Rel. Juiz Conv. Walmir Oliveira da Costa — DJU 1º.7.2005)

SEGURO-DESEMPREGO — LIBERAÇÃO DAS GUIAS — INDENIZAÇÃO SUBSTITUTIVA — SÚMULA N. 389 DO TST — A decisão do Regional, que nega provimento ao recurso ordinário da reclamada, para manter a sentença que a condenou ao pagamento da indenização substitutiva pela não-liberação das guias do seguro-desemprego, está em consonância com o item II da Súmula n. 389 do TST. Inviável, portanto, a admissibilidade do recurso de revista, nos termos do art. 896, § 5º, da CLT. Agravo de instrumento não provido. (TST — AIRR 41964/2002-900-01-00.6 — 4ª T. — Rel. Juiz Conv. José Antonio Pancotti — DJU 1º.7.2005)

SEGURO-DESEMPREGO — INDENIZAÇÃO SUBSTITUTIVA — A conversão da obrigação de fazer descumprida em obrigação de pagar fundamenta-se no art. 186 do novo Código Civil. A omissão do empregador, não entregando as guias do seguro desemprego, impede que o empregado tenha acesso ao benefício, causando-lhe prejuízo.

Deve, portanto, reparar o dano causado. (TRT 5ª R. — RO 00125-2004-011-05-00-8 — (16.593/05) — Relª Juíza Débora Machado — J. 4.8.2005)

Todavia, atualmente há quem entenda o não cabimento da responsabilidade objetiva do empregador em face do seguro-desemprego, como se constata da ementa abaixo mencionada:

SEGURO-DESEMPREGO. HABILITAÇÃO. INDENIZAÇÃO. IMPOSSIBILIDADE. A habilitação ao seguro-desemprego pode ser feita mediante a simples "apresentação da sentença judicial transitada em julgado, acórdão ou certidão judicial, onde conste os dados do trabalhador, da empresa e se o motivo da demissão foi sem justa causa (art. 4º, inciso IV, da Resolução CODEFAT n. 252/00), de modo que a conversão da obrigação de entrega de guias em indenização substitutiva do seguro-desemprego não pode mais ser autorizada. Nesse particular, a OJ n. 211 da SDI-I do TST está superada pela alteração das normas que regem o benefício em questão. (TRT 15ª. R. — Proc. 30913/2003 — RO — Ac. 15463/04 — 2ª. T. — Rel. Juiz Paulo de Tarso Salomão — DOESP 7.5.2004).

No entanto, este não é nosso entendimento em face do que dispõe o art. 13 da Resolução CODEFAT n. 392[27], que revogou a Resolução CODEFAT n. 252/00

---

(27) RES. CODEFAT n. 392 de 2004 — Seguro-Desemprego — Concessão — Procedimentos
RES N. 392 de 2004 — CODEFAT
RESOLUÇÃO CODEFAT N. 392, DE 8 DE JUNHO DE 2004 (DOU 24.6.2004)
Estabelece procedimentos relativos à concessão do Seguro-Desemprego.
O Conselho Deliberativo do Fundo de Amparo ao Trabalhador — CODEFAT, no uso das atribuições que lhe confere o inciso V do art. 19 da Lei n. 7.998, de 11 de janeiro de 1990, resolve:
Art. 1º Estabelecer critérios relativos à integração das ações de concessão do Seguro-Desemprego e de assistência aos trabalhadores dispensados face às alterações introduzidas na Lei n. 7.998/90 e na legislação trabalhista.
Art. 2º O programa do Seguro-Desemprego tem por finalidade:
I — prover assistência financeira temporária ao trabalhador desempregado em virtude de dispensa sem justa causa, inclusive a indireta; e
II — auxiliar os trabalhadores na busca de emprego, promovendo, para tanto, ações integradas de orientação, recolocação e qualificação profissional.
Art. 3º Terá direito a perceber o Seguro-Desemprego o trabalhador dispensado sem justa causa, inclusive a indireta, que comprove:
I — ter recebido salários consecutivos no período de 6 (seis) meses imediatamente anteriores à data da dispensa, de uma ou mais pessoas jurídicas ou físicas equiparadas às jurídicas;
II — ter sido empregado de pessoa jurídica ou pessoa física equiparada à jurídica durante, pelo menos, 6 (seis) meses nos últimos 36 (trinta e seis) meses que antecederam a data de dispensa que deu origem ao requerimento do Seguro-Desemprego;
III — não estar em gozo de qualquer benefício previdenciário de prestação continuada, previsto no Regulamento de Benefícios da Previdência Social, excetuando o auxílio-acidente e a pensão por morte; e
IV — não possuir renda própria de qualquer natureza suficiente à sua manutenção e de sua família.
§ 1º Considera-se pessoa física equiparada à jurídica, os profissionais liberais inscritos no Cadastro Específico do Instituto Nacional do Seguro Social (CEI).
§ 2º Considera-se 1 (um) mês de atividade, para efeito do inciso II deste artigo, a fração igual ou superior a 15 (quinze) dias, nos termos da Consolidação das Leis do Trabalho.
Art. 4º A comprovação dos requisitos de que trata o artigo anterior deverá ser feita:
I — mediante as anotações da Carteira de Trabalho e Previdência Social — CTPS;
II — pela apresentação do Termo de Rescisão do Contrato de Trabalho — TRCT, homologado quando o período trabalhado for superior a 1 (um) ano;
III — mediante documento utilizado para levantamento dos depósitos do FGTS ou extrato comprobatório dos depósitos;
IV — pela apresentação da sentença judicial transitada em julgado, acórdão ou certidão judicial, onde constem os dados do trabalhador, da empresa e se o motivo da dispensa for sem justa causa; e
V — mediante verificação a cargo da fiscalização trabalhista ou previdenciária, quando couber.

mencionada na ementa acima, dispondo expressamente sobre a necessidade de fornecimento pelo empregador, como segue:

Parágrafo único. A comprovação dos demais requisitos será feita mediante declaração firmada pelo trabalhador, no Requerimento do Seguro-Desemprego — RSD.

Art. 5º O Seguro-Desemprego será concedido ao trabalhador desempregado, por um período máximo variável de 03 (três) a 05 (cinco) meses, de forma contínua ou alternada, a cada período aquisitivo de 16 (dezesseis) meses, observando-se a seguinte relação:

I — 3 (três) parcelas, se o trabalhador comprovar vínculo empregatício com pessoa jurídica ou pessoa física a ela equiparada de no mínimo 06 (seis) meses e no máximo 11 (onze) meses, nos últimos 36 (trinta e seis) meses;

II — 4 (quatro) parcelas, se o trabalhador comprovar vínculo empregatício com pessoa jurídica ou pessoa física a ela equiparada de no mínimo 12 (doze) meses e no máximo 23 (vinte e três) meses no período de referência; e

III — 5 (cinco) parcelas, se o trabalhador comprovar vínculo empregatício com pessoa jurídica ou pessoa física a ela equiparada, de no mínimo 24 (vinte e quatro) meses no período de referência.

§ 1º O período aquisitivo de que trata este artigo será contado da data de dispensa que deu origem à última habilitação, não podendo ser interrompido quando a concessão do benefício estiver em curso.

§ 2º A primeira dispensa que habilitar o trabalhador determinará o número de parcelas a que este terá direito no período aquisitivo.

Art. 6º A adesão a Planos de Demissão Voluntária ou similar não dará direito ao benefício, por não caracterizar demissão involuntária.

Art. 7º O valor do benefício será fixado em moeda corrente na data de sua concessão e corrigido anualmente por índice oficial, não podendo ser inferior ao valor do salário mínimo.

Art. 8º O valor do benefício do Seguro-Desemprego será calculado com base no art. 5º da Lei n. 7998/90 e reajustado de acordo com a legislação em vigor.

Art. 9º Para fins de apuração do benefício, será considerada a média aritmética dos salários dos últimos 3 (três) meses de trabalho.

§ 1º O salário será calculado com base no mês completo de trabalho, mesmo que o trabalhador não tenha trabalhado integralmente em qualquer dos 3 (três) últimos meses.

§ 2º Caso de o trabalhador perceber salário fixo com parte variável, a composição do salário para o cálculo do Seguro-Desemprego tomará por base, ambas as parcelas.

§ 3º Quando o trabalhador perceber salário por quinzena, por semana, ou por hora, o valor do Seguro-Desemprego será calculado com base no que seria equivalente ao seu salário mensal, tomando-se por parâmetro, para essa equivalência, o mês de 30 (trinta) dias ou 220 (duzentos e vinte) horas, exceto para quem tem horário especial, inferior a 220 horas mensais, que será calculado com base no salário mensal.

§ 4º O valor do benefício será igual ao valor de unidades de moeda corrente, excluídas as partes decimais.

Art. 10. Para o trabalhador em gozo de auxílio-doença ou convocado para prestação do serviço militar, bem assim na hipótese de não ter percebido do mesmo empregador os 3 (três) últimos salários, o valor do benefício basear-se-á na média dos 2 (dois) últimos ou, ainda, no valor do último salário.

Art. 11. O Seguro-Desemprego é pessoal e intransferível, salvo nos casos de:

I — morte do segurado, para efeito de recebimento das parcelas vencidas, quando será pago aos dependentes mediante apresentação de alvará judicial; e

II — grave moléstia do segurado, comprovada pela perícia médica do Instituto Nacional do Seguro Social — INSS, quando serão pagas as parcelas vencidas ao seu curador, ou ao seu representante legal, na forma admitida pela Previdência Social.

Art. 12. A concessão do Seguro-Desemprego poderá ser retomada a cada novo período aquisitivo desde que, atendidas as condições estabelecidas no art. 3º desta Resolução.

Art. 13. O Requerimento do Seguro-Desemprego — RSD, e a Comunicação de Dispensa — CD devidamente preenchidas com as informações constantes da Carteira de Trabalho e Previdência Social, serão fornecidas pelo empregador no ato da dispensa, ao trabalhador dispensado sem justa causa.

Art. 14. Os documentos de que trata o artigo anterior deverão ser encaminhados pelo trabalhador a partir do 7º (sétimo) e até o 120º (centésimo vigésimo) dias subseqüentes à data da sua dispensa ao Ministério do Trabalho e Emprego por intermédio dos postos credenciados das suas Delegacias, do Sistema Nacional de Emprego — SINE e Entidades Parceiras.

Parágrafo único. Nas localidades onde não existam os Órgãos citados no *caput* deste artigo, o Requerimento de Seguro-Desemprego — RSD poderá ser encaminhado por outra entidade autorizada pelo Ministério do Trabalho e Emprego.

Art. 15. O trabalhador, para requerer o benefício, deverá apresentar os seguintes documentos:

a) documento de identificação — Carteira de Identidade ou Certidão de Nascimento, Certidão de Casamento com o protocolo de requerimento da identidade (somente para recepção), Carteira Nacional de Habilitação (modelo novo), Carteira de Trabalho (modelo novo), Passaporte e Certificado de Reservista;
b) Carteira de Trabalho e Previdência Social;
c) Documento de Identificação no Programa de Integração Social — PIS ou Programa de Formação do Patrimônio do Servidor Público — PASEP;
d) Requerimento do Seguro-Desemprego — RSD e Comunicação de Dispensa — CD;
e) Termo de Rescisão do Contrato de Trabalho — TRCT, homologado quando o período de vínculo for superior a 1 (um) ano;
f) documentos de levantamento dos depósitos no Fundo de Garantia por Tempo de Serviço — FGTS ou extrato comprobatório dos depósitos; e
g) no caso do requerente não ter recebido as verbas rescisórias deverá apresentar certidão das Comissões de Conciliação Prévia/Núcleos Intersindicais, (certidão da justiça ou relatório da fiscalização).

§ 1º No ato da entrega do requerimento, o agente credenciado junto ao Programa do Seguro-Desemprego conferirá os critérios de habilitação e fornecerá ao trabalhador comprovante de recepção.

§ 2º Se atendidos os requisitos de habilitação o Ministério do Trabalho e Emprego enviará a autorização de pagamento do benefício do Seguro-Desemprego ao agente pagador.

§ 3º Caso não sejam atendidos os critérios e na hipótese de não ser concedido o Seguro-Desemprego, o trabalhador será comunicado dos motivos do indeferimento.

§ 4º Do indeferimento do pedido do Seguro-Desemprego, caberá recurso ao Ministério do Trabalho e Emprego por intermédio dos postos credenciados de suas Delegacias, no prazo de 2 (dois) anos, contados a partir da data de dispensa que deu origem ao benefício, bem como para os casos de notificações, reemissões e reembolsos.

Art. 16. Ressalvados os casos previstos no art. 11, o pagamento será efetuado em espécie ao trabalhador, por meio do uso do Cartão do Cidadão ou dos documentos abaixo relacionados:
a) documento de identificação (Carteira de Identidade ou Carteira Nacional de Habilitação — Modelo novo ou Carteira de Identificação Profissional ou que contenha o número do PIS/PASEP); e
b) comprovante de inscrição no PIS/PASEP.

§ 1º Os pagamentos efetuados nas agências da CAIXA, sem utilização do Cartão do Cidadão, terão sua comprovação por meio de autenticação em documento próprio, arquivado na CAIXA, ficando à disposição do MTE durante o prazo de 05 (cinco) anos, conforme Tabela de Temporalidade constante da Portaria n. 05, de 22 de março de 1995.

§ 2º Os pagamentos efetuados com a utilização do Cartão do Cidadão terão sua comprovação por meio do registro eletrônico da transação, ficando à disposição para consulta pelo MTE durante o prazo de 5(cinco) anos.

§ 3º O Cartão do Cidadão será fornecido ao segurado pela CAIXA. No ato do cadastramento da senha o caixa executivo solicitará identificação pessoal do segurado, assinatura no formulário, "Termo de Responsabilidade para uso do Cartão/Senha do Cidadão" e cadastramento da senha, que é pessoal e intransferível.

§ 4º O valor a ser pago ao segurado corresponderá ao valor total da parcela disponível. Caso haja impedimento para o pagamento, será impresso comprovante contendo mensagem impeditiva (notificação), que ficará à disposição para consulta pelo MTE, durante o prazo de 05 (cinco) anos.

Art. 17. O pagamento da primeira parcela corresponderá aos 30 (trinta) dias de desemprego, a contar da data da dispensa.

§ 1º O trabalhador fará jus ao pagamento integral das parcelas subseqüentes para cada mês, por fração igual ou superior a 15 (quinze) dias de desemprego.

§ 2º A primeira parcela será liberada trinta dias após a data do requerimento e as demais a cada intervalo de 30 (trinta) dias, contados da emissão da parcela anterior.

§ 3º Em caso de liberação por recurso, a primeira parcela será liberada no lote imediatamente posterior ao processamento do recurso, desde que a data do recurso tenha pelo menos 30 (trinta) dias da data do requerimento.

§ 4º Para os casos de processos judiciais em que são expedidos mandados judiciais para liberação do seguro-desemprego, as parcelas serão liberadas em um único lote.

Art. 18. O pagamento do Seguro-Desemprego será suspenso nas seguintes situações:
I — admissão do trabalhador em novo emprego; e
II — início de percepção de benefício de prestação continuada da Previdência Social, exceto o auxílio-acidente e a pensão por morte.

Parágrafo único. Será assegurado o direito ao recebimento do benefício e/ou retomada do saldo de parcelas quando ocorrer a suspensão motivada por reemprego em contrato temporário, experiência, tempo determinado, desde que o motivo da dispensa não seja a pedido ou por justa causa, observando que o término do contrato ocorra dentro do mesmo período aquisitivo e tenha pelo menos 1 (um) dia de desemprego de um contrato para outro.

"Art. 13. O Requerimento do Seguro-Desemprego — RSD, e a Comunicação de Dispensa — CD devidamente preenchidas com as informações constantes da Carteira de Trabalho e Previdência Social, serão fornecidas pelo empregador no ato da dispensa, ao trabalhador dispensado sem justa causa".

Logo, se o empregador se recusar, se omitir ou negligentemente se furtar a fornecer o requerimento do Seguro-Desemprego e a Comunicação de Dispensa devidamente preenchidas no ato da dispensa ao trabalhador, dispensado sem justa causa provocará um dano ao trabalhador, que não terá como preencher os pressupostos de admissibilidade ao benefício e, destarte, terá que responder pelo prejuízo causado.

2.22. Planos de demissão voluntária

Podemos também dizer que cabe a responsabilidade objetiva do empregador nos casos de *pagamentos genéricos feitos nos Planos de Demissão Voluntária*, após o aparecimento no mundo do Direito da OJ n. 270 da SDI I do TST, que assim se expressa:

Art. 19. O Seguro-Desemprego será cancelado:
I — pela recusa, por parte do trabalhador desempregado de outro emprego condizente com sua qualificação e remuneração anterior;
II — por comprovação da falsidade na prestação de informações necessárias à habilitação;
III — por comprovação de fraude visando à percepção indevida do benefício do Seguro-Desemprego; e
IV — por morte do segurado.
§ 1º Para efeito do Seguro-Desemprego, considerar-se-á emprego condizente com a vaga ofertada, aquele que apresente tarefas semelhantes ao perfil profissional do trabalhador, declarado/comprovado no ato do seu cadastramento.
§ 2º Para definição do salário compatível, deverá ser tomado como base o piso salarial da categoria, a média do mercado baseado nos dados do Cadastro Geral de Empregados e Desempregados — CAGED e o salário pretendido no ato do cadastramento.
§ 3º No caso de recusa de novo emprego no ato do cadastramento o benefício será suspenso.
§ 4º Caso o trabalhador seja convocado para um novo posto de trabalho e não atender à convocação por 3 (três) vezes consecutivas, o benefício será suspenso.
§ 5º O cancelamento do benefício em decorrência de recusa pelo trabalhador de novo emprego, poderá ocorrer após análise do órgão competente, da resposta do empregador e da declaração apresentada pelo trabalhador, contendo justificativa devidamente fundamentada para a recusa de novo emprego.
§ 6º Nos casos previstos nos incisos I, II e III deste artigo, o Seguro-Desemprego será suspenso por 02 (dois) anos, dobrando-se este prazo em caso de reincidência.
Art. 20. O encaminhamento do trabalhador ao mercado de trabalho, no ato do requerimento, não representará impedimento na concessão do benefício nem afetará a sua tramitação, salvo por comprovação de reemprego, observadas as disposições contidas no *caput* do art. 17 e seu § 1º, desta Resolução.
Art. 21. As parcelas do Seguro-Desemprego, recebidas indevidamente pelos segurados, serão restituídas mediante depósito em conta do Programa Seguro-Desemprego na Caixa Econômica Federal — CAIXA, por formulário próprio a ser fornecido pelo Ministério do Trabalho e Emprego.
Parágrafo único. O valor da parcela a ser restituída será corrigida pelo Índice Nacional de Preços ao Consumidor — INPC, a partir da data do recebimento indevido até a data da restituição.
Art. 22. Nos casos de contrato em aberto na CTPS, o trabalhador poderá requerer o benefício do Seguro-Desemprego, desde que o empregador não seja localizado pela fiscalização do trabalho, nem apresente movimento há mais de 2 (dois) anos no CAGED, observando que o período relativo à situação de contrato em aberto não será considerado para a contagem de tempo de serviço para fins de obtenção do Seguro-Desemprego.
Art. 23. Esta Resolução entra em vigor na data de sua publicação, ficando revogada a Resolução do CODEFAT n. 252, de 4 de outubro de 2000.
Lourival Novaes Dantas

"Programa de Incentivo à Demissão Voluntária. Transação extrajudicial. Parcelas oriundas do extinto contrato de trabalho. Efeitos. A transação extrajudicial que importa rescisão do contrato de trabalho ante a adesão do empregado a plano de demissão voluntária implica quitação exclusivamente das parcelas e valores constantes do recibo".

Logo, aplica-se neste caso o adágio da sabedoria popular que diz: "quem paga mal, paga duas vezes", por inobservância a preceitos legais. Essa orientação acha-se em íntima conexão com a Súmula n. 330[28] do TST sobre quitação de parcelas salariais.

As ementas abaixo relacionadas esclarecem a presente situação jurídica.

EMBARGOS. ADESÃO DO EMPREGADO AO PLANO DE INCENTIVO À APOSENTADORIA. TRANSAÇÃO EXTRAJUDICIAL. DIREITO DO TRABALHO. PRINCÍPIO DA IRRENUNCIABILIDADE OU DISPONIBILIDADE RELATIVA. "RES DUBIA" E OBJETO DETERMINADO. CONDIÇÕES ESPECÍFICAS DE VALIDADE DA TRANSAÇÃO DO ART. 477, §§ 1º E 2º, DA CLT. EFEITOS. ARTS. 9º DA CLT E 51 DO CDC. O Direito do Trabalho não cogita da quitação em caráter irrevogável em relação aos direitos do empregado, irrenunciáveis ou de disponibilidade relativa, consoante impõe o art. 9º consolidado, porquanto se admitir tal hipótese importaria obstar ou impedir a aplicação das normas imperativas de proteção ao trabalhador. Neste particularismo reside, portanto, a nota singular do Direito do Trabalho em face do Direito Civil. A cláusula contratual imposta pelo empregador que ofende essa singularidade não opera efeitos jurídicos na esfera trabalhista, porque a transgressão de norma cogente importa não apenas na incidência da sanção respectiva, mas na nulidade *ipso jure*, que se faz substituir automaticamente pela norma heterônoma de natureza imperativa, visando à tutela da parte economicamente mais debilitada, num contexto obrigacional de desequilíbrio de forças. Em sede de Direito do Trabalho a transação tem pressuposto de validade na assistência sindical, do Ministério do Trabalho ou do próprio órgão jurisdicional, por expressa determinação legal, além da necessidade de determinação das parcelas porventura quitadas, nos exatos limites do art. 477, §§ 1º e 2º, da Consolidação das Leis do Trabalho, sem prejuízo do elemento essencial relativo à existência de "res dubia" ou objeto determinado, que não se configura quando a quitação é levada a efeito com conteúdo genérico e indeterminado, pois ao tempo em que operada, nenhuma delimitação havia quanto a supostos direitos descumpridos ou controvertidos, bem como nenhuma determinação se especificou quanto ao objeto, se pretendia apenas satisfazer todos os direitos e obrigações decorrentes do contrato de trabalho. A transação ou a compensação pretendidas, em termos genéricos, porque abusivas, e como tal consideradas nulas, afrontam as normas já citadas que as desqualificam, máxime quando se tem em vista princípio idêntico contido no art. 51 da Lei n. 8.078/90 (Código de De-

(28) ENUNCIADO TST N. 330 — QUITAÇÃO — Validade — (Revisão do Enunciado n. 41) — A quitação passada pelo empregado, com assistência de entidade sindical de sua categoria, ao empregador, com observância dos requisitos exigidos nos parágrafos do art. 477 da CLT, tem eficácia liberatória em relação às parcelas expressamente consignadas no recibo, salvo se oposta ressalva expressa e especificada ao valor dado à parcela ou parcelas impugnadas.

I — A quitação não abrange parcelas não consignadas no recibo de quitação e, conseqüentemente, seus reflexos em outras parcelas, ainda que essas constem desse recibo.

II — Quanto a direitos que deveriam ter sido satisfeitos durante a vigência do contrato de trabalho, a quitação é válida em relação ao período expressamente consignado no recibo de quitação. (Redação dada pela Res. n. 108/2001 DJ 18.4.2001)

fesa do Consumidor), segundo o qual são consideradas nulas de pleno direito as cláusulas contratuais que estabeleçam obrigações consideradas iníquas, abusivas, que colocam o consumidor em desvantagem ou sejam incompatíveis com a boa-fé ou a eqüidade, princípio inafastável do direito e processo do trabalho. Embargos conhecidos e providos. (TRIBUNAL: TST DECISÃO: 24.3.2003 PROC: ERR NUM: 459972 ANO: 1998 REGIÃO: 02 EMBARGOS EM RECURSO DE REVISTA TURMA: D1 ÓRGÃO JULGADOR — SUBSEÇÃO I ESPECIALIZADA EM DISSÍDIOS INDIVIDUAIS DJ DATA: 4.4.2003. RELATOR: JUIZ CONVOCADO VIEIRA DE MELLO FILHO)

RECURSO DE REVISTA — PROGRAMA DE DEMISSÃO VOLUNTÁRIA — CONTRATO DE TRABALHO — QUITAÇÃO — EFEITOS — A adesão ao programa de incentivo à aposentadoria, que tem a mesma natureza da demissão incentivada, não implica quitação total do contrato de trabalho, restando, portanto, assegurado ao empregado o direito de postular em juízo parcelas de natureza salarial não compreendidas no recibo de quitação, de eficácia restrita, consoante o art. 477, § 2º, da CLT e Orientação Jurisprudencial n. 270 da SDI-1 do TST. Recurso de revista a que se dá provimento. (TST — RR 620730/2000.1 — 5ª T. — Rel. Juiz Conv. Walmir Oliveira da Costa — DJU 1º.7.2005)

RECURSO DE REVISTA DO RECLAMADO — PROGRAMA DE INCENTIVO À DEMISSÃO VOLUNTÁRIA — QUITAÇÃO RESTRITA ÀS PARCELAS CONSTANTES DO RECIBO — A adesão do empregado a plano de incentivo à demissão voluntária importa em quitação exclusivamente das parcelas e valores constantes do recibo, na forma do disposto no art. 477 da CLT e na Orientação Jurisprudencial n. 270 da SBDI-1 do TST. Compensação e PDV. Não há falar em compensação dos valores pagos em decorrência da adesão ao Plano de Incentivo à Demissão Voluntária, de natureza indenizatória pela perda do emprego, com os oriundos da condenação judicial. Folgas previstas em acordos coletivos, resultantes da conversão de índices de reajustes salariais. Na hipótese dos autos, foi firmado Acordo Coletivo em que se estabeleceu a conversão do direito ao pagamento de diferenças salariais decorrentes de planos econômicos em fruição de folgas, sem a possibilidade de conversão em pecúnia. O acórdão regional autorizou a conversão da obrigação de fazer em pagar. Entretanto, o Recurso de Revista não se viabiliza porque não demonstradas violação aos dispositivos legais da Constituição da República e divergência jurisprudencial. Recurso de Revista não conhecido. recurso de revista do reclamante folgas previstas em acordos coletivos, resultantes da conversão de índices do plano bresser quitadas em acordo coletivo. O acórdão regional afirmou que as diferenças salariais referentes ao Plano Bresser foram quitadas em acordo nos autos de Dissídio Coletivo, não podendo o Banco reincluir a parcela postulada. Os dispositivos legal e constitucional invocados não foram prequestionados, a teor da Súmula n. 297 do TST. Os arestos são inservía teor da Súmula n. 296 do TST e do artigo 896 do TST. Recurso de Revista não conhecido. (TST — RR 631.228/2000.2 — 3ª T. — Relª Minª Maria Cristina Irigoyen Peduzzi — DJU 1º.7.2005)

TRANSAÇÃO EXTRAJUDICIAL — PLANO DE DEMISSÃO VOLUNTÁRIA — 1. Na pendência de processo judicial, as partes são inteiramente livres na autocomposição da lide trabalhista, em princípio. Todavia, em se tratando de transação extrajudicial para prevenir litígio, impõe-se encarar com naturais reservas a validade da avença no plano do Direito do Trabalho, máxime se firmada na vigência do contrato de emprego. 2. Pretensão do Reclamado de obter reconhecimento de quitação plena, abarcando, inclusive, parcelas não referidas e discriminadas no instrumento de rescisão, esbarra frontalmente no que dispõe o art. 477, § 2º, da CLT. Inteligência da Orientação Jurisprudencial n. 270 da SBDI-1 do TST. 3. Recurso de revista de que não se conhece. (TST — RR 660.694/00.7 — 1ª T. — Rel. Min. João Oreste Dalazen — DJU 1º.7.2005)

2.23. Execução trabalhista até a penhora

Encontramos na execução trabalhista típica situação de responsabilidade objetiva do credor, geralmente o empregado, na figura de credor.

Com o advento da Lei n. 11.232/05, a execução provisória sofreu algumas modificações, sendo regida pelo art. 475-O, *in verbis:*

Art. 475-O. A execução provisória da sentença far-se-á, no que couber, do mesmo modo que a definitiva, observadas as seguintes normas:

I — corre por iniciativa, conta e responsabilidade do exeqüente, que se obriga, se a sentença for etomada, a reparar os danos que o executado haja sofrido;

II — fica sem efeito, sobrevindo acórdão que modifique ou anule a sentença objeto da execução, restituindo-se as partes ao estado anterior e liquidados eventuais prejuízos nos mesmos autos, por arbitramento;

III — o levantamento de depósito em dinheiro e a prática de atos que importem alienação de propriedade ou dos quais possa resultar grave dano ao executado, dependem de caução suficiente e idônea, arbitrada de plano pelo juiz e prestada nos próprios autos.

§ 1º No caso do inciso II do *caput* deste artigo, se a sentença provisória for modificada ou anulada apenas em parte, somente nesta ficará sem efeito a execução.

§ 2º A caução a que se refere o inciso III do *caput* deste artigo poderá ser dispensada:

I — quando, nos casos de crédito da natureza alimentar ou decorrente de ato ilícito, até o limite de sessenta vezes o valor do salário-mínimo, o exeqüente demonstrar situação de necessidade;

II — nos casos de execução provisória em que penda agravo de instrumento junto ao Supremo Tribunal Federal ou ao Superior Tribunal de Justiça (art. 544), salvo quando da dispensa possa manifestadamente resultar risco de grave dano, de difícil ou incerta reparação.

§ 3º Ao requerer a execução provisória, o eqüente instruirá a petição com cópias autenticadas das seguintes peças do processo, podendo o advogado valer-se do disposto na parte final do art. 544, § 1º:

I — sentença ou acórdão exeqüendo;

II — certidão de interposição do recurso não dotado de efeito suspensivo;

III — procurações outorgadas pelas partes;

IV — decisão de habilitação, se for o caso;

V — facultativamente, outras peças processuais que o exeqüente considere necessárias. *(Artigo acrescentado pela Lei n. 11.232, de 22.12.2005. DOU 23.12.2005, com efeitos à partir de 6 (seis) meses após a publicação).*

De acordo com *Carlos Henrique Bezerra Leite* (29) a execução corre por conta e risco do exeqüente, que deverá ser responsabilizado, no mesmo processo, ou melhor, nos mesmos autos (inciso IV), pelos prejuízos que vier a causar ao executado.

(29) LEITE, Carlos Henrique Bezerra. *Curso de Direito Processual do Trabalho*. São Paulo: LTr, 2003, p. 638.

No processo do trabalho, o juiz deve ter redobrada cautela ao permitir a execução provisória que importe atos de expropriação dos bens do executado, pois o exeqüente, na grande maioria dos casos, é (des)empregado e não tem condições de arcar com eventuais prejuízos decorrentes do resultado final desfavorável do processo.

A exceção fica por conta do levantamento do crédito, em execução provisória, nos casos de necessidade, conforme se depreende da seguinte ementa:

> EXECUÇÃO PROVISÓRIA — Levantamento de crédito — estado de necessidade. O art. 588, II, c/c com o § 2º do mesmo dispositivo do CPC, autoriza o levantamento de depósito em dinheiro na execução provisória, até o limite de sessenta vezes o salário mínimo, independentemente de caução, nos casos de crédito de natureza alimentar, quando o exeqüente se encontrar em estado de necessidade. Desse modo, encontrando-se pendente agravo de instrumento interposto contra decisão que negou seguimento ao recurso de revista do executado, e visto que a situação é aquela descrita e contemplada pela lei processual, deve ser permitido o recebimento da importância pelo credor até o limite legal. As aludidas normas processuais merecem ser aplicadas ao processo do trabalho, ao título de integração, conforme previsão contida no art. 769 da CLT, quando se trate de crédito do trabalhador, que tem inequívoca natureza alimentar. (TRT 3ª R. — Ap 00654.2002.087.3.40.4- 1ª T. — Rel. Juiz Marcio Flavio Salem Vidigal — DJMG 26.3.2004)

E o que dizer da execução provisória nas obrigações de fazer[30]? Entendemos plenamente cabível a execução provisória nas obrigações de fazer, uma vez que o art. 588 do CPC, revogado pela Lei n. 11.232/2005, tendo sido substituído pelo art. 475, aplicável subsidiariamente ao processo do trabalho, não faz qualquer distinção entre obrigação de dar e de fazer. Ademais, partindo da máxima de que o legislador não profere palavras inúteis, não caberá, neste caso, ao intérprete fazê-lo.

De outra sorte, o entendimento jurisprudencial vem gradualmente sedimentando-se no sentido da admissibilidade da tese da possibilidade de antecipação de tutela na obrigação de fazer. Vejamos a ementa abaixo relacionada:

> EXECUÇÃO PROVISÓRIA — REINTEGRAÇÃO NO EMPREGO — ART. 461 DO CPC — INTELIGÊNCIA — A efetividade do processo, diante de sua natureza instrumental, supõe a justa prestação jurisdicional que comporta antecipação da tutela específica da obrigação de fazer, segundo o comando que emerge do art. 461 do CPC com a redação que lhe deu a Lei n. 8.952 de 1994. (TRT 2ª R. — MS 10233-2004-000-02-00 — (2005023092) — SDI — Rel. p/o Ac. Juiz Jose Carlos da Silva Arouca — DOESP 16.8.2005)

> MANDADO DE SEGURANÇA — ANTECIPAÇÃO DA TUTELA JURISDICIONAL — EXECUÇÃO PROVISÓRIA DE OBRIGAÇÃO DE FAZER — REENQUADRAMENTO — DIREITO LÍQUIDO E CERTO. Com o advento da recente reforma ao Código de Processo Civil, de modo a atender aos anseios sociais de maior celeridade na entrega da jurisdição, o legislador, alterando a redação dos arts. 273 (tutela antecipada) e 461 do CPC (tutela específica das obrigações de fazer e não fazer) atribuiu ao magistrado o poder de antecipar os efeitos da tutela jurisdicional, sempre que presentes os pressu-

---

(30) Entre as obrigações de fazer encontramos a reintegração ou readmissão de empregado no emprego; anotação na CTPS; concessão de férias e fornecimento de carta de referência a empregado dispensado do emprego.

postos ali discriminados. O ato atacado que, após julgado o feito em primeira e segunda instâncias, exaurida, portanto, a fase de conhecimento, determinou o imediato reenquadramento do reclamante em sede de execução provisória, processada por carta de sentença, não feriu direito líquido e certo da impetrante, porque embasado no disposto no art. 461 do CPC, que autoriza a execução provisória das obrigações de fazer, bem como porque estão presentes, na espécie, os requisitos autorizadores da antecipação dos efeitos da tutela jurisdicional. Emerge da confirmação da sentença de primeiro grau, que deferiu o pedido de reenquadramento, pela decisão proferida em segundo grau, a relevância do fundamento da demanda, que justifica a concessão do adiantamento da tutela definitiva de mérito. Registre-se, por relevante, que o contrato de trabalho continua em vigor e nenhuma providência foi tomada pela impetrante para regularizar a situação do litisconsorte, de modo a proceder o seu correto enquadramento, tendo em vista as funções efetivamente por ele exercidas. Recurso ordinário não provido. (TST — ROMS 341104/1997 — SBDI-II — Rel. Min. Milton de Moura França — DJU 13.8.1999)

No mesmo, sentido a OJ n. 65 da SDI 2 do TST, como segue:

"OJ 65. Mandado de segurança. Reintegração liminarmente concedida. Dirigente sindical. Ressalvada a hipótese do art. 494 da CLT, não fere direito líquido e certo a determinação liminar de reintegração no emprego de dirigente sindical, em face da previsão do inciso X do art. 659 da CLT".

Nesse sentido acórdão do TST:

MANDADO DE SEGURANÇA. REINTEGRAÇÃO NO EMPREGO — OBRIGAÇÃO DE FAZER — EXECUÇÃO PROVISÓRIA. O Código de Processo Civil, com a redação contida no art. 587, parece autorizar a execução provisória da obrigação de fazer, na medida em que não faz qualquer distinção entre as diversas espécies de obrigações exeqüíveis. A jurisprudência do Tribunal Superior, contudo, vem entendendo ser desaconselhável a execução provisória das obrigações de fazer, pois sobrevindo decisão que modifique a sentença que foi objeto da execução, torna-se difícil restituir as partes ao estado anterior. Assim, salvo em situações excepcionais, quando esteja plenamente revelada a possibilidade de êxito do pedido inicial, não se procede a execução provisória das obrigações de fazer, pois a regra geral é que a decisão deve ser cumprida após o trânsito em julgado (art. 729, e CLT). Recurso a que se nega provimento (TST — ROMS 139863/1994 — DI — Rel. Min. Indalécio Gomes Neto — DJU 17.11.1995 — p. 39361).

No mesmo sentido, a ementa:

REINTEGRAÇÃO EM EXECUÇÃO PROVISÓRIA — LEGITIMIDADE — Viável a execução provisória de qualquer sentença cujos recursos não tenham efeito suspensivo, em vista do que dispõe o art. 899, caput, da CLT, inclusive aquelas relativas à obrigação de fazer, sendo certo que a espera do trânsito em julgado da decisão colegiada, que determina a reintegração de empregado provisoriamente estável, para somente então efetivar-se o cumprimento da medida acarreta-lhe prejuízos que não poderão ser completamente reparados posteriormente. Por outro lado, a reintegração não impõe qualquer dano ao empregador, que apenas remunerará serviços que lhe forem prestados. Segurança que se concede. (TRT2ª R. — MS 10909200200002005 — Ac. 2002022249 — SDI — Relª Juíza Vânia Paranhos — DOESP 28.2.2003)

CIPA — Membro e Dirigente Sindical — Reintegração no Emprego em Execução Provisória — A autoridade coatora, ao indeferir o pedido de reintegração do impetrante no emprego em execução provisória de sentença de conhecimento, está, por via transversa, atribuindo efeito suspensivo ao recurso ordinário que somente foi recebido no efeito devolutivo. Tal ato além de afrontar o disposto no art. 659, inciso X, da CLT, que diz expressamente que compete privativamente aos presidentes das Juntas "conceder medida liminar, até a decisão final do processo, em reclamações trabalhistas que visem reintegrar no emprego dirigente sindical afastado, suspenso ou dispensado pelo empregador", também deixou de observar o preceituado no caput do art. 461 do CPC, com a nova redação dada pela Lei n. 8.952/94, que diz: "na ação que tenha por objeto o cumprimento de obrigação de fazer ou não fazer, o Juiz concederá a tutela específica da obrigação ou, se procedente o pedido, determinará providências que assegurem o resultado prático equivalente ao do adimplemento. (TRT15ª R. — AC 969/97 — SE — Rel. Juiz Edison Laércio de Oliveira — DOESP 3.12.1997).

Em sentido contrário, a OJ n. 87 da SDI-2 do Tribunal Superior do Trabalho:

OJSDI-2 N. 87 — MANDADO DE SEGURANÇA — REINTEGRAÇÃO EM EXECUÇÃO PROVISÓRIA — IMPOSSIBILIDADE — O art. 899 da CLT, ao impedir a execução definitiva do título executório, enquanto pendente recurso, alcança tanto as execuções por obrigação de pagar quanto as por obrigação de fazer. Assim, tendo a obrigação de reintegrar caráter definitivo, somente pode ser decretada, liminarmente, nas hipóteses legalmente previstas, em sede de tutela antecipada ou tutela específica. (Inserido em 13.3.2002)

E, no mesmo sentido, a ementa do TST:

AÇÃO CAUTELAR — MANDADO DE REINTEGRAÇÃO. A jurisprudência predominante é que a decisão que determina a reintegração do empregado tem caráter satisfativo, antecipando a execução definitiva. Tratando-se de obrigação de fazer, consistente na reintegração no emprego, é inviável a execução provisória da sentença, pela impossibilidade de recomposição do status quo ante, na ocorrência de reforma de julgado. O cumprimento da obrigação da reintegração no emprego dar-se-á somente após o trânsito em julgado da decisão, com o devido pagamento do salário e demais vantagens relativas ao período de afastamento do empregado. Cautelar que se julga procedente. (TST — AC 671536 — 3ª Turma — Rel. Min. Carlos Alberto Reis de Paula — DJU 5.10.2001)

AÇÃO CAUTELAR INOMINADA JULGADA PROCEDENTE — SUSPENSÃO DA DETERMINAÇÃO DE REINTEGRAÇÃO ATÉ O TRÂNSITO EM JULGADO DA R. SENTENÇA — Manter a medida liminar e suspender a determinação para que a requerente promova a imediata reintegração da requerida até que a lide venha a ser definitivamente julgada significa restabelecer o equilíbrio entre exigências opostas, tal como preconiza, aliás, o art. 899 da CLT que, na hipótese de recurso, possibilita apenas a execução provisória até a penhora. Dessa forma, se a execução, quando há recurso pendente, se faz provisoriamente, exceto no caso de antecipação dos efeitos da tutela, incabível a determinação para que se cumpra, sob pena de cominação, obrigação de fazer. (TRT 15ª R. — ACR 02140-2004-000-15-00-2 — (25073/2005) — (Proc. Orig. 00672/1997) — 3ª T. — Rel. Juiz Luiz Carlos de Araújo — DOESP 3.6.2005)

Francisco Ferreira Jorge Neto e *Jouberto de Quadros Pessoa Cavalcante*[(31)] no tocante à matéria aduzem que:

"Pelo que se constata, a jurisprudência atual do Tribunal Superior do Trabalho não admite a execução de fazer, exceto quando for tutela prevista de forma explícita na legis-

(31) NETO, Francisco Ferreira Jorge e CAVALCANTE, Jouberto de Quadros Pessoa. *Manual de Direito do Trabalho*. Tomo II. 2ª ed. Rio de Janeiro: Lumen Juris, p. 845.

lação trabalhista, como são os casos dos incisos IX e X do art. 659 da CLT, ou seja: a) medida liminar, até decisão final do processo em reclamações trabalhistas que visem a tornar sem efeito transferência disciplinada pelos parágrafos do art. 549 da CLT; b) medida liminar, até decisão final do processo, em reclamações trabalhistas que visem a reintegrar no emprego dirigente sindical afastado, suspenso ou dispensado pelo empregador."

Continuam asseverando os citados juristas[32]:

"Em relação a essas duas hipóteses, há orientações jurisprudenciais específicas, a saber: a) ressalvada a hipótese do art. 494, da CLT, não fere direito líquido e certo a determinação liminar de reintegração no emprego de dirigente sindical, em face da previsão do inciso X do art. 659 da CLT (OJ n. 65, SDI-II); b) não fere direito líquido e certo a concessão de liminar obstativa de transferência de empregado, em face da previsão do inciso I do art. 659 da CLT (OJ n. 67, SDI-II)".

2.24. Custas

A condenação nas custas judiciais também se enquadra no caso de responsabilidade objetiva. A parte a quem cabe o recolhimento das custas, a título de multa, por sanção imposta em razão de litigância de má-fé, somente poderá movimentar o processo após o devido recolhimento, como estatui o art. 35 do Código de Processo Civil, *in verbis*:

> "Art. 35. As sanções impostas às partes em conseqüência de má-fé serão contadas como custas e reverterão em benefício da parte contrária; as impostas aos serventuários pertencerão ao Estado".

Trazemos a seguinte ementa, a título de esclarecimento.

AGRAVO REGIMENTAL — AUSÊNCIA DE PROCURAÇÃO DO SUBSCRITOR DA PETIÇÃO INICIAL — EXTINÇÃO DO PROCESSO SEM JULGAMENTO DO MÉRITO — CONDENAÇÃO EM CUSTAS — RESPONSABILIDADE OBJETIVA. Como o advogado que subscreveu a petição inicial não tinha procuração nos autos, e não diligenciou no sentido de sanar a irregularidade de representação quando intimado para tal, a responsabilidade pelo pagamento das custas é do Estado, porém, com direito de regresso contra o advogado. (DJ DATA: 23.2.2001. RELATOR> MINISTRO IVES GANDRA MARTINS FILHO)

2.25. Responsabilidade do sucumbente no objeto da perícia

Os honorários periciais, que antes tinham suporte jurisprudencial no Enunciado n. 236 (cancelado pela revisão das Súmulas do TST, realizada no final de 2003) atualmente são regulados pela Lei n. 10.537/2002, que veio introduzir o art. 790-B[33]

(32) *Idem, ibidem*, p. 845.

(33) Art. 790-B da CLT: "a responsabilidade pelo pagamento dos honorários periciais é da parte sucumbente na pretensão objeto da perícia, salvo se beneficiária de justiça gratuita".

da CLT, estabeleceu a responsabilidade pelo pagamento de tais despesas pela parte sucumbente na pretensão objeto da perícia[34], salvo se beneficiária de justiça gratuita.

Dessa forma, uma vez comprovada a concessão do benefício da justiça gratuita[35], espécie do gênero assistência judiciária, direito constitucional disposto no art. 5º, inciso 74[36] da Constituição Federal de 1988, a isenção de custas se estende aos honorários periciais.

É de se afirmar ainda que a Lei n. 1.060/50, que estabelece normas para a concessão de assistência judiciária aos necessitados, dispõe em seu art. 3º, inciso V:

> "Art. 3º A assistência judiciária compreende as seguintes isenções: ... V — dos honorários de advogados e peritos".

Os benefícios da Lei n. 1.060/50 compreendem as taxas judiciárias, selos, emolumentos e custas, despesas com publicações, indenizações de testemunhas, honorários[37] de advogados e peritos e as despesas eventualmente realizadas com exame de DNA. Os benefícios se estendem a todos os atos do processo, até decisão final (art. 9º). Embora parte da doutrina seja refratária a esse entendimento, o Supremo Tribunal Federal vem admitindo a concessão de assistência judiciária a pessoas jurídicas, principalmente pequenos empreendedores (feirantes e microempresários, por exemplo), desde que comprovem insuficiência de recursos ou a prova de miserabilidade, com fundamento no art. 179[38] da Constituição Federal de 1988.

---

(34) A OJ n. 98 da SDI II do TST assim dispõe: "OJ n. 98. Mandado de segurança. Cabível para atacar exigência de depósito prévio de honorários periciais. É ilegal a exigência de depósito prévio para custeio dos honorários periciais, dada a incompatibilidade com o processo do trabalho e com o Enunciado n. 236 do TST, sendo cabível o mandado de segurança visando à realização da perícia independentemente do depósito".

(35) OJ n. 269 da SDI I do TST: Justiça gratuita. Requerimento de isenção de despesas processuais. Momento oportuno. O benefício da justiça gratuita pode ser requerido em qualquer tempo ou grau de jurisdição, desde que, na fase recursal, seja o requerimento formulado no prazo alusivo ao recurso.

(36) Art. 5º, inciso 74 da CF/88: "O Estado prestará assistência jurídica integral e gratuita aos que comprovarem insuficiência de recursos". Observa-se neste inciso que não o legislador na distingue patrão de empregado. Logo, mister se faz que a parte prove que não tem condições de demandar em juízo, sem prejuízo de seu próprio sustento e de sua família. Atualmente, a simples afirmação na própria petição inicial já enseja a sua concessão pelo magistrado no caso concreto, uma vez configurados seus pressupostos. Não obstante, se a parte beneficiária da assistência judiciária se recuperar financeiramente em um período de 5 anos deverá pagar pelos benefícios anteriormente alcançados, sob pena de arcar com uma multa de até o décuplo das custas, como se depreende do art. 4º da Lei n. 1.060/50.

(37) Temos as seguintes hipóteses em que os honorários advocatícios podem ser incluídos na condenação: 1) empregado beneficiário da assistência judiciária (Lei n. 5.584/70); 2) aplicação da multa pelo descumprimento do dever de lealdade — caráter punitivo (art. 18 do CPC); 3) hipótese em que o juiz, com base nos arts. 16 e 18 do CPC, fixar honorários entre 10 — 20% sobre o valor da condenação (art. 20 do CPC), por litigância de má-fé. Essa última hipótese refere-se à indenização devida e paga à parte contrária dos prejuízos mais honorários advocatícios e despesas, que podem envolver tanto o reclamante como o reclamado.

(38) Art. 179 da CF/88: A União, os Estados, o Distrito Federal e os Municípios dispensarão às microempresas e às empresas de pequeno porte, assim definidas em lei, tratamento jurídico diferenciado, visando a incentivá-las pela simplificação de suas obrigações administrativas, tributárias, previdenciárias e creditícias, ou pela eliminação ou redução destas por meio de lei".

Incabível também a condenação em honorários advocatícios em sede de ação rescisória na Justiça do Trabalho, conforme se depreende da Súmula n. 219 do TST, *in verbis*:

"N. 219 — HONORÁRIOS ADVOCATÍCIOS. HIPÓTESE DE CABIMENTO. (incorporada a Orientação Jurisprudencial n. 27 da SDI-II)

I — Na Justiça do Trabalho, a condenação ao pagamento de honorários advocatícios, nunca superiores a 15% (quinze por cento), não decorre pura e simplesmente da sucumbência, devendo a parte estar assistida por sindicato da categoria profissional e comprovar a percepção de salário inferior ao dobro do salário mínimo ou encontrar-se em situação econômica que não lhe permita demandar sem prejuízo do próprio sustento ou da respectiva família. (ex-Súmula n. 219 — Res. n. 14/1985, DJ 19.9.1985)

II — É incabível a condenação ao pagamento de honorários advocatícios em ação rescisória no processo trabalhista, salvo se preenchidos os requisitos da Lei n. 5.584/70. (ex-OJ n. 27 — inserida em 20.9.2000)".

A assistência judiciária, emanada de norma constitucional, não se confunde com a assistência sindical, decorrente do disposto no art. 14 da Lei n. 5.584/70, que diz:

"Art. 14. Na Justiça do Trabalho a assistência judiciária, a que se refere a Lei n. 1.060/50, de 5 de fevereiro de 1950, será prestada pelo Sindicato profissional a que pertencer o trabalhador.

§ 1º. A assistência é devida a todo aquele que perceber salário igual ou inferior ao dobro do mínimo legal, ficando assegurado igual benefício ao trabalhador de maior salário, uma vez provado que sua situação econômica não lhe permite demandar, sem prejuízo do sustento próprio ou da família".

Art. 16. Os honorários do advogado[(39)], pagos pelo vencido, reverterão em favor do Sindicato assistente[(40)]".

Art. 18. A assistência judiciária, nos termos da presente Lei, será prestada ao trabalhador ainda que não seja associado do respectivo sindicato[(41)]".

A assistência judiciária gratuita decorrente da Lei n. 1.060/50 estabelece que ela deve ser prestada mediante serviço especial mantido pelo Estado, ou com a utilização dos serviços de advogado indicado pela OAB (Ordem dos Advogados do Brasil) ou nomeados pelo juiz.

---

(39) A OJ n. 305 da SDI I do TST assim dispõe: "OJ n. 305. Honorários advocatícios. Requisitos. Justiça do Trabalho. Na Justiça do Trabalho, o deferimento de honorários advocatícios sujeita-se à constatação concomitante de dois requisitos: o benefício da justiça gratuita e a assistência por sindicato".

(40) Os honorários serão fixados na condenação e pagos pelo vencido revertem em proveito do sindicato assistente, arbitrados pelo juiz, até o montante de 15% sobre o líquido apurado na execução da sentença.

(41) Enunciado n. 219 do TST: Na Justiça do Trabalho, a condenação ao pagamento de honorários advocatícios, nunca superior a 15% (quinze por cento) não decorre, pura e simplesmente da sucumbência, devendo a parte estar assistida por sindicato da categoria profissional e comprovar a percepção de salário inferior ao dobro do salário mínimo ou encontrar-se em situação econômica que não lhe permite demandar sem prejuízo do próprio sustento ou da respectiva família. E Enunciado n. 329 do TST: "Mesmo após a promulgação da CF/88, permanece válido o entendimento consubstanciado no Enunciado n. 219 do Tribunal Superior do Trabalho".

Em virtude da existência do princípio do *jus postulandi* (art. 791, CLT) na Justiça do Trabalho, por meio do qual as partes podem demandar em juízo sem a presença de advogado, nossas Cortes Trabalhistas entendem que a contratação de advogado é mera opção do empregado, não cabendo, dessa forma, a sucumbência[(42)] para a parte vencida, geralmente o empregador.

Sobre a matéria em exame, oportuno trazer à reflexão a seguinte ementa:

ASSISTÊNCIA JUDICIÁRIA GRATUITA NA JUSTIÇA DO TRABALHO. A Lei n. 10.288/01 derrogou os dispositivos da Lei n. 5.584/70 (arts. 14 a 16) referentes à assistência judiciária gratuita, tratando a questão nos moldes do § 10, que acrescentou ao art. 789, da CLT. Mais tarde, a Lei n. 10.537/02 trouxe novo regulamento para o art. 789 da CLT, e simplesmente não repetiu a regra contida nos § 10 mencionado. Conseqüentemente, a matéria pertinente a assistência judiciária gratuita na Justiça do Trabalho não pode

---

(42) SANTOS, Enoque Ribeiro dos. *Considerações sobre a revisão dos Enunciados do Tribunal Superior do Trabalho. Uma reforma necessária. Justiça do Trabalho*, Porto Alegre, v. 21, n. 244, 2004, p. 7-20. Sobre o assunto escrevemos: "Honorários advocatícios. Leis ns. 1.060/50 e 5.584/70. Como é de conhecimento pleno dos profissionais do Direito, o fato de, nas lides trabalhistas, se permitir o *jus postulandi*, a contratação de advogado é considerada pelo nossos pretórios simples opção do empregado. Logo, o empregado tem de dividir suas verbas rescisórias com o advogado, remanescendo em seu poder, após o deslinde da causa, com 80% e em muitos casos apenas com 70% do valor de suas verbas rescisórias. A experiência nos ensina que a parte, quando desacompanhada de advogado, passa a enfrentar dificuldades, não raro intransponíveis, no curso da ação e no resultado da demanda. *Russomano* afirma que "É por isso que, hoje em dia, só muito excepcionalmente a parte comparece a juízo sem advogado, usando da faculdade dos §§ 1º e 2º do art. 791. Esses dispositivos tinham certa significação nos primórdios da Justiça do Trabalho brasileira; mas há muito estão superados pela prerrogativa universalmente consagrada de poder a parte ser defendida em juízo por advogado regularmente habilitado ao exercício da profissão". Hodiernamente tal procedimento já não faz sentido pela superação do princípio do *jus postulandi*, uma vez que é fato notório que as lides trabalhistas evoluem invariavelmente até o processo de execução, e o empregado não tem condições técnicas de elaborar as sucessivas peças jurídicas pertinentes. A exceção recai no caso de ser o empregado pobre, na acepção jurídica do termo, e recorrer à assistência do sindicato de sua categoria, para daí ficar livre de tal encargo. Nesse caso, em caso de procedência do pedido do empregado, os honorários são carreados para o Sindicato. Para *Manoel Antonio Teixeira Filho* "no processo civil se lastreia o dogma da igualdade formal das partes, que informa o direito substancial comum e que constitui, mesmo, o sustentáculo de todo o Direito Positivo liberal e racionalista, que se edificou no processo histórico da Revolução Francesa de 1789. Já o Direito Material do Trabalho, ao contrário, consagra a desigualdade real das partes, fixada como pressuposto para a sua atuação protetiva do trabalhador, cujo caráter está muito bem expresso nas palavras de *Gallart-Folch*: "Eminentemente desigual, o Direito do Trabalho se propõe compensar com uma superioridade jurídica a inferioridade econômica do trabalhador", hoje erigidas em verdadeiro lema doutrinária deste Direito especializado". Se isso é verdade, já não faz sentido permitir que a parte, inferiorizada economicamente, seja ainda obrigada a arcar com os honorários advocatícios, o que constitui, a nosso ver, uma espécie de locupletamento indevido do empregador, que invariavelmente deu causa à lide trabalhista, por negligenciar sua obrigação de pagar, de forma espontânea, as verbas devidas ao trabalhador, de natureza alimentícia. Apregoamos, ademais, a *contrário sensu*, ou seja, nas lides trabalhistas em que exista uma igualdade formal entre as partes, casos de altos empregados (diretores, gerentes especializados, presidentes, altos funcionários etc.), que tenham condições de arcar com os ônus dos honorários advocatícios, que caberá ao magistrado, no exercício de seu livre e prudente arbítrio, calcado no princípio da livre persuasão racional, acolher ou não o pedido de sucumbência da parte vencedora, mesmo que procedente parcialmente o pleito, de acordo com o caso concreto e as circunstâncias peculiares (condição social, econômica e financeira) aplicável principalmente ao trabalhador. Dessa forma, os magistrados estariam exercendo eficazmente a tão almejada função social, a que alude o art. 5º da Lei de Introdução ao Código Civil Brasileiro, ou seja, tendo em vista os fins sociais a que se dirige a aplicação da norma, bem como ao art. 421 do Novo Código Civil, que alude que "a liberdade de contratar será exercida em razão e nos limites da função social do contrato", de molde a evitar a imposição de cláusulas onerosas ou danosas aos contratantes economicamente mais fracos".

ser tratada sob o prisma do que dispunha a Lei n. 5.584/70, pois não existe em nosso ordenamento jurídico o fenômeno da repristinação. Necessariamente, deve se recorrer à Lei n. 1.060/50, que nenhuma ligação faz, por óbvio, a necessidade de a parte estar assistida por entidade sindical. Ademais, o § 3º do art. 790 da CLT, cuja redação também foi dada pela Lei n. 10.537/02, confere ao juiz a possibilidade de conferir a todos, partes ou não, os benefícios da assistência gratuita, sem qualquer vinculação à assistência sindical. Quanto à forma de se pleitear tal benefício, o entendimento de que deve haver declaração de próprio punho do interessando ou requerimento formulado por procurador com poderes específicos desconsidera por completo os termos expressos do art. 4º da Lei n. 1.060/50, cuja redação foi dada pela Lei n. 7.510/86, que revogou os arts. 1º e 3º da Lei n. 7.115/83, que fazia tais exigências. Dispõe o art. 4º: "A parte gozará dos benefícios da assistência judiciária, mediante simples afirmação, na própria petição inicial, de que não está em condições de pagar as custas do processo e os honorários de advogado, sem prejuízo próprio e de sua família". Além disso, somente não se deferirá o requerimento se o juiz tiver fundadas razões para isso, fundamentando sua decisão. Do contrário, o pedido deverá ser deferido, mesmo sem um fundamento específico, conforme prevê, aliás, o art. 5º da Lei n. 1.060/50: "O juiz, se não tiver fundadas razões para indeferir o pedido, deverá julgá-lo de plano, motivando ou não o deferimento dentro do prazo de 72 horas". Desse modo, concede-se ao agravante o benefício da assistência judiciária gratuita. (TRT 15ª. R. — Proc. 19.086/03 (514/04) — PATR). 6ª T. — Rel. Juiz Jorge Luiz Souto Maior — DOESP 23.1.2004)

Em relação à matéria, temos as seguintes Orientações Jurisprudenciais do Superior do Trabalho, da SDI-I, como segue:

"OJ 331. Justiça Gratuita. Declaração de insuficiência econômica. Mandato. Poderes específicos desnecessários. Desnecessária a outorga de poderes especiais ao patrono da causa para firmar declaração de insuficiência econômica, destinada à concessão dos benefícios da justiça gratuita".

"269. Justiça gratuita. Requerimento de isenção de despesas processuais. Momento oportuno. O benefício da justiça gratuita pode ser requerido em qualquer tempo ou grau de jurisdição, desde que, na fase recursal, seja o requerimento formulado no prazo alusivo ao recurso".

"305. Honorários Advocatícios. Requisitos. Justiça do Trabalho. Na Justiça do Trabalho, o deferimento de honorários advocatícios sujeita-se à constatação da ocorrência concomitante de dois requisitos: o benefício da justiça gratuita e a assistência por sindicato".

No Processo do Trabalho, de acordo com o art. 3º da Lei n. 5.584/70, o exame pericial é realizado por um só perito, sob designação do juiz. O parágrafo único do referido artigo faculta às partes a indicação de assistentes. Neste caso, como se trata de uma opção da parte, sem qualquer obrigatoriedade, prevalece a interpretação de que quem deve arcar com os honorários do assistente é a parte que optou por essa faculdade decorrente da lei, independentemente do resultado da perícia, ou seja, se vencedor ou perdedor.

Hodiernamente, em face da complexidade de algumas lides já se admite a presença de mais de um perito no levantamento de assuntos de natureza técnica-científica, no sentido de prover elementos para a convicção do magistrado.

A respeito, a Súmula n. 341 do Tribunal Superior do Trabalho, que enuncia:

"341. A indicação do perito assistente é faculdade da parte, a qual deve responder pelos respectivos honorários, ainda que vencedora no objeto da perícia".

E o que dizer do caso em que o perito deixa de receber seus honorários periciais em decorrência de ser o Reclamante beneficiário da justiça gratuita? Poderá ele recorrer? O entendimento prevalecente é que o perito não pode recorrer, pois não é parte. Assim sendo, de acordo com o art. 499(43) do Código de Processo Civil não tem legitimidade para recorrer. Poderá, outrossim, o perito, como auxiliar da justiça, peticionar um pedido de reconsideração ao magistrado, sob o fundamento de que quem deve arcar com os honorários, no caso em exame, é a União.

2.26. Responsabilidade pelo pagamento da multa do FGTS

Com o reconhecimento do direito à correção monetária, que fora expurgada por planos econômicos (Plano Collor e Plano Bresser), de quem é a responsabilidade pelo pagamento da multa sobre os 40% nas contas dos empregados no FGTS?

Com base no disposto no art. 18(44), § 1º da Lei n. 8.036/90, regulamentado pelo art. 9º do Decreto n. 99.684/90, com a alteração introduzida pelo Decreto n. 2.430/

(43) Art. 499. O Recurso pode ser interposto pela parte vencida, pelo terceiro prejudicado e pelo Ministério Público. § 1º Cumpre ao terceiro demonstrar o nexo ou interdependência entre o seu interesse de intervir e a relação jurídica submetida à apreciação judicial. § 2º O Ministério Público tem legitimidade para recorrer assim no processo em que é parte, como naqueles em que oficiou como fiscal da lei.

(44) Art. 18. Ocorrendo rescisão do contrato de trabalho, por parte do empregador, ficará este obrigado a depositar na conta vinculada do trabalhador no FGTS os valores relativos aos depósitos referentes ao mês da rescisão e ao imediatamente anterior, que ainda não houver sido recolhido, sem prejuízo das cominações legais. (Redação dada ao *caput* pela Lei n. 9.491, de 9.9.1997)

§ 1º Na hipótese de despedida pelo empregador sem justa causa, depositará este, na conta vinculada do trabalhador no FGTS, importância igual a quarenta por cento do montante de todos os depósitos realizados na conta vinculada durante a vigência do contrato de trabalho, atualizados monetariamente e acrescidos dos respectivos juros. (Redação dada ao parágrafo pela Lei n. 9.491, de 9.9.1997)

§ 2º Quando ocorrer despedida por culpa recíproca ou força maior, reconhecida pela Justiça do Trabalho, o percentual de que trata o § 1º será de vinte por cento.

§ 3º As importâncias de que trata este artigo deverão constar da documentação comprobatória do recolhimento dos valores devidos a título de rescisão do contrato de trabalho, observado o disposto no artigo 477 da CLT, eximindo o empregador, exclusivamente, quanto aos valores discriminados. (Redação dada ao parágrafo pela Lei n. 9.491, de 9.9.1997)

Art. 19. No caso de extinção do contrato de trabalho prevista no artigo 14 desta Lei, serão observados os seguintes critérios:

I — havendo indenização a ser paga, o empregador, mediante comprovação do pagamento daquela, poderá sacar o saldo dos valores por ele depositados na conta individualizada do trabalhador;

II — não havendo indenização a ser paga, ou decorrido o prazo prescricional para a reclamação de direitos por parte do trabalhador, o empregador poderá levantar em seu favor o saldo da respectiva conta individualizada, mediante comprovação perante o órgão competente do Ministério do Trabalho e da Previdência Social.

A Portaria MTE n. 366, de 16.9.2002, DOU 17.9.2002, aprova normas para autorização do saque do FGTS de contas vinculadas, em nome de empregadores, individualizadas por empregados na condição de não optante, quando não há indenização a ser paga ou decorrido o prazo prescricional para a reclamação de direitos por parte do trabalhador.

Art. 19-A. É devido o depósito do FGTS na conta vinculada do trabalhador cujo contrato de trabalho seja declarado nulo nas hipóteses previstas no art. 37, § 2º, da Constituição Federal, quando mantido o direito ao salário.

97, que de maneira expressa atribuem ao empregador, na hipótese de dispensa sem justa causa, a responsabilidade pelo pagamento, de forma direta, ao trabalhador da importância equivalente a 40% do montante de todos os depósitos realizados em sua conta vinculada durante a vigência do contrato de trabalho, atualizados monetariamente e acrescidos dos respectivos juros, inclusive sobre eventual saque realizado no FGTS pelo empregado nesse interregno, não remanesce qualquer dúvida que é do empregador a responsabilidade pelo pagamento das diferenças da multa de 40% sobre os depósitos do FGTS, decorrentes dos expurgos inflacionários mencionados.

Atribuir a responsabilidade à Caixa Econômica Federal, mera gestora dos recursos, não teria fundamento jurídico, em face da previsão legal, a não ser eventual ação de direito regresso, por má-gestão no gerenciamento daqueles recursos.

Mas o problema que se afigura diz respeito à prescrição envolvendo o termo inicial (*dies a quo*) para a contagem do prazo para a propositura da ação trabalhista pelo reclamante postulando o reconhecimento judicial da diferença da multa de 40% sobre o FGTS, decorrente dos expurgos inflacionários.

A título meramente informativo, sabe-se que a prescrição trabalhista nas relações de trabalho é de 5 anos (no curso do contrato) e de até 2 anos, após a rescisão do contrato de trabalho (art. 11, CLT e art. 7º, inciso 29 CF/88).

Temos seis correntes com entendimentos divergentes sobre a prescrição do direito de ação sobre comento. Vejamos:

A primeira corrente, de origem jurisprudencial, sustenta que o prazo prescricional de 2 anos corre a partir do trânsito em julgado da ação proposta perante a Justiça Federal, que reconheceu o direito à correção monetária.

A segunda corrente já entende que o prazo prescricional de 2 anos começa a fluir da data da edição da Súmula n. 252[45] do Superior Tribunal de Justiça estipulando os prazos da correção do FGTS. Essa súmula foi editada em agosto de 2001.

A terceira corrente entende que o prazo prescricional de 2 anos conta-se a partir da data da promulgação da Lei Complementar n. 110/2001, ocorrida em 29 de junho de 2001.

Essas duas últimas correntes, na verdade, apenas reconhecem um direito do trabalhador que já existia no passado, embora em latência.

Parágrafo único. O saldo existente em conta vinculada, oriundo de contrato declarado nulo até 28 de julho de 2001, nas condições do *caput*, que não tenha sido levantado até essa data, será liberado ao trabalhador a partir do mês de agosto de 2002.

(45) Súmula n. 252 — Os saldos das contas do FGTS, pela legislação infraconstitucional, são corrigidos em 42,72% (IPC) quanto às perdas de janeiro de 1989 e 44,80% (IPC) quanto às de abril de 1990, acolhidos pelo STJ os índices de 18,02% (LBC) quanto as perdas de junho de 1987, de 5,38% (BTN) para maio de 1990 e 7,00% (TR) para fevereiro de 1991, de acordo com o entendimento do STF (RE 226.855-7-RS).

A quarta corrente, de origem no Tribunal Regional do Trabalho da 2ª Região — São Paulo sustenta que a prescrição da ação que postula a multa de 40% do FGTS tem um prazo de 30 anos, uma vez que trata-se de ação derivada ou acessória, que deve seguir a principal, envolvendo o FGTS, cujo prazo prescricional é o de 30 anos, em face dos depósitos, desde que dentro do prazo de até 2 anos após a extinção do contrato de trabalho. O fundamento dessa corrente está amparado no Código Civil, para o qual o acessório segue o principal.

A quinta posição entende que o prazo prescricional inicia-se a partir do momento em que o titular do direito tem ciência da lesão a que foi acometido, o que ocorreria apenas e tão-somente com os respectivos depósitos dos valores equivalentes aos índices expurgados da conta vinculada do empregado. Assim sendo, o prazo de prescrição de 2 anos fluiria apenas a partir da quitação feita pela Caixa Econômica Federal, que faz a gestão do FGTS.

A sexta e última corrente, de sua parte, entende que o prazo da prescrição de 2 anos conta-se a partir da extinção do vínculo empregatício, com fulcro no fato de que como a multa de 40% tem natureza de crédito trabalhista, sobre ela deve se aplicar o mesmo prazo bienal fixado na Constituição Federal de 1988 (art. 7º inciso XXIX), em obediência à Súmula n. 362[(46)] do TST. Reforça seu entendimento, com o disposto no art. 6º da Lei de Introdução ao Código Civil e art. 5º Inciso XXXVI da CF/88, isto é, com fundamento de que teríamos um ato jurídico perfeito se materializado no passado, imodificável por vontade de outrem, de modo a prover a tão necessária segurança jurídica, a paz social e definitividade da coisa julgada.

Com o advento da Lei Complementar n. 110/2000 e com base no princípio do *actio nata*, pode-se considerar que a partir da data da promulgação dessa lei é que nasceu o direito do empregado à percepção da diferença da multa do FGTS. E essa responsabilidade cabe ao empregador, uma vez que a ele cabe a responsabilidade principal, ou seja, o adimplemento de sua obrigação de dar (pagamento dos salários do empregado). Logo, constituindo-se o FGTS uma obrigação acessória, não remanesce dúvida que o acessório segue o principal, daí a responsabilização do empregador.

O Tribunal Superior do Trabalho veio pacificar essa questão com a divulgação da Orientação Jurisprudencial n. 341, da SDI-1, que passamos a transcrever:

> "OJSDI-1 n. 341 . FGTS. Multa de 40%. Diferenças decorrentes dos expurgos inflacionários. Responsabilidade pelo pagamento. É de responsabilidade do empregador o pagamento da diferença da multa de 40% sobre os depósitos do FGTS, decorrente da atualização monetária em face dos expurgos inflacionários. (Inserido em 22.6.2004)".

Nesse sentido, transcrevemos as ementas:

DEPÓSITOS DO FGTS — CORREÇÃO DEVIDA X EXPURGOS — ACRÉSCIMO DE 40% — RESPONSABILIDADE DO EMPREGADOR — No Estado de São Paulo, todos

(46) N. 362 — FGTS. PRESCRIÇÃO — NOVA REDAÇÃO
É trintenária a prescrição do direito de reclamar contra o não-recolhimento da contribuição para o FGTS, observado o prazo de 2 (dois) anos após o término do contrato de trabalho.

os trabalhadores jurisdicionados pela Justiça Federal da 2ª Região estão abrangidos pela decisão proferida pela 18ª Vara de São Paulo no Processo n. 93.0002350-0. Demais disso, a Lei Complementar n. 110 de 29 de junho de 2001 assegurou, desde logo, a todos, independentemente de terem ajuizado ação objetivando o restabelecimento do valor dos depósitos, aviltados pela negativa reputada ilegal de aplicar índices próprios de correção (art. 6º, III). Deste modo, torna-se dispensável para haver as diferenças do expurgo o ajuizamento de ação específica. Se, exigiu-se do trabalhador com melhor remuneração e maior antigüidade, transação, com renúncia de parte do crédito e recebimento parcelado, para concretizar "o maior acordo do mundo", como foi destacado pelo Ministério do Trabalho, a ressalva não invalida o reconhecimento do erro e a dispensa de acesso ao Poder Judiciário para reclamar contra a lesão do direito. Por sua vez, o art. 18 do diploma, no §1º, obriga o empregador na hipótese de despedida sem justa causa a depositar na conta vinculada do trabalhador importância igual a 40% do montante de todos os depósitos realizados na conta vinculada durante a vigência do contrato de trabalho, atualizados monetariamente e acrescidos dos respectivos juros. Já pacificado que atualizados monetariamente significa considerados, também, os índices expurgados. E aí a responsabilidade é do empregador e não da Caixa Econômica Federal. (TRT 2ª R. — RO 20010369087 — (20020485357) — 8ª T. — Rel. Juiz Jose Carlos da Silva Arouca — DOESP 13.8.2002)

MULTA DE 40% SOBRE O FGTS — EXPURGO INFLACIONÁRIO — RESPONSABILIDADE PELO PAGAMENTO — Sendo incontroverso o direito do empregado à recomposição do saldo do FGTS, em decorrência dos expurgos inflacionários dos Planos Econômicos Verão e Collor, impõe-se reconhecer a procedência do pedido relativo às diferenças da indenização de 40%, cujo pagamento de responsabilidade do ex-empregador, nos termos do art. 18, § 1º, da Lei n. 8.036/90. (TRT 3ª R. — RO 8221/03 — 1ª T. — Rel. Juiz Maurício Godinho Delgado — DJMG 11.7.2003)

RESPONSABILIDADE DO EMPREGADOR — DIFERENÇAS DA MULTA DE 40% SOBRE O FGTS — EXPURGO INFLACIONÁRIO — LEI COMPLEMENTAR N. 110/01 — É do empregador a responsabilidade pelo pagamento das diferenças da multa de 40% sobre os depósitos realizados na conta vinculada do trabalhador, advindas dos expurgos inflacionários reconhecidos através da Lei Complementar n. 110/01, em razão do quanto disposto no artigo 18, § 1º da Lei n. 8.036/90, de que cabe ao empregador depositar referida multa corrigida monetariamente e acrescida dos juros. (TRT 15ª R. — ROPS 01132-2002-036-15-00-7 — (30087/2003) — 5ª T. — Relª Juíza Elency Pereira Neves — DOESP 3.10.2003)

EXPURGOS INFLACIONÁRIOS — DIFERENÇAS DA MULTA DO FGTS — Não obstante seja a Caixa Econômica Federal a administradora das contas vinculadas do fundo de garantia, a decisão do STF e a Lei Complementar n. 110/2001, atribuíram-lhe apenas a aplicação da correção monetária suprimida pela edição dos desventurados planos econômicos Verão e Collor 1. E nem poderia ser diferente, uma vez que recomposto o saldo do FGTS, o pagamento da multa de 40% pela dispensa imotivada que recai sobre a totalidade dos depósitos, incluindo-se aí, as diferenças decorrentes do expurgo inflacionário, é obrigação que deve ser satisfeita pelo empregador, consoante o disposto no § 1º do art. 18 da Lei n. 8.036/90, ficando vedada a dedução dos saques eventualmente realizados. Com vistas ao pagamento da multa de 40%, considerar apenas o valor do FGTS depositado, sem a atualização feita pela Caixa das contas mediante a aplicação do expurgo inflacionário, resulta em inegável desfalque ao patrimônio financeiro do empregado, que além de perder o emprego, fica reduzido a receber apenas aquilo que o empregador acha que lhe deve, desconsiderando assim determinação legal em sentido contrário. (TRT 2ª R. — RS 00975 — (20040095058) — 6ª T. — Rel. p/o Ac. Juiz Valdir Florindo — DOESP 16.4.2004)

MULTA DE 40% DO FGTS — DIFERENÇAS — EXPURGO — Comprovando o laborista-Reclamante, como na espécie, a existência de diferenças de depósitos do FGTS decorrentes dos expurgos inflacionários (Plano Verão e Plano Collor), reconhecidamente devidos pela Lei Complementar n. 110/01, por intermédio de documento fornecido pela própria Caixa Econômica Federal, faz jus ao recebimento, de seu ex-empregador (e não daquele órgão gestor do FGTS), das diferenças geradas para efeito da multa de 40% respectiva. Recurso Ordinário provido, no particular. (TRT 2ª R. — RS 01573 — (20040172907) — 7ª T. — Relª Juíza Anelia Li Chum — DOESP 23.4.2004)

PRESCRIÇÃO. MARCO INICIAL. EXPURGOS INFLACIONÁRIOS. MULTA de 40% DO FGTS. 1. É da violação do direito material que nasce a pretensão de repará-lo mediante a ação. O prazo para o exercício da ação conta-se justamente do dia em que o titular toma ciência da lesão, o que evidentemente supõe direito material preexistente, à luz do art. 189 do Código Civil de 2002. 2. Assim, o marco inicial para contagem do prazo prescricional relativamente ao direito de ação quanto aos pedidos de diferenças da multa de 40% do FGTS em face de expurgos inflacionários reconhecidos pela Justiça Federal é a data da ciência do direito às diferenças. 3. O termo inicial não é a entrada em vigor da lei Complementar n. 220/01, a decisão do E. STF ou tampouco o trânsito em julgado da decisão proferida na Justiça Federal. Tanto a lei como as decisões do E. STF e da Justiça Federal meramente reconheceram o direito material às diferenças do saldo do FGTS. A lesão ao direito à multa do FGTS, todavia, deu-se posteriormente, com os depósitos das diferenças dos índices expurgados. Neste momento, não paga pelo empregador a conseqüente diferença da multa, consumou-se a lesão. 4. Não decorrendo mais de dois anos entre a ciência do direito às referidas diferenças decorrentes da atualização do FGTS e a propositura da ação trabalhista visando a corrigir a multa de 40%, em razão da dispensa sem justa causa, inexiste prescrição a ser declarada. 5. Agravo de instrumento a que se nega provimento. (TST, AIRR — 3253-2002-911-11-00, PRIMEIRA TURMA, DECISÃO 18.6.2003, RELATOR DESIGNADO MINISTRO JOÃO ORESTE DALAZEN)

FGTS MULTA DE 40% (QUARENTA POR CENTO) SOBRE EXPURGOS INFLACIONÁRIOS RECONHECIDOS POR LEI COMPLEMENTAR — PRESCRIÇÃO TERMO INICIAL — Segundo o entendimento consolidado no âmbito deste eg. Tribunal ao qual me submeto, a partir da vigência da Lei Complementar n. 110/2001, que reconheceu o direito aos expurgos do FGTS, começa a fluir o prazo prescricional para o exercício da pretensão, se atendidas as condições da ação. FGTS. Expurgos inflacionários. Responsabilidade pelo pagamento. Orientação Jurisprudencial n. 341 da SBDI-1. O acórdão embargado decidiu em consonância com o entendimento desta Corte, consubstanciado na Orientação Jurisprudencial n. 341 da SBDI-1, que preceitua: "É de responsabilidade do empregador o pagamento da diferença da multa de 40% sobre os depósitos do FGTS, decorrente da atualização monetária em face dos expurgos inflacionários." CORREÇÃO MONETÁRIA ÉPOCA PRÓPRIA VIOLAÇÃO DIRETA — À Constituição da República A discussão referente à época própria da correção monetária não está situada no plano constitucional, de modo que não resta preenchido o requisito do § 6º do art. 896 da CLT. (TST — ERR 493/2003-191-17-00.6 — SBDI 1 — Relª Minª Maria Cristina Irigoyen Peduzzi — DJU 1º.7.2005)

DIFERENÇAS RELATIVAS AO ACRÉSCIMO DE 40% SOBRE O SALDO DO FGTS — EXPURGOS INFLACIONÁRIOS — PRAZO PRESCRICIONAL — MARCO INICIAL — O início do prazo prescricional para reclamar as diferenças relativas à multa de 40% sobre o saldo do FGTS decorrentes da aplicação dos índices inflacionários expurgados pelos planos econômicos deu-se com a publicação da Lei Complementar n. 110, em 30.6.2001 (Orientação Jurisprudencial n. 344 da SBDI-1 do TST). Recurso de embargos de que não se conhece. (TST — EARR 1.354/2003-014-15-00.3 — SBDI 1 — Rel. Min. João Batista Brito Pereira — DJU 1º.7.2005)

Segundo informações recentes do *site* do Tribunal Superior do Trabalho, a OJ n. 344 da SDI-I TST deverá passar por uma nova discussão, no sentido de se uniformizar a jurisprudência daquele Tribunal.(47)

2.27. Excludentes de responsabilidade civil

Temos duas situações onde encontramos exceções ao princípio geral da responsabilidade civil objetiva ou subjetiva. Vejamos:

2.27.1. Dono da Obra

A primeira envolve a OJ n. 191 da SDI-1 do Tribunal Superior do Trabalho, que preceitua:

> "OJ 191. Dono da obra. Responsabilidade. Diante da inexistência de previsão legal, o contrato de empreitada entre o dono da obra e o empreiteiro não enseja responsabilidade solidária ou subsidiária nas obrigações trabalhistas contraídas pelo empreiteiro, salvo sendo o dono da obra uma empresa construtora ou incorporadora".

---

(47) Caberá ao Pleno do Tribunal Superior do Trabalho uniformizar o entendimento a respeito de uma questão que está dividindo as duas Seções Especializadas em Dissídios Individuais do TST (SDI-1 e SDI-2). A controvérsia gira em torno do início da contagem do prazo de prescrição do direito de ação para que os trabalhadores possam reclamar na Justiça do Trabalho diferenças decorrentes dos expurgos inflacionários sobre a multa de 40% nos casos de despedida imotivada. A Orientação n. 344 da SDI-1 dispõe que o prazo de dois anos começa a contar da data da publicação da Lei Complementar n. 110/ 2001, que reconheceu o direito à atualização do saldo das contas vinculadas do FGTS. Os ministros do TST irão avaliar se as decisões de segunda instância que fixaram a data da rescisão do contrato como o marco inicial para a contagem da prescrição violaram a Constituição (art. 7º, inciso XXIX). As decisões regionais são anteriores à edição da OJ n. 344. A maioria dos ministros da SDI-2, com exceção do Ministro Renato de Lacerda Paiva, entende que não há violação nesses casos. O Ministro Barros Levenhagen lembrou que a SDI-1 só passou a sustentar a tese de que há má aplicação do art. 7º, inciso XXIX da Constituição depois que a jurisprudência do TST fixou a Lei Complementar n. 110/01 como marco inicial do direito de ação. "E antes que se consolidasse a jurisprudência, seria possível falar em má aplicação do art. 7º, XXIX? Por isso, a situação está causando certo constrangimento, por ser *sui generis*". O Ministro Ives Gandra Martins Filho entende não ser possível julgar que essas decisões dos Tribunais Regionais do Trabalho violam o dispositivo constitucional, na medida em que elas aplicaram justamente o que nele está expresso. Para o Ministro Renato de Lacerda Paiva, os TRTs violaram o dispositivo. "Uma das causas de violação da norma é a sua má aplicação. Quando se aplica uma norma onde ela não deve ser aplicada, ocorre uma violação", sustentou. A SDI-1 tem julgado que ocorre má aplicação do art. 7º, inciso XXIX, da Constituição, porque o prazo prescricional nele estabelecido somente se aplica aos direitos provenientes do contrato de trabalho e não aos posteriores, como é o caso do direito à diferença decorrente dos expurgos inflacionários sobre a multa de 40% do FGTS. O Incidente de Uniformização de Jurisprudência (IUJ) foi suscitado na última sessão da SDI-2, quando os ministros analisavam o recurso do espólio de um ex-funcionário do Banco BEG. O julgamento foi suspenso em função da divergência entre decisões das duas Seções. "Considerando que a maioria da Seção considera que não há violação constitucional, e constatando-se que essa decisão contraria jurisprudência que vem se consolidando na SDI-1, suscita-se o competente conflito", proclamou o Ministro Gelson de Azevedo, Presidente da SDI-2. (ROAR 1262004-000-18-00.8)

O Tribunal Superior do Trabalho não reconhece a responsabilidade do dono da obra em relação aos créditos dos empregados contratados pelo empreiteiro, a não ser que o dono da obra seja empresa construtora ou incorporadora.

Existe, ademais, uma corrente minoritária que entende que o dono da obra é responsável, de forma solidária com o empreiteiro pelos créditos trabalhistas, mesmo não sendo empresa construtora ou incorporadora, com supedâneo legal e por interpretação analógica com o art. 30, inciso VI da Lei n. 8.212/91, que estatui:

> "VI — o proprietário, o incorporador definido na Lei n. 4.591, de 16 de dezembro de 1964, o dono da obra ou condômino da unidade imobiliária, qualquer que seja a forma de contratação da construção, reforma ou acréscimo, são solidários com o construtor, e estes com a subempreiteira, pelo cumprimento das obrigações para com a Seguridade Social, ressalvado o seu direito regressivo contra o executor ou contratante da obra e admitida a retenção de importância a este devida para garantia do cumprimento dessas obrigações, não se aplicando, em qualquer hipótese, o benefício de ordem. (Redação dada ao inciso pela Lei n. 9.528, de 10.12.1997)".

2.27.2. Contrato de trabalho com Associação de Pais e Mestres

O Tribunal Superior do Trabalho não reconhece a responsabilidade solidária ou subsidiária do Estado em relação aos créditos trabalhistas decorrentes de contrato de trabalho firmado entre Associação de Pais e Mestres e eventuais empregados, consoante se depreende da OJ 185 da SDI-1 do TST, *in verbis*:

> "185. Contrato de trabalho com a Associação de Pais e Mestres — APM. Inexistência de responsabilidade solidária ou subsidiária do Estado".

2.28. A inimputabilidade civil

De acordo com o art. 3º do Código Civil, são considerados absolutamente incapazes:

a) os menores de dezesseis anos;

b) os que, por enfermidade ou deficiência mental, não tiverem o necessário discernimento para a prática desses atos e

c) os que, mesmo por causa transitória, não puderem exprimir sua vontade.

Já o art. 4º do Código Civil considera como relativamente incapazes:

a) os maiores de dezesseis e menores de dezoito anos;

b) os ébrios habituais, os viciados em tóxicos, e os que, por deficiência mental, tenham o discernimento reduzido;

c) os excepcionais, sem desenvolvimento mental completo e

d) os pródigos.

A capacidade dos índios será regulada por legislação especial (art. 4º, parágrafo único).

Francisco Ferreira Jorge Neto e *Jouberto de Quadros Pessoa Cavalcante*[(48)] informam que, pela doutrina, o absolutamente incapaz não é responsável pelos seus atos, pois é o que se costuma denominar de "inimputável", sendo que não possui as condições pessoais de consciência e vontade para a prática do ato lesivo.

Não obstante, a inimputabilidade apenas elide a responsabilidade civil do ofensor, mas, por outro lado, cria a obrigação do responsável de reparar o dano experimentado, seja ele o pai, tutor, curador etc. Essa responsabilidade é fundada na culpa *in vigilando* (art. 921, I e II, CC).[(49)]

É importante ainda destacar que, o menor, entre dezesseis e dezoito anos, não pode, para se eximir de uma obrigação, invocar a sua idade se dolosamente a ocultou quando inquirido pela outra parte, ou se, no ato de obrigar-se, declarou-se maior, de conformidade com o art. 180 do Código Civil.

Importante ressaltar que na seara do direito do trabalho, o acidentado impossibilitado de buscar a tutela de seus direitos trabalhistas/previdenciários pode ser qualificado como "absolutamente incapaz" (art. 3º Código Civil), o que por si só atrairia a não-fluição do prazo prescricional. Mas, esse não é o entendimento da maioria dos Tribunais do Trabalho do país.

> PRESCRIÇÃO — Em matéria de infortunística, a teor das Leis ns. 6.367/76 e 8.213/91, o prazo prescricional, embora possa vir a atingir as parcelas periódicas não pagas nem reclamadas no prazo legal, não alcança o fundo de direito. 2. Tais dispositivos legais não se referem à ação para o reconhecimento do acidente do trabalho e de suas conseqüências, disciplinando, apenas, as "ações referentes a prestações por acidente do trabalho".3. Ocorre, muitas vezes, que o acidentado demora largo período, antes de recorrer ao Judiciário. Durante este período, ocorre o inexorável vencimento das prestações acidentárias. 4. A cada uma das prestações vencidas corresponde uma ação, para a respectiva cobrança. 5. Sobre cada uma destas ações vai incidindo a prescrição qüinqüenal estabelecida no art. 18 da Lei n. 6.367/76. 6. Como é fácil de perceber, o art. 18 refere-se à prescrição das ações referentes à cobrança das prestações vencidas. Nada dispõe sobre a declaração do direito à indenização acidentária. (TJPE — AC 96257-0 — Rel. Des. Bartolomeu Bueno — DJPE 26.8.2005)

> PRESCRIÇÃO QÜINQÜENAL — SUSPENSÃO — EMPREGADO AFASTADO EM VIRTUDE DE ACIDENTE DE TRABALHO — NÃO OCORRÊNCIA — A licença previdenciária concedida à reclamante, em decorrência de acidente de trabalho, não suspende o contrato laboral (o tempo de afastamento é contado como serviço efetivo) nem a contagem do prazo prescricional: as previsões de suspensão do fluxo prescricional insculpidas em lei visam precipuamente excluir da contagem aqueles períodos em que o titular do direito, por qualquer razão, esteja impedido de postulá-lo em juízo, o que não ocorre, por si só, em razão de acidente de trabalho. Não se pode olvidar, ademais, que as causas suspensivas estão expressamente elencadas em lei, sendo defeso ao intérprete

---

(48) NETO, Francisco Ferreira Jorge e CAVALCANTE, Jouberto de Quadros Pessoa. *Manual de Direito do Trabalho.* Tomo I. 2ª ed. Rio de Janeiro: Lumen Juris, p. 778.

(49) *Idem, ibidem*, p. 778.

criar hipóteses não previstas. Mantém-se. (TRT 15ª R. — RO 845-2003-018-15-00-2 — (19745/05) — 12ª C. — Relª Juíza Olga Aida Joaquim Gomieri — DOESP 6.5.2005 — p. 52)

PRESCRIÇÃO QÜINQÜENAL. SUSPENSÃO. Empregado afastado em virtude de acidente de trabalho. Não ocorrência. A licença previdenciária concedida à reclamante, em decorrência de acidente de trabalho, não suspende o contrato laboral (o tempo de afastamento é contado como serviço efetivo) nem a contagem do prazo prescricional: As previsões de suspensão do fluxo prescricional insculpidas em lei visam precipuamente excluir da contagem aqueles períodos em que o titular do direito, por qualquer razão, esteja impedido de postulá-lo em juízo, o que não ocorre, por si só, em razão de acidente de trabalho. Não se pode olvidar, ademais, que as causas suspensivas estão expressamente elencadas em lei, sendo defeso ao intérprete criar hipóteses não previstas. Mantém-se. (TRT 15ª R. — RO 00845-2003-018-15-00-2 — (19745/2005) — (Proc. Orig. 00845/2003) — 6ª T. — Relª Juíza Olga Aida Joaquim Gomieri — DOESP 6.5.2005)

PRESCRIÇÃO QUE NÃO PODE SER DECRETADA DE OFFÍCIO POR ENVOLVER DIREITO PATRIMONIAL — EXTINÇÃO DA AÇÃO SEM JULGAMENTO DO MÉRITO — IMPOSSIBILIDADE, APELO A QUE SE DÁ PROVIMENTO — O prazo de prescrição das pretensões de indenização derivadas de responsabilidade civil extracontratual é de 3 anos (art. 206, § 3º, V). Transcorridos mais de 5 anos da data do evento danoso até a propositura da ação índenizatória, resta prescrito o direito de ação. Não se aplica a regra do art, 200 do novo Código Civil, se o ofendido não exerceu o seu direito de representação, para possibilitar o início da ação penal. A condição para a suspensão do prazo prescricional não é a natureza da ação no juízo penal, mas sua interposição efetiva. Os gastos realizados para recuperação dos traumas decorrentes de atropelo por veículo, bem como o que se deixou de auferir durante o período da convalescença, configuram direito patrimonial, reclamando a aplicação do art. 219, § 5º, do CPC. Tratando a ação de direitos patrimoniais e não sendo requerido pela parte a aplicação da prescrição, ficam desautorizadas a sua decretação *ex officio* com o indeferimento da inicial e a extinção da ação de indenização sem julgamento do mérito. (TJBA — AC 44765-5/2004 — (81063) — 1ª C.Cív. —Rel. Des. Raimundo Antônio de Queiroz — J. 16.3.2005)

PRESCRIÇÃO — AFASTAMENTO POR ACIDENTE DO TRABALHO — SUSPENSÃO DO CONTRATO DE TRABALHO — Não é causa de suspensão ou interrupção da prescrição o afastamento por acidente do trabalho que não afeta a capacidade civil do empregado. (TRT 2ª R. — RO 02483 — (20040535643) — 6ª T. — Rel. p/o Ac. Juiz Rafael E. Pugliese Ribeiro — DOESP 15.10.2004)

CAPACIDADE DO RECLAMANTE — PRESCRIÇÃO — O reclamante somente tornou-se incapaz após o acidente de trabalho, sofrido em 14.8.1976. Assim, quanto às verbas trabalhistas que já eram exigíveis antes do acidente, há de ser observada a prescrição bienal, conforme prevista no art. 11 da CLT, vigente àquela época, de modo que se encontram prescritas as pretensões anteriores a 14.8.1974. Recurso parcialmente procedente. 2) multa do § 8º, do art. 477 da CLT. A suspensão da prescrição das verbas rescisórias do reclamante, devidas em 29.8.1976, projetou o débito no tempo, de modo a alcançar a multa instituída em 1989, do § 8º, do art. 477 da CLT. Recurso não provido. 3) julgamento ultra petita. O pedido abrange as verbas trabalhistas devidas entre a data do acidente (14.8.1976) até a dispensa do reclamante e aquelas que já lhe eram devidas desde o início do pacto laboral, não havendo julgamento ultra petita. Recurso não provido. (TRT 18ª R. — RO 00067-2004-201-18-00-0 — Rel. Juiz Saulo Emídio Dos Santos — DJGO 10.5.2004)

2.28.1. Suspensão da prescrição. A tese da incindibilidade dos direitos do menor

Em relação ao menor acidentado, temos ainda a tese da incindibilidade dos direitos da família. Em outras palavras, ocorrendo a perpetração de ato ilícito em face de menor herdeiro, já que seus direitos são imprescritíveis (art. 440 CLT), todos os demais membros da família passarão a se beneficiar deste benefício legal, já que tais verbas são fixadas em caráter *intuitu familiae.* A respeito, a ementa:

> PRESCRIÇÃO — INDENIZAÇÃO INTUITU FAMILIAE — SUSPENSÃO DA PRESCRIÇÃO — A suspensão da prescrição de direito à indenização, por ato ilícito de que resulte morte, em favor da menor aproveita aos demais interessados membros da família, eis que tais verbas são fixadas intuitu familiae, isto é, são indivisíveis. Demonstrado que o acidente de trânsito ocorreu por imprudência do agente administrativo que forçou ultrapassagem em local proibido da rodovia, deve o estado indenizar danos de ordem moral e material decorrente do evento. Não se exige que o veículo esteja registrado em nome da vítima para seja indenizável. Estando na posse dela e havendo provas testemunhais de sua aquisição recente considera-se suprida a demonstração de propriedade. Danos morais fixados em valores razoáveis, de acordo com o potencial lesivo da conduta ilícita, levando em conta situação patrimonial das partes não merecem reformas. A pensão alimentícia é devida à viúva até a data em que a vítima completaria 65 anos de idade, expectativa média de vida do brasileiro. A pensão alimentícia devida à filha menor até a idade de 25 anos, quando completará eventual curso de graduação e estará apta para o trabalho, cessando a dependência mais dos pais. Indenização pelos funerais independente de demonstração dos recibos de despesas, eis que realizados presumidamente pela companheira com a qual a vítima habitava à época do evento danoso de que resultou sua morte. Lucros cessantes consistentes no valor dos rendimentos médios auferidos pela vítima a partir da data do evento até a propositura da ação. Possibilidade de arbitramento de todas as verbas indenizatórias devidas, com fulcro no artigo 606, inciso I e II do Código de Processo Civil, à exceção dos danos de ordem moral, fixados pelo prudente critério do julgador. (TJMT — AC 26.500 — 3ª C.Cív. — Rel. Des. Antonio Horácio da Silva Neto — J. 7.5.2003)

2.28.2. Caso Fortuito e Força Maior

Os fatos decorrentes de caso fortuito e força maior também não são passíveis de reparação.

De forma pragmática, podemos dizer que força maior, também conhecida como *Acts of God* são aqueles fatos em que podemos identificar “o local, o dia e a hora em que ocorreram”, enquanto todos os demais fatos poderão ser conceituados como caso fortuito.

O art. 393 do Código Civil assim se expressa:

“O devedor não responde pelos prejuízos resultantes de caso fortuito ou força maior, se expressamente não se houver por eles responsabilizado.

Parágrafo único. O caso fortuito ou de força maior verifica-se no fato necessário, cujos efeitos não era possível evitar ou impedir”.

De acordo com *Mário Luiz Delgado Régis*[50], caso fortuito ou força maior foram empregados pelo legislador, como sinônimos, mas doutrinamente não se confundem, muito embora os autores divirjam sobre as diferenças entre os dois eventos. Os conceitos, muitas vezes, chegam a ser diametralmente opostos. Optamos por seguir a corrente dos que entendem ser o caso fortuito o acidente que não poderia ser razoavelmente previsto, decorrente de forças naturais ou ininteligentes, tais como um terremoto, um furação etc. (*Clóvis Beviláqua, João Luiz Alves, Tito Fulgêncio* e *Carvalho de Mendonça*).

A força maior, tomando por empréstimo a definição de *Huc*, seria "o fato de terceiro, que criou, para execução da obrigação, um obstáculo, que a boa vontade do devedor não pôde vencer". Exemplos de força maior: a guerra, o embargo de autoridade pública que impede a saída do navio do porto etc.[51]

Data máxima venia ousamos discordar da definição acima com base no entendimento de que a força maior traduz *Act of God* (tufão, terremoto, enchente etc.), sendo o intérprete capaz de identificar o local, o dia, a hora, o mês e o ano do acontecimento. Por exclusão, todos os demais fatos em que não seja possível sua identificação serão considerados casos fortuitos (pedreira subterrânea, por exemplo, já que não seria possível se determinar quando se formou a primeira pedra).

Ainda para esse autor, os efeitos do caso fortuito e da força maior são idênticos: isentar o devedor da responsabilidade pelo descumprimento da obrigação. Salvo se o devedor houver assumido por cláusula expressa a responsabilidade pelo descumprimento, mesmo ocorrendo caso fortuito ou força maior.[52]

Por sua vez, a CLT em seu art. 501 dispõe que:

> "entende-se por força maior todo acontecimento inevitável, em relação à vontade do empregador, e para a realização do qual este não concorreu, direta ou indiretamente.
>
> Parágrafo primeiro. A imprevidência do empregador exclui a razão de força maior".

Para *Valentin Carrion*[53], a força maior adotada pelo texto abrange o caso fortuito (imprevisto e imprevisível) e a força maior em sentido restrito (fato previsto ou previsível), ambos superiores às forças de quem lhes suporta os efeitos. A norma repisa que a imprevidência exclui a configuração de força maior; pode consistir em fenômenos naturais, atos humanos privados, leis novas ou atos do governo.

Ainda de acordo com esse autor[54], no Direito do Trabalho: a) aplica-se a teoria da esfera da responsabilidade: afirma-se que todo acontecimento que atinge a empresa entre na esfera jurídica da responsabilidade do empregador; b) a força

---

(50) RÉGIS, Mário Luiz Delgado. *In: Parte Especial — Livro I — Do Direito das Obrigações. Novo Código Civil Comentado.* Coord: FIUZA, Ricardo. São Paulo: Saraiva, 2003, p. 352.
(51) *Idem, ibidem*, p. 352.
(52) *Idem, ibidem*, p. 351.
(53) CARRION, Valentin. *Comentários à Consolidação das Leis do Trabalho.* 29ª ed. atualizada. São Paulo: Saraiva, 2004, p. 403-404.
(54) *Idem, ibidem*, p. 404.

maior aqui não desobriga do pagamento de indenizações, mas as reduz; c) a jurisprudência é muito exigente e com freqüência rejeita a configuração de força maior.

Para *Valentin Carrion*[55] não se configura a força maior: a) no caso de evento considerado força maior, que, todavia, não afete a situação econômico-financeira; b) na hipótese de medidas governamentais de caráter geral no campo da economia; c) extinção de setor da empresa, por obsoleto; d) incêncio, inexistindo seguro contra fogo; e) mau tempo em atividade a céu aberto; g) falência e concordata (em face do que determina o art. 449).

Segue a ementa:

RESPONSABILIDADE OBJETIVA. Sendo objetiva a responsabilidade contratual do banco, aplicável a inversão do ônus da prova (art. 6º, VIII, Lei n. 8.078/90), compete ao correntista demonstrar a movimentação fraudulenta de sua conta, devendo o banco, para elidir sua responsabilidade civil, comprovar que o fato derivou da culpa do cliente ou da força maior ou caso fortuito (Lei n. 8.078/90, art. 14, § 3º), o que não ocorreu na espécie. 7 — Recurso conhecido, mas improvido. (TRF 2ª R. — AC 2001.02.01.035189-9 — 8ª T.Esp. — Rel. Juiz Fed. Conv. Guilherme Calmon Nogueira da Gama — DJU 20.09.2005 — p. 211)

RESPONSABILIDADE CIVIL OBJETIVA DO ESTADO — DANOS MORAIS E MATERIAIS — FIXAÇÃO DO *QUANTUM* — HONORÁRIOS ADVOCATÍCIOS — I. Consoante precedente da corte, a responsabilidade civil do estado rege-se pela teoria objetiva, conforme disposto no art. 37, § 6º, da CF de molde que as pessoas jurídicas de direito público respondem pelos danos causados a outrem por ação ou omissão de seus funcionários, devendo a ação regressiva autorizada pela norma constitucional, se for o caso, ocorrer mediante ação própria, não havendo se falar em denunciação da lide. II. Em sede de ação de indenização por ato ilícito afigura-se inadmissível a suspensão do processo ate julgamento da ação penal, o que somente tem lugar quando a existência do fato delituoso se erigir como questão prejudicial da lide no cível, nos termos do art. 110, do CPC. III. Com base na teoria do risco administrativo, as pessoas jurídicas de direito público são civilmente responsáveis pelos danos que seus agentes, nessa qualidade, causarem a terceiros, assegurado o direito de regresso contra o responsável nos casos de dolo ou culpa, consoante dispõe o § 6º do art. 37 da Constituição Federal. IV. Comprovados pelos lesados o nexo de causalidade entre o fato lesivo (comissivo / omissivo) e o dano, impõe-se a obrigação de indenizar, se a Fazenda Pública não se incumbiu de demonstrar que o evento ocorreu por caso fortuito e/ou motivo de força maior ou culpa exclusiva da vítima, subsistindo, pois, a responsabilidade objetiva da administração. V. A fixação do quantum indenizatório a título de danos morais, deve ser feita com prudência pelo julgador, observando as peculiaridades e a repercussão do dano, bem como a situação financeira dos ofendidos e do ofensor, de modo que este não seja excessivo ao ponto de se converter em fonte de enriquecimento ilícito, nem tão módica que se torne inexpressivo. VI. Em relação aos danos materiais não tendo o valor pleiteado na inicial (correspondente a 10 salários mínimos) sido contestado pelo réu, presumem-se confessados os fatos alegados pelos autores sobre os fatos da questão, já que o ordenamento jurídico pátrio não admite contestação por negativa geral, consoante dispõe o art. 302 do Código de Processo Civil. VII. A utilização do salário mínimo simplesmente como base para a qualificação do valor da indenização, não configura violação ao art. 7º, inciso IV, da CF, que veda apenas a sua vinculação como fator de correção da moeda. VIII. O fato dos autores serem beneficiários da assistência ju-

(55) *Idem, ibidem*, p. 404.

diciária não constitui razão plausível para redução da verba honorária de sucumbência arbitrada em R$ 2.000.00, (dois mil reais), o que está em consonância com a norma inserta no art. 20, § 4º, do CPC, remessa obrigatória, apelo e agravo retido conhecidos e improvidos. (TJGO — DGJ 9966-7/195 — 1ª C.Cív. — 3ª T. — Rel. Des. Leobino Valente Chaves — DJGO 14.2.2005)

2.28.3. Culpa Exclusiva da Vítima e Culpa Concorrente

O art. 945 do Código Civil declara:

"Se a vítima tiver concorrido culposamente para o evento danoso, a sua indenização será fixada tendo-se em conta a gravidade de sua culpa em confronto com a do autor do dano".

A concorrência de culpas do agente causador do dano e da vítima, que, segundo este artigo, deve ser levada em conta na fixação da indenização, não era prevista no Código Civil de 1916, mas já estava consagrada na doutrina e na jurisprudência brasileiras.

De acordo com *Rui Stocco*(56) "se a vítima não age com a cautela necessária para atravessar a rua em local apropriado, vindo a ser atropelada, justificável a redução proporcional do valor indenizatório, em razão da culpa concorrente" (RT, 609/112): "A partilha dos prejuízos, que se impõe nos casos de concorrência de culpas, deve guardar proporção ao grau de culpa com que cada protagonista concorreu para o evento. Reconhecida a igualdade na proporcionalidade das culpas dos agentes, deve cada parte responder pela metade dos prejuízos causados à outra, e a partilha dos prejuízos não se faz através de mera compensação dos danos, que podem ser diversos e desproporcionais". (RT, 588/188) "A culpa concorrente não altera a natureza da indenização, mas apenas restringe parcialmente a responsabilidade". (RT, 599/260)

Regina Beatriz Tavares da Silva(57) aduz que "muito embora vários julgados sigam o critério da partilha dos prejuízos em partes iguais (RT, 564/146, 575/136, 582/94, 585/127), bem estabeleceu este artigo que na fixação da indenização será levada em consideração a existência de culpas concorrentes, sob o critério da gravidade da culpa da vítima em comparação com a culpa do agente causador do dano, cabendo, portanto, ao juiz, na verificação do caso concreto, estimar o valor da indenização segundo o grau de participação culposa da vítima".

Neste sentido, transcrevemos a ementa:

HERDEIROS LEGÍTIMOS PARA FIGURAREM NO PÓLO ATIVO DA DEMANDA — PRELIMINAR REJEITADA — IMPROVIMENTO DO APELO DA EMPRESA RÉ E PROVIMENTO PARCIAL DO DOS AUTORES — "provado o evento danoso e constatado o nexo de causalidade capaz de gerar a responsabilidade civil do empregador, por cul-

---

(56) STOCCO, Rui. *Responsabilidade civil e sua interpretação jurisprudencial.* 4ª ed. São Paulo: Revista dos Tribunais, 1999, p. 68-69.

(57) SILVA, Regina Beatriz Tavares da. *In: Titulo IX: Da Responsabilidade Civil. Novo Código Civil Comentado.* Coord: FIUZA, Ricardo. São Paulo: Saraiva, 2003, p. 843.

pa, incumbe ao réu da ação o ônus do alegado fato desconstitutivo — Art. 333, inc. II do digesto processual civil — Pela culpa exclusiva da vítima, ou, a existência de caso fortuito ou força maior a eximir-lhe de responsabilidade"."Na fixação do dano moral, deve o juiz orientar-se pelos critérios recomendados pela doutrina e pela jurisprudência, com razoabilidade, valendo-se de sua experiência e do bom senso, atendo à realidade da vida e às peculiaridades de cada caso"."Em caso de ilícito contratual, os juros de mora fluem a partir da citação, e não do evento"."O pensionamento é devido aos filhos até que estes completem 25 (vinte e cinco) anos, idade provável de conclusão do ensino superior e que estarão aptos ao mercado de trabalho". (TJBA — AC 31.888-4/2004 — (40973) — 1ª C.Cív. — Rel. Des. Robério Braga — J. 20.4.2005)

2.28.4. Estado de Necessidade

O estado de necessidade caracteriza-se pela ofensa de direito alheio para remover perigo iminente a direito do agente causador, quando as circunstâncias tornarem-no absolutamente necessário e quando não exceder os limites do indispensável para a remoção do perigo.[58]

O estado de necessidade configura-se como circunstância atenuante (ou minorante) prevista no art. 65 do Código Penal Brasileiro, que sempre atenuam a pena. O art. 24 do Código Penal assim tipifica o estado de necessidade:

> "Art. 24. Considera-se em estado de necessidade quem pratica o fato para salvar de perigo atual, que não provocou por sua vontade, nem podia de outro modo evitar, direito próprio ou alheio, cujo sacrifício, nas circunstâncias, não era razoável exigir-se".

Logo, podemos enunciar que o estado de necessidade é uma situação de perigo atual ou iminente de interesses legítimos e protegidos pelo Direito, em que o agente, para afastá-lo e salvar um bem próprio ou de terceiro, não tem outra alternativa senão o de lesar o interesse de outrem, igualmente legítimo.

Ricardo Antonio Andreucci[59] destaca como exemplos de estado de necessidade o do agente que, em ocasião de incêndio ou desastre, invade domicílio alheio para salvar as pessoas que lá se encontram em perigo e o do náufrago que, de posse apenas de um colete salva-vidas, deixa que outros companheiros se afoguem no mar, bem como o caso do agente que no intuito de socorrer pessoa gravemente enferma, furta um automóvel para transportá-la ao hospital.

A ementa a seguir transcrita refere-se ao estado de necessidade na execução provisória:

> O ART. 588 DO CPC, COM A REDAÇÃO DADA PELA LEI N. 10.444/2002 — A PROPÓSITO, NA FORMA DO TEXTO LEGAL "A EXECUÇÃO PROVISÓRIA DA SENTENÇA FAR-SE-Á DO MESMO MODO QUE A DEFINITIVA, OBSERVADOS OS SEGUINTES PRINCÍPIOS — I — Corre por conta e responsabilidade do exeqüente, que se obriga, se a sentença for reformada, a reparar os prejuízos que o executado

(58) NETO, Francisco Ferreira Jorge e CAVALCANTE, Jouberto de Quadros Pessoa. *Manual de Direito do Trabalho.* Tomo I. 2ª ed. Rio de Janeiro: Lumen Juris, p. 778.
(59) ANDREUCCI, Ricardo Antonio. *Curso de Direito Penal*, vol.I. São Paulo: Juarez de Oliveira, 2003, p. 234.

venha a sofrer; II — O levantamento de depósito em dinheiro, e a prática de atos que importem alienação de domínio ou dos quais possa resultar grave dano ao executado, dependem de caução idônea, requerida e prestada nos próprios autos da execução; III — Fica sem efeito, sobrevindo acórdão que modifique ou anule a sentença objeto da execução, restituindo-se as partes ao estado anterior; IV — Eventuais prejuízos serão liquidados no mesmo processo". Extrai-se do inciso I que se permite até a alienação do domínio, mediante caução idônea, dispensada quando o exeqüente se encontrar em estado de necessidade, conforme o comando do § 2º. (TRT 2ª R. — MS 13132-2004-000-02-00 — (2005025818) — SDI — Rel. p/o Ac. Juiz Jose Carlos da Silva Arouca — DOESP 26.8.2005)

ESTADO DE NECESSIDADE — AUSENTES OS REQUISITOS SUBJETIVOS E OBJETIVOS — RESPONSABILIDADE PENAL — RECURSO IMPROVIDO — Unânime. ausentes os requisitos do estado de necessidade, não há razão para o reconhecimento da excludente de ilicitude. a necessidade financeira não se presta para afastar a responsabilidade penal. (TJDF — APR 20030310167463 — 1ª T.Crim. — Rel. Des. Lecir Manoel da Luz — DJU 17.08.2005 — p. 71)

2.28.5. Legítima Defesa

Legítima defesa é a repulsa a injusta agressão, atual ou iminente, a direito seu ou de outrem, usando moderadamente os meios necessários.

O art. 25 do Código Penal assim disciplina esse instituto:

"Art. 25. Entende-se em legítima defesa quem, usando moderadamente dos meios necessários, repele injusta agressão, atual ou iminente, a direito seu ou de outrem".

Para sua configuração, a legítima defesa requer a ocorrência dos seguintes elementos:

a) agressão injusta, atual ou iminente. A agressão é injusta quando viola a lei, sem justificação. Agressão atual é aquela que está ocorrendo. Agressão iminente é aquela que está prestes a ocorrer;

b) direito próprio ou de terceiro. Não há necessidade de qualquer relação entre o agente e terceiro;

c) utilização dos meios necessários: significa que o agente somente se encontra em legítima defesa quando utiliza os meios necessários a repelir a agressão, que devem ser entendidos como aqueles que se encontrem à sua disposição. Deve o agente sempre optar, se possível, pela escolha do meio menos lesivo;

d) utilização moderada de tais meios: significa que o agente deve agir sem excesso, ou seja, deve utilizar os meios necessários moderadamente, interrompendo a reação quando cessar a agressão injusta e

e) conhecimento da situação de fato justificante: significa que a legítima defesa requere do agente o conhecimento da situação de agressão injusta e da necessidade de repulsa (*animus defendendi*).[60]

(60) *Idem, ibidem*, p. 235.

A ementa abaixo transcrita elucida esse tópico:

ABSOLVIÇÃO COM BASE EM EXCLUDENTE DE ILICITUDE — CONFIRMAÇÃO DA DECISÃO MONOCRÁTICA — I — Em se evidenciando dos autos, provas de que o réu praticou o fato em razão de provocação injusta da vítima e de haver este repelido, utilizando um único meio, necessário e moderado, não há dúvidas de que se fez caracterizada a excludente de legitima defesa. II — Reexame necessário que ratifica integralmente a sentença monocrática. Unanimidade. (TJMA — REO-Cr 001812/2005 — (54221/2005) — São Luís — 1ª C.Crim. — Rel. Des. Benedito de Jesus Guimarães Belo — J. 19.4.2005)

2.28.6. Cumprimento do Dever Legal

O agente que cumpre um dever legal (eventualmente decorrente do próprio ofício ou profissão), ou em virtude de lei, não tem seu comportamento ou conduta tido como ilícito ou antijurídico, não podendo, dessa forma, ser alcançado pelos efeitos da ação de reparação civil.

Nesse caso, tratando-se de casos de Responsabilidade Objetiva, o lesado poderá buscar o ressarcimento do dano sofrido do Estado ou do empregador ou empresa da iniciativa privada, nos casos em que o agente público ou empregado vier a causar danos a terceiros em decorrência do cumprimento do dever legal, cumprindo ordens emanadas da direção dessas entidades ou empreendimentos.

Carlos Roberto Gonçalves(61), a propósito, afirma que, nos casos de estrito cumprimento do dever legal, em que o agente é exonerado da responsabilidade pelos danos causados, a vítima, muitas vezes, consegue obter o ressarcimento do Estado, já que, nos termos do art. 37, § 6º da CF/88, "as pessoas jurídicas de direito público responderão pelos danos que seus funcionários, nessa qualidade, causarem a terceiros". E o Estado não terá ação regressiva contra o funcionário responsável (só cabível nos casos de culpa ou dolo), porque ele estará amparado pela excludente do estrito cumprimento do dever legal.

Transcrevemos as ementas a seguir:

JUSTA CAUSA — CONFISSÃO DO EMPREGADO — DISPENSA IMEDIATA — PRISÃO DO OBREIRO — AUSÊNCIA DE DANO MORAL — O empregado que admite, em depoimento pessoal, ter descumprido de forma consciente e deliberada norma interna do empregador, incide nas condutas previstas como mau procedimento e indisciplina, que são autorizadoras para rescisão do contrato de trabalho pelo empregador, por justa causa, conforme art. 482, letras *b* e *h*, da CLT. *In casu*, não há que se falar em procedimento ilegal e injusto da empresa, capaz de gerar indenização por danos morais ao obreiro se, em razão da conduta irregular, decorreu a sua prisão, uma vez que o empregador agiu no exercício regular de seu direito e a Polícia no estrito cumprimento do dever legal. Recurso ordinário conhecido e não provido. (TRT 16ª R. — Proc. 01876-2002-012-16-00-6 — (02634-2005) — Rel. Juiz Américo Bedê Freire — J. 10.8.2005)

(61) GONÇALVES, Carlos Roberto. *Responsabilidade Civil.* 6ª ed. São Paulo: Saraiva, 1995, p. 503.

ESTRITO CUMPRIMENTO DO DEVER LEGAL — NÃO PREENCHIMENTO DOS REQUISITOS PARA EFETIVAR O PROTESTO — OFENSA À HONRA DO TABELIÃO SUBSTITUTO — ABALO NA CREDIBILIDADE DO CARTÓRIO — DANO MORAL CONFIGURADO — DEVER DE INDENIZAR — QUANTUM INDENIZATÓRIO ADEQUADO — OBSERVÂNCIA DOS PRINCÍPIOS DA RAZOABILIDADE E PROPORCIONALIDADE — SENTENÇA MANTIDA — Constituiu ofensa moral indenizável a imputação de ato ilícito praticado por tabelião, que se recusa a protestar títulos incompletos, impedindo o aponte de contratos de câmbio não assinados pelo devedor, no estrito cumprimento do dever legal. O valor da indenização por danos morais não pode ser irrisório, de modo a estimular a reiteração da prática danosa. Ao mesmo tempo, deve satisfazer o ofendido, em face do prejuízo sofrido. (TJSC — AC 2003.007628-0 — Florianópolis — 3ª CDCiv. — Rel. Des. Wilson Augusto do Nascimento — J. 18.3.2005)

2.28.7. Exercício Regular de um Direito

O exercício regular de um direito também constitui causa excludente de responsabilidade civil, não se confunde com a coação. Deve ser exercido tendo por base os princípios da razoabilidade e da proporcionalidade.

O art. 188 do Código Civil assim se expressa:

"Art. 188. Não constituem atos ilícitos:

I — os praticados em legítima defesa ou no exercício regular de um direito reconhecido;

II — a deterioração ou destruição de coisa alheia, ou a lesão a pessoa, a fim de remover perigo iminente;

Parágrafo único. No caso do inciso II, o ato será legítimo somente quando as circunstâncias o tornarem absolutamente necessário, não excedendo os limites do indispensável para a remoção do perigo".

Logo, com base no dispositivo legal, se alguém no uso normal de um direito lesar outrem não terá qualquer responsabilidade pelo dano ou lesão, por não se configurar tal ato como um procedimento ilícito.

Seguem as ementas:

RESCISÃO INDIRETA — REJEITADA — ABANDONO DE EMPREGO — PEDIDO DE DEMISSÃO — Afastando-se o empregado dos serviços pretendendo o decreto de resolução do contrato por falta grave do empregador, a rejeição do pedido não significa tenha incorrido em abandono de emprego, pois não constitui falta grave o exercício regular de direito previsto pela ordem jurídica. Não sendo detentor de estabilidade, existe no caso mera resilição unilateral do contrato por iniciativa do empregado, a ensejar pagamento dos direitos rescisórios próprios do pedido de demissão. (TRT 15ª R. — Proc. 27018/03 — (38536/04) — 5ª T. — Rel. Juiz João Alberto Alves Machado — DOESP 8.10.2004 — p. 82)

REQUERIMENTO DA PARTE — INDEFERIMENTO — ARGÜIÇÃO DE CERCEAMENTO DE DEFESA — NÃO CONFIGURAÇÃO — Estando o magistrado satisfeito com os elementos e as provas trazidas aos autos, a fim de formar o seu convencimento, consoante preconizam os arts. 130 e 131 do CPC e 765 da CLT, não se configura cerceamento de defesa o simples indeferimento de pedido da parte, no sentido de ser oficiado à cia. Telefônica com o intuito de trazer ao processo as contas telefônicas do autor. A atitude do juiz, longe de configurar cerceamento de defesa, decorreu do exercício regular de um direito que lhe dá autoridade na condução do processo, podendo indeferir prova que reputar inútil, de acordo com seu livre convencimento. (TRT 15ª R. — Proc. 07029/04 — (39552/04) — 3ª T. — Relª Juíza Ana Paula Pellegrina Lockmann — DOESP 8.10.2004 — p. 71)

MULTA — LITIGÂNCIA DE MÁ-FÉ — DIREITO DE AÇÃO — O fato de o recorrente ter direito à ação, constitucionalmente garantido, não impede que o legislador infraconstitucional trace normas regulamentadoras do exercício deste direito. Assim, o CPC determina a aplicação de pena à parte que não age em consonância com o princípio da lealdade processual, reputando em seu art. 17, inciso II, como litigante de má-fé aquele que altera a verdade dos fatos. Nenhuma outra conclusão é permitida, ao se analisar a conduta do recorrente. Defender-se em juízo fundamentando-se em fato em relação ao qual altera a verdade é medida que atenta contra o próprio funcionamento da justiça. E não há falar em afronta a princípios constitucionais, no ato de aplicação da multa, haja vista que o exercício regular de todo direito impõe o respeito aos seus limites, sob pena de incidir-se em transgressão a outros valores, igualmente tutelados pela ordem jurídica, desbordando-se para o abuso de direito. (TRT 18ª R. — RO 00357-2003-181-18-00-3 — Rel. Juiz Marcelo Nogueira Pedra — DJGO 22.4.2004)

2.28.8. Fato ou Culpa de Terceiro

Encontramos o fato ou culpa de terceiro como uma das causas excludentes da responsabilidade civil objetiva do Estado, decorrente da Teoria do Risco Administrativo. Neste caso, o Estado apenas se exime de indenizar a vítima, se comprovar: a) a culpa da vítima; b) a culpa de terceiros e c) força maior.(62)

O fato ou culpa de terceiros aplica-se como causa excludente da responsabilidade do Estado, pois o art. 37, § 6º da Constituição Federal de 1988 impõe a este a obrigação de indenizar os danos causados a terceiros pelos seus agentes, nessa qualidade. Dessa forma, os danos devem ser oriundos da própria atividade funcional e não de condutas ou comportamentos de terceiros, alheios ao Estado.

Apenas os atos funcionais decorrentes do exercício do cargo, emprego ou função pública têm o condão de gerar a responsabilidade objetiva do Estado.

Caio Mário da Silva Pereira(63) destaca que "fatos de terceiro, em termos de responsabilidade civil, atuam de forma diversa e oposta. Podem importar em responsabilidade, como podem implicar excludente desta. (...) Na definição do que é terceiro reporto-me inicialmente à relação negocial. Nesta, considera-se terceiro quem não é parte no negócio jurídico, mas sofre os seus efeitos ou altera o resultado. Con-

(62) A Teoria do Risco Administrativo não se confunde com a Teoria do Risco Integral, que não admite as excludentes da responsabilidade do Estado. A Teoria do Risco Integral não é adotada em nosso ordenamento jurídico, na seara da responsabilidade do Estado, configurando-se por uma posição radical, ou seja, obriga o Estado a indenizar os eventos lesivos decorrentes de culpa ou dolo exclusivos da vítima e os oriundos de força maior.

(63) PEREIRA, Caio Mário da Silva. *Responsabilidade Civil.* 8ª ed. Rio de Janeiro: Forense, 1997, p. 300.

ceitua-se em termos mais sutis a caracterização do terceiro como excludente de responsabilidade civil. Esta se decompõe, nos dois pólos ativo e passivo: as pessoas do agente e da vítima. Considera-se, então, terceiro qualquer outra pessoa, estranha a este binômio, que influi na responsabilidade pelo dano. Mas para que seja excludente, é mister que por sua conta atraia os efeitos do fato prejudicial e, em conseqüência, não responda o agente, direta ou indiretamente, pelos efeitos do dano".

Continua o aludido mestre[(64)] enfrentando esse tormentoso tema, no que destaca que "ao dizê-lo em termos sintéticos, a conduta do terceiro é ativa, porque é seu comportamento que implica a realização do fato danoso. Segundo aspecto relevante é a determinação do comportamento do terceiro, na etiologia da responsabilidade. Em linguagem estrita, ocorre nesse caso a excludente da responsabilidade, quando se pode estabelecer que o terceiro é o causador do dano".

E conclui[(65)]: "a matéria desloca-se então para a análise dos extremos da responsabilidade civil, estabelecendo-se que a participação do terceiro altera a relação causal. Ocorre o dano, identifica-se o responsável aparente, mas não incorre este em responsabilidade, porque foi a conduta do terceiro que interveio para negar a equação agente-vítima, ou para afastar do nexo causal o indigitado autor. A participação de pessoa estranha na causação do dano pode ocorrer de maneira total ou parcial, isto é, o dano será devido exclusivamente ao terceiro; ou reversamente este foi apenas co-partícipe, ou elemento concorrente no desfecho prejudicial. Apenas no primeiro caso é que se pode caracterizar a responsabilidade do terceiro, porque somente então estará eliminando o vínculo de causalidade entre o dano e a conduta do indigitado autor do dano".

Transcrevemos a ementa:

INDENIZAÇÃO — ACIDENTE DE VEÍCULO — Permissionária de serviço público de transporte coletivo — Danos materiais e morais — Inépcia da inicial e oitiva de testemunha fora do prazo previsto — Preliminares afastadas — Caso fortuito — Fato de terceiro — Antecipação de tutela — Pagamento de pensão. 1. Na eventualidade de serem incompatíveis os pedidos formulados em sede de antecipação de tutela e no mérito, a melhor solução é aproveitar aqueles que se mostrem corretos, e não declarar a inépcia da inicial. 2. Se demonstrado nos autos que a testemunha foi arrolada no prazo previsto em Lei, não há que se falar em nulidade, desequilíbrio entre as partes ou afronta ao devido processo legal. 3. Caso fortuito não pode ser equiparado a fato de terceiro. Como o veículo envolvido é um transporte coletivo, permissionário de serviço público, demonstrados a prática do ato, o prejuízo e a relação de causalidade, a responsabilidade objetiva só poderia ser elidida mediante prova da culpa exclusiva da vítima. Despicienda a discussão sobre fato de terceiro. 4. Na ausência de comprovação do recebimento de diária e diante da inexistência de dúvida acerca do exercício da atividade de diarista, correta a decisão de arbitrar os lucros cessantes em um salário mínimo. 5. As graves lesões sofridas pela vítima, que geraram incapacidade laboral permanente e seqüelas irreversíveis, além de padecimentos morais, exigem que os

(64) *Idem, ibidem*, p. 300.
(65) *Idem, ibidem*, p. 301.

danos sejam indenizados de forma a servir ao duplo objetivo: Punitivo e compensatório. Danos morais majorados para r$25.000,00 (vinte e cinco mil reais).6. Presentes os requisitos da verossimilhança do direito, caracterizados o abuso de direito de defesa e o propósito protelatório da permissionária, além de um flagrante desrespeito para com a vítima, está autorizada a antecipação de tutela. A acidentada deverá receber a pensão mensal arbitrada em sentença, a partir da data do julgamento, sem necessidade de publicação do acórdão. 5. Provimento parcial ao recurso da autora. Apelo da ré improvido. (TJDF — APC 19990110206939 — 6ª T.Cív. — Relª Desª Sandra de Santis — DJU 2.8.2005 — p. 133)

RECURSO ADESIVO IMPROVIDO — Documento emitido pela Secretaria de Segurança Pública, contendo todos os dados da pessoa, inclusive o seu CPF, é, presumivelmente, autêntico, pelo que nenhuma razão haveria à recusa na celebração do contrato, já que o falsário apresentou comprovante de residência. — Não se poderia exigir da empresa-apelante maiores cuidados que os por ela tomados, vez que foi induzida a erro invencível, mediante artifício malicioso grave, de terceiro, que acometeria qualquer pessoa normal, nas mesmas circunstâncias, tendo sido a causa determinante do ato, qual seja, a inclusão do nome do devedor no SPC. — Não há dúvida quanto à aplicação do CDC ao caso, vez que se trata de relação de consumo, em que, de um lado, há o consumidor de um serviço telefônico, e, de outro, o seu fornecedor. — Aplica-se a regra do art. 14, § 3º, II, do CDC, já que o fato delituoso, causado por terceiro, foi imprevisível e inevitável, e foi a causa exclusiva do resultado danoso, pelo que restou excluído o nexo de causalidade entre a conduta e o dano, em relação à primeira apelante, também vítima do golpe. (TAMG — AP 0352689-0 — (54513) — Patrocínio — 5ª C.Cív. — Rel. Juiz Mariné da Cunha — J. 21.3.2002)

2.28.9. Cláusula de Não-Indenizar

No campo do Direito das Obrigações, a inserção da cláusula de não-indenizar os danos decorrentes de inadimplemento contratual tem por escopo a liberação do lesante do dever de reparação.

Maria Helena Diniz[(66)] neste tópico nos ensina que, "se, no contrato houver estipulação de que o prejuízo causado a um dos contraentes não deverá ser reparado pelo outro, que a ele deu causa, excluída estará a responsabilidade do agente, não por desaparecer o liame de causa e efeito, mas em razão da própria convenção. Percebe-se que o risco é transferido para a vítima".

Francisco Ferreira Jorge Neto e *Jouberto de Quadros Pessoa Cavalcante*[(67)] informam que "apesar do avençado, é muito controvertida a aceitação da cláusula de não indenizar, sendo certo que é inadmitida em matéria delitual e responsabilidade aquiliana, aceita apenas nas relações contratuais, desde que não afronte os princípios de ordem pública, os bons costumes e a boa-fé, *contra bonam fidem contraque bonos mores*".

(66) DINIZ, Maria Helena. *Curso de Direito Civil.* Vol. VII. 11ª ed. e 12ª ed. São Paulo: Saraiva, p. 82.
(67) NETO, Francisco Ferreira Jorge e CAVALCANTE, Jouberto de Quadros Pessoa. *Manual de Direito do Trabalho.* Tomo I. 2ª ed. Rio de Janeiro: Lumen Juris, p. 778. *Idem, ibidem*, p. 788.

O Supremo Tribunal Federal, seguindo essa corrente, destaca na Súmula n. 161:

"em contrato de transporte, é inoperante a cláusula de não-indenizar".

Silvio Rodrigues[68] também destaca: "É unânime o entendimento de que a cláusula de não indenizar não pode eximir o dolo do estipulante. Seria da maior imoralidade admitir-se a idéia de alguém fugir à responsabilidade pelo inadimplemento da avença, por sua deliberada e exclusiva decisão. Aliás, na hipótese a cláusula seria ineficaz em virtude do disposto no art. 122 do Código Civil, que veda as condições potestativas".

O art. 122 do Código Civil dispõe:

"Art. 122. São lícitas, em geral, todas as condições não contrárias à lei, à ordem pública ou aos bons costumes; entre as condições defesas se incluem as que privarem de todo efeito o negócio jurídico, ou o sujeitarem ao puro arbítrio de uma das partes".

Maria Helena Diniz[69], destaca entre as condições proibidas:

a) as condições perplexas, se privarem o ato negocial de todo o efeito, como a venda de um prédio sob a condição de não ser ocupado pelo comprador;

b) as puramente potestativas, se advindas de mero arbítrio de um dos sujeitos. Por exemplo, constituição de uma renda em seu favor se você vestir tal roupa amanhã; aposição de cláusula que, em contrato de mútuo, dê ao credor poder unilateral de provocar o vencimento antecipado da dívida, diante de simples circunstância de romper-se o vínculo empregatício entre as partes. Cabe lembrar que a condição resolutiva puramente potestativa é admitida juridicamente, pois não subordina o efeito do negócio jurídico ao arbítrio de uma das partes, mas sim sua eficácia. Sendo tal condição resolutiva, nulidade não há porque existe um vínculo jurídico válido, consistente na vontade atual de se obrigar, de cumprir a obrigação assumida, de sorte que, como observa *Vicente Ráo*, o ato jurídico chega a produzir os seus efeitos, só se resolvendo se a condição, positiva ou negativa, se realizar e quando se realizar. O art. 122 veda a condição suspensiva puramente potestativa.

Neste sentido, as ementas:

MUNICÍPIO DE RIBEIRÃO PRETO — ILEGITIMIDADE PASSIVA — RESPONSABILIDADE SUBSIDIÁRIA — ENUNCIADO N. 331 DO TST — ART. 71 DA LEI N. 8.666/93 — Não se afigura eficaz a cláusula de não indenizar prevista no art. 71 da Lei n. 8.666/93, frente aos casos de contratação de serviços que tenham por objeto o fornecimento de mão de obra. A intermediação de mão de obra atenta contra os princípios constitucionais que tratam do trabalho humano, valendo ponderar que a hipótese em discussão nestes autos não trata de contrato de obra (empreitada). a referida norma é de discutível legalidade, já que como toda e qualquer cláusula de não indenizar, infringe o

(68) RODRIGUES, Silvio. *Direito Civil.* 25ª ed. Vol. IV, São Paulo: Saraiva, 1995, p. 195.
(69) DINIZ, Maria Helena. "Parte Geral". *In: Novo Código Civil Comentado.* Coord: FIUZA, Ricardo. São Paulo: Saraiva, 2003, p. 127.

preceito geral de direito inscrito no art. 186 do Código Civil, bem como a norma do artigo 43 do mesmo corpo de lei. A disposição genérica e ampla inserida no dispositivo legal em apreço é de todo incompatível com os termos do art. 37, § 6º, da Constituição Federal, sendo claramente ineficaz ao exonerar por completo a administração pública de qualquer responsabilidade, peculiaridade que não se coaduna com a mencionada norma constitucional. Recurso ordinário da municipalidade a que se nega provimento. (TRT 15ª R. — REO-RO 01965-2001-004-15-00-2 — (23953/2005) — (Proc. Orig. 01965/2001) — 5ª T. — Rel. Juiz João Alberto Alves Machado — DOESP 3.6.2005)

DIREITO DO CONSUMIDOR — Contrato de prestação de serviços de organização de viagem para programa educacional no exterior — Reparação de danos materiais e morais — Cabimento. 01. Tratando-se de relação de consumo, a responsabilidade da apelante é apurada de forma objetiva e solidária, não se perquirindo a extensão de sua culpa pelo defeito na prestação do serviço. 2. Tendo em vista que o contrato estabelece cláusula de exoneração de responsabilidade, esta deve ser desconsiderada, eis que é vedada cláusula contratual que impeça a obrigação de indenizar, a teor do que dispõe o art. 25 do Código de Defesa do Consumidor. 3. Apelo conhecido e não provido. Maioria. (TJDF — APC 20030110947459 — 4ª T. Cív. — Rel. Des. Humberto Adjuto Ulhôa — DJU 9.8.2005 — p. 126) RESPONSABILIDADE CIVIL — Contrato bancário — Locação de cofre — Roubo dos pertences ali guardados configurado — Responsabilidade do banco depositário — Dano material comprovado por prova documental apresentada — Nulidade da cláusula de não indenizar caracterizada — Aplicabilidade das normas do Código de Defesa do Consumidor — Súmula n. 29 do Superior Tribunal de Justiça — Dano moral não demonstrado, devidos os juros moratórios desde a citação, por tratar-se de obrigação contratual de ambas as partes — Art. 1.536 § 2º do Código Civil/16 — Sucumbência recíproca mantida — Recursos improvidos — Declaração de voto vencedor. (1º TACSP — Ap 1210077-9 — São Paulo — 12ª C. — Rel. Juiz Paulo Razuk — J. 1º.6.2004)

2.28.9.1. Formas de extinção contratual

Para jogar um fecho de luz nessa intricada matéria que diz respeito à forma de extinção do contrato, subentendidas como resolução, resilição e rescisão, podemos aduzir:

2.28.9.2. Resolução

A extinção do contrato, como regra geral, dá-se pela execução, seja instantânea, diferida ou continuada.

A RESOLUÇÃO, como uma das formas de extinção do contrato, pode ser desmembrada em:

a) *Resolução por inexecução voluntária:* decorre do comportamento culposo de um dos contratantes, com prejuízo ao outro. Produz efeitos *ex-tunc*[70], e está sujeita a perdas e danos e cláusula penal.

---

(70) *Ex-tunc*: produz efeitos que retroagem no tempo, alcançando a data do início ou da assinatura do contrato, isto é, anulando todos os atos como se o contrato nunca tivesse existido no mundo jurídico, ao passo que efeitos *ex-nunc* só se produzem a partir do momento em que foi declarada a nulidade ou rescisão do contrato (nesse último caso, só produz efeitos para o futuro, e os atos praticados até a decretação da nulidade serão válidos, produzindo todos os efeitos no mundo do Direito).

Diz o art. 474 do Código Civil:

"a cláusula resolutiva expressa opera de pleno direito; a tácita depende de interpelação judicial".

E o art. 475 se expressa:

"a parte lesada pelo inadimplemento pode pedir a resolução do contrato, se não preferir exigir-lhe o cumprimento, cabendo, em qualquer dos casos, indenização por perdas e danos".

b) *Resolução por Inexecução Involuntária.* Decorre de fatos inevitáveis e alheios à vontade das partes como, por exemplo, força maior e caso fortuito. O inadimplente neste caso não fica responsabilizado pelo pagamento de perdas e danos. Ex: a Caixa Econômica Federal interrompe a concessão de linhas de crédito e obstaculiza o fechamento de um contrato de compra e venda imobiliário.

c) *Resolução por onerosidade excessiva.* Fulcra-se na Teoria da Imprevisão e decorre de acontecimento extraordinário ou imprevisível, que pode acarretar a resolução do contrato. Aplica-se aos contratos comutativos, de execução diferida ou continuada. Diz o art. 478 do Novo Código Civil:

"Nos contratos de execução continuada ou diferida, se a prestação de uma das partes se tornar excessivamente onerosa, com extrema vantagem para a outra, em virtude de acontecimentos extraordinários e imprevisíveis, poderá o devedor pedir a resolução do contrato. Os efeitos da sentença que a declarar retroagirão à data da citação".

d) *Resolução*[71] *de contrato de trato sucessivo.* Neste caso não se restituem as prestações e o seu efeito é *ex-nunc*. Ex: resolução dos contratos de prestação de serviços de profissional autônomo.

2.28.9.3. Resilição

A resilição[72] não deriva de inadimplemento contratual, mas unicamente da vontade de uma das partes. Como expressa a manifestação de vontade, pode ser unilateral ou bilateral. Bilateral apresenta-se na forma de distrato[73] (acordo de vontades que tem por fim extinguir o contrato). Se unilateral, a resilição pode ocorrer somente em determinados contratos. Tem-se como regra a impossibilidade de um contraente romper o contrato por sua exclusiva vontade. A resilição de contrato de execução continuada, celebrado por prazo indeterminado engloba os contratos de prestação de serviços, fornecimento de mercadorias. A resilição neste caso pode

(71) Art. 479 do Código Civil: A resolução poderá ser evitada, oferecendo-se o réu a modificar eqüitativamente as condições do contrato.

(72) Art. 473. A resilição unilateral, nos casos em que a lei expressa ou implicitamente o permita, opera mediante denúncia notificada à outra parte. Parágrafo único. Se, porém, dada a natureza do contrato, uma das partes houver feito investimentos consideráveis para a sua execução, a denúncia unilateral só produzirá efeito depois de transcorrido prazo compatível com a natureza e o vulto dos investimentos.

(73) Art. 472 do novo Código Civil: O distrato faz-se pela mesma forma exigida para o contrato.

tomar a forma de "denúncia" do contrato, como nos casos de mandato, depósito e comodato. Independe de pronunciamento judicial e opera-se *ex-nunc*. Se uma das partes fez determinados investimentos, a denúncia unilateral só produzirá efeitos depois de transcorrido prazo compatível com o vulto dos investimentos.

2.28.9.4. Rescisão

A rescisão é também empregada como sinônimo de resilição e resolução. Porém, deve ser empregada para as hipóteses de dissolução de determinados contratos[74], como aqueles em que ocorreu dano ou lesão a um dos contratantes, ou que foram celebrados em "estado de perigo".

Podemos exemplificar a lesão, disposta no art. 157 do Código Civil: É defeito do negócio jurídico, que se configura quando alguém obtém um lucro exagerado, desproporcional, aproveitando-se da inexperiência ou da situação de necessidade do outro contratante.

Temos também como hipótese de rescisão o "estado de perigo", disciplinado no art. 156 do Código Civil. Assemelha-se neste caso à anulação do contrato pelo vício da coação. Ocorre quando a avença é celebrada em condições desfavoráveis a um dos contratantes em situação de extrema necessidade conhecida da outra parte. Opera-se *ex-tunc* (retroage até a data da celebração) e a parte que recebeu o benefício fica obrigada a restituir.

(74) Exemplo de rescisão é trazido pelo art. 455 do Código Civil: "Se parcial, mas considerável, for a evicção, poderá o evicto optar entre a rescisão do contrato e a restituição da parte do preço correspondente ao desfalque sofrido. Se não for considerável, caberá somente direito a indenização".

CONSIDERAÇÕES FINAIS

A pedra de toque do Direito do Trabalho é a não imputação dos riscos da atividade econômica ao empregado, correlata à sua não participação nos resultados financeiros do empreendimento. Com esse entendimento, o Judiciário Trabalhista adota, há décadas, a teoria da responsabilidade objetiva, com fulcro no art. 2º, § 2º da Consolidação das Leis do Trabalho.

No Processo do Trabalho, a responsabilidade dos sócios é objetiva, respondendo os mesmos com seus respectivos patrimônios no caso de descumprimento de obrigações trabalhistas, de forma a não permitir o locupletamento indevido do trabalho alheio.

Faculta-se ao juiz, nesse campo, adotar a teoria da despersonalização da pessoa jurídica, gravada no art. 2º, § 2º da CLT, fazendo com que o crédito trabalhista busque o patrimônio do devedor onde quer que ele se encontre, como um direito de seqüela. Se o patrimônio da pessoa jurídica desaparecer ou não for encontrado, os sócios e os diretores responderão com seus patrimônios particulares.

O novo Código Civil de 2002 veio sedimentar esse entendimento com a adoção explícita da teoria da responsabilidade objetiva, já aplicada no caso concreto há décadas no Direito do Trabalho.

O legislador houve por bem, no que foi feliz e oportuno, promover uma espécie de completude no âmbito da responsabilidade civil no novo Código, por um lado bipartindo-a em responsabilidade subjetiva e objetiva, enquanto por outro essas duas espécies de responsabilidade se completam, aperfeiçoando o ordenamento jurídico e tornando-o mais condizente com a realidade dos fatos.

Da mesma forma que os princípios da eticidade, a operabilidade e a socialidade nortearam a criação do novo Código Civil, podemos dizer que a responsabilidade civil objetiva e subjetiva, que agora se complementam no sentido de dar proteção ao ofendido, transmudou-se de uma concepção individualista para assumir na atualidade uma concepção fundamentalmente social, postando-se em linha com os institutos modernos de proteção à dignidade da pessoa humana, que constitui fundamento de validade do Estado Democrático de Direito e, por que não dizer, da própria preservação da espécie humana.

Na busca do aperfeiçoamento dos institutos da responsabilidade civil objetiva e subjetiva no Direito do Trabalho precisamos criar, sem tardar, por meio dos canais legislativos, uma norma jurídica de proteção aos direitos trabalhistas que tenha o rigor do art. 135 do Código Tributário Nacional, o qual estatui:

> "São pessoalmente responsáveis pelos créditos correspondentes a obrigações tributárias resultantes de atos praticados com excesso de poderes ou infração de lei, contrato social ou estatuto:
>
> III — os diretores, gerentes ou representantes de pessoas jurídicas de direito privado".

Somente com o aprimoramento de nossos institutos, teremos condições de mitigar a perpetração de ofensas materiais e principalmente morais à pessoa do trabalhador, pois ela, dependendo da pessoa, atinge as profundezas do ser, o recôndito do espírito, aquilo que ele possui de mais íntimo, que deveria ser indevassável, e uma vez atingido, de forma violenta e injusta, dificilmente desaparece. Sempre voltará à tona, à consciência do indivíduo, de acordo com as circunstâncias e estado de espírito. Essa dor moral não tem a característica da dor física ou do dano material, pois o equilíbrio dificilmente será restabelecido e às vezes tem um caráter irreversível. As duas dores são, na maioria das vezes, invisíveis, só que a física se manifesta na carne; já a dor moral, no coração e na mente dos homens.

NASCIMENTO, Amauri Mascaro. *Curso de Direito do Trabalho.* 16ª ed. São Paulo: Saraiva, 1999.

NETO, Francisco Ferreira Jorge e CAVALCANTE, Jouberto de Quadros Pessoa. *Manual de Direito do Trabalho.* Tomo I, 2ª ed. Rio de Janeiro: Lumen Juris, 2004.

______. *Manual de Direito Processual do Trabalho.* Tomos I e II. 2ª ed. Rio de Janeiro: Lumen Juris, 2004.

PINTO, Raymundo Antonio Carneiro Pinto. *Enunciados do TST Comentados.* 8ª ed. São Paulo: LTr, 2005.

REIS, Clayton. O Dano moral. 4ª ed. Rio de Janeiro: Forense, 1999.

RODRIGUES, Silvio. *Direito Civil. Responsabilidade Civil.* Volume 4. São Paulo: Saraiva, 2003.

RUSSOMANO, Mozart Victor. *CLT anotada.* 5ª ed. Rio de Janeiro: Forense, 2003.

SAVATIER. *Traité de la responsabilité civile.* Paris: Dalloz, 1939, v. 1, n. 1.

SANCHEZ VAZQUEZ, Adolfo. *Ética.* 16ª ed. São Paulo: Civilização Brasileira, 1996.

SANTOS, Enoque Ribeiro dos. *O dano moral na dispensa do empregado.* 3ª ed. São Paulo: LTr, 2002.

______. "Contribuições à fixação da indenização do dano moral trabalhista". A tese da aplicação dos *exemplary* ou *punitive damages*". *Revista Direito do Trabalho.* Coord. Nelson Mannrich. São Paulo: LTr, ano 40.

______. "As *Affirmativa actions* (Ações Afirmativas) e a nova redação da OJ (Orientação Jurisprudencial) n. 88 da SDI-I do Tribunal Superior do Trabalho". *Suplemento Trabalhista* n. 067/04. São Paulo: LTr, ano 40, p. 287.

______. "Considerações sobre a Revisão dos Enunciados do TST. Uma reforma necessária". *Revista Justiça do Trabalho.* Ano 21, n. 244. São Paulo: Abril, 2004, p. 7.

SMANIO, Gianpaolo Poggio. *Interesses difusos e coletivos.* 5ª ed. São Paulo: Atlas, 2003.

STOCCO, Rui. *Responsabilidade civil e sua interpretação jurisprudencial.* 2ª ed. São Paulo: Revista dos Tribunais, 1995.

______. "Um cargo inédito para o assunto do momento: responsabilidade social". *Jornal Valor,* São Paulo, 12 fev. 2001.

VENOSA, Sílvio de Salvo. *Direito Civil.* 3ª ed. São Paulo: Atlas, 2003.

REFERÊNCIAS BIBLIOGRÁFICAS

ALVIM, Agostinho. *Da inexecução das obrigações e suas conseqüências.* 3ª ed. São Paulo: Jurídica e Universitária.

ALMEIDA, Amador Paes de. *Execução de bens dos sócios.* 6ª ed. São Paulo: Saraiva, 2003.

BELTRAN, Ari Possidônio. A autotutela nas relações de trabalho. São Paulo: LTr, 1996.

BITTAR, Carlos Alberto. *Os direitos da personalidade.* 3ª ed. Rio de Janeiro: Forense.

CAHALI, Yussef. *Responsabilidade Civil do Estado.* 2ª ed. São Paulo: Malheiros, 1996.

CAPPELLIN, Paola. "Ações afirmativas, gênero e mercado de trabalho: a responsabilidade social das empresas na União Européia". *In:* ROCHA, Maria Isabel Baltar da (Org.). São Paulo: Editora 34, 2000.

CARRION, Valentin. *Comentários à Consolidação das Leis do Trabalho.* 29ª ed. São Paulo: Saraiva, 2004.

DELGADO, Mauricio Godinho. *Curso de Direito do Trabalho.* 3ª ed. São Paulo: LTr, 2003.

DIAS, José de Aguiar. *Da Responsabilidade Civil.* 10ª ed. Rio de Janeiro: Forense, 1995.

DINIZ, Maria Helena. *Curso de Direito Civil Brasileiro.* 11ª ed. São Paulo: Saraiva, 1995.

DWORKIN, Ronald. *Los Derechos en serio.* Trad: Marta Guastavino. 3ª impr. Barcelona: Ariel, 1997.

FILHO, Sérgio Cavalieri. *Programa de responsabilidade civil.* 2ª ed. São Paulo: Malheiros, 2000.

FISCHER, H. *A reparação dos danos no Direito Civil.* Trad. Ferrer de Almeida. Coimbra: Armênio Amado, 1938.

FIUZA, Ricardo. *Novo Código Civil Comentado.* São Paulo: Saraiva, 2003,

FRAN, Martins. *Curso de Direito Comercial.* 8ª ed. Rio de Janeiro: Forense, 1981.

GONÇALVES, Carlos Roberto. *Responsabilidade Civil.* 6ª ed. São Paulo: Saraiva, 1995.

JORGE NETO, Francisco Ferreira e CAVALCANTI, Jouberto de Quadros Pessoa. *Manual de Direito do Trabalho.* 2ª ed. Rio de Janeiro: Lumen Juris, 2003.

LOPES, Tereza Ancona. *O dano estético: responsabilidade civil.* 2ª ed. São Paulo: Revista dos Tribunais, 1999.

LORENZETTI, Ari Pedro. *A Responsabilidade pelos Créditos Trabalhistas.* São Paulo: LTr, 2003.

MARTINS, Sérgio Pinto. *Curso de Direito do Trabalho.* 19ª ed. São Paulo: Atlas, 2003.

MARX, Karl. *A ideologia alemã*: crítica da filosofia alemã mais recente. Lisboa: Presença, 1980.

MENEZES, Paulo Lucena de. *A ação afirmativa* (*affirmative action*) no Direito norte-americano. São Paulo: Revista dos Tribunais, 2001.